Jean-Louis BARMA

Marketing du tourisme et de l'hôtellerie

Études de cas commentées
+ Corrigés

Troisième édition

Éditions
d'Organisation

Jean-Louis Barma, diplômé de l' ESCP, est professeur de marketing et de stratégie internationale des firmes ; chargé de cours à l'ESCP-EAP, à l'EPF, au CNAM, à l'ENSAM, à l'ESG, à l'Université Paris V, VI, XI et Paris XII

Il est aussi professeur à l'Ecole Supérieure de Tourisme – Paris et à l'Institut Supérieur Européen de Gestion, ISEG-Paris

Merci à :

Rémi MALETRAS,
Directeur des Affaires Economiques et des Technologies de l'Information de L'UMIH
Noël Le SCOUARNEC,
Secrétariat d'Etat au Tourisme, Direction du Tourisme
Pierre CHEVALIER,
Consultant, FACT (Formation-Action-Conseil-Tourisme)
Nadine THOUIN,
Directrice des Ventes et Marketing Planet Hollywood - Paris
Laure LECOINTE,
Service commercial de l'hôtel Ibis Cambronne Tour Eiffel
Eliane ROUYER,
Directeur de la communication financière du Groupe ACCOR
Amélie BELHOMME,
De la Maison de la France
Jean DUCHET,
Sophie KEREBEL,

et à toutes les personnes et organisations (journaux, magazines, éditeurs), ayant aimablement répondu à mes demandes.

Mais je veux remercier tout particulièrement M. Armand DAYAN, professeur à l'ESCP, car sans ses conseils, son aide et son amitié, ce livre n'aurait jamais vu le jour.

PRÉAMBULE

Tourisme : une nouvelle aventure?

Le dossier spécial réalisé par Tour Hebdo, juste un an après les attentats du 11 septembre aux Etats-Unis, démontre bien que ce n'est pas tant l'événement conjoncturel qui agit sur la demande touristique, mais que les signes de mutation étaient déjà présents, même s'ils sont parfois brutaux[1]...

En 2003, d'autres événements, comme le SRAS ou le conflit en Irak, ont mis un coup d'arrêt aussi brutal au tourisme asiatique et oriental. Les voyageurs boudent certains pays au nom de la sécurité, et c'est bien là, l'un des maîtres mots de la nouvelle donne.

Le transport aérien est le principal moteur de cette mutation. «Démocratisation» du voyage par l'arrivée des «low cost», pertes et faillites... A tel point que certains pays se demandent aujourd'hui s'ils ont encore les moyens de conserver leur marque nationale qui ont porté leur bannière autour du monde et fait leur fierté depuis plus d'un demi-siècle.

Si Air France, Lufthansa ou British Airways s'en sortent relativement bien en comparaison à leurs consoeurs européennes ou américaines (en 2001, les pertes enregistrées par les 108 compagnies membres de l'IATA – International American Transport Association, ont frôlé les 12 milliards de dollars pour ce qui concerne le trafic international et entre 4 et 8 milliards de dollars en 2002), c'est au nombre d'alliances sur la distribution, de la baisse de certai-

1. Le nouvel ordre mondial, Tour Hebdo, n° 1046, 13 au 19 septembre 2002.

nes commissions ou des services proposés et de l'accroissement des ventes *via* Internet, dont les parts de marché augmentent au détriment des professionnels traditionnels. Peut-on dire que le Web renforce l'organisation individuelle des vacances qui est aujourd'hui prépondérante ? Car 75 % des vacanciers européens organisent eux-mêmes leur séjour, de 62 % pour les germaniques à 93 % pour les latins.

On n'a jamais autant parlé de gestion des capacités, de rentabilité, de déréglementation, de privatisation, d'accords inter compagnies, et par là même du désengagement des Etats. Il en est de même avec le réseau ferré ou le tourisme naval.

En ce début du XXIe siècle, la grande aventure du transport, acteur essentiel du développement du tourisme, ressemble en quelque sorte à celle de la fin du XIX et du début du XXe siècle. Identique? Pas tout à fait. Des espaces se forment, se détruisent et se modifient en permanence. Le nouvel espace européen en est un merveilleux exemple. Les technologies permettent de mieux répondre et plus vite aux attentes des consommateurs. De nouveaux produits comme le tourisme spatial font leur apparition et certaines entreprises se sont déjà formées afin de proposer des voyages spatiaux «grand public». Ce n'est pas pour demain? Non, c'est pour aujourd'hui!

Les acteurs du tourisme ont pleinement pris conscience de ces nouveaux défis. En Europe, le pari de L'A 380 en est un parmi tant d'autres. Dans un autre registre, alors que l'on pouvait croire à la disparition des agences de voyages avec l'avènement d'Internet, il n'en a rien été, heureusement. En tenant compte des modifications de comportements des individus, les professionnels de ce secteur ont su utiliser cet outil afin de renforcer leur offre.

Depuis 1997, la Commission européenne cherche à amplifier les bénéfices d'un développement équilibré et durable du tourisme, afin de maximiser la contribution que peut apporter le tourisme à la croissance et à l'emploi, notamment autour de quatre thèmes : l'information, la formation, la qualité et la durabilité. Le groupe de travail consacré à «la promotion de la protection de l'environnement et du développement durable du tourisme», et constitué d'experts représentant les 15 pays membres, de représentants d'organisations professionnelles et d'ONG environnementales, ont conclu à la priorité de formaliser une coopération entre les Etats membres en matière de tourisme. Il se concrétiserait sous la forme d'un «Agenda 21 européen du tourisme», déclinaison concrète sur les territoires des principes du développement durable du tourisme[1].

1. Ministère du Tourisme.

L'association «Tourisme Site», animée par l'Agence française de l'ingénierie touristique, s'est créée en 2001 pour soutenir ces démarches. En effet, le tourisme ne figurait pas au nombre des matières communautarisées et il n'y avait pas de politique commune du tourisme.

La résolution du Conseil du 21 mai 2002 sur l'avenir du tourisme européen[1]

En février 2002 une résolution du Parlement européen est adoptée en séance plénière le 14 mai 2002. Le Parlement européen a approuvé la communication tout en proposant d'aller au-delà des mesures qu'elle contient : création d'un programme-cadre pour le tourisme au niveau communautaire et d'une ligne budgétaire appropriée, prise en compte du tourisme dans le débat sur l'harmonisation fiscale au sein de l'Union, inclusion de la restauration et éventuellement d'autres services touristiques, à la liste des secteurs d'activité pouvant bénéficier, à titre pérenne, d'un taux réduit de TVA, nécessité d'une directive cadre pour la mise en place des comptes satellites du tourisme, promotion de l'Europe en tant que destination touristique et prise en compte, dans les travaux de la Convention, du secteur du tourisme en vue d'inclure dans le traité une véritable politique commune du tourisme.

La communication de la commission a fait l'objet d'un avis rendu le 18 septembre 2002, par le Comité économique et social européen (CES), et la résolution du Conseil des ministres du 21 mai 2002 inscrit les programmes européens en matière de tourisme dans un cadre bien défini; en déterminant la base juridique nécessaire pour renforcer les stratégies communautaires et faciliter la définition d'un programme-cadre pour le tourisme. Par ailleurs, le Comité demande la création d'un réseau européen de points d'information et de conseil touristique (PICT), destiné aux entreprises et opérateurs du secteur ainsi qu'une «charte de qualité des destinations touristiques européennes», adoptée volontairement par les destinations touristiques. Cette charte constituerait la base d'une évaluation comparée au niveau européen (benchmarking), la valeur constitutive de la marque européenne.

1. Ministère du Tourisme.

L'impact de l'euro dans le secteur du tourisme [2]

L'euro exerce des effets directs sur l'offre touristique en affectant l'environnement des entreprises et des consommateurs. En éliminant les fluctuations de change entre les devises participantes, en assurant la stabilité des prix, en permettant d'exprimer dans une même unité monétaire tous les prix à l'intérieur d'un espace composé de plusieurs pays, l'intégration monétaire accroît la transparence des marchés.

Il y a toutefois une contrepartie à cette situation : dans la mesure où tous les prix au sein de la zone sont libellés dans la même monnaie, les touristes ont tendance à comparer non seulement les prix des prestations touristiques mais aussi les prix de prestations diverses qui ne sont pas spécifiques au tourisme (alimentation, achats, essence, péages...). En effet, pour les pays européens, la monnaie unique constitue un facteur de concurrence, et ce plus particulièrement dans le secteur du tourisme. Cependant, l'euro crée la possibilité de gagner collectivement en qualité, critère devenu majeur dans la filière touristique, et pour les touristes voyageant vers les pays tiers, le cours de l'euro devient une variable décisionnelle.

SOMMAIRE

Deuxième partie
TRAITEMENT DES CAS ET ÉLABORATION D'UN PLAN

Troisième partie
ÉTUDES DE CAS – THÈMES RÉCURRENTS

Quatrième partie
NOUVEAUX CONCEPTS ET ÉTUDES DE CAS SPÉCIFIQUES

Cinquième partie
CORRIGÉS

INTRODUCTION

Le marketing des métiers de l'accueil est assez méconnu du grand public. Et pourtant, il est au moins aussi important que le marketing de la grande distribution auquel les stratèges font largement référence. C'est le secteur économique français qui dégage actuellement le plus d'excédents, il est donc essentiel de lui donner la place qui lui revient.

Il est vrai que ce secteur, composé d'une multitude de professions, de micromarchés, est parfois compliqué à analyser et à comprendre dans son ensemble, tant il est difficile de savoir précisément qui participe peu ou prou à la croissance du tourisme. Du limonadier, du vendeur de sandwiches ou de crêpes aux plus grands opérateurs hôteliers ou de restauration ou encore des sites de loisirs ; on peut dire que cet ensemble hétérogène compose un méso-environnement complexe d'une certaine cohérence.

Cet ouvrage expose et développe les grands thèmes du marketing du secteur du tourisme, de l'hôtellerie et de la restauration.

Ainsi sont mises en avant :

- La compréhension des forces en mouvement dans ce secteur;
- La prise en compte d'un environnement européen en pleine recherche de normalisation dans le cadre de l'Union européenne, et d'un environnement international toujours en perpétuelle mouvance;
- La notion de servuction (production de services).

Afin de traiter l'ensemble des points ci-dessus évoqués, l'ouvrage se décompose en 3 parties :

- Présentation du secteur tourisme;

– Exercices, thèmes de réflexion et études de cas sur chacun des éléments du marketing, avec une présentation des éléments du marketing spécifique du marché de l'accueil;
– Études de cas spécifiques.

Cet ouvrage s'adresse donc à la fois :

– Aux étudiants des écoles de tourisme en général et d'hôtellerie et de restauration en particulier, qui doivent tout au long de leur formation s'entraîner pour réussir leurs examens;
– Aux professeurs de marketing qui trouvent enfin là un véritable outil de travail qui n'existe pas par ailleurs. Les connaissances pratiques sur le secteur, illustrées de nombreuses données chiffrées, complètent parfaitement les innombrables études de cas proposées sur des thèmes classiques et récurrents ou plus spécifiques;
– À toute personne qui s'intéresse au marketing des métiers de l'accueil (du tourisme) et qui désire bénéficier d'un support pratique pour s'informer ou réactualiser ses connaissances sur ce thème spécifique.

PREMIÈRE PARTIE

Présentation du secteur du tourisme

CHAPITRE 1

Panorama du tourisme Quelques éléments essentiels

1. DÉFINITION

Selon la définition française, le tourisme comprend les *« activités déployées par les personnes au cours de leurs voyages et de leurs séjours dans les lieux situés en dehors de leur environnement habituel, à des fins de loisirs, pour affaires et autres motifs »*. Le terme visiteur fonde, quant à lui, le concept international : *« Les visiteurs qui passent au moins une nuit dans un moyen d'hébergement collectif ou privé dans le lieu visité, sont des touristes »*. Cette définition s'applique également aux touristes internationaux[1].

0 nuit = excursionniste		Visiteur
1 à 3 nuits = court séjour	Touriste	
> à 3 nuits et < à 1 an = vacances		

D'une façon générale, au-delà de la diversité des activités qu'il recouvre, le domaine du tourisme en général et des services (servuction : production de

1. Observatoire national du tourisme/OMT Organisation mondiale du tourisme.

services), constitue un cadre d'analyse particulièrement intéressant en raison :

- De son développement relativement récent;
- De son poids spécifique au sein de l'économie nationale et mondiale;
- De la logique, à bien des égards, originale, à laquelle il obéit par rapport à celle qui régit le secteur des biens de grande consommation ou des biens industriels.

Il est nécessaire de replacer le marché de l'hôtellerie et de restauration dans un contexte plus général, celui du tourisme. En effet, le secteur touristique en France, arrive en tête en terme de chiffre d'affaires et en terme d'emploi. De ce fait, il est impossible de séparer l'un de l'autre tant ils s'interconnectent, se complètent, utilisent souvent les mêmes circuits de distribution et passent par les mêmes professionnels. A cet ensemble, il faut aussi mettre en avant l'importance de l'édition, vecteur essentiel de la communication des entreprises de tourisme ainsi que l'utilisation des technologies mises à leur disposition, comme les centrales de réservation ou du réseau Internet (voir chapitre sur la distribution).

La France est l'une des premières destinations touristiques de la planète, la toute première pour les Britanniques, les Irlandais et pour Allemands, suivie de près par les Hollandais. Elle reste la destination européenne la plus populaire des Japonais qui pratique le «tourisme de shopping». Paris est la ville européenne la plus visitée. Il faut aussi noter que la majorité des Français préfère passer leurs vacances en France plutôt qu'à l'étranger.

2. LES ORGANISATIONS ET LES ACTEURS

2.1 La campagne «bonjour!»

La campagne «bonjour!», conduite par le secrétariat d'Etat au tourisme, a pour but de sensibiliser les professionnels du tourisme français et le grand public à la qualité de l'accueil des visiteurs. L'opération, lancée en 1994, rassemble aujourd'hui 70000 acteurs du tourisme français, engagés dans cette démarche d'accueil et, au-delà, de qualité du service offert.

Dans le contexte de crise internationale, le secrétaire d'Etat a également souligné l'importance de communiquer ce message d'accueil et de bienvenue auprès des publics étrangers, et notamment des visiteurs anglo-saxons. Message qui permet de renforcer l'image de la France en tant que destination rassurante et sécurisante.

Cette démarche s'inscrit dans le plan qualité du secrétariat d'Etat au tourisme et dans la stratégie de «Maison de la France» (32 bureaux de Maison de la France dans le monde), le but étant de faire le voyage du touriste depuis son départ jusqu'à sa présence en France – comme les transporteurs locaux, les douanes, les agences réceptives, d'autres réseaux de commerces, les services postaux ou encore les chaînes de restauration sur les autoroutes ...

Les régions peuvent, en partenariat avec «Maison de la France», décliner l'affiche de «bonjour!» avec des visuels originaux et une accroche sur mesure (exemple : «*En Alsace, le sourire vient du cœur*»). De nombreux comités régionaux du tourisme ont déjà souscrit à cette démarche, en France et dans les quatre DOM.

Les principaux partenaires financiers sont Air France (200 agences en France et 200 à l'étranger, supports de communication comme ses magazines diffusés à bord des avions), Mercure (240 hôtels en France), Hertz (450 agences en France et en Europe), Selectour, Diners Club, la SNCF, les sociétés d'autoroutes... Ils renouvellent leur participation à la campagne d'affichage grand public faite dans plus de 46 villes, préfectures de régions ou chefs-lieux de départements, en France, avec près de 5200 emplacements et animent l'opération auprès de leurs réseaux composés de 58000 partenaires.

Par ailleurs, la FNOTSI et les FROTSI (Fédération Nationale et Régionale des Offices de Tourisme et Syndicats d'Initiative), les Plus Beaux Détours de France, la Fédération Nationale des Stations Vertes de Vacances, la Fédération des Sports Populaires ainsi que le Comité National du Fleurissement de la France assurent un rôle prépondérant de relais auprès de leurs membres.

Une nouvelle déclinaison de l'accueil :

- La volonté d'associer l'accueil à une démarche professionnelle;
- Un message simple et fédérateur, «En France, le sourire vient du cœur», devenu depuis deux ans l'accroche de la campagne;
- L'objectif de bâtir une opération à long terme (pérennité du logo, de l'accroche, des animations menées autour de la campagne...);
- La volonté de dynamiser les relais professionnels (fédérations, chaînes...) pour que la campagne se répercute «en cascade» au niveau local;
- Une déclinaison de la campagne par chaque région française;

- L'intégration de «bonjour!» aux actions de promotion internationales menées par «Maison de la France»;
- Enfin, la sensibilisation du grand public à l'accueil, en écho à la mobilisation des professionnels.

2.2 La FNOTSI et les FROTSI

Les 3600 Fédérations nationales et régionales des offices de tourisme et syndicats d'initiative de métropole et des DOM reçoivent chaque année 60 millions de visiteurs. Les offices de tourisme sont classés de 1 à 4 étoiles en fonction de leur période d'ouverture et des services rendus à la clientèle.

- **Information touristique** fiable et complète sur la commune et sa région;
- **Conseil** personnalisé à votre séjour;
- **Service permanent** de réponse au courrier;
- **Renseignements** téléphoniques;
- **Fourniture de guides** et de cartes touristiques;
- Possibilité de **consultation des disponibilités** immédiates dans les hôtels et les campings;
- Propositions possibles de **prestations touristiques** : visites guidées, incitation à la découverte...
- Dans certains cas, **borne interactive**, ou **borne Internet** (émission et réception de messagerie électronique).

La FNOTSI regroupe aussi plusieurs clubs à thème. Chacun de ces clubs, présidé par un comité directeur réunit des permanents et/ou des élus d'offices de tourisme et syndicats d'initiative pour mener des actions communes de promotion et de communication afin de toujours mieux valoriser leur ville et satisfaire les clientèles.

- **Le club «Bon Week-end en Villes» :** 40 offices de tourisme 3 et 4 étoiles qui mènent en partenariat avec des hôteliers de leur ville une opération de promotion : deux nuits pour le prix d'une (www.bon-week-end-en-villes.com);

- **Le club des «Villes de Terroir»** : propose l'opération Terroir et Patrimoine. Les hôtes de ces villes peuvent ainsi savourer, dans les restaurants partenaires, un menu présentant des mets confectionnés avec des produits régionaux (www.villes-de-terroir.com).

- **Le Club des Villes Sanctuaires** : 9 offices de tourisme (Chartres, Le Puy-en-Velay, Lisieux, Lourdes, Nevers, Paray-le-Monial, Rocamadour, Sainte-Anne-d'Auray, Le Mont-Saint-Michel) proposent ensemble des actions de promotion autours de leurs sites religieux pour toujours mieux faciliter le séjour des visiteurs (visites guidées, pèlerinages...).

- **Le club Presse** : il regroupe 80 offices de tourisme qui mènent ensemble des actions de communication (petits-déjeuners presse, rencontres presse, formations presse). Ils éditent ensemble «Tourisme Avant Première», une lettre trimestrielle d'information adressée à plus de 850 journalistes de la presse nationale et internationale (www.club-presse-tourisme.net).

- **Le club des offices de tourisme du littoral :** plus de 30 offices de tourisme 3 et 4 étoiles du littoral atlantique et méditerranéen se sont constitués en un club d'action et de réflexion. Ce club est accompagné par l'AFIT et par la FNOTSI. Depuis septembre 2000, il s'est affilié à «Maison de la France» pour ses actions de promotions.

2.3 La «Maison de la France» (MDLF)

Le rôle de la «Maison de la France» est important. Créé en 1987 et placé sous l'autorité du secrétariat d'Etat au tourisme, c'est un Groupement d'intérêt économique (GIE) chargé de promouvoir le tourisme français et l'image de la France sur les marchés étrangers regroupant les «Softe» (1ers bureaux ouverts en 1919), Bienvenue France et la sous-direction de la promotion.

- **Sa mission**
  - Développer le partenariat entre l'Etat, les collectivités territoriales, les professionnels du tourisme et des grands secteurs de l'économie;
  - Participer à la politique de coopération internationale du Ministère (actions de coopération bilatérale ou présence dans les organismes internationaux).

- **La répartition de ses adhérents**
  Près de 1200 adhérents répartis de la façon suivante :
  - Institutionnels (34 %);
  - Acteurs directs du tourisme (40 %);
  - Professionnels contribuant au secteur touristique (26 %).

- **La répartition de ses structures**
  32 bureaux implantés dans 26 pays (282 agents, dont 30 % d 'Etat, 70 % à l'étranger), ayant un champ d'action sur 39 pays :
  - Structures propres (Union européenne, Amérique du Nord, Japon, Russie, Brésil, Australie, Asie du Sud-Est);
  - Bureaux conventionnés avec Air France ou les Chambres de commerce et d'industrie (Hongrie, Afrique du Sud, Mexique, Argentine, Taiwan, Corée, Hong-Kong);
  - Antennes : Lisbonne, Delhi.

- **Sa démarche marketing** donne la priorité à la logique des marchés tant en France qu'à l'étranger à partir d'une stratégie différenciée produits/pays. Pour répondre à ces objectifs, elle met en place quatre types d'actions : information, communication, analyse des marchés, promotion commerciale et relations publiques :

1. **L'information et la communication** (salons, bourses professionnelles et séminaires de promotion) :
   - mieux faire connaître la richesse et la diversité de l'offre touristique française;
   - fidéliser la clientèle;
   - conquérir de nouvelles cibles.
2. **La promotion commerciale** (accueil de tour-opérateurs, d'agents de voyages en France, ponctuellement, dans le cadre d'eductours ou lors d'opérations multi marchés, généralistes ou thématiques telles que «Rendez-vous France», «Grand Ski», «Destination Jeunes»...) :
   - accroître la programmation de la France;
   - inciter les tour-opérateurs à diversifier leur programmation;
   - former et informer les professionnels pour aider à la vente du produit France;
   - aider les adhérents français à trouver des partenaires étrangers.
3. **Les relations presse** (exemple : 2000 journalistes étrangers invités tant à l'occasion de manifestations nationales que pour découvrir les régions et départements français) :
   - accroître la présence de la destination France dans les médias internationaux;
   - informer la presse professionnelle et les adhérents sur l'activité de MDLF.

4. L'analyse des marchés

- analyser la demande et les attentes des clientèles étrangères pour aider les professionnels à développer des produits adaptés;
- organiser la veille stratégique des marchés;
- mener des études prospectives.

■ **La répartition de ses actions de promotion**
Près de 2500 actions de promotion réparties comme suit :

Articles de presse : 25 %, spots TV : 9 %, spots radio : 26 %, espaces d'affichage : 40 % et 15 sites Internet ont servi de support à l'image de la France, de ses régions et de ses produits touristiques, lui permettant de toucher ainsi plus de 220 millions de personnes.

■ **La diffusion de sa documentation**
252 documents édités dans 21 langues

- plus de 10 millions de documents diffusés;
- 8,5 millions de personnes renseignées, dont 6 millions sur le site Internet «franceguide.com» + 14 autres et PEE (Poste d'expansion économique).

Son site Internet, désormais accessible en 6 langues comporte des rubriques thématiques spécifiques et grâce à sa nouvelle configuration, le nombre de visites a considérablement augmenté et atteint 7 millions d'internautes.

Après les tragiques événements du 11 septembre 2001 qui ont fortement marqué l'évolution du tourisme international, et affecté en particulier les marchés émetteurs lointains (Etats-Unis, Japon, Moyen-Orient notamment), plus spécifiquement le tourisme d'affaires, le tourisme haut de gamme, et dans une moindre mesure le tourisme d'agrément, des actions de soutien ont également été mises en place aux Etats-Unis, au Canada et au Japon.

■ **Son budget**

Le budget consolidé de «Maison de la France» a été pour 2002 de 67 millions d'euros (56 en 1997). 46 % de ce dernier provient de subventions de fonctionnement de l'Etat. Près de 92 % de celui-ci est destiné à la promotion commerciale, la communication institutionnelle et à l'information; sans compter les retombées dues aux articles journalistiques dans la presse internationale dont l'équivalent en publicité est estimé annuellement à environ 92 M€.

2.4 Le «Club France»

En 1991, «Maison de la France» crée dans le monde un réseau francophile intitulé «Club France», leurs membres pouvant ainsi bénéficier d'informations touristique françaises (3 grandes familles de produits ont été définies : affaires, art de vivre et loisirs actifs). Après un arrêt en 2002, «Club France» a repris ses activités depuis janvier 2003.

2.5 La Bourse Solidarité Vacances (BSV)

Créée en 1999 à l'initiative du secrétariat d'Etat au Tourisme, elle a pour mission la lutte contre l'exclusion des vacances (les familles, les jeunes, les personnes âgées et les personnes handicapées disposant de faibles ressources). Concernant le transport, la SNCF a mis en place un tarif spécifique destiné aux familles se déplaçant pour se rendre sur un lieu de séjour proposé par la Bourse Solidarité Vacances.

Air France met à la disposition de la BSV des places d'avion sur ses lignes métropolitaines (Corse incluse) à un prix forfaitaire aller/retour.

En 2002, la BSV a permis à au moins 30000 personnes de partir en vacances, dont de nombreux enfants. Dans une perspective 2003, le secrétariat d'Etat au tourisme a intensifié son partenariat avec la BSV en multipliant par deux sa subvention.

2.6 Le Centre d'Information et de Documentation Jeunesse (CIDJ)

Le CIDJ représente 27 centres régionaux, 4 centres d'information Jeunesse d'Ile-de-France, 1620 bureaux ou points d'information Jeunesse ainsi que 25 bus info Jeunes, antennes mobiles d'information qui circulent sur toute la France. De nombreux efforts sont fournis pour aider le départ en vacances des jeunes.

2.7 L' Observatoire National du Tourisme (ONT)

Association «loi 1901» créée en 1991, l'Observatoire national du tourisme est un outil d'observation et d'orientation de l'offre touristique. Sa tutelle est exercée au nom du ministre par la direction du tourisme. C'est un lieu privilégié de concertation et de réflexion pour les acteurs institutionnels du tourisme, publics et privés.

Rattaché au secrétariat d'Etat au tourisme, l'ONT compte 200 adhérents, notamment des collectivités territoriales, des groupements et syndicats professionnels, des professionnels du tourisme, des banques, des transporteurs, de grands opérateurs touristiques, des organismes de recherche ou encore des bureaux d'études.

L'ONT collecte et analyse des statistiques en provenance de diverses activités directement liées au tourisme (culture, transports...) et publie des résultats comparés des observations effectuées au niveau départemental et régional («Mémento du tourisme» ou encore «l'Atlas du tourisme»).

2.8 L' Agence française d'ingénierie touristique (AFIT)

Groupement d'intérêt public (GIP) créé par arrêté du 16 mars 1993 pour six ans et dont le renouvellement a été prononcé pour une nouvelle durée de six ans par arrêté du 19 février 1999, l'AFIT associe neuf ministères concernés par le tourisme, des établissements publics de l'Etat, des organismes représentatifs des collectivités locales, différentes structures publiques et privées interessées par le développement du tourisme, ainsi que des entreprises.

L'article 2 de la «convention constitutive» dispose que «*dans le cadre de la politique définie par le Ministre en charge du Tourisme, le groupement remplit une mission d'ingénierie ayant pour objet de favoriser l'adaptation de l'offre touristique française aux évolutions de la société et de la consommation pour mieux répondre à la demande, améliorer sa compétitivité et faire face à la concurrence internationale*».

Ses actions sont organisées autour de trois types d'interventions :

1. Etablir et tenir à jour un panorama de l'offre touristique française;
2. Identifier, stabiliser, améliorer, diffuser les savoir-faire;
3. Assister parfois les commanditaires d'opérations précises dans la phase amont de projets de grande ampleur mobilisant un grand nombre d'acteurs publics et privés.

2.9 L' Agence nationale pour les chèques vacances (ANCV)

Elle permet aujourd'hui à plus de 5,6 millions de personnes de partir en vacances; 35 % ne partiraient pas sans cette aide. L'Agence nationale pour les chèques-vacances (ANCV) compte plus de 16000 clients (entreprises, comités d'entreprise...) auprès desquels sont émises plus de 65 millions de coupures pour un montant total de 690 millions d'euros, acceptées par 135 000 professionnels du tourisme.

L'ANCV participe activement à la politique sociale du tourisme en mettant ses résultats économiques au service d'actions sociales, de projets innovants pour les familles et les jeunes en situation de précarité, et d'aides à la rénovation d'équipements de tourisme à vocation sociale, complémentaires à celles du plan patrimoine mené par l'Etat.

Les chèques-vacances, dont l'impact économique est évalué à quatre fois son volume d'émission (soit 2,5 milliards d'euros), représentent 10 % de la consommation touristique intérieure.

La loi n 99-584 du 12 juillet 1999 a permis l'extension des chèques-vacances aux PME-PMI et par la même, l'accès aux vacances des 7,5 millions de salariés ne disposant pas de comité d'entreprise. La loi ayant de plus élargi les possibilités d'utilisation des chèques-vacances au territoire des pays membres de l'Union européenne, il s'agit désormais pour l'ANCV de transférer son savoir-faire en Europe.

2.10 Le Conseil national du tourisme (CNT)

Organisme créé en 1910, le Conseil national du tourisme est présidé par le ministre chargé du tourisme. Le Conseil national du tourisme comprend 469 membres (22 personnalités qualifiées; 236 membres de droit; 211 conseillers techniques).

Le domaine d'investigation du Conseil national du tourisme est de :

- Donner un avis sur toute question dont il est saisi par le ministre en charge du Tourisme;
- Donner un avis sur les objectifs du Plan (tourisme) et être informé de son exécution;
- Exercer une mission de prospective;
- Etre consulté dans les domaines techniques de sa compétence par les administrations responsables sur les projets de textes législatifs ou réglementaires ayant une incidence sur le tourisme;
- Etre informé des programmes nationaux et régionaux de promotion du tourisme français à l'étranger;
- Etre le cadre de discussions d'accords négociés entre branches professionnelles ou prestataires de services du tourisme.

2.11 L'administration du tourisme

Secrétariat d'Etat au tourisme

Maison de la France

Direction du tourisme

Agence française pour l'ingénierie touristique

Observatoire national du tourisme

Agence nationale pour les chèques-vacances

L'administration centrale se composant de :

- L'inspection générale du tourisme (IGT);
- La Direction des industries touristiques (DIT) qui assure la représentation du ministère du Tourisme au sein des instances inter-gouvernementales (CEE, OCDE, OMT, etc.);
- La Délégation aux investissements et aux produits touristiques (DIP).

3. LA NATURE MULTIFORME DU TOURISME

D'anciennes formules disparaissent, des nouvelles prennent leur place. Il s'agit aujourd'hui principalement des formes suivantes[1] :

3.1 Tourisme de plaisance

La flotte de plaisance française immatriculée compte officiellement 900000 bateaux mais compte tenu des taux de disparition, elle est estimée à 650000 (70 % de moins de 2 tonneaux et 30 % de voiliers).

1. Source : classement provenant du Conseil économique et social du 26 juin 1996 : «le tourisme, un atout à développer» France, Rapporteur : M. Fernand Chaussebourg et du ministère du Tourisme 2003 : rapport du Conseil économique.

On recense 175 ports de plaisance de plus de 100 places équipés de quais ou de pontons, représentant environ 120 000 places doublées avec les mouillages forains (Autorisations d'occupation temporaire (AOT) du domaine public).

La Fédération française des ports de plaisance estime à environ 150 millions d'euros le chiffre d'affaires cumulé des ports de plaisance (2/3 en fonctionnement, 1/3 en investissement). Par ailleurs, la Fédération des industries nautiques considère que le secteur des industries nautiques, qui regroupe 1 200 entreprises, concerne 8 500 personnes et réalise un chiffre d'affaires d'environ 1,5 milliard d'euros, ce qui la place au 1er rang en Europe et au 2e dans le monde (le premier toutefois pour les voiliers habitables, les multicoques et les pneumatiques) avec, en particulier, un taux d'exportation de la production s'élevant à 50 % (un guide pour la valorisation touristique des ports de plaisance est en cours de réalisation).

Les produits nautiques :

- La **location** (120 entreprises spécialisées représentant 1 500 bateaux, auxquelles s'ajoutent, le parc des bateaux de professionnels, dont ce n'est pas le métier principal, et la location directe des particuliers. La location croisière est en progression (40 000 semaines/an). Le « day boat » commence à se développer, surtout en Méditerranée ; le charter est encore un créneau qui semble sous-exploité ;
- La **plongée sous-marine** comprend 240 000 licenciés et sans doute 900 000 pratiquants;
- La **pêche en mer** comprend environ 1 million de pratiquants, dont 400 000 passionnés (150 000 en bateaux) ;
- La **voile légère** concerne 75 000 licenciés dans 1 400 clubs, auxquels s'ajoutent les 110 000 licenciés des écoles de voile et les 15 000 de planches à voile, soit 200 000 licenciés au total ; le nombre de pratiquants, licenciés et non licenciés, est estimé à plus de 2 000 000.

3.2 Tourisme des jeunes

Suivant une enquête INSEE, parmi les 10 millions de Français qui ne partent pas en vacances, on compte 3 millions de jeunes. Mais qu'est-ce que le tourisme des jeunes ? Cette notion recouvre des réalités très différentes qui mêlent plusieurs critères, tels que les tranches d'âges, les types de séjours et leurs contenus. L'idée d'un tourisme des jeunes qui serait monolithique n'est donc pas défendable, l'offre est constituée d'une mosaïque qui tient plus ou moins compte de la réalité de la demande très hétérogène des jeunes.

Il faut souligner que les jeunes adultes souhaitent des vacances autonomes et conviviales et des conditions de qualité, de confort, d'hébergement et d'environnement à prix modiques, préférant les hôtels aux hébergements collectifs qui ne correspondent plus à leurs attentes.

L'enquête du CREDOC réalisée en 1999 sur les vacances d'été ainsi que les rapports du Conseil économique et social et du Conseil national du tourisme sur les non partants et sur le tourisme des jeunes constatent que les jeunes de 18/25 ans partent moins en vacances que l'ensemble de la population. L'enquête de la Direction du tourisme/Sofres en 2001, confirme également ces observations :

Taux de départ en voyage des jeunes

Cible	Toute destination toute durée	Courts voyages (1 à 3 nuits)	Longs voyages (4 nuits et plus)	En France	A l'étranger
Ensemble des voyageurs	72,7	42,6	65,1	68,8	22,1
15 – 24	65,8	40,1	55,2	61,4	18,8
25 – 34	76,6	52,7	66,2	74,6	17,9

Pour remédier au manque de connaissance de ce secteur d'activité, depuis 1999, le secrétariat d'Etat au Tourisme a soutenu l'Observatoire national des vacances et des loisirs des enfants et des jeunes, association créée en décembre 1999 à l'initiative de l'Union nationale des associations de tourisme et de plein air (UNAT), de l'association Jeunesse au plein air (JPA), de l'Union française des centres de vacances de loisirs et de plein air (UFCV), en partenariat avec la Ligue de l'enseignement ainsi qu'avec le ministère chargé de la Jeunesse.

Ce baromètre mensuel, qui complète les statistiques du ministère de la Jeunesse et des Sports, a permis :

- de suivre l'évolution de l'activité du secteur;
- d'étudier les variations de la demande;
- d'analyser les pratiques de réservation;
- d'évaluer l'impact d'événements particuliers (marée noire, accidents...);
- de mettre en place des politiques d'aide au départ sur les inscriptions et les séjours réalisés.

■ Les centres de vacances

L'Observatoire des vacances et des loisirs des jeunes confirme une chute très importante de la fréquentation des centres de vacances (de 19 % en 2000 par rapport à 1994) avec une diminution du temps de séjours. Il est constaté depuis une stabilisation compte tenu, notamment, d'une meilleure prise en compte des demandes par les organisateurs (plus de 171 000 jeunes adultes ont été encadrés). Mais cette régression s'explique aussi par :

- La diminution constante de l'aide de l'Etat aux familles ;
- Le choix de nombreuses collectivités qui privilégient les loisirs de proximité plus visibles pour la population ;
- La loi Sapin (Délégation de Service Public, appels d'offres) appliquée aux centres de vacances aboutit à dessaisir les responsables municipaux de leurs choix de partenaires éducatifs et tend à assimiler les associations à des entreprises commerciales vendant une simple prestation de service ;
- La réglementation sur les activités physiques et sportives (loi sur le sport) qui méconnaît les particularités des centres de vacances et qui ne prévoit pas une pratique purement ludique ou de découverte des activités physiques et sportives ;
- La question du statut de l'animation volontaire et le risque de professionnalisation de l'encadrement des centres de vacances qui remettrait en cause le caractère fondamental de l'engagement volontaire des animateurs en ce domaine.

■ L'accueil des enfants en station

Les différentes études (INSEE, IED...) démontrent que les enfants influent pour plus de 43 % dans les choix des lieux de vacances. Le secrétariat d'Etat au Tourisme soutient l'association nationale du label «Kid» dans sa démarche d'extension et de développement pour favoriser l'accueil des enfants et de leur famille dans les stations touristiques. Le label «Kid» recense actuellement 42 stations touristiques.

■ Les classes de découverte

Elles concernent principalement l'enseignement du premier degré et permettent à l'enfant de vivre une nouvelle expérience et de découvrir un nouveau milieu. Le Conseil national du tourisme estime que plus de 26 000 classes partent en classes de découverte, avec une fréquentation de 5 215 295 journées vacances, la mer étant la première destination aimée des enfants.

On peut estimer que, globalement, les voyages scolaires drainent un chiffre d'affaires de plus de 304 millions d'euros. Par ailleurs, les enfants qui participent aux classes de découverte sont souvent des touristes potentiels qui peuvent revenir en vacances sur la station ou le village de leur enfance.

■ **Les séjours linguistiques**

Sur l'ensemble des organismes proposant des séjours 47 % sont des associations et 11 % des services universitaires. L' Office national de garantie et de séjours et stages linguistiques garantit des séjours pour tous les âges : des formules spécifiques pour les moins de 16 ans, des formules en écoles de langue et une grande diversité d'autres possibilités pour les jeunes de plus de 16 ans et les adultes.

En 2001, le nombre de partants par les organismes ayant été contrôlés par l'Office a été de 312000 personnes dont 225000 concernant des voyages scolaires éducatifs et 87000 jeunes en séjours scolaires, pour un chiffre d'affaires de 160 millions d'euros.

Le nombre de séjours linguistiques est en progression constante depuis 1994 et tend à s'accentuer avec l'ouverture des frontières et le besoin de connaître une ou plusieurs langues, la Grande-Bretagne étant la principale destination. L'Union européenne est estimée à 119 millions de jeunes de moins de 25 ans.

3.3 Tourisme lié aux activités physiques et sportives

■ **Les randonneurs**

De 2,2 millions de licenciés en 1955, on peut estimer, en tenant compte d'une croissance de plus de 2 % par an (en sachant qu'il y avait 6 millions de randonneurs en 1989), que la randonnée concerne environ 9 millions d'individus, soit plus de 15 % de la population.

■ **Les vacances d'hiver**

38 % des français âgés de 15 ans et plus ont pris des vacances au cours de l'hiver 2001/02, soit près de 17 millions d'individus, qui ont totalisé 61 millions de séjours, générant 269 millions de nuitées (toutes destinations confondues).

Evolution des taux de départ en vacances aux sports d'hiver
(d'octobre à mars, avec pratique d'au moins un sport d'hiver)

Français de 15 ans et plus	1997/98	1998/99	1999/00	2000/01	**2001/02**
Taux de départ en long voyage personnel*	7,7 %	7,7 %	7,7 %	7,1 %	**7,5 %**

Source : Enquête sur le suivi de la demande touristique française-Direction du Tourisme/Sofrès
** Au moins 4 nuits hors du domicile*

Au cours de la saison d'hiver 2001/02, 7,5 % des Français âgés de 15 ans et plus sont partis en vacances aux sports d'hiver, soit un peu plus de 3,4 millions d'individus.

Jusqu'à présent, l'enquête mensuelle sur le suivi de la demande touristique française évaluait le nombre de personnes ayant déclaré avoir pratiqué au moins une activité de sport d'hiver.

Depuis 1998, une nouvelle question permet de prendre en compte les individus qui sont partis en vacances aux sports d'hiver sans forcément pratiquer une activité sportive. C'est le cas, par exemple, de certaines personnes accompagnant des parents ou des amis qui font du ski. En tenant compte de cette nouvelle évaluation, le taux de départ pour la saison d'hiver 2001/2002 est estimé à 8,6 % pour la population de 15 ans et plus.

Les Alpes du Nord et du Sud se taillent la part du lion avec respectivement 56 % et 25 % des pistes. L'offre globale est composée de 357 stations et centres de ski, 4013 remontées mécaniques et de 25239 hectares de pistes (source Strmtg et Seatm). Avec un budget moyen de 1365 €/foyer, les activités se répartissent comme suit :

Ski	**51,8 %**
Promenade	28,0 %
Visites musées, monuments, sites	7,6 %
Pas d'activité particulière	12,6 %

■ L'Emergence des «Snowblades»

Les «Snowblades» sont des pratiques regroupées dans la catégorie rassemblant toutes les glisses autres que le ski, le monoski et le surf; à savoir télémark, patinettes et snowblade.

■ La pratique de la raquette

La France est le second marché mondial derrière les Etats-Unis.

3.4 Tourisme culturel

Plusieurs opérateurs se sont spécialisés dans le tourisme culturel, par exemple Visit France ou encore CLIO pour le haut de gamme. En France, il existe 14000 bâtiments et sites classés, 26000 inscrits à l'inventaire supplémentaire des Monuments historiques, 4000 musées et 2000 festivals qui constituent autant d'attraits pour le public. La cathédrale Notre-Dame de Paris arrive en tête des monuments parisiens avec 12 millions de visiteurs, suivie par (en millions de visiteurs) :

1er	**Notre-Dame de Paris**	**12,00**
2e	Tour Eiffel	6,05
3e	Musée du Louvre	5,90
4e	Musée d'Orsay	2,72
5e	Versailles	2,70
6e	Cité des Sciences	1,62
7e	Arc de Triomphe	1,17
8e	Grand Palais	0,97
9e	Musée de l'Armée	0,82
10e	Sainte-Chapelle	0,79

Source : L'Hôtellerie avec l'Observatoire régional de tourisme d'Ile-de-France

Des actions sont menées conjointement avec la délégation du patrimoine. La direction du tourisme et la direction de l'architecture et du patrimoine entretiennent des relations régulières afin de travailler à la mise en valeur et à la promotion du patrimoine culturel de la France.

Pour sa part, l'Agence française d'ingénierie touristique (AFIT) a poursuivi des objectifs de valorisation et d'amélioration de l'offre touristique dans le domaine culturel à travers des études et des conseils opérationnels programmés dans le cadre d'un protocole de partenariat avec le ministère de la Culture et de la Communication.

Deux conventions particulières ont permis de mener différents travaux au cours des années 1998-2000 :

1. Convention avec la Caisse nationale des monuments historiques et des sites (CNMHS) (aujourd'hui la Réunion des musées nationaux) et Convention avec la Direction des musées de France (DMF);

2. Convention entre le secrétariat d'Etat au Tourisme et le secrétariat d'Etat aux PME, au commerce, à l'artisanat et à la consommation (signée le 2 mai 2001) relative aux métiers d'art.

L'objet de cette convention est le développement du rôle des métiers d'art dans la revitalisation et l'animation des petites communes ou de certains quartiers de villes et, de façon générale, dans l'aménagement et l'équilibre du territoire.

3.5 Tourisme de congrès et d'affaires

Si l'on définit un centre de congrès comme un lieu qui possède un auditorium, des salles de sous commissions, une surface d'exposition, un espace de restauration, des équipements techniques appropriés à la tenue de conférences, alors 119 centres de congrès en France répondent à cette définition.

- Capacité totale de 127000 places. La France possède ainsi le premier équipement congrès d'Europe (le second pays au monde) devant l'Autriche 32 centres et 85000 places, la Grande-Bretagne 14 centres et 79500 places.

- Il existe d'autres centres de congrès en France en plus de ces 119 centres. Il faut notamment rajouter les hôtels et les salles de réunions diverses. En tout 2000 salles environ sont recensées en France qui accueillent régulièrement des réunions de plus de 200 personnes.

- Paris est leader mondial pour les villes organisatrices de congrès
  C'est un marché de (estimation) :
  - Plus de 11 milliards d'euros pour le marché européen;
  - Plus de 76 milliards d'euros pour le monde, répartis de la façon suivante : 80 % pour l'Amérique du Nord 20 % pour le reste du monde.

3.6 Tourisme religieux

Lourdes ayant le second parc hôtelier de France après Paris, près de 5 millions de visiteurs y dépensent annuellement 0,4 milliard d'euros.

3.7 Tourisme de découverte économique

Cette filière touristique aborde ainsi les activités de production à travers :

- Le passé (musées présentant des objets de production économique);
- Le présent (visites d'entreprises en activité);
- L'avenir (laboratoires de recherche).

L'essor du tourisme de découverte économique, au cours de ces quinze dernières années, a généré des effets significatifs en matière d'aménagement, de développement du territoire et de créations d'emplois. Le nombre de visiteurs a augmenté de 9 % entre 1999 et 2000 et atteint plus de 13,6 millions de visiteurs en 2000. Quatre régions (Basse-Normandie, la plus forte progression avec + 30,1 %, Champagne-Ardenne, Alsace et Nord Pas-de-Calais) enregistrent une progression supérieure à 25 %.

Les groupes scolaires représentent plus d'un tiers des visiteurs, soulignant le rapport étroit entre écoles et entreprises. 20 % de la clientèle est constituée de professionnels (clients actuels ou potentiels, fournisseurs, salariés...). Dans ce cas, l'entreprise s'ouvre à des fins commerciales («Business to Business»).

Les secteurs des laboratoires de recherche (43 %), des services (37 %) et de l'industrie (33 %) en sont les premiers bénéficiaires; la clientèle de loisirs étant davantage intéressée par les secteurs de l'artisanat (90 %) et de l'agroalimentaire (89 %). Par exemple, si Perrier (groupe Nestlé depuis 1992) a depuis longtemps ouvert ses portes au public, le site de Vergèze a créé un véritable parcours initiatique autour du «champagne» des eaux de table (slogan lancé en 1904).

Un vacancier sur dix visiterait une entreprise. Les sites les plus visités sont (visiteurs/an) :

EDF usine de la Rance	350000
Caves de Roquefort	200000
Chartreuse	200000
Pernod Ricard Thuir	130000
Bénédictine Fécamps	123000
Hennessy Cognac	88000
Centrale EDF Bort	72000
Aérospatiale TLSE	60000
Martell Cognac	60000
Evian	40000
Peugeot Sochaux	36000
Cointreau	34000

Source : Conseil économique et social d'après l'Usine Nouvelle

3.8 Tourisme urbain

Il s'agit d'un tourisme de week-end et de proximité essentiellement tourné vers la découverte du patrimoine culturel. Le rachat de Visit France (26M€ de CA en 1999) par le groupe Pauli au 1er trimestre 2000 permettra à l'entreprise de continuer à proposer des séjours culturels courts (le groupe Pauli passe ainsi de 46 M€ CA à 67 M€)[1].

3.9 Tourisme en espace rural

Un sondage réalisé en 1992 par l'institut Démoscopie montrait que 72 % des français plaçaient la nature et la campagne parmi les valeurs les plus importantes de leurs vacances. Aujourd'hui, pour la clientèle française, l'espace rural comptabilise 38,1 % des séjours et 33,9 % des nuitées. Il représente près de 29 % des nuitées des touristes français et étrangers en France et plus de 19 % des 73 milliards d'euros des dépenses touristiques personnelles totales.

- **Gîtes de France** : une capacité totale de 296000 lits, 2 millions d'adeptes. C'est une fédération composée de 95 antennes départementales autour d'un service commercial national ainsi que 4 postes de commercialisation à l'étranger (Londres, Francfort, Amsterdam et Copenhague) soit plus de 500 personnes au service des propriétaires et des usagers.

42000 gîtes ruraux et communaux
1000 campings
1300 gîtes d'étapes et de groupes
500 gîtes d'enfants
200 chalets loisirs

- **Tourisme rural et agritourisme** (marque «Bienvenue à la ferme», 3000 produits). 2/5 des produits (20000) des «gîtes de France» sont détenus par des agriculteurs.

1. Tour Hebdo n° 933 du 17/03/2000 – Catherine Ronchi

- **Tourisme de pleine nature et les parcs naturels** : 32 parcs régionaux (dont un en Martinique) et 7 parcs nationaux (dont un en Guadeloupe) proposent à travers les ministères du Tourisme et de l'Environnement une gamme de produits touristiques de randonnées : «Les voyages au naturel» (marque «Parcs naturels de France», propriété du ministère de l'Environnement). Les résidences de tourisme et hébergements assimilés représentent 1091 établissements et 380837 lits.

- **Les hébergements pour l'espace rural** (la part des meublés et des résidences situés en espace rural n'est pas précisément identifiée) :
  - hôtellerie 73000 chambres;
  - villages de vacances 865 établissements, 258856 lits (sur ces 865 sites, 37 % ne sont pas agréés);
  - campings 8327 sites, 284000 emplacements répartis comme suit : 1 étoile : 43,3 %; 2 étoiles : 48,2 %; 3 étoiles: 27,2 %; 4 étoiles: 8,4 %.
  - Ils sont fréquentés par la clientele française pour 58 % et étrangère pour 42 %.
  - chambres d'hôtes 23000 chambres;
  - gîtes d'étapes, hébergements de groupes 2000 gîtes.

- **Loisirs de nature**
  - 483 parcours de golf;
  - 500 sites de loisirs nautiques avec 230 entreprises de tourisme fluvial;
  - 800 bases de canoë-kayak;
  - 4200 centres équestres;
  - 1500 sites équipés pour l'escalade;
  - Sans compter les nombreuses possibilités offertes pour la pêche, le vélo, la randonnée, qui constituent les trois activités les plus pratiquées à la campagne.

En dehors du concours financier apporté par l'Etat et des aides accordées par les collectivités territoriales, **au plan européen**, le soutien au tourisme rural s'organise à partir d'une approche régionale, dans le cadre des politiques structurelles – Fonds européen de développement régional (FEDER), Fonds européen d'orientation et de garantie agricole (FEOGA), Fonds social européen (FSE) et des programmes d'initiatives communautaires (LEADER-INTERREG).

■ **La clientèle européenne**

- La clientèle des Etats membres de l'Union européenne représente 3/4 des chiffres d'affaires du tourisme rural;
- Près de 20 % des européens choisissent la campagne;
- Apparition de chartes de qualité et des labellisations, notamment les écolabels : «Logis de France», chambres d'hôtes dans les pays germaniques et anglo-saxons, initiatives privées (paradors, manor-houses, health-farms, châteaux-accueil).

■ **Exemples sur trois pays européens**

- L'agritourisme correspond en **Autriche** à une solide tradition et les aides de l'Etat (Bund) et des Länder sont significatives;
- L'activité touristique en **Suède** est relativement récente. L'augmentation des touristes étrangers est de 5 % par an depuis le début des années 1980. L'économie touristique constitue la troisième industrie d'exportation (2,13 milliards d'euros de recettes touristiques);
- En **Espagne**, le tourisme rural espagnol est en pleine expansion et on comptait 35000 lits en 2000, pour environ 5000 établissements, représentant 5 % de l'offre touristique espagnole.

3.10 Tourisme de santé

■ **Thermalisme**

- 105 stations de thermalisme en France reconnues par le ministère de la Santé (104 en 1994);
- 544100 curistes;
- Clientèle des accompagnants, qui représente environ 300000 personnes;
- Autant de consommateurs de séjours de santé ou de remise en forme.

La région Rhône-Alpes a pris la première place, devançant l'Aquitaine dorénavant deuxième, le Languedoc-Roussillon, Midi-Pyrénées et l'Auvergne, ces 5 régions renforçant encore leur poids relatif en accueillant à elles seules près de 75,5 % des curistes.

Il faut cependant noter que l'évolution de la fréquentation des stations fut très inégale de 1992 à 2001, ce qui se traduisit par une diminution totale de la fréquentation des établissements thermaux français sur la période 1992-2001 : - 15,34 %, soit 98590 curistes de moins en 10 ans.

En France, la grande majorité des curistes (95,9 %) est composée d'assurés sociaux, la clientèle est française à 99 %, ce qui s'explique par le statut très médicalisé du thermalisme en France. Le chiffre d'affaires est évalué à environ 1 milliard d'euros, dont 80 % redistribués dans l'économie locale. Le nombre d'emplois directs, indirects et induits (permanents et saisonniers) générés par le thermalisme est estimé à 120000.

■ **Thalassothérapie**

La thalassothérapie, vocable dont l'initiateur fut le docteur de La Bonnardière en 1869, se définit comme «l'utilisation simultanée sur un site marin privilégié et sous surveillance médicale des bienfaits du milieu marin, dans un but préventif et curatif».

La France se positionne comme le leader mondial en matière de thalassothérapie avec :

- 53 instituts qui se répartissent entre 46 centres axés essentiellement sur la remise en forme;
- 7 centres de rééducation fonctionnelle en milieu marin.

Ils représentent au total une capacité d'accueil supérieure à 8000 curistes/jour avec un parc récent, 2/3 des sites ayant moins de 15 ans, mais la thalassothérapie reste un micromarché.

Le chiffre d'affaires s'élevait à 183 M€ en 2000, dont 67 M€ pour les instituts et 116 M€ pour les hôtels et selon les instituts, le chiffre d'affaires varie de 0,6 à 2,1 M€.

3.11 Tourisme fluvial

Trois activités principales caractérisent ce secteur d'activité :

- les promenades courtes de une à quelques heures, voire pour la journée, et les croisières fluviales de plusieurs jours à bord de bateaux hôtels (paquebots ou péniches), proposées par les exploitants de bateaux à passagers;
- la location de bateaux habitables (les coches de plaisance), généralement pour une semaine, pour 3 à 10 personnes;
- la plaisance fluviale privée qui se pratique soit à bord d'unités habitables, soit à bord de petites unités de promenade.

S'y ajoutent les pratiques du nautisme de proximité tels que le canotage, la pêche en barque, l'aviron, le canoë-kayak, la voile... On peut aussi considérer, par extension, comme faisant partie du tourisme fluvial l'ensemble des activités de loisirs pratiquées le long de la voie d'eau (randonnées, visites d'ouvrages ou de musées...).

Le réseau national compte 8500 kilomètres de voies navigables, dont 6500 sont gérés par l'établissement public Voies navigables de France. Le chiffre d'affaires du tourisme fluvial (hors activités de loisirs terrestres) est évalué à 170 millions d'euros (dont plus de 38 millions d'euros pour l'activité de location) contre 200 millions pour l'activité transport.

La demande pour les croisières et les circuits en bateaux à passagers représente l'essentiel du tourisme fluvial. En effet, sur les 8,5 millions de passagers transportés, 8 millions le sont sur des bateaux à passagers et en grande majorité en secteur urbain (Paris, Lyon). En 2002, le réseau national d'observation du tourisme fluvial s'est progressivement mis en place et a produit ses premiers résultats, en particulier un recensement de l'offre existante, qui a fait l'objet d'une publication par l'ONT.

3.12 Tourisme caractère familiale, social et associatif

Y participent 1,5 million de personnes dont 180000 retraités en France. Il est fort à parier que ce nombre augmentera dans les prochaines années avec le vieillissement de la population européenne.

Les associations du tourisme social contribuent en effet fortement à la constitution d'une offre touristique très large, pouvant s'adresser à tous les publics. Elles représentent[1] :

- un chiffre d'affaires de 1,3 milliard d'euros;
- 38588000 journées de vacances;
- 5766000 vacanciers;
- 242150 lits;
- 1530 hébergements (687 villages et maisons familiales de vacances, 253 auberges et centres d'accueil de jeunes, 124 centres sportifs, 144 refuges et chalets, 306 centres de vacances pour enfants, 16 «autres»);
- 380 implantations sur le littoral, 229 en moyenne montagne, 376 en montagne, 403 à la campagne, 72 en ville, 70 «autres»;
- 11661 salariés permanents,
- 62646 saisonniers.

1. Union nationale des associations de tourisme – UNAT.

3.13 Tourisme littoral

Le tourisme sur le littoral constitue l'un des secteurs majeurs de l'économie touristique française. Il a représenté en 2001, 51 millions de séjours et 365 millions de nuitées. C'est ainsi que plus du quart des séjours (25,2 %) et 36 % des nuitées se déroulent sur l'espace littoral, ce qui en fait la deuxième destination en ce qui concerne les séjours mais la première pour les nuitées grâce à une durée moyenne de séjour supérieure à celle relevée dans les autres espaces.

Par contre, il ne représente que 26,7 % des dépenses des touristes, soit 122,9 milliards d'euros, assez loin derrière l'espace urbain où 38,6 % des dépenses touristiques sont concentrées. Le développement de l'attractivité du tourisme littoral se traduit par :

- La valorisation touristique des plages;
- L'opération «Printemps littoral»;
- La réhabilitation et la commercialisation de l'immobilier de loisir.

Par ailleurs, la propreté et la salubrité des plages du littoral constituent une préoccupation majeure pour les touristes. En sus des actions menées par les services de l'Etat, il existe des campagnes privées («Pavillon Bleu d'Europe» et du «Pavillon Noir»)

4. LE TOURISME MONDIAL

4.1 La nouvelle donne du tourisme mondial

- **L'après 11 septembre :** redistribution des flux entre destinations, marchés et produits.

- **3 tendances majeures :**
  - Développement du tourisme de proximité et des courts séjours;
  - Désaffection de l'avion au profit des moyens de transport terrestres;
  - Rigueur accrue dans le choix des destinations.

- **C'est aussi, dans un environnement économique incertain :**
  - L'exigence croissante du consommateur (qualité des prestations et de l'environnement);

- Le développement de la globalisation et le renforcement de la concurrence ;
- La diversification de la distribution ;
- L'apparition d'un espace touristique européen.

4.2 Plus de 11 % du PIB mondial

Le tourisme représente directement ou indirectement, 11,5 % du PIB mondial. Les recettes liées au tourisme dépassent les exportations mondiales du pétrole (selon les prévisions de l'Organisation mondiale du tourisme, elles seraient – transport exclu – supérieures à 200 milliards d'euros). Elles ont connu une progression de plus de 4700 % entre 1960 et 1994 et devraient être multipliées par plus de 5 entre 1990 et 2010, soit plus de 3 milliards d'euros dépensés chaque jour. L'Europe connaissant cependant une régression de 17,3 % en parts de marché par rapport à 1970[1].

Selon plusieurs études (Travel Industry World Yearbook pour le sénat américain ; Wefa Group pour American Express ; l'OMT…) réalisées à la fin des années 1980, le chiffre d'affaires du tourisme était estimé à 13 % du PIB mondial. Ces chiffres sont cependant à prendre avec toutes les précautions nécessaires. Il est en effet difficile de distinguer les dépenses d'un touriste qui dîne dans un restaurant et un salarié qui y déjeune, lui, quotidiennement.

Cependant, les arrivées de touristes dans le monde ont enregistré, pour la première fois depuis de nombreuses années, une légère baisse (693 millions contre 697,4 millions) par rapport à l'année 2000. De 614 millions en 1997, l'Organisation mondiale du tourisme prévoyait 700 millions d'arrivées en l'an 2000 (près d'un milliard en 2010 et plus d'un milliard et demi en 2020).

Quant aux recettes, la croissance serait encore plus importante. Mais les recettes du tourisme international ont suivi la diminution globale des flux physiques. Elles ont été de 411 milliards d'euros, en retrait de 2,6 % par rapport à 2000. Zone par zone, l'évolution des recettes est la même que celle des arrivées. Elle varie de + 7,3 % pour l'Afrique à - 7,8 % pour l'Amérique, l'Europe limitant sa baisse à 1,2 %.

Hormis les zones « Afrique » (+ 3,7 %) et « Asie de l'Est-Pacifique » (+ 5,5 %), toutes les régions du monde ont accueilli moins de touristes en 2001 qu'en 2000. L'Europe, qui maintient sa part avec 58 %, reste largement

1. Source : Conseil économique et social / Valeur d'un euro au 12 juillet 2003 = 1,1263 USD.

en tête et ce sont les zones «Asie du Sud» (- 6,6 %) et «Amérique» (- 5,9 %) qui enregistrent les plus fortes baisses.

Ces évolutions globales de l'année 2001 résultent en fait de deux tendances :

1. De janvier à août, les arrivées pour l'ensemble du monde ont augmenté de 3 %, progression qui était de 4,3 % en moyenne annuelle au cours des 10 dernières années;
2. Après les événements du 11 septembre il y a eu une chute globale de l'ordre de 11 %.

4.3 Arrivées et recettes

Arrivées des touristes internationaux en 2001 (en millions) et recettes, transports exclus (milliards d'euros)

Zones d'arrivées	Arrivées	Evolution %	Recettes	Evolution %
Europe	400,7	- 0,7	205,2	- 1,2
Afrique	28,2	+ 3,7	10,4	+ 7,3
Asie de l'Est et Pacifique	115,1	+ 5,5	72,8	+ 0,7
Asie du Sud	5,7	- 6,6	4,2	- 4,1
Amériques	120,8	- 5,9	108,7	- 7,8
Moyen-Orient	22,5	- 3,0	9,95	- 2,6
Total monde	**693**	**- 0,6**	**411,2**	**- 2,6**

Source : OMT

Recettes en milliards d'euros

Recettes	1960	1980	1990	1994	2000	2010
Milliards €	6,2	91,5	230,8	302,8	411,2	520

Comparaison des arrivées/recettes en % de 2001/1997

Zones d'arrivées	Arrivées 2001	Recettes 2001	Arrivées 1997	Recettes 1997
Europe	57,8	49,9	59	49
Afrique	4,1	2,5	4	2
Asie de l'Est et Pacifique	16,6	17,7	15	19
Asie du Sud	0,8	1	1	1
Amériques	17,4	26,4	19	27
Moyen-Orient	3,2	2,4	2	2

Si la France conserve son 1er rang depuis plus de dix ans, il faut noter la progression fulgurante de certains pays. Certains connaissent des taux moyens annuels de croissance supérieure à 10 % : Pologne : du 27e rang au 13e, Russie : du 17e rang au 7e, Chine : du 12e rang au 5e.

Evolution des recettes et arrivées mondiales de 1990 à 2001

RECETTES MONDIALES					
Rang		Pays	Part en % des recettes mondiales		Accroissement annuel moyen
1990	2001		1990	2001	90/01
1	1	Etats-Unis	16,3	15,6	4,8 %
4	2	Espagne	7,1	7,1	5,3 %
2	3	France	7,7	6,5	3,7 %
3	4	Italie	7,6	5,6	2,4 %
25	5	Chine	0,8	3,8	20,8 %
5	6	Allemagne	4,4	3,7	3,8 %
6	7	R.U.	5,7	3,4	0,4 %
9	8	Canada	2,4	2,2	4,8 %
7	9	Autriche	5,1	2,2	-2,5 %
24	10	Grece	1,0	2,0	13,6 %
21	11	Turquie	1,2	1,9	9,7 %
10	12	Mexique	2,1	1,8	4,0 %
11	13	Hong Kong	1,9	1,8	4,5 %
23	14	Russie	1,0	1,7	10,9 %
8	15	Suisse	2,8	1,6	0,2 %
15	16	Australie	1,6	1,6	5,8 %
13	17	Thaïlande	1,6	1,5	4,6 %
14	18	Pays-Bas	1,4	1,5	5,7 %
18	19	Corée	1,4	1,4	6,4 %
12	20	Singapour	1,9	1,4	2,6 %
TOTAL 1 à 20			**75**	**69**	**4,4 %**
TOTAL MONDE			**100**	**100**	**5,3 %**

ARRIVEES MONDIALES					
Rang		Pays	Part en % des arrivées mondiales		Accroissement annuel moyen
1990	2001		1990	2001	90/01
1	1	France	11,4	11,0	3,5 %
3	2	Espagne	7,4	7,1	3,5 %
2	3	Etats-Unis	8,5	6,6	1,3 %
4	4	Italie	5,8	5,6	3,5 %
12	5	Chine	2,3	4,8	11,0 %
7	6	Royaume-Uni	3,9	3,3	2,2 %
17	7	Russie (CEI)	1,6	3,1	11,4 %
8	8	Mexique	3,7	2,9	1,3 %
10	9	Canada	3,3	2,8	2,4 %
6	10	Autriche	4,1	2,6	-0,4 %
9	11	Allemagne	3,7	2,6	0,4 %
5	12	Hongrie	4,4	2,2	-2,6 %
27	13	Pologne	0,7	2,2	14,4 %
19	14	Hong Kong	1,4	2,0	6,9 %
13	15	Grèce	1,9	1,8	3,5 %
14	16	Portugal	1,7	1,8	3,9 %
24	17	Turquie	1,0	1,6	7,6 %
11	18	Suisse	2,9	1,5	-1,9 %
21	19	Malaisie	1,1	1,5	6,8 %
20	20	Pays-Bas	1,3	1,5	5,3 %
TOTAL 1 à 20			**72**	**68**	**3,3 %**
TOTAL MONDE			**100**	**100**	**3,8 %**

Source: Organisation mondiale du tourisme.

5. L'EUROPE ET LA FRANCE

5.1 L'Europe

Avec près de 58 % des arrivées mondiales, l'Europe, malgré une baisse de fréquentation de 1,2 % en six ans, conserve sa prédominance sur le tourisme mondial. Les efforts engagés par l'Union européenne à travers les Fonds européen de développement régional (FEDER), Fonds européen d'orientation et de garantie agricole (FEOGA), Fonds social européen (FSE) et des programmes d'initiatives communautaires, devraient lui permettre de la maintenir au travers d'actions communes.

Millions d'arrivées de touristes internationaux

Pays/zones	2001	Part mondiale	Part en Europe
France	76,5	11 %	19,1 %
Espagne	49,5	7,1 %	12,4 %
Italie	39,0	5,6 %	9,7 %
Total Europe	400,7	57,8 %	100 %
Etats-Unis	45,5	6,6 %	
Total monde	693	100 %	

Source : OMT DT/DSPES

■ **Les Français préfèrent rester en Europe**

Cela concerne 58 % des Français. Notons que le Portugal a subi une baisse significative de plus de 5 % sur les périodes précédentes. Les quatre premiers pays fréquentés sont :

1. Espagne 21 %
2. Italie 10 %
3. Portugal 5 %
4. Grèce 5 %

■ En résumé, leur destination

Europe	58 %	Afrique Noire	3 %
Afrique du Nord	16 %	Asie Australie	2 %
Moyen-Orient/Turquie	6 %	Asie du Sud	1 %
États-Unis/Canada	4 %		

La composante la plus dynamique des déplacements des Français correspond aux séjours à l'étranger d'au moins quatre nuits, appelés par convention «longs séjours». Ceux-ci ont augmenté de façon significative. La répartition des séjours personnels reste relativement constante, avec environ 85 % pour la France et 15 % pour l'étranger.

Depuis 1995, le poids des séjours à l'étranger évoluait timidement entre 9,5 % et 9,9 %, pour passer à un rythme à deux chiffres, 10,5 % pour l'année 2000 et 10,4 % pour 2001. L'année 2000 a atteint un niveau record avec 17 millions de séjours personnels à l'étranger générant 141 millions de nuitées (15,6 %), dont 133 millions pour le long séjour (94 %) et plus de 8 millions pour le court séjour (6 %)[1].

5.2 La France

■ 1re destination mondiale

Après une progression de 27,6 % de 1990 à 1998[2], la France conserve le premier rang de destination au monde. Il faut préciser que sur près de 160 millions de visiteurs qui viennent en France, seuls 77 millions de visiteurs ont passé au moins une nuitée. La position de la France constitue un passage obligé pour de nombreux touristes européens dont la destination finale est l'Espagne ou l'Italie (près de 52 % des touristes ne font que traverser l'Hexagone). Cela n'agit donc pas en termes de recettes.

Excursionnistes (0 nuit)	52 %	83ml
Court séjours (1 à 3 nuits)	53 %	77ml
Supérieur à 3 nuits	47 %	

1. Suivi de la demande touristique / Direction du Tourisme.
2. OMT, UMIH.

De 10,8 % de part de marché mondiale en 2000, la France a maintenu sa position et a accru sa part de 10,8 % à 11 % et en Europe de 18,6 % à 19,1 %[1].

Pays	Rang de destination	Rang en terme de recettes
France	1	3
Espagne	2	2
Etats-Unis	3	1
Italie	4	4
Chine	5	5

■ Quelques chiffres significatifs

– Troisième en terme de recettes après les Etats-Unis et L'Espagne (26,6 milliards d'euros contre 29,2 pour l'Espagne et 64,2 pour les Etats-Unis)[2] ;
– 97 milliards d'euros, c'est le poids économique du tourisme en France[3] ;
– Représentant 6,6 % du PIB français en euros courants.
– Environ 1,5 milliard de nuitées par an.
– Un solde positif de près de 16 milliards d'euros dans les échanges extérieurs.
– 33,9 milliards d'euros (contre 7,3 en 1970), est le CA généré par le tourisme des étrangers, chiffres à comparer aux milliards d'euros que les Français dépensent dans les différents pays étrangers.
– 679523 emplois directs et environ 1500000 emplois indirects (30000 emplois directs crées chaque année et 197 880 entreprises (hôtels, cafés, restaurants, agences de voyages), vivent du tourisme[4]
– Environ 4 % de l'emploi salarié total en France.

1. Ministère du Tourisme.
2. Valeur d'un euro au 12 juillet 2003 = 1,1263 USD.
3. Compte du tourisme/direction du tourisme.
4. FNIH/Observatoire national du tourisme/Maison de la France.

Répartition des emplois

Hôtels de tourisme avec restaurant	20,7 %
Hôtels de tourisme sans restaurant	3,6 %
Hôtels de préfecture	0,6 %
Auberge jeunesse/refuges	0,2 %
Campings	1,0 %
Autres hébergements	4,3 %
Restaurants traditionnels	40,2 %
Restaurants rapides	14,1 %
Cafés et tabacs	1,8 %
Débits de boisson	4,3 %
Activités sport d'hiver	1,8 %
Agences de voyages et offices du tourisme	6,6 %
Activités thermales et thalassothérapie	0,9 %

Poste «voyages» de la balance des paiements de 1973 à 2002 en millions d'euros

En 30 ans, le solde de la balance des paiements a été multiplié par 89 (de 154 M€ à 13700 M€: recettes en France – dépenses à l'étranger)[1].

1. Banque de France.
Nota : Avec la mise en circulation de l'euro en 2002, la Banque de France n'est plus en mesure d'établir les données du poste «voyages» de la balance des paiements.

Fréquentation par région

La première région visitée est la Provence-Alpes-Côte d'Azur, la dernière reste la Picardie avec moins de 1 % de visiteurs.

Paca	16 %	Basse-Normandie	2 %
Aquitaine	10 %	Nord	2 %
Languedoc-Roussillon	10 %	Lorraine	2 %
Bretagne	9 %	Centre	1 %
Rhône-Alpes	9 %	Alsace	1 %
Pays de la Loire	6 %	Bourgogne	1 %
Midi-Pyrénées	5 %	Champagne-Ardenne	1 %
Poitou-Charentes	5 %	Franche-Comté	1 %
Corse	4 %	Limousin	1 %
Auvergne	2 %	Haute-Normandie	1 %
Ile-de-France	2 %	Picardie	<1 %

Le tourisme de séjour dans l'outre-mer français par ordre d'importance

1. La Guadeloupe
2. La Martinique
3. La Réunion
4. La Polynésie française
5. La Nouvelle Calédonie
6. La Guyane
7. Saint-Pierre-et-Miquelon
8. Mayotte

6. LA CONSOMMATION TOURISTIQUE INTÉRIEURE

6.1 Part des séjours des visiteurs en %[1]

Visiteurs en France en 2002

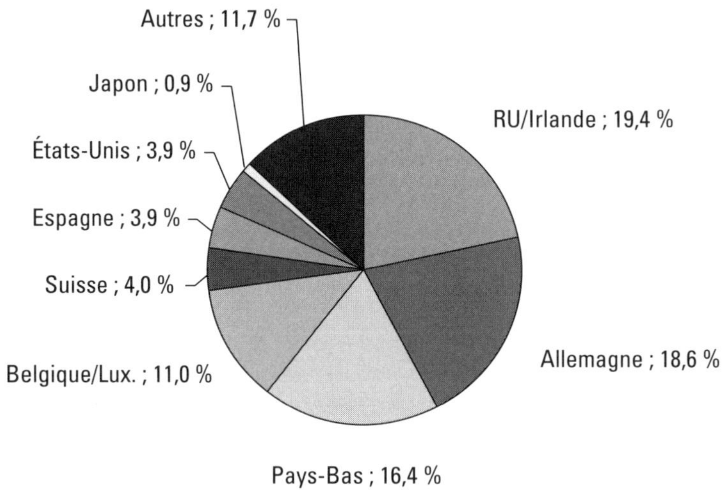

Quelques constatations :

- Les Etats-Unis en 4e position en 1997, sont en 7e position en 2002, avec une baisse significative de 15,3 % de 2002/2001 ;
- Le Royaume-Uni et l'Irlande étaient déjà en tête de classement;
- Les Pays-Bas de 7e position est passée à la 3e position en 2002.

6.2 Les clés du succès

- Une situation géographique privilégiée au cœur de l'Europe (10 % de séjours de transit et près de 50 % de séjours de moins de 3 jours);
- Un patrimoine naturel et culturel riche;

1. Direction du Tourisme.

- Une grande accessibilité (aéroports internationaux, réseaux autoroutier et ferroviaire...);
- Une offre de produits très diversifiée et de qualité;
- Une politique touristique adaptée.

6.3 Les espaces de prédilection des Français[1]

Zone	2002	1996
Ville	25 %	22 %
Littoral	47 %	49 %
Campagne	30 %	25 %
Montagne	14 %	nc
Autre (circuit...)	3 %	nc

Les destinations privilégiées par les vacanciers seraient d'abord la Méditerranée (30 %), puis l'Atlantique (36 %) avec les régions Ouest (20 %), et Sud Ouest (16 %). Les Français qui ont l'intention de partir à l'étranger préfèrent rester en Europe pour 58 % d'entre eux, leurs préférences se portant sur l'Espagne (21 %) et l'Italie (10 %).

6.4 Les intentions de départ en vacances des Français

Selon un sondage BVA/Direction du Tourisme (réalisé les 16/17 mai, et les 23/24 mai 2003, auprès d'un échantillon de 2000 hommes et femmes âgés de 15 ans et plus, représentatifs de la population française), un peu plus d'un Français sur deux (55 %) a l'intention de partir en vacances en été 2003 (60 % en 1996).

Les intentions de départs sont plus nombreuses pour :

- les classes d'âge 15-49 ans;
- les professions libérales et intermédiaires;
- les cadres supérieurs et les employés;

1. Direction du Tourisme.

– les retraités et les autres inactifs ;
– les habitants de la région parisienne.

La durée moyenne du séjour estival prévu est de 17 jours. De plus en plus de vacanciers penchent pour un seul séjour en été (61 %). 20 % d'entre eux effectuent cependant deux séjours, et 8 % trois séjours.

Le mois de juillet semble être le mois de prédilection des actifs pour partir (52 % contre 38 % en août), les plus de 65 ans/retraités choisissant d'autres périodes. La RTT semble avoir un impact limité sachant que plus de 40 % de la population n'en bénéficient pas[1].

6.5 Le type d'hébergement privilégié et les modes de réservation

Plus de 50 % des vacanciers n'ont pas l'habitude de réserver quelque prestation que ce soit. Il faut souligner l'évolution des comportements des familles qui réservent de plus *via* Internet[2].

Type d'hébergement	%	Modes de réservation	%
Familles/amis	33 %	Vente directe	15 %
Tente, caravane, camping-car, mobil home	17 %	Téléphone	14 %
Location, meublés	13 %	Internet	10 %
Hôtel	11 %	Courrier	7 %
Autre	26 %	Minitel	1 %

On observe une préférence pour l'hébergement commercial (56 %), en particulier en hôtels, gîtes, chambres d'hôte. Toutefois les différents modes de camping (tente, caravane, mobil-home…) enregistreraient une diminution. Parallèlement, une proportion non négligeable de partants privilégierait l'hébergement non marchand (famille, amis : 33 % ; résidence secondaire : 10 %). La durée moyenne de séjour l'hiver est de 4,5 nuits, celle de séjour l'été est de 6,3 nuits[3].

1. Direction du tourisme.
2. Enquête sur le suivi de la demande touristique française-Direction du tourisme/Sofres.
3. Direction du Tourisme.

Type d'hébergement (2001/00)	Hiver	Eté
Marchand	28,7 %	42,1 %
Non marchand	71,3 %	57,9 %

6.6 Les déplacements personnels des Français

Parallèlement à la durée de séjour, il faut tenir compte du motif du déplacement. On peut, en effet, distinguer six motifs majeurs :

Loisirs, détente et vacances
Visites à des parents et amis
Santé (thermalisme, thalassothérapie ...)
Affaires et motifs professionnels
Missions ou réunions diverses
Autres (pèlerinages, manifestations sportives, voyages scolaires ...)

La part des séjours professionnels constitue 3,9 % du total des séjours (6,4 millions), générant ainsi 27,6 millions de nuitées professionnelles, dont 72 % effectuées en France et 28 % à l'étranger. La durée du séjour professionnel à l'étranger est plus importante qu'en France, en effet, 94 % de ces séjours sont de longue durée (soit supérieurs à 3 nuitées), pour seulement 81 % en France. En revanche, le court séjour professionnel (inférieur à 3 nuitées) est de 5,9 % à l'étranger, et de 18,6 % en France.

Evolution des déplacements touristiques personnels des Français, entre 2000 et 2001[1].

Séjours	France	Étranger	Ensemble
Courts séjours	+ 4,4 %	+ 14,2 %	+ 4,8 %
Longs séjours	+ 4,5 %	- 0,4 %	+ 3,6 %
Ensemble	+ 4,4 %	+ 3,0 %	+ 4,3 %

1. Cumul de janvier à juillet - Source : SDT (Direction du Tourisme/TN Sofres)

Nuitées	France	Étranger	Ensemble
Courts séjours	+ 3,3 %	+ 10,5 %	+ 3,7 %
Longs séjours	+ 2,2 %	- 3,3 %	+ 1,1 %
Ensemble	+ 2,4 %	- 2,4 %	+ 1,6 %

Grâce à une forte hausse des nuitées passées chez la famille et chez les amis, le poids de l'hébergement non marchand s'est encore accru sur le début de l'année 2002. La baisse des nuitées dans l'hébergement marchand résulte de reculs dans l'hôtellerie et surtout dans les clubs et villages de vacances. Dans tous les autres modes d'hébergement, et en particulier dans les campings, les gîtes ruraux et les chambres d'hôtes, la fréquentation est en hausse.

Type d'hébergement Cumul de janvier à juillet[1]	Poids des nuitées en 2002	Evolution des nuitées entre 2001 et 2002
Hôtellerie	12,4 %	- 2,1 %
Location	9,0 %	+ 0,4 %
Camping	6,9 %	+ 5,4 %
Club et village de vacances	4,8 %	- 14,0 %
Gîte rural, chambre d'hôtel	3,1 %	+ 7,2 %
Autre	6,3 %	+ 1,4 %
Total hébergement marchand	**42,7 %**	**- 0,8 %**
Résidence secondaire	13,0 %	- 3,3 %
Amis, famille	44,4 %	+ 5,7 %
Total hébergement non marchand	**57,3 %**	**+ 3,5 %**
Total	100,0 %	+ 1,6 %

1. SDT- Direction du Tourisme/TN Sofres

En conclusion sur le départ des Français (dont plus de 40 % ne bénéficient pas de la RTT) :

58 % d'entre eux prennent des vacances
Plutôt à 2 par foyer et en famille
Pour un seul séjour
Pour une durée moyenne de 17 jours
De préférence en France et à la mer
En Méditerranée ou en Europe
Au mois de juillet de préférence
Dans la famille ou chez des amis
Sans réservation de prestation au préalable

CHAPITRE 2

Le marché de la restauration

Sur plus de 120000 entreprises de restauration commerciale répertoriées dans le fichier SIRENE de l'INSEE, quatre sur cinq sont de type restauration traditionnelle et une sur cinq de type restauration rapide. Le secteur regroupe ainsi la moitié des entreprises du secteur «Hôtels et restaurants», 15 % des entreprises de services, et environ une entreprise française sur vingt.

■ 36 ans d'histoire[1]

Jacques Borel est l'un des «trois mousquetaires» avec **Pierre Bellon** (fondateur de Sodexho Alliance) et le duo **Dubrule-Pélisson** (groupe Accor), qui a introduit des modifications profondes dans l'hôtellerie-restauration. Il lègue à la RHD un héritage immense : le libre-service, le ticket restaurant, la restauration collective organisée, le fast-food, la restauration d'autoroute et de centre commercial, la TVA à taux réduit en restauration collective, l'exonération des titres-restaurants, la centrale d'achats, la fiche technique...

- 1967 : ouverture du 1er Novotel à Lille;
- 1972 : 1er hôtel d'autoroute Jacques Borel, ouverture du 1er McDonald's franchisé à Créteil;
- 1974 : le 1er hôtel-restaurant d'aéroport Jacques Borel s'installe à Roissy, ouverture du 1er Ibis à Bordeaux, Lenôtre lance une pâtisserie et un point de restauration rapide à New York;

1. NRM n° 385 – mars 2002.

- 1975 : Rapprochement de Novotel et Mercure, l'ensemble hôtelier du groupe JBI (Jacques Borel International) est chapeauté par la marque Sofitel, naissance de Campanile ;
- 1976 : ouverture de la 1re unité La Brioche Dorée à Brest, du 1er hôtel Arcade à Bordeaux
- 1977 : Création de l'Assiette au Bœuf, Jacques Borel quitte JBI ;
- 1978 : Ouverture du 12e McDonald's master-franchisé à Paris, J. Borel crée deux chaînes de restaurants aux États-Unis (la Vie en Rose et la Casa di Pompéi) ;
- 1979 : McDonald's Cie installe son 1er restaurant à Strasbourg, Casino qui exploite 50 cafétérias et le belge GB-Inno BM lancent la chaîne de restauration rapide Quick (créée en 1971 par le groupe belge) ;
- 1980 : Quick arrive sur le marché français à Aix-en-Provence, Christian Picart ouvre son 1er restaurant Buffalo Grill au sud de Paris ;
- 1981/82 : Sodexho prend la majorité du Ticket Repas lancé en 1976 par des restaurateurs indépendants, création du Syndicat de la restauration rapide (ARR), Elitair Maxim's décroche la concession des restaurants de la Tour Eiffel ;
- 1983/84 : rupture entre McDonald's et son master-franchisé qui transforme ses restaurants en O'Kitch, Paul Dubrule et Gérard Pélisson créent Accor ;
- 1985/86 : Patrick Derderian lance Oh ! Poivrier !, France Quick rachète les 20 O'Kitch, Jean-Paul Bucher développe des boutiques Flo Prestige ;
- 1987 : Air France ouvre le capital de Méridien, Le Chef Hubert lance son école de cuisine à Paris ;
- 1988/89 : Quick devient prend le contrôle de Freetime et devient le leader du fast-food du hamburger, Pizza Hut s'implante à Paris, création du groupe Envergure, ouverture du parc Astérix, Léon de Bruxelles lance sa 1re franchise à Paris ;
- 1990/91 : Décès de Lucien Barrière à 67 ans, Pierre Bellon échoue, face à Accor, dans son assaut sur Wagons-lits ;
- 1992/93 : Jean-Paul Bucher rachète Hippopotamus, ouverture d'Euro Disney, Roland de Farcy obtient la franchise exclusive de Pizza Hut pour la France, le groupe des Frères Blanc lance Chez Clément ;
- 1994/95 : Jean-Claude Corda et Laurent Caraux (Del Rio et El Rancho) concentrent leur savoir-faire autour d'une seule enseigne tex-mex grand public : El Rancho, Sodexho rachète le britannique Gardner Merchant ;
- 1996 : Jean-Marc Espalioux devient président du directoire d'Accor, Eurest passe sous la coupe de Compass ;

– 1997 : Burger King se retire de France, Gr et Orly restauration s'unissent pour devenir Avenance, Compass s'empare de SHRM;
– 1998 : Compass absorbe le groupe Azuelos, Flo entre en bourse, Bercy Management devient le numéro 1 de la restauration en France et se rebaptise Elior, Eurest succède à Sodexho pour restaurer les cast-members de Disneyland;
– 1999 : Bernard Loiseau est coté en bourse, Domino's Pizza France est en partie reprise par l'espagnol Telepizza, Autogrill acquiert Frantour, Maître Kanter lance les Comptoirs;
– 2000/01 : le conseil d'Etat supprime l'exonération de TVA pour les cantines d'entreprises et d'administrations, le groupe Compass lance une OPA amicale sur le suisse Selecta, Léon de Bruxelles est au bord du gouffre, Sodexho reprend Sogeres et Wood Dining Services;
– 2003 : le 24 février, Bernard Loiseau tire sa révérence. La profession perd un grand chef.

■ Le poids de la **restauration hors domicile** (petits-déjeuners, déjeuners et dîners) est très important en France. Pour l'année 2002, 8,3 milliards de repas environ ont été servis pour un CA de 65,7 milliards d'euros. Les chaînes raflent 23 % du marché, les indépendants et «gestion directe» 55 % et les SRC 22 %. Les titres restaurants (Jacques Borel) ayant incontestablement contribué à son développement.
NB : la restauration hors domicile couvre les champs suivants : restauration commerciale, collective, cafés/snacks, circuits alimentaires alternatifs, restauration d'hôtels et restauration automatique.

Evolution des repas en Mds pris hors domicile depuis 1956[1]

	1956	1970	1975	1982	1991	2000	2002	2002/56
Commerciale	0,325	1,1	1,4	1,7	2,7	3,4	4,6	x 14,2
Collective	1,375	2,8	2,9	3,0	3,6	3,7	3,7	x 2,7
Total	1,7	3,9	4,3	4,7	6,3	7,4	8,3	x 4,9

1. NRM/GIRA S.I.C. nov.1999 P. Leurent/P.Hersant – Cahier : les chiffres de la R.H.D. en France, en Europe et NRM n° 385 Mars 2002 – JC Schamberger - Cahier : les chiffres clés de la R.H.D. en France, en Europe NRM/ GIRA S.I.C. nov.2003

- Il ne faut cependant pas négliger la **restauration de l'hôtellerie** qui fait plus de 1,5 milliard d'euros de recettes et qui reste leur concurrent souvent direct car elle ne concerne pas seulement la clientèle hébergée, touristique ou d'affaires. A titre d'exemple, Pascal Billard, directeur de la restauration de l'hôtel de Crillon à Paris, estime que sa clientèle d'affaires extérieure correspond à 95 % des clients du restaurant.

- **Les restaurants plébiscités** : dans son dossier «Spécial 2000», Néo Restauration Magazine (Sondage exclusif Secodip effectué tous les deux ans à partir d'un échantillon de 9821 individus représentatifs des 46540000 Français de 15 ans et plus) confirme que les Français plébiscitent les restaurants :

  – 85,0 % y vont au moins une fois par an;
  – 52,2 % dans un restaurant traditionnel;
  – 39,5 % dans un restaurant de chaîne;
  – 44,0 % dans un fast-food.

La variable prix est un élément déterminant d'achat car 59 % des clients dépensent moins de 18,3 €, 33 % de 18,3 € à 30,50 €, 7 % plus de 30,50 €. Le prix moyen du couvert était de (toutes régions confondues) :

Couverts	01/2002	07/2003
Déjeuners	22,0 €	19,0 €
Dîners	24,4 €	21,8 €
Banquets	24,1 €	24,0 €
Total hors banquets	23,3 €	20,4 €
Total avec banquets	23,4 €	20,9 €

1. LA RESTAURATION COLLECTIVE

Il faut distinguer la restauration dite «commerciale» de la restauration dite «collective» (SRC, Société de restauration collective) qui, avec une croissance interne de près de 6 % en 2002 réalise un chiffre d'affaires de plus de 21 milliards d'euros en Europe représentant 22 % du marché global. Les trois segments qui concourent à leur croissance et qui constituent leurs plus forts domaines de développement sont, 1 : la santé et le social (+10 %), 2 : l'enseignement (+5 %), 3 : les entreprises (+4 %). (En 1999, les SRC servaient plus de 3 milliards de repas annuels, dont 1 pour la restauration scolaire primaire et secondaire, publique et privée).

La restauration collective concerne principalement :

- les restaurants d'entreprises;
- la restauration d'hôpitaux;
- la restauration de prisons;
- la restauration de l'armée;
- les cantines scolaires;
- les restaurants universitaires;
- les villages de vacances, les colonies;
- la restauration sociale.

Si la restauration collective peut sembler se situer à la frontière du secteur marchand et non marchand («restauration sociale»), il n'en demeure pas moins qu'elle constitue un vaste marché qui touche les entreprises, les collectivités locales, les colonies de vacances, la restauration des transporteurs... sans oublier le marché des «papy boomers» (le «power age») qui de 9,6 millions en 2000 seront 14 millions en 2025[1]. Il arrive aussi que la restauration commerciale «pénètre» le marché de la restauration collective notamment dans les hôpitaux avec l'entrée de plats cuisinés.

De plus, des accords sont souvent passés entre la restauration commerciale et la restauration collective. L'école des chefs pour la Sodexho avec le chef Marc Veyrat en est un exemple ou encore Oh! Poivrier repris par Sodexho[2].

Deux grandes entreprises agissent sur le marché de la restauration collective (en France et à l'étranger), un Français et un Britannique :

1. **Le Français** : présent dans plus de 70 pays, Sodexho Alliance (Sodexho Mariott Services et Partena) a réalisé un chiffre d'affaires Europe de 5,09 milliards d'euros pour l'exercice 2002 (CA Groupe de 12,6 Mds€ avec un résultat d'exploitation de 528 millions d'euros et un résultat net consolidé groupe de 183 millions d'euros)[3].

1. Papy boomers, NRM n° 362 de février 2000 de Patrice Fleurent.
2. NRM n° 360 – décembre 1999.
3. Néo restauration n° 397 d'avril 2003 – Jean-François Vuillerme.

2. **Le Britannique** : Compass, avec un chiffre d'affaires Europe de 6,7 Mds€ pour l'exercice 2002 (CA Groupe de 16,6 milliards d'euros, avec l'impact des consolidations, qui incluent principalement Seiyo Food au Japon et Bon Appetit aux Etats-Unis et un cash-flow de 575,3 M€[1].

Classement des 3 premiers opérateurs de la restauration collective en France[2]

Groupe/Société	Rang 2002	CA 2001 en M€	CA 2002 en M€
Sodexho France	1	1164,36	1528,10
Elior	2	1 078,00	1078,00
Compass Group France	3	919,08	919,10

Les 5 premières SRC européennes en 2002[3]

Rang	Groupes	Pays d'origine	CA HT Mds€
1	Compass Group	GB	6,70
2	Sodexho Alliance	France	5,09
3	Elior	France	1,77
4	Aramark	États-Unis	0,86
5	SV-Service	Suisse	0,36

Mais le problème de la restauration collective n'est pas simple du fait de la diversité des acheteurs et des acteurs. En effet, comment satisfaire par exemple tous les clients que compose la restauration :

- L'**Assistance publique des hôpitaux de Paris** avec 39 établissements et 80000 repas (70 % pour les patients et 30 % pour le personnel). 3,4 % du budget total (0,9 M€/an alors que le coût global de fonctionnement est de 122 M€/an) est consacré à la restauration et l'indice de satisfaction pour

1. Néo restauration n° 394/395 janvier/février 2003.
2. Néo restauration, avril 2003.
3. Néo restauration n° 397 d'avril 2003 – Jean-François Vuillerme.

les courts séjours révélé suite à une enquête réalisée en 1999 est de 81 %[1]. De façon plus large, la restauration de santé et du 3e âge consomment 1,64 milliard de repas/an pour un chiffre d'affaires HT de 5,4 milliards d'euros[2].

- La **restauration scolaire municipale** (53 000 établissements publics d'enseignement du 1er degré) représente quant à elle un marché de plus de 1,1 milliards d'euros (285 millions de repas dont 145 préparés par les SRC). La restauration scolaire et universitaire dans son ensemble réalise un chiffre d'affaire total HT de 4,4 milliards d'euros pour 1,2 milliard de repas/an[3].

- La **restauration d'entreprise** : chiffre d'affaires HT 3,35 milliards d'euros pour un nombre de repas de 580 millions. (Les 3 premiers opérateurs sont, dans l'ordre : Avenance (Elior), Eurest (Compass) et Sodexho France)[4].

- Les **autres collectivités** : chiffre d'affaires HT de 2,4 milliards d'euros pour 280 millions de repas[5].

Et la part des **sociétés de restauration collective** (SRC) sur ce secteur ne cesse de progresser depuis vingt ans (gestion directe : 52 % contre 48 % pour les SRC).

1. LA RESTAURATION COMMERCIALE

2.1 Le poids de la restauration commerciale

- Selon une étude, publiée dans la revue *Néo restauration* de novembre 2003, le chiffre d'affaires de la restauration commerciale était, en 2002, évalué à 31,5 milliards d'euros. La restauration est ainsi l'un des secteurs les plus dynamiques du secteur du tourisme[6].

1. Source : NRM n° 363 mars 2000 «Les grands chantiers de l'AP-HP».
2. Cahier : les chiffres clés de la R.H.D. en France, en Europe NRM/GIRA S.I.C. nov.2003).
3. Cahier : les chiffres clés de la R.H.D. en France, en Europe NRM/GIRA S.I.C. nov.2003).
4. Cahier : les chiffres clés de la R.H.D. en France, en Europe NRM/GIRA S.I.C. nov.2003).
5. Cahier : les chiffres clés de la R.H.D. en France, en Europe NRM/GIRA S.I.C. nov.2003.

Nombre d'unités (%)
Répartition par grandes catégories (hors Pdj, sites, transports et magasins)

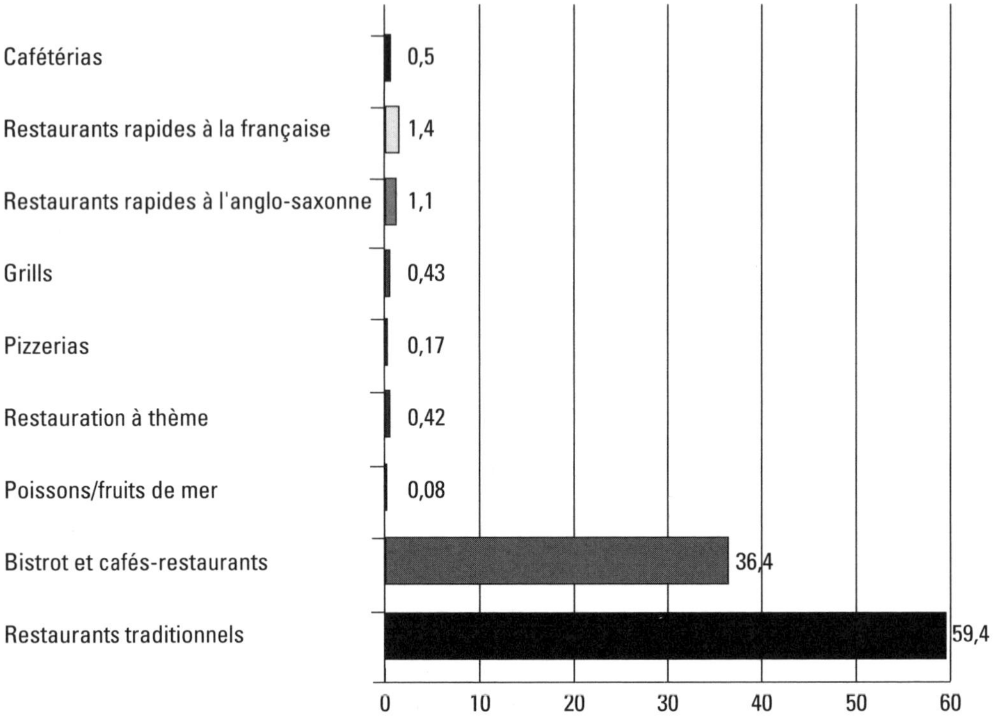

Evolution des chiffres d'affaires de la restauration commerciale depuis 1994[1]

	1994	1995	1996	1997	1998	1999	2002
CA milliards d'euros TTC	27,1	27,2	23,6	25,3	26,5	28,5	31,5
Chaînes	13,8 %	15,3 %	18,4 %	18,9 %	19,4 %	20,0 %	27,8 %
Indépendants	86,2 %	84,7 %	81,6 %	81,1 %	80,6 %	80,0 %	72,2 %
Evolution/an en %		+0,1	-3,6	+1,7	+1,2	+2	+3
Evolution CA/1994 en %		+0,1	-3,5	-1,8	-0,6	+1,4	+4,4

6. D'après le Cahier : les chiffres clés de la RHD. en France, en Europe NRM/GIRA SIC. nov. 2003.
1. D'après Gira Sic Conseil/L'hôtellerie n2662 du 20/04/2000 – N. Lemoine/Chiffres clés de la RHD – nov. 2003.

2.2 L'emploi

Le nombre de salariés employés dans la restauration est d'environ 545000 (dont 54 % dans la restauration de type traditionnel), auxquels il faut rajouter la part des non salariés estimée à 30 %[1]. On peut donc estimer à près de 650000 le nombre total d'actifs du secteur de la restauration. Ce secteur regroupe plus de la moitié des salariés des entreprises du secteur du tourisme et environ 2,5 % des salariés dans l'ensemble de l'économie[2]. L'effectif a d'ailleurs plus que doublé en 15 ans (il a connu une progression de 46,4 % entre 1983 et 1998). C'est un marché qui se partage en deux pôles, les chaînes de restauration et les indépendants, et en trois grands thèmes : hôtel avec restaurant, restauration traditionnelle et la restauration rapide.

Répartition des emplois salariés
Hôtel avec restaurant : 26,8 %
Restauration traditionnelle : 53,9 %
Restauration rapide : 19,3 %

Quant à l'emploi saisonnier, il est très courant dans le secteur de la restauration, correspondant à la saisonnalité du tourisme sur les territoires. La répartition dans le secteur HCR est la suivante :

- La restauration traditionnelle : 24,7 % de ses effectifs annuels;
- Les débits de boissons : 24 %;
- Les hôtels avec restaurant : 23,6 %;
- La restauration rapide : 23,3 %.

1. Selon l'enquête emploi menée par l'INSEE.
2. Source : UNEDIC.

2.3 Stratégie et structure des entreprises commerciales

2.3.1 Stratégie

Les entreprises commerciales cherchent avant tout une expansion rapide de leur parc, tout en veillant à développer les concepts les plus porteurs et à abandonner les moins rentables (franchise, master franchise, joint-venture, concession…). On assiste donc autant à des désinvestissements qu'à différentes formes de partenariats à des fins de développement qui redessinent régulièrement les contours du paysage de la restauration. L'objectif de cette expansion est de gagner des parts de marché, d'augmenter la notoriété des enseignes, de réduire les coûts de fonctionnement et de rassurer les investisseurs. Plusieurs stratégies peuvent alors être appliquées : le redéploiement, notamment à l'international et/ou la diversification que ce soit en termes de gammes de prix ou en termes de créneaux.

- Le **groupe Flo** a connu maintes restructurations. Il a repris la chaîne Bistro Romain au printemps 2000, après avoir racheté Hippopotamus quelques années plus tôt. Ainsi le groupe s'est diversifié en proposant une offre de restauration sur plusieurs créneaux et dans des gammes de prix différentes.

  – En 2001, renonçant à se développer Outre-Manche, il s'est désengagé de ses huit cafés Flo londoniens, faute de marge opérationnelle suffisante.
  – Les désinvestissements ont concerné également la France où l'enseigne Raynier Marchetti, le spécialiste dans l'organisation de réceptions, a été cédé, où cinq Petit Bofinger ont fermés et où, en septembre 2002, la chaîne de traiteurs Flo Prestige a été cédée à Fauchon.

Cette révision stratégique s'accompagne d'un renforcement des marques fortes telles que Hippopotamus et Bistro Romain.

- **Compass** (n° 1 mondial de la restauration concédée), s'allie avec le groupe **Flo** pour développer :

– Hippopotamus – Petit Bofinger – Café Flo	}	Dans les aéroports, les gares, les centres commerciaux, les centres de loisirs.

Hippopotamus a entamé une politique d'internationalisation qui usera de master franchises, d'accords de co-branding ou encore de contrats de sous-traitance de restauration hôtelière. L'enseigne développe également un micro concept pour les marchés de concession.

- L'accord de partenariat signé, entre le groupe de **Christian Picart** (Buffalo Grill) et **Elior** a été annulé. En revanche un rapprochement est prévu en Italie avec **Autogrill.** Pour Christian Picart, la franchise constitue un outil de développement du parc dans les années à venir. Il réfléchit à la réalisation d'une deuxième plate-forme Disticoupe du côté de Montélimar pour accompagner l'augmentation du nombre d'enseignes.

- **Quarare** a privilégié la consolidation de l'activité de ses établissements Oh! Poivrier! après la vente de ses restaurants **L'Amanguier** au groupe Flo qui les a transformés en Petit Bofinger.

- Les **Brasseries Kronenbourg** se développent à un rythme soutenu grâce à divers concepts :

  – Adidas Sports Café;
  – Les Tavernes de Maître Kanter;
  – les Comptoirs de Maître Kanter;
  – les Chalets…

Depuis la reprise de Kronenbourg par **Scottish & Newcastle**, il est question d'un développement hors des frontières françaises, mais la forme que prendrait la structure n'a pas encore été débattue.

- Depuis son introduction en Bourse en 1997, **Léon de Bruxelles** avait dépassé ses prévisions (au 1er semestre 1998, le chiffre d'affaires avait évolué de plus de 58 % avec 23,2 millions d'euros). Placé en redressement judiciaire le 28 juin 2001, Léon de Bruxelles semble près de sortir de la mauvaise passe qu'il traverse, tout du moins sur le plan capitalistique et financier car malgré une notoriété élevée, son image est amoindrie.

- Sur le marché des cafétérias, huit enseignes Monoprix sont aujourd'hui affiliées au **groupe Casino**, suite à la reprise progressive des établissements hors centre-ville par le grand groupe de distribution.

- La restauration rapide n'est pas en reste en ce qui concerne les restructurations. **Mcdonald's**, en perte de vitesse, a souhaité développer un nouvel axe de croissance et a investi le créneau des coffee bars en rachetant **Aroma**, une enseigne située à Londres. Le groupe cherche de nouvelles enseignes pouvant croître au moins jusqu'à 1 000 restaurants et a pris une participation minoritaire dans la sandwicherie britannique Prêt-à-manger. Le géant du fast-food l'aide ainsi à s'implanter à New York et bientôt en Chine continentale.

- **Lina's** a été vendu en novembre 2001 à des acheteurs libanais, après l'accord de Natexis, détenteur de 18 % de l'enseigne.

- Le **groupe Horeto** vient de reprendre la chaîne de restauration belge **Paninaria** (8 établissements) et souhaitait la développer à partir de 2002 avec l'ouverture d'unités en région parisienne. Le concept devrait progressivement s'apparenter à celui de **Pains Perdus**, sa chaîne phare (19 établissements en Europe).

- Le **groupe Holder** a de nouvelles perspectives pour développer **Paul** et **Saint Preux** sur de nombreux sites publics depuis un accord de franchise signé avec Eliance, filiale du groupe Elior.

- La **Croissanterie** devrait aussi étendre son parc grâce à des accords de partenariat à l'image de celui mis en place avec **Relay** dans le cadre de l'ouverture d'une unité pilote commune au sein de la station RER Auber à Paris.

- Le groupe rennais **Le Duff**, déjà propriétaire des enseignes **La Brioche Dorée**, **Le Fournil de Pierre** et **Bridor** et leader du segment, se démarque par sa prise de contrôle de La Madeleine, une chaîne de restauration rapide implantée à Dallas au Texas, à La Nouvelle Orléans et à Washington. **La Madeleine** avec ses 62 restaurants et ses 150 millions d'euros de chiffre d'affaires va compléter les activités de Le Duff en Amérique du Nord où le groupe possède déjà deux unités de production Bridor, où il fabrique des pains et de viennoiseries vendus dans les chaînes hôtelières internationales. Cette filiale de Bridor, qui affiche 50 millions d'euros de chiffre d'affaires aux Etats-Unis et au Canada, pourra aussi intervenir pour le réseau La Madeleine. En ce qui concerne La Brioche Dorée, le groupe axe sa stratégie de développement sur la franchise. Il travaille avec **Sodexho** et **Compass** et forme des alliances à l'étranger. Un test de partenariat avec le **groupe Richard** a permis d'identifier le potentiel de «coins café» dans les établissements du groupe.

2.3.2 Structure

La structure du secteur de la restauration commerciale est identique à celle de l'hôtellerie. Elle est composée de restaurateurs indépendants, de chaînes intégrées (exemple : Courte-Paille, fast-foods, Hippopotamus, etc.) et de chaînes volontaires (exemple : les Brasseries Gourmandes, les Maîtres-Rôtisseurs de France).

Segmentation de la restauration commerciale

Restauration traditionnelle : grillade, brasserie, bistrot
Restauration rapide : **hamburger, viennoiserie, sandwicherie**
Cafétérias
Restauration à thème
Pizzerias
Grills viande

Le secteur de la restauration commerciale se développe énormément à travers le système de la franchise. Avec 110 adhérents début 2000, la Fédération française de la franchise (FFF) «réalise» un chiffre d'affaires de plus de 30 milliards d'euros, soit 6 % du commerce de détail. Dans l'Hexagone, 530 franchiseurs et près de 30000 franchisés emploient 320000 personnes. Des adhérents parmi d'autres : La Boucherie, Buffalo Grill, El Rancho, l'Epi Gaulois, Mcdonald's, Pizza Hut, Point chaud, Quick, Tarte Julie… et pour l'hôtellerie : Climat de France, Comfort, Ecotel, Etap Hotel, Ibis, Mercure, Quality, Sofitel…[1]

1. CHD – L'industrie hôtelière – mars 2000 n° 540 «Des normes et des hommes» Barthélèmy.

3. LA RESTAURATION « TRADITIONNELLE » DE CHAÎNES

3.1 Les types de restauration

Selon l'étude menée par Coach Omnium et publiée dans la revue *l'Hôtellerie* d'avril 2002, les chaînes regroupent 5592 établissements, soit environ 5 % du parc de l'ensemble de la restauration commerciale.

En 2001, elles ont servi 30 % des repas du secteur, soit 836 millions de repas. Leur chiffre d'affaires pèse pour 18 % dans celui de la restauration commerciale. Cet écart entre le nombre de restaurants de chaînes et leur apport en termes de repas servis et de volume d'affaires s'explique par le fait qu'un restaurant indépendant traditionnel sert en moyenne 50 couverts par jour, contre 200 pour un restaurant de chaîne à service complet, 450 pour une cafétéria et 600 pour un fast-food.

On peut distinguer trois grands canaux de distribution parmi les chaînes françaises :

- **La restauration à service rapide**, qui représente près de la moitié de l'offre et environ 44 % du chiffre d'affaires total des chaînes;
- **Les cafétérias**, dont le chiffre d'affaires moyen par entreprise est supérieur à celui de la moyenne des chaînes (1,8 million d'euros contre 1,2 million d'euros);
- **La restauration à service complet**, qui représente plus de la moitié des enseignes et 39 % du chiffre d'affaires total des chaînes.

Type[1]	Enseigne	CA 2001	Part 2001	CA 2002	Part 2002
Restauration à service rapide	32	2647	47,3 %	3102 M€	44,1 %
Cafétéria	11	638	11,4 %	1159 M€	16,5 %
Restauration à service complet	52	2307	41,3 %	2761 M€	39,4 %
Total	**95**	**5592**	**100 %**	**7022 M€**	**100 %**

1. Coach Omnium/L'Hôtellerie.

Le nombre d'établissements affiliés à une enseigne s'élèverait à près de 3000 en France, soit 4 % du nombre de restaurants (INSEE). Les dix premières enseignes ont un chiffre d'affaires qui représente environ 65 % du chiffre d'affaires global des chaînes de restauration, duquel, Mc Donald's, Quick, Casino, Agapes, Le Duff et Flo, se partagent plus des trois quarts.

L'implantation de certaines enseignes au bord des routes et des nationales est un phénomène nouveau. Hippopotamus qui reste surtout implanté en centre-ville, ouvre désormais des enseignes à Bourg-la-Reine sur la RN20 ou à Rueil-Malmaison sur le RN10 (le groupe Flo prévoyait une cinquantaine de restaurants Hippopotamus en 2002). La même stratégie est suivie par Léon de Bruxelles.

Les dix premières chaînes de restaurants en France[1]

Rang	Enseigne	CA TTC 2001 en M€	Unités 01/2002	Evolution de l'offre 2001/2000
1	Mc Donald's	1900	914	+ 62
2	Quick	592	326	+ 18
3	Flunch	447	169	+ 14
4	Buffalo Grill	410	228	+ 20
5	Cafétéria Casino	339	236	+ 4
6	La Brioche Dorée	207	284	+ 3
7	Paul	176	223	-
8	Taverne De Maître Kanter	175	66	+ 2
9	Campanile	172	333	+ 4
10	Hippopotamus	142	69	+ 4

1. Coach Omnium/L'Hôtellerie.
Nota : Mc Donald's a dépassé les 2 milliards d'euros de chiffre d'affaires en 2002.

3.2 Les thèmes

■ La restauration rapide

Depuis plusieurs mois, la restauration rapide change, évolue. Elle veut se démarquer, se débarrasser de l'image des années 60. Sofas bleus, bornes d'écoute sur les Champs-Elysées pour McDonald's ou cabanon de plage à Anglet. Quick, le challenger offre quant à lui de petits salons avec coins fauteuils. La restauration veut sortir du «mono produit» et des décors stéréotypés[1].

6 groupes se partagent plus de 75 % du marché français

Mc Donald's (qui a racheté en 1999 Boston Chicken, le n°2 du poulet aux USA), Quick, Casino, Agapes, Le Duff (qui a repris Häagen Dazs Café en 1999, 1400 m^2 sur les Champs-Elysées à Paris) et le groupe Flo, se partagent plus de 76 % du CA total.

Les 5 premiers leaders du marché français du hamburger/poulet en 2002[2]

Rang	Enseignes (société)	CA HT M€	Unités
1	McDonald's France	2102	974
2	Quick (France Quick)	549	319
3	KFC (poulet) (Tricon)	30,7	19
4	Packman (France restauration rapide)*	4,2	4
5	Jackson Burger (Jackson développement)*	2,8	6

**Chiffres 2001.*

1. Néo restauration n° 363 mars 2000 «France de nouvelles stratégies de conquête».
2. Néo restauration n°396 mars 2003 «Les leaders révisent leur stratégie».

Les 5 premiers leaders en Europe en 2002

Rang	Pays	Enseignes (groupe)	CA HT M€	Unités
1	USA	McDonald's (McDonald's Corp.)	9693	6070
2	USA	YUM ! (KFC, Pizza Hut, Taco Bell)	1 983	770
3	GB	Burger King Corporation	1 701	1 500
4	Italie	Autogrill (Spizzico, Côté Café, Grignotins, Pains à la ligne)	1 144	630
5	GB	SSP Compass Group (Café Ritazza, Upper Crust, Cafe Select, K.O'Connors)	1017	890

Position des enseignes françaises en Europe en 2002[1]

Rang	Enseignes (groupe)	CA HT M€	Unités
11	Pomme de Pain, Aubepain, La Station Sandwiche (Eliance Restauration)	290,4	528
15	Le Fournil de Pierre, Brioche Dorée (Groupe Le Duff)	219,0	379
18	Paul, Saint-Preux, Ladurée (groupe Holder)	181,0	249

■ Le boom de la vente de sandwiches/viennoiserie

Depuis 1998/99, on constate le «boom» de la vente de sandwiches. En effet, il s'est vendu, durant cette période, 195 millions de prestations dans 1 420 unités (dont 1 169 unités de chaînes) représentant un chiffre d'affaires de 0,54 milliard d'euros.

1. Néo restauration n° 396 mars 2003 «Les leaders révisent leur stratégie».

Les 5 premiers de la sandwicherie/viennoiserie/pizza en 2002[1]

Rang	Enseignes (société)	CA HT M€	Unités
1	ELIANCE Division Restauration Rapide (Pomme de pain, Aubepain, Station Sandwich-Quick, Philéas)	222,7	395
2	Groupe LE DUFF (La Brioche dorée)	187,0	315
3	Groupe HOLDER (Paul, Saint-Preux, Ladurée)	161,1	265
4	SSP COMPASS (Café Ritzza, Upper Crust, Café Select, Scapucci, Katie O'Connors, Tarte Julie...)	141,7	145
5	AUTOGRILL (Ciao, Spizzico, Burger King, La Galléria, Côté France, Relais, Pain à la ligne...)	66,9	166

■ Le marché de la livraison

Les leaders du marché français en 2002[2]

Rang	Enseignes (société)	CA HT M€	Unités
1	Pizza Hut	86,7	98
2	Speed Rabbit Pizza	27,1	69
3	Class'Croute	23,7	49
4	Domino's Pizza	21,9	47
5	La Boîte à pizza	18,2	65

3.3 La restauration à thème n'est plus un phénomène de mode

C'est devenu un style de consommation qui fait partie de la vie des Européens et des Français. A tel point que ces groupes essaient d'aller au-delà des desiderata des clients en leur proposant des menus enfants, des plats végétariens ou même des cartes en braille. Les cibles clientèles sont assez larges, en

1. Néo restauration.
2. Néo restauration.

général jeunes, parfois majoritairement féminines et viennent indifféremment pour déjeuner ou dîner.

3.4 Le lancement de nouveaux concepts

Christian Picart, patron de la chaîne a lancé en périphérie des villes deux nouveaux concepts : Victoria Pub et Bistro d'Augustin (ce dernier a disparu depuis et les unités existantes se sont transformés en Buffalo Grill). Un nouveau concept de restauration rapide a vu le jour à Marseille. Paul Vignau, qui a créé «Express Poulet», lance le «Pâtes-food» désirant ainsi devenir l'alternative aux Mac Do et aux pizzas.

Lustucru devient également une enseigne en 2002, rue du Faubourg St-Antoine à deux pas de la place de la Bastille. Les pâtes servies au restaurant sont préparées sur place, devant les clients, dans l'atelier ouvert sur la salle du rez-de-chaussée. La décoration reprend les codes de la marque.

3.5. L'arrivée du branding

HMS (Host Marriott Services) est l'un des pionniers du branding (déclinaison sur un même site de ses propres enseignes ou des enseignes d'autres groupes). C'est 170 enseignes dont 120 de restauration (de Burger King à Yummy's Korean BBQ, Starbucks...), des concepts de bars, de restos, de fast-foods, de steackhouses, de wine-bars, de cafés boulangeries, de pizzerias qui lui permettent de répondre, selon les zones de chalandise, aux attentes des clients.

HMS c'est aussi 90 relais routiers en Amérique du Nord (près d'un quart de son CA) et surtout le numéro un des aéroports avec les concessions de 70 grands aéroports (70 % de son CA en 1999). Le marché visé aujourd'hui par HMS est celui des centres commerciaux[1].

Elior et Compass, deux grands opérateurs de la SRC transforment l'aménagement des bars et restaurants des aéroports d'Orly et de Roissy à partir de 2002. Sur Orly Ouest, Elior propose une offre de restauration rapide et de bars autour de Paul, Pomme de Pain et le Café gascon. D'autres marques à forte notoriété s'implantent également : Quick, Buffalo Grill, Pizza Piazza... Sur Roissy CDG2, à l'initiative de Compass, des enseignes comme MacDonald, Salmon House, France café, les Halles de Paris, la Brioche dorée...

1. NRM n° 356 juillet/août Gérard Spitzer.

prennent place. Les travaux dureront de 2 à 4 ans selon les zones concernées[1].

3.6 Les défis à relever par la restauration de chaînes

Les sept défis majeurs à relever par les professionnels sont :

1. la «pression» du Web;
2. l'obligation d'un service sans faute;
3. l'adaptation au «power age»;
4. l'irruption des femmes actives;
5. le devoir d'hygiène et de sécurité;
6. les coûts du personnel qualifié;
7. l'équation temps-confort-plaisir.

4. LES INDÉPENDANTS

Ils connaissent depuis quelques années une profonde remise en question face à l'implantation des chaînes de restauration à thème ou des chaînes de restauration rapide.

La restauration indépendante, c'est :

- Environ 52.00 restaurants traditionnels en France;
- Un volume d'affaires de 3,3 millions d'euros (hors café);
- Une croissance moyenne de 2,2 % du CA.

C'est aussi une grande disparité d'une région à l'autre, certaines régions se retrouvent dans le rouge comme la Lorraine, d'autres tirent leur épingle du jeu comme la région picarde. De plus, la restauration traditionnelle est loin devant la restauration d'hôtels en ce qui concerne son nombre d'établissements étoilés.

1. NRM n° 387 mai 2002 Patricia Cecconello

5. LA RESTAURATION D'HÔTEL

Près de 60 % des hôtels en France proposent au moins un restaurant en complément de l'hébergement. Le taux d'équipement varie cependant sensiblement en fonction des catégories et, entre le 1 étoile et le 4 étoiles, il passe du simple au double. Les chaînes hôtelières implantées en France réalisent un chiffre d'affaires «restauration» total de l'ordre de 1,6 milliard d'euros[1].

Cependant, la restauration d'hôtel a souvent été considérée comme un service annexe de l'hébergement. De plus, si l'activité hébergement peut moduler ses prix en fonction du taux d'occupation et de la période, il n'en est pas de même avec le restaurant dont la marge de manœuvre est, d'une part, étroite face à une concurrence locale forte, et d'autre part, confrontée à deux tendances actuelles : la notion du temps compté et la montée du grignotage[2].

- **Les défis de l'hôtelier-restaurateur sont nombreux :**
  - Gérer une activité d'une amplitude d'ouverture supérieure aux restaurants et 7j/7 (comment répondre à une clientèle nomade qui accepte de moins en moins de se plier à des horaires figés?);
  - Assurer le service des Pdj, du déjeuner, du dîner, des banquets et du room-service;
  - Répondre à une clientèle très diversifiée n'ayant pas les mêmes habitudes de consommation (individuels, affaires, groupes);
  - Satisfaire à midi une clientèle pressée, attirer une clientèle extérieure tout en conservant un taux d'occupation satisfaisant;
  - Disposer d'une MOD qualifiée;
  - Rentabiliser le restaurant.

- **Certains professionnels essaient de trouver le bon compromis à ces difficultés :**
  - Sous-traiter l'activité restauration à un traiteur local;
  - Concevoir un espace de libre-service ouvert 24h/24 (vitrines réfrigérées);

1. HTR Tendances & Marketing.
2. NRM n° 402 octobre 2003 Paul Fedèle.

- Installer une distribution automatique (Suitehôtel du groupe Accor a dû faire marche arrière et a mis au point une «Boutique gourmande» proposant 6 kits de coffrets-repas à 11€ et petit déjeuner en libre-service dans des vitrines réfrigérées);
- Séparer l'activité hébergement de l'activité restauration (exemple de Novotel Café);
- S'appuyer sur la signature d'un chef ou une marque porteuse pour les hôtels de prestige;
- Faire appel à la franchise (Au Bureau, Hippopotamus...);
- ...

6. LA PARA RESTAURATION

Selon le G.I.R.A. Sic, la para-restauration réalise un chiffre d'affaires de 0,57 Md€ et sert annuellement 220 millions de repas. Il s'agit des stations-service, des boulangers, des charcutiers-traiteurs, des grandes et moyennes surfaces.

Les GMS savent aussi implanter leur concept à l'étranger, il en est ainsi des petites unités de restauration de Carrefour baptisées «rendez-vous» et implantées en galerie marchande qui font leur chemin en Pologne (4 unités à fin 1999)[1].

7. LA RESTAURATION DE GARE ET À BORD DES TGV

- La restauration de gare : les trois principaux spécialistes de la concession (Autogrill, Eliance (Elior) et SSSP (Compass Group), se partagent 71 % des parts de marché de la restauration dans les gares. De plus en plus les indépendants sont remplacés par de grands opérateurs. Il faut dire que le marché est intéressant à plus d'un titre, en effet, près de 900 millions de voyageurs transitent chaque année par les 3000 gares françaises.

1. NRM n°359 novembre 1999 Jean-Bernard Taste «Pologne, Carrefour implante ses cafétérias»

Le voyageur, devenu consommateur nomade, cherche à optimiser son temps. Parmi ses attentes, la restauration rapide arrive en deuxième place derrière la librairie et le disque, la restauration thématique se situant en cinquième position[1].

Consommation des voyageurs dans les principales gares parisienne en 2002[2]

Gare	du Nord	St-Lazare	de l'Est	de Lyon	d'Austerlitz
Voyageurs en M/an	115	92	60	100	30
Ca HT de la restauration en M€	4,1	8,2	10	36	11

- La restauration à bord des TGV : une offre qui doit satisfaire une clientèle hétérogène, pour tous les goûts et tous les appétits : au cours du mois de mars 2002, de nouveaux produits ont été testés à bord des TGV : pâtes, compotées de pomme à la cannelle, tortillades, gâteau grand-mère chocolat...
  La Compagnie des Wagons-lits France qui a réalisé un chiffre d'affaires de 76 M€ en restauration à bord en 2001, veut allier tradition et nouvelles tendances alimentaires. Le taux de satisfaction global a d'ailleurs progressé de 68 à 83 % et celui des produits de 62 à 68 %. Parallèlement à l'offre restauration dans les voitures-bar, des distributeurs automatiques ont aussi été installés[3].

8. LES TRAITEURS ET LA RESTAURATION AUTOMATIQUE

Au nombre de 1500, les traiteurs occupent une part assez faible du secteur de la restauration au contraire de la restauration automatique qui réalise un chiffre d'affaires de l'ordre de 0,92 Md€ TTC. Les 10 premiers traiteurs-organisateurs de réceptions (TOR) se partagent 60 % du marché français sachant

1. NRM n° 401 Septembre 2003 – Paul Fedèle.
2. NRM n° 401 – Source A2C.
3. L'Hôtellerie n° 2765 du 18 avril 2002 – C.Cosson.

que le CA 2001 des 50 leaders français fut de plus de 383 M€. L'un d'entre eux se détache, Potel & Chabot, qui pèse pour un tiers du chiffre d'affaires des 10 principaux opérateurs et pour 20 % des 50 leaders.

Aujourd'hui, les traiteurs investissent dans des outils de production qu'il optimisent en misant sur les sites de concession, la diversification de leurs activités et le développement en province, voire en Europe.

Les 10 premiers groupes enseignes leaders en France en 2001[1]

Rang	Groupes/Enseignes	CA HT M€
1	BONGRAIN (Potel & Chabot, Saint Clair-Le Traiteur, Kieffer)	79,6
2	ACCOR (Lenôtre)	48,2
3	FLO (Flo Prestige, Raynier-Marchetti)	27,1
4	DALLOYAU	16,8
5	SCORE (Butard Enescot, Lacoste Traiteur, Chanot Traiteur)	15,3
6	PRIVILEGE (Scott-Mauduit)	14,2
7	Groupe VALPARAISO (Passion Traiteur)	12,4
8	PIGNOL VITAL & JEAN-PAUL	9,4
9	RIEM BECKER	9,0
10	FESTIN DE BOURGOGNE	7,7

9. LES CAFÉS, LES CLUBS ET DISCOTHÈQUES

Ils concernent les limonadiers et les débits de boissons, bistros, brasseries… Ceux que l'on désigne comme «bars» ou «cafés». De 1983 à 1998, leur nombre a diminué de 38 % (de 79000 à 49000 en 1996/97). Ils sont passés à 49955 en 98/97, soit une remontée de 2 %. Ils emploient environ 33000 personnes[2]. Les bistros, cafés, bars, brasseries ayant un service de snacks ou de

1. NRM n° 388 – juin 2002.
2. Source UMIH.

repas sont au nombre de 46300 et réalisent un chiffre d'affaires de près de 5 Mds€[1]. Les raisons de leur disparition sont nombreuses :

- Evolution vers une activité de restauration;
- Sites industriels en déclin;
- Problèmes de transmission d'entreprise;
- Dépeuplement du monde rural et des centres-villes;
- Lutte contre l'alcool et le tabagisme;
- Modification des habitudes de consommation des français («déstructuration» des repas qui profite à la restauration rapide et automatique).

Cependant, le secteur des «cafés» ne reste pas en marge de l'innovation et s'adapte en permanence afin de répondre aux attentes de leurs clients. En effet, certains brasseurs, tel Interbrew (Abbaye de Leffe) développent une politique commerciale de marque : Café Hoegaarden, Brussel's Café, Taverne de Maître Kanter (créée au début des années 70) et depuis 1998 l'enseigne «Les comptoirs de Maître Kanter» dans les centres commerciaux. Depuis 1999, les Brasseries Heineken se lancent à leur tour en donnant naissance aux «Murphy's House The Irish Pub». D'autres marques apparaissent sur le marché des CHR :

- Au Bureau;
- Adidas Sport Cafés;
- Panorama Cafés;
- Fun Music System;
- Brasseries Kronenbourg;
- Columbus Café;
- Indiana Café.

Notons aussi l'ouverture du premier «café-salon de thé-boutique-librairie éthique» de France qui a ouvert ses portes à Marseille en 2003 sous le nom de «l'Equitable Café». Ce concept se décline comme un lieu équitable de consommation où les clients consomment et achètent par conviction[2].

Si les clubs et discothèques ne rentrent pas dans cette catégorie, il existe 3000 unités en France qui participent pleinement au produit touristique [3].

1. NRM nov1999/GIRA 1998.
2. L'hôtellerie n° 2816 du 10 avril 2003 – D.Fonsèque-Nathan.
3. A nous Paris n° 26 du 6 au 12 décembre 1999.

CHAPITRE 3

Le marché de l'hôtellerie

L'hébergement est le moteur de l'investissement touristique. A côté de groupes intégrés puissants comme Accor, de chaînes volontaires comme Relais & Châteaux, pour citer des plus connus, sont apparus depuis une dizaine d'années d'autres formes d'hébergement liées par exemple au tourisme vert : gîtes ruraux, chambres d'hôte, chambres à la ferme (notre «Bed and Breakfast» français), etc.

La fréquentation par mode d'hébergement des touristes est la suivante[1] :

Type d'hébergement	répartition
Hôtel ou résidence hôtelière	45,5 %
Camping, caravaning	13,3 %
Parents ou amis	15 %
Location de maison ou d'appartement	7,3 %
Résidence secondaire	4,6 %
Chambre chez l'habitant	2,1 %
Autre	2,1 %
Village ou club de vacances	1,3 %
Centre ou colonie, auberge de jeunesse	1,3 %
Non déclaré	7,5 %

1. Direction du tourisme.

Mais il est vrai que depuis l'implantation du premier Novotel dans la banlieue de Lille en 1967 (et du premier Sofitel à Strasbourg en 1964), d'un éclatement de l'offre, on assiste aujourd'hui à un mouvement de concentration des groupes hôteliers. La notion de «surcapacité hôtelière» est alors évoquée. Ce n'est pas un phénomène nouveau, toutefois, la «surcapacité hôtelière» revêt parfois une acuité toute particulière en raison d'un développement rapide du parc des chaînes intégrées ou volontaires et de l'essor de structures para-hôtelières.

Trois catégories d'hôtels se côtoient :

- les hôtels indépendants;
- les chaînes volontaires;
- les chaînes intégrées.

Et d'un point de vue réglementaire, l'administration divise l'hôtellerie en deux catégories :

- L'hôtellerie dite «homologuée» : hôtels de tourisme classés de 0 à 4 étoiles luxe,
- L'hôtellerie dite «non homologuée» : les hôtels de préfecture.

1. ÉVOLUTION DES HÔTELS DE CHAÎNE

L'hôtellerie de chaîne a connu en dix ans une croissance rapide multipliant par 6 le nombre de ses établissements et par 5 sa capacité d'accueil. Son taux de pénétration est passé de moins de 5 % en 1985 à 57 % en 1997. La répartition du chiffre d'affaires se répartit de la manière suivante : 60 % pour l'hébergement et 40 % pour la restauration et diverses prestations sachant qu'environ 40 % des hôtels ne proposent pas de service de restauration[1].

1.1 Les chaînes intégrées

Plus de 65 % de la répartition catégorielle de l'offre en chambres se situent dans le moyen et le haut de gamme (à peu près à part égale), correspondant à l'offre en hôtels de plus de 55 %. La catégorie luxe se situant autour des 6 % dans les deux cas.

1. HTR Tendances & Marketing.

En Europe, les chaînes intégrées françaises dominent le marché européen de l'offre en chambres. En effet, on trouve dans les six premiers européens, 3 marques françaises : Mercure, Ibis et Novotel, respectivement classées 1re, 2e et 4e, Envergure se classant en 9e position avec Campanile. Le 3e est Holiday Inn (GB), le 5e NH Hoteles (Espagne) et le 6e Hilton International (GB). Les deux principaux opérateurs sur le marché européen sont Accor avec 1939 hôtels et Société du Louvre/Envergure avec 828 hôtels. Six continents se plaçant loin derrière avec 415 hôtels au 1er janvier 2003.

■ La mondialisation s'impose

Le classement mondial 1998 des 50 premiers groupes hôteliers, réalisé par Coach Omnium, révèle une suprématie des sociétés américaines (en nombre d'hôtels et de chambres) et une forte croissance de leur parc.

Entre le jeu des ouvertures (en créations d'hôtels, avec ou sans franchise) et des reprises d'hôtels, mais aussi des fusions-acquisitions de chaînes, l'offre hôtelière des 50 premiers groupes correspond à environ 30 % du parc hôtelier mondial. Parmi les 50 premiers groupes mondiaux, 42 % sont nord-américains et 40 % sont européens[1].

■ Chaînes intégrées

To, Pm par chambre et RevPar (en € et TTC), en France, de 1991 à 2002[2]

*	1991			1992			1993			1994		
	T.o	Pm	RevPar	T.o	Pm	RevPar	T.o	Pm	RevPar	T.o	Pm	RevPar
0&1	56,4 %	28,8	16,3	56,5 %	28,4	16,1	53,3 %	27,2	14,5	56,4 %	25,9	14,6
2	62,9 %	42,3	26,6	60,5 %	43.9	26,5	53,4 %	43,3	23,1	58,3 %	42,7	24,9
3	60,4 %	71,3	43,0	59,4 %	72,1	42,8	55,6 %	68,5	38,1	61,6 %	66,0	38,1
4	62,6 %	124,3	77,9	65,3 %	130,6	85,4	60,2 %	132,1	79,5	66,1 %	132,0	87,2
Σ	61,4 %	59,1	36,3	61,1 %	59,6	36,4	56,3 %	61,0	34,3	60,0 %	61,4	36,8

1. L'Hôtellerie Economie n° 2580 du 24 septembre 1998 «La mondialisation s'impose» de C. Gary.
2. Observatoire UMIH/Groupement National des Chaînes Intégrées Hôtelières, 500 hôtels de chaîne interrogés mensuellement.

*	1995			1996			1997			1998		
	To	Pm	RevPar	To	Pm	RevPar	To	Pm	RevPar	To	Pm	RevPar
0&1	57,7 %	25,6	14,8	60,4 %	25,7	15,5	64,2 %	26,2	16,8	59,7 %	26,7	15,9
2	59,5 %	42,0	24,9	60,0 %	42,8	25,6	64,2 %	43,5	27,9	66,3 %	47,5	31,5
3	61,9 %	67,2	41,6	62,1 %	66,2	41,1	65,0 %	67,3	43,7	67,8 %	73,2	49,6
4	63,6 %	130,1	82,8	65,8 %	123,8	81,4	71,5 %	136,1	97,3	74,6 %	157,0	117,2
Σ	60,3 %	59,6	36,0	61,4 %	57,5	35,3	65,3 %	57,8	37,8	66,9 %	71,2	47,7

*	1999			2000			2001			2002		
	To	Pm	RevPar	To	Pm	RevPar	To	Pm	RevPar	To	Pm	RevPar
0&1	62,2 %	27,4	17,0	63,5 %	28,0	17,8	66,2 %	24,6	16,3	64,4 %	26,0	16,7
2	66,7 %	48,2	32,1	67,9 %	51,9	35,2	69,0 %	56,4	39,9	69,7 %	58,5	40,8
3	68,3 %	77,4	52,9	69,4 %	78,8	54,7	67,3 %	81,5	54,8	65,7 %	84,7	55,7
4	75,1 %	157,7	118,5	76,4 %	147,0	112,2	71,9 %	163,2	117,4	67,7 %	174,0	117,9
Σ	67,8 %	73,2	49,3	67,2 %	63,7	42,8	66,9 %	71,48	47,8	65,9 %	74,73	49,3

* : nombre d'étoiles
To : taux d'occupation
Pm : prix moyen en euro
RevPar : revenu par chambre disponible en euro

■ De nouveaux concepts d'hôtellerie... et l'arrivée en ville des «économiques»

Moins de deux ans après la réflexion lancée par Paul Dubrule en janvier 1998 (Groupe Accor), Suitehôtel ouvre son premier établissement à l'aéroport de Lille-Lesquin : 73 chambres de 30 m^2 (supérieur de 20 % à celles de Novotel), un investissement de 4,6 M€ soit un peu moins de 61K€ par chambres et dont le prix des chambres est de 66 euros. La loi du millième est respectée... Suitehôtel est conçu comme un espace modulable (séparation entre la chambre et l'espace de travail) à mi-chemin entre les établissements de la branche affaires et loisirs et ceux de la branche économique. Même si ce nouveau produit vise aussi une clientèle familiale, il est principalement destiné à une clientèle individuelle d'affaires qui recherche espace, confort et convivialité[1].

1. CHF Génération L'industrie Hôtelière n539 janvier-février 2000.

Après l'implantation du Formule 1 et d'un Etap hôtel Porte de St Ouen (85 % de taux d'occupation sur l'année 1999), le groupe Accor ouvre en octobre 2001 à Paris un Formule 1 de 363 chambres dans le XIVe arrondissement, avenue de la Porte-de-Châtillon. Il obtient aussi les autorisations pour installer un Etap hôtel de 295 chambres dans le XIXe arrondissement, avenue Jean-Jaurès[1].

1.2 Les chaînes volontaires

- **Logis de France** est le premier réseau volontaire français. Il dispose d'une capacité totale de 63821 chambres avec 3470 adhérents.

La chaîne volontaire réalise un CA de 1,6 Md€ dont 59 % en restauration et 41 % en hébergement (données 2002). Un des moyens de communication utilisé par la chaîne est l'édition d'un guide national distribué gratuitement à 650000 exemplaires, et sa distribution est assuré, entre autres, *via* une nouvelle centrale de réservations en ligne.

Créé en 1993, Logis d'Europe est à la tête de 3729 hôtels-restaurants et occupe également le premier rang européen en termes de chambres :

France	3 470
Italie	103
Belgique	133
Grand-duché du Luxembourg	23

Sa segmentation repose sur 5 nouveaux labels :

Les «anciens»	Les entrants
Logis de Caractère	**Logis Randonnée pédestre**
Logis Nature-Silence	**Logis Vélo**
Logis Famille-Enfants	**Logis Neige**
Logis en Ville	**Logis Pêche**
Logis de caractère	**Logis Bacchus**

1. Le Parisien n° 17225 du 22 janvier 2000 – «l'hôtellerie met les bouchées doubles» Eric Le Mitouard.

- **Relais & Châteaux**. Plus de 65 % de ses adhérents se trouvent hors de l'Hexagone. Elle est implantée dans plus de 42 pays avec 460 établissements adhérents et renforce sa position dans les pays d'Europe et d'Afrique Australe et d'Europe de l'Est (elle possède déjà un hôtel en Tchéquie, en Slovénie et en Lituanie). La chaîne réalise un chiffre d'affaires de 1,396 Mds€ en 2002 (près d'un milliard en 1999) dont 56 % pour l'activité restauration et 39 % pour l'activité hébergement (le prix moyen par chambre y compris le petit déjeuner a été de 274€, le RevPar de 166€ avec un taux d'occupation mondial de 60,5 %). En ce qui concerne les canaux de distribution, Internet représente 33 % des nuitées brutes contre 40 % pour les GDS et 27 % pour les calls centers[1].

- **Châteaux & Hôtels de France** (chaîne indépendante reprise par Alain Ducasse début 1999) compte à son actif plus de 530 adresses en France, châteaux, bastides et mas, manoirs, anciens relais de postes, demeures et hôtels particuliers, anciens couvents et moulins). La chaîne s'est associée avec Europcar, Marne et Champagne, Aficom et American Express ce qui lui permet d'offrir des services combinés et/ou intégrés. Ses moyens de distributions sont, entre autres, le guide diffusé à 630000 exemplaires et un site Internet (www.chateauxhotels.com).

- Hôtels & Patrimoine devient **Hôtel & Préférence**. Cette chaîne a franchi la barre des 30 établissements en 2001. Elle dispose également d'une édition et d'un site Internet.

- **Esprit de France**, lancée en 1999, allie partenaires culturels (Château de Versailles, de Vaux-le-Vicomte ou encore les Quais Hennessy à Cognac...) et hébergement de luxe.

- **Hôtels Unis de France**, fondée en 1994, poursuit son expansion en province après s'être bien implantée à Paris. En 2001 HUF conclut une association avec le site du *Guide des hôtels de charme* (www.hotels-unis.com).

1. L'hôtellerie n 2814 du 27 mars 2003 C.Cosson.

2. L'HÔTELLERIE INDÉPENDANTE

De plus de 50 % de l'offre, le nombre d'hôtels indépendants et le nombre de chambres diminuent. Aujourd'hui, ceux-ci, c'est-à-dire n'étant liés à aucune enseigne, qu'elle soit intégrée ou volontaire, ne représentent plus qu'environ 40 % de l'offre française en chambres et 58 % du nombre d'hôtels. Le taux moyen d'occupation pour l'hôtellerie indépendante n'est que de 59,8 % en 2002 (à comparer avec les 65,9 % de To pour les chaînes intégrées pour la même période). Il est intéressant de noter que l'augmentation combinée du taux d'occupation et des prix moyens se traduit par une progression du revenu moyen par chambre disponible (RevPAR) de près de +11 % depuis le début de l'année 1998.

La forte pénétration des chaines intégrées par rapport à l'hôtellerie indépendante s'explique aussi par la taille moyenne des hôtels. En effet, la taille moyenne des hôtels indépendants est de 24 chambres contre 79 pour les hôtels intégrés. Une deuxième explication peut être le lieu géographique d'implantation. Prenons comme exemple Accor qui implante en 1998 un complexe de plus de 800 chambres, un hôtel Formule 1 et un Etap hôtel «collés» au périphérique Nord de Paris, près de la Porte de Saint-Ouen.

■ Hôtellerie indépendante

To, P m par chambre et RevPar (en € et TTC), en France, de 1991 à 2002[1]

*	1994			1995			1996		
	T.o	Pm	RevPar	T.o	Pm	RevPar	T.o	Pm	RevPar
2	52,0 %	43,8	22,8	53,0 %	40,4	21,4	53,8 %	41,3	22,2
3	48,6 %	54,1	26,3	50,5 %	53,8	27,2	53,5 %	54,9	29,3
4	46,6 %	98,0	45,7	48,2 %	96,7	46,6	52,0 %	104,4	54,3
Σ	50,1 %	53,7	26,9	54,4 %	52,6	27,0	53,5 %	54,3	29,0

1. Observatoire UMIH, 140 hôtels interrogés mensuellement.

*	1997			1998			1999		
	T.o	Pm	RevPar	T.o	Pm	RevPar	T.o	Pm	RevPar
2	55,8 %	44,7	24,9	60,5 %	47,1	28,5	61,0 %	48,6	29,7
3	54,5 %	57,2	31,2	57,5 %	58,4	33,6	55,7 %	58,9	32,8
4	57,4 %	110,5	63,4	65,0 %	120,3	76,9	62,6 %	119,4	74,8
Σ	55,5 %	57,6	32,0	59,8 %	62,4	37,3	58,6 %	62,0	26,4

*	2000			2001			2002		
	T.o	Pm	RevPar	T.o	Pm	RevPar	T.o	Pm	RevPar
2	60,0 %	51,2	30,8	60,5 %	54,9	33,2	59,4 %	56,4	33,5
3	58,7 %	63,9	37,5	61,3 %	66,6	40,8	61,2 %	69,5	42,6
4	63,8 %	131,4	83,9	61,8 %	175,1	108,3	57,0 %	180,2	102,8
Σ	60,1 %	67,4	40,5	61,1 %	80,6	49,2	59,8 %	80,5	48,2

* : nombre d'étoiles
To : taux d'occupation
Pm : prix moyen en euro
RevPar : revenu par chambre disponible en euro

3. LES AUTRES FORMES D'HÉBERGEMENT ET DE TOURISME

La para-hôtellerie, sous la forme de résidences de tourisme ou le tourisme vert, fait partie des autres formes d'hébergement. Le tourisme à la campagne constitue un potentiel d'autant plus grand, que la France est l'espace vert de l'Europe.

De 1985 à 2002,

- Le nombre de campings a progressé d'environ 10 %, presque exclusivement au profit du haut de gamme 3 et 4 étoiles (Voir chapitre 1 § 3.9 «Tourisme en espace rural»);
- Les villages de vacances augmentent de plus de 25 % en nombre d'établissements et de 18 % en capacité (soit 259000 lits en 2002);

– Les gîtes de plus de 30 %. Ils sont fréquentés par 2 millions de touristes chaque année (296000 lits) et le nombre des chambres d'hôtes a quasiment quintuplé en une dizaine d'années;
– Les résidences secondaires et le locatif de vacances ont progressé de 25 %. Parc qui atteint désormais environ 13 millions de lits, soit plus des 2/3 de la capacité nationale d'hébergement (> à 17,3 millions de lits).

Remarque (ONT) : le nombre de lits campings = nombre d'emplacements x 3
Le nombre de lits gîtes & chambres d'hôtes = nombre de gîtes x 4
Le nombre de lits hôtels homologués = nombre de chambres x 2

Fin 1999, le marché des résidences de tourisme compte 805 résidences de 1 étoile à 4 étoiles (75 % pour les 3 étoiles), soit 313000 lits (environ 73000 appartements) dont les plus gros opérateurs possèdent plus de 66 % de l'offre en nombre de lits. L'exemple du groupe Pierre & Vacances, spécialisé dans les résidences de tourisme montre l'importance et l'évolution de cette forme d'hébergement.

En avril 2002, Gérard Brémond, président fondateur du groupe Pierre & Vacances, n° 1 européen des résidences de tourisme confie l'activité tourisme de son entreprise à Martine Balouka en qualité de Directeur Général. Le groupe connaît alors une croissance importante : Orion Vacances en 1999, Maeva en septembre 2001, Valmorel en novembre 2001, Center Parcs..., Pierre & Vacances est devenu un puzzle de «chapelles»[1].

Parc du groupe Pierre & Vacances

	Appartements + Maisons	Lits	Clients
Pierre & Vacances	19409	93327	1 569683
Maeva	14218	58857	1 619955
Orion Vacances	2391	9750	124636
Center Parcs / Gran Dorado	9729	49007	3 339148
MGM	939	5800	NC
Pierre & Vacances Italie	2376	10692	NC
Total	**49062**	**227433**	**6 653 422***

* Auxquels il faut rajouter les clients NC

1. L'hôtellerie n° 2811 du 6 mars 2003 – Claire Cosson.

4. LES PREMIERS GROUPES HÔTELIERS MONDIAUX[1]

Les 10 premières chaînes hôtelières en nombre d'hôtels en 2001

Rang	Chaîne	Groupe	Pays	Hôtels	Chambres
1	Comfort	Choice	USA	2218	167 466
2	Super8	Cendant	USA	2003	118 024
3	Days Inn	Cendant	USA	1933	163 412
4	Holiday Inn	Six Continents	GB	1539	320 850
5	Express Holiday Inn	Six Continents	GB	1208	73 360
6	Hampton Inn	Hilton H & C	USA	1089	104 998
7	Ramada	Cendant	USA	984	131 790
8	Quality	Choice	USA	933	93 799
9	Motel6	Accor	FR	848	86 686
10	Econolodge	Choice	USA	773	46059

Les 10 premiers groupes hôteliers en nombre d'hôtels en 2001

Rang	Groupe	Pays	Hôtels	Chambres
1	Cendant	USA	6506	545238
2	Choice	USA	5095	411278
3	Accor	FR	3568	398343
4	Six Continents	GB	3225	511397
5	Marriott int.	USA	2206	420034
6	Hilton Hotel Corp.	USA	1921	320824
7	Sté du Louvre	FR	959	69835
8	Starwood	USA	738	227355
9	Carlson Hospitality WW	USA	730	127791
10	Us Franchise System	USA	490	39861

1. L'Hôtellerie éco n° 2743 du 8 novembre 2001.

CHAPITRE 4

Les tour-opérateurs, Les agences de voyages

Distributeurs et producteurs semblent de plus en plus jouer le mélange des genres[1]. Le problème est de savoir si les marques qui misent sur l'amalgame de deux métiers, arriveront à véhiculer des valeurs assez fortes pour s'assurer un avantage concurrentiel. Pour Philippe Demonchy, président de Selectour, *«Le métier d'un distributeur n'est pas de produire mais de vendre. Et le client fait très bien cette distinction. Il n'y a pas de confusion dans son esprit»*. Cependant, en l'espace de 5 ans, l'intrusion des voyagistes dans la distribution par la création ou la franchise de points de vente à leur marque a plus que doublé. Plusieurs raisons sont avancées par les tour-opérateurs pour expliquer cette progression plus spectaculaire que celle de la grande distribution. *«Cela offre au tour-opérateur une vitrine où il peut exposer et vendre ses produits, tout en améliorant sa notoriété auprès de la clientèle et, au final, pérenniser ses ventes. Côté distributeur, une enseigne aux couleurs du tour-opérateur lui apporte une image de marque, améliore sa productivité et lui permet de bénéficier du support du voyagiste»*, assure Laurence Berman Clément, directrice de Jet tours.

1. «Quel avenir pour les marques distributeur/producteur? Tour Hebdo n1093 du 19 septembre 2003- Hervé Ducruet.

Points de vente des réseaux de distribution de 1996 à 2001

Réseaux	1996	2001	Evolution
Volontaires	940	1430	+52,1 %
Intégrés	1350	610	-54,8 %
Tour opérateurs	420	950	+126,2 %
Grande distribution	110	230	+109,1 %
Total	**2820**	**3220**	**+14,1 %**

1. LE TOUR OPÉRATEUR (TO)

Organisateurs de voyages, aussi appelé grossistes ou voyagistes, les tour-opérateurs sont en France au nombre de 300; intermédiaires qui, dans la chaîne du tourisme jouent le rôle d'assembleurs et d'acheteurs de prestations liées au tourisme : transporteur, restauration, hébergement, animation logistique. Ils favorisent ainsi une logique de développement et d'intégration.

On assisterait à l'émergence de deux catégories de TO. D'un côté les grands groupes (Fram, Accor Tours, le Club Méditerranée, Havas Voyages ou Marmara), de l'autre, des voyagistes de moyenne ou petite taille mais très spécialisés. Toutefois, les tour-opérateurs français ont un handicap de taille par rapport à Thomson ou Neckermann et Tui, 4 à 5 fois plus importants que les plus gros TO français comme Nouvelles Frontières ou Jet Tours.

Citons encore Clio spécialisé dans le voyage culturel haut de gamme ou encore Quantus Evasion avec ses deux produits phares, Terres d'aventure et Terres de charme (concept de redécouverte de la nature, de goût de l'authenticité, d'approche thématique).

1.1 Les voyagistes

■ Nouvelles Frontières

Encore dans le trio de tête des voyagistes français en 2000, Nouvelles Frontières a été absorbé par TUI, filiale tourisme de l'Allemand Preussag.

Les ennuis de Nouvelles Frontières remontent à août 1999, quand l'entreprise du fait de difficultés dans le système informatique, devient déficitaire (1,8 milliard de francs en décembre 2000) et lorsque l'entrée de Preussag dans son capital finit par s'imposer. Pour Nouvelles Frontières, l'année 2001 aura été particulièrement difficile : redressement judiciaire d'Aérolyon, vente des voiliers VMP déficitaires à la société Bestsail, cessions des participations dans les tour-opérateurs, La Procure, New East et Totem… En juin 2002, le TO est racheté par Preussag qui finit de le réorganiser. Le TO français s'allie à Carrefour Voyages pour la commercialisation des vols secs de sa compagnie aérienne Corsair, deux agences du réseau Protravel ont commencé à vendre les produits Nouvelles Frontières. Le nouveau propriétaire travaille aujourd'hui à redynamiser le secteur tour-operating de NF, la marque étant conservée. En revanche, l'activité balnéaire de NF pourrait se développer sous une autre marque.

■ FRAM

Fram reste la seule entreprise française conséquente entièrement indépendante dans le secteur du voyage et cela certainement en raison de sa non-cotation en Bourse.

Fram veut développer son activité de distribution. En juin 2001, la structure Fram Agences a été créée dans ce but, ce qui a accru les ventes du TO. Un parc de 100 points de vente devrait voir le jour en 2005, alors que la société en totalise 42 en mai 2002. Enfin les ambassades Fram sont aujourd'hui une centaine et devraient être 150 en 2005. Pour le TO, les deux réseaux ont une importance capitale : ils représentent environ un tiers des ventes de Fram.

L'entreprise qui ne possède pas sa propre flotte aérienne signe des accords de partenariat avec plusieurs compagnies aériennes pour renforcer sa présence sur certaines destinations. Ainsi Fram s'engage pour la période été 2002 avec la compagnie aérienne Portugalia et signe un accord de partenariat pour trois ans qui prend effet en 2003 avec Tunisair. Prudemment, le voyagiste semble aller dans le sens de l'intégration d'activités comme ce fut le cas avec la création de la chaîne hôtels-clubs Framissima.

■ Club Méditerranée

L'année 2001 s'est avérée difficile pour le Club Méditerranée. La conjoncture était déjà défavorable depuis mars, puis vinrent les effets des attentats du 11 septembre et enfin un problème plus spécifique de positionnement marketing en Amérique du Nord. Malgré cela, le Club a enregistré sur l'Europe un retour sur capitaux employés de 10,7 %, et de 17 % sur l'Asie. En 2000, le Club a voulu diversifier ses activités et être présent dans tous les domaines du loisir et du divertissement. Cet objectif a motivé la création du concept d'espace de loisirs citadins Club Med World (qui compte deux unités), le rachat en 2001 de Gymnase Club qui est devenu Club Med Gym en septembre 2002 et le lancement, en été 2001, d'un nouveau concept pour les jeunes, Oyyo. Aussi, une nouvelle alliance commerciale et non capitalistique devrait prochainement aboutir à un groupe européen, pour enrichir une carte de fidélité regroupant l'ensemble des prestations du club. Le club Méditerranée est la seule entreprise française classée dans le top dix des tour-opérateurs européens en 2001. Cependant, en 2002, le groupe qui affiche une perte nette de 62 M€ a vu démissionner son président du directoire, Philippe Bourguignon, au profit du n° 2, Henri Giscard d'Estaing.

En France, les généralistes, Nouvelles Frontières, Fram et Jet Tours sont les TO les mieux implantés. Les spécialistes comme Asia ou Donatello ne disposent pas d'une offre assez large pour développer une politique d'enseignes. Alors que les groupes intégrés misent beaucoup sur leurs call-centers (Havas voyages, Nouvelles Frontières, Club Med), tous les acteurs peaufinent leurs outils pour permettre, demain de consulter l'intégralité de leur offre sur internet.

1.2 2001, une année d'expansion pour les grands TOUR-opérateurs européens

Les 10 premiers tour-opérateurs européens[1]

Société	Recettes*
TUI (All)**	12,8
Airtours (GB)	8,2
Thomas Cook (All)	7,9
Rewe Touristic (All)	4,7
First Choice (GB)	3,9
Kuoni (CH)	2,7
Club Med (F)	2
Hotelplan (CH)	1,5
Alpitour (I)	1,1
Alltours (All)	1,1

*Recettes 2001 en Mds d'€.
**14 milliards avec Nouvelles Frontières.

1. Source FVW

Avec un chiffre d'affaires de 12,8 milliards d'euros, TUI – qui a racheté le premier TO britannique Thomson en 2000 et a pris la majorité du capital de Nouvelles Frontières en juin 2002 – distance ses concurrents immédiats : Airtours, rebaptisé depuis MyTravel, et Thomas Cook (ex C&N).

Cette concurrence se retrouve dans le chiffre d'affaires cumulé des dix plus grands groupes touristiques européens, qui a atteint 45,9 milliards d'euros l'année dernière (contre 37,5 milliards en 2000), dont 28,9 milliards pour les trois premiers. Les recettes sont pour le moment le seul moyen de mesure du marché, en l'absence de chiffres concernant les volumes de production : le nombre exact de packages vendus en Europe n'est pas connu.

Ces géants, très intégrés verticalement, ne sont cependant pas à l'abri d'un revers de tendance, consécutif à la crise de consommation touristique engendrée par les attentats du 11 septembre.

1.3 Les voyagistes français : la cible des grands groupes intégrés européens

Le marché émetteur français n'échappe pas aux volontés d'expansion des grands conglomérats touristiques d'Europe du Nord. En interdisant en 1999, le rachat du britannique First Choice par son compatriote Airtours (rebaptisé MyTravel), la Commission européenne a influencé la restructuration du secteur : les opérateurs se lancent désormais dans des opérations transfrontalières, plutôt que nationales. Dès lors, les plus gros opérateurs européens ont réussi à accroître leur position sans susciter des réactions de Bruxelles.

Ainsi, les voyagistes français sont devenus la cible de rachats orchestrés par leurs concurrents allemands et britanniques, leaders du marché européen.

L'ancien conglomérat sidérurgique de Hanovre **Preussag**, propriétaire du premier tour-opérateur allemand TUI, et depuis 2000 du britannique Thomson Travel, est aujourd'hui présent dans seize pays, avec 76 marques fédérées sous la signature World of TUI, 3700 agences de voyages, 88 avions et 22 millions de clients (dont 40 % en Espagne).

En juin 2002, il a entièrement absorbé Nouvelles Frontières. Preussag est entré dans le capital de l'ancien fleuron des tour-opérateurs français en 2000 suite au déficit (0,3 Md€ en décembre 2000) de l'entreprise de Jacques Maillot.

Il a réorganisé Nouvelles Frontières en cédant notamment ses activités les moins rentables.

Pour réaliser ces opérations, Preussag a dû revendre le tour-opérateur Thomas Cook à son concurrent C & N qui, depuis, a adopté le nom de cette filiale comme marque générique. C & N avait devancé Preussag en France de quelques semaines en rachetant le premier réseau d'agences de voyages, Havas voyages.

First Choice a également multiplié les acquisitions à travers l'Europe, depuis son interdiction de fusion avec Airtours. Il a signé 7 opérations en 2000, dont le groupe turc Ten Tour qui exploite en France le voyagiste Marmara. C'est désormais un groupe en pleine santé et cela grâce, notamment, à la prise de participation de 20 % du deuxième croisiériste américain, Royal Carribean, dans son capital.

En 2001, la famille Agnelli, actionnaire majoritaire du **Club Med** (23,8 %) et Preussag ont noué une alliance stratégique concernant le marché italien, les premiers ouvrant le capital du holding NHT (qui comprend Alpitour et leurs autres activités touristiques italiennes) à Preussag à hauteur de 10 %. Récemment, Preussag a indiqué qu'il n'excluait pas d'augmenter sa participation dans NHT. La cession des activités de Preussag dans l'énergie pourrait permettre au groupe de disposer d'argent frais pour saisir de nouvelles opportunités de fusion.

Si l'année 2001 a été une année d'expansion pour Preussag et Thomas Cook sur le marché hexagonal, ils ont montré plus de prudence en avril 2002 lors de l'annonce de leurs résultats. On peut alors supposer que leur installation en France n'entraînera pas de bouleversements spectaculaires. La crise les contraint maintenant à une pause dans leur volonté d'expansion et ils ne montrent pas d'impatience sur le marché français qui demeure secondaire par rapport à leurs engagements au départ d'Allemagne ou de Grande-Bretagne : Havas représente environ 4 % des recettes de Thomas Cook, et Nouvelles Frontières pèse à peine 6 % du chiffre d'affaires de Preussag.

Les activités de ces deux groupes sont plus importantes en Belgique, où ils contrôlent presque entièrement le marché. Mais ils l'ont investi en une décennie. C'est un exemple utile pour apprécier le rythme réel de développement, mais aussi la détermination de ces deux géants, bien installés sur l'Europe

1.4 Perspectives 2003/2004

- First Choice ne fait pas de mystère, depuis le jugement du tribunal de première instance de la Cour européenne de justice le 6 juin dernier, de sa vision d'une consolidation future du secteur du tour-operating britannique dans laquelle il pourrait jouer un rôle de premier plan. Plusieurs options stratégiques s'offrent aux acteurs du tourisme en Grande-Bretagne. First Choice serait aujourd'hui en bien meilleure position que Mytravel pour faire une offre de rachat. Face à la stratégie de Mytravel, First Choice oppose une volonté très claire de croissance interne et d'opérateurs de niche. Une stratégie qui a la volonté de réduire leur dépendance au tourisme de mass-market. En mai dernier First Choice a ainsi racheté Exodus, une société anglaise spécialisée dans le voyage d'aventures. Une étape supplémentaire de consolidation du secteur, avant peut-être une opération d'envergure à moyen terme.

- Le Club Med pourrait prochainement mettre en place une nouvelle alliance commerciale et non capitalistique qui devrait aboutir à un groupe européen, pour enrichir une carte de fidélité regroupant l'ensemble des prestations du Club.

- Reste à signaler un projet d'envergure du Ceto, devenu l'Association de tour-opérateurs, regroupant 36 voyagistes membres, qui représentent 80 % du marché : le lancement au début 2003, en partenariat avec easyvoyages.com, d'un site Internet Business to Business (B to B), à l'adresse www.les-tour-opérateurs.com. L'offre de l'ensemble des voyagistes y sera présentée aux agences de voyages avec un accès direct aux stocks à la manière de ce qui se fait déjà au Canada sur www.exit.ca.

2. LES AGENCES DE VOYAGES

2.1 Chiffres et perspectives

La première agence de voyages a vu le jour en 1841 en Angleterre avec Thomas Cook. Les touristes sont conduits sur le Continent dès 1855 et aux Etats-Unis dès 1872. Mais aujourd'hui, si près de 8 % des consommateurs passent par une agence de voyages, 75 % n'utilisent aucun intermédiaire. Ces entreprises connaissent depuis 1990 une tendance à la concentration et à la spécialisation. Elles constituent les intermédiaires indispensables à la distribution, entre autres, de produits hôteliers et de produits issus de la restauration.

Selon le SNAV (Syndicat national des agences de voyages), «il se vend environ 1,7 milliard d'euros de forfaits touristiques chaque année dans les agences de voyages auxquels il faut rajouter les ventes réalisées en direct par certains voyagistes et celles réalisées par les associations et les comités d'entreprises».

L'année 2000 avait été exceptionnelle pour l'industrie du tourisme, selon les résultats annuels du SNAV (Syndicat national des agents de voyages) et du COE (Centre d'observation économique) de la Chambre de commerce et d'industrie de Paris. L'activité des agences de voyages avait augmenté de 11,7 % en 2000 à 10,79 milliards d'euros dépassant ainsi le précédent record de 1998 (+10,9 %). Le chiffre d'affaires de cette année 2000 provenait à 73,4 % de l'activité billetterie et pour 19,7 % des ventes de voyages qui ont cependant crû davantage (+13,9 % contre 11 % pour la billetterie) par rapport à 1999.

La bonne performance de 2000 s'explique par une croissance du PIB de 3,2 %, soit le plus fort de la décennie et par le retour du moral des Français. L'année 2001 marque une rupture dans le rythme de croissance des agences de voyages, selon les résultats annuels présentés conjointement par le SNAV et le COE de la Chambre de commerce et d'industrie de Paris.

Alors que le début de l'année commençait de façon très satisfaisante (+10 % au premier trimestre 2001 en glissement annuel), l'activité des agences de voyages a subi un premier ralentissement au printemps, consécutif au tassement de l'activité économique et à la baisse du moral des ménages. Le chiffre d'affaires a continué à se dégrader à la suite des attentats du 11 septembre aux Etats-Unis.

Sur l'ensemble de l'année 2001, le chiffre d'affaires en valeur ne s'est accru que de 1,2 % en 2001 par rapport à 2000. Pour la troisième année consécutive, la revente de voyages à forfait a progressé plus rapidement que le secteur de la billetterie : le chiffre d'affaires des voyages à forfait a augmenté de 3,2 % en 2001 contre 1,5 % pour le secteur de la billetterie.

En volume, le chiffre d'affaires des agences de voyages s'est réduit de 3,1 %, avec une baisse de 3,1 % pour la billetterie et 2,8 % pour les voyages à forfait. Ces résultats sont la conséquence du ralentissement de l'activité et sans doute de la forte hausse des prix dans ce secteur (+ 4,8 %).

Cette augmentation de 4,8 % du prix des services rendus par les agences de voyages, alors que l'inflation globale a plafonné à 1,7 %, surtout dans le secteur des voyages à forfait dont l'augmentation de prix est plus élevée que pour la billetterie (+ 6,8 % contre + 4,7 %), s'explique par plusieurs facteurs. Le dollar et le prix du kérosène étant restés à des niveaux élevés au cours du premier semestre 2001, les compagnies aériennes ont répercuté ces coûts dans le prix du billet d'avion. Enfin, à la suite des attentats du 11 septembre, de nouvelles taxes sécuritaires ont été prises en compte dans les billets.

Au-delà des effets conjoncturels, le secteur d'activité des agences de voyages a connu quelques modifications structurelles principalement liées au transport aérien. De nombreuses compagnies aériennes ont fait faillite en 2001. Citons parmi les plus importantes AOM-Air Liberté en France, Sabena en Belgique ou Swissair en Suisse. De la société AOM-Air Liberté est née une nouvelle compagnie Air Lib qui a lancé en 2002 des vols à bas prix en France, et qui depuis a fait, elle aussi, faillite. D'autres sociétés à bas prix, Easy Jet, Ryanair, Buzz, déjà implantées en France souhaitent développer le nombre de leurs destinations. Ceci risque de modifier les stratégies de compagnies telles qu'Air France qui subit la concurrence de ces compagnies «Low cost».

A l'issue des 5 premiers mois de l'année 2002, le COE/SNAV annonce un chiffre d'affaires total cumulé pour les agences distributrices de voyages en recul de 4,0 %, la billetterie diminuant de 3,7 % et la revente de voyages à forfait de 6,6 %.

Les principaux réseaux d'agences de voyages en France

(en gras les réseaux à dominante affaires, en italique les réseaux volontaires)

En millions €	Volume d'affaires 2001	Affaires ou billetterie (1) en %	2001/00 en %	Points de vente	Dont implants plateaux	Plateaux
Carlson Wagonlit Travel	**1 016**	**100**	**+ 3**	**135**	**100**	**35**
Accor Travel (2)	713	55 (1)	NS (3)	265	6	0
Selectour	*1 200*	*66,7 (1)*	*+ 5*	*526*	*0*	*102* (4)
Total « L'Alliance » (5)	*2929*					
Havas Voyages-American Express	**1750**	**97,8**	**0**	**215**	**150**	**65**
Havas Voyages (Thomas Cook) (6)	960	16 (7)	+ 2,5	406	0	0
Manor	***1600***	***71***	***+ 7***	***489***	***85***	***50***
Dont **Protravel**	**762**	**68**	**+ 5**	**200**	**50**	**40**
Afat Voyages	*1000*	*62*	*+ 13,7*	**457**	*NC*	*NC*
Tourcom	*900*	*60 (1)*	*+ 31*	***370***	*NC*	*200 (3)*
BTI France	**95**	**100**	**+ 32**	**11**	**6**	**5**
Rosenbluth France	**43,9**	**91,3**	**- 10**	**6**	**3**	**2**
World Travel France (8)	**26,2**	**91,6** (9)	**NS**	**5**	**0**	**2**

Source : Les Echos-avril 2002.

A titre de référence, il existait au 1er janvier 1995, 4.859 agences de voyages dont 13,2 % de voyagistes, 83,5 % d'agences de distribution (dont 71,5 % appartenaient à un réseau et 28,5 % d'indépendants), 1,9 % d'agences réceptives.

NC: non communiqué;

NS: non significatif;

(1) Billetterie d'affaires et loisirs individuels confondus;

(2) Accor Travel réunit CWT PME-Loisirs qui est la branche de CWT sous gestion d'Accor, et 19 autres marques de distribution d'Accor au 1er rang desquelles Frantour;

(3) Comparaison non significative, certaines marques (L'Est Voyages) ayant été acquises en 2001;

(4) Points de vente à prédominance affaires;

(5) Indépendants réunis dans un but de concentration des achats, CWT Affaires, Accor Travel et Selectour;

(6) Ne peut traiter que les budgets affaires inférieurs à 30500 euros selon l'accord de cession d Express et C&N;

(7) Hors tourisme d'affaires;

(8) Société créée en mars 2001, à partir du rachat de 3 agences en région parisienne par World Travel, réseau américain d'agences d'affaires contrôlé par un groupe hollandais;

(9) Tourisme d'affaires inclus.

2.2 La prise du marche via internet

La volonté de grandes compagnies aériennes de lancer une agence de voyages sur Internet confirme l'alerte qui avait été donnée depuis plusieurs années par les différents professionnels d'agences de voyages (de nombreux articles sur le thème : «*l'agence de voyages est-elle en danger?*» sont parus dans la presse générale et spécialisée).

Internet et la crise du 11 septembre ont poussé les fournisseurs de voyages à chercher des canaux de distribution moins coûteux.

Les compagnies aériennes ont commencé à réduire les coûts de distribution en diminuant les commissions versées aux agences jusqu'à leur suppression. En parallèle, elles ont tenté de renforcer leurs ventes directes *via* Internet, pour contourner les GDS et les agences traditionnelles.

Ainsi, depuis le début de l'année 2000, British Airways a entamé des discussions avec Air France, Lufthansa, Iberia, Swissair, SAS, KLM et Alitalia. British Airways devrait investir 163,9 millions d'euros en deux ans dans trois compagnies Internet et espère porter à 50 % en 2003 la part des billets vendus sur le Web contre 2 % en 2000[1]. La question de l'avenir des agences traditionnelles et de leur rôle est donc cruciale car près de 10 % des voyages seraient déjà vendus *via* Internet aux États-Unis[2].

2.3 L'apparition de nouveaux acteurs

- **INTERNET** a également fait apparaître de nouveaux acteurs : les agences en ligne. Les agences traditionnelles se tournent alors vers des fonctions de conseil. Leurs ressources financières évoluent de la rémunération fournisseurs (commissions) à celle des clients (marges sur prix nets et honoraires).
  Internet renforce cependant le lien fournisseur de voyages/distributeurs dans la mesure où ces premiers mettent en place des sites «B to B» à vocation professionnelle et facilitant l'accès à leurs produits pour les agents de voyages. Ils contiennent ainsi les frais relatifs à leur plateau téléphonique et aux honoraires que leur facturent les GDS.
  Mais ce phénomène est à relativiser, peu d'agences se servent aujourd'hui d'Internet, le téléphone draine la majorité des ventes individuelles et seuls quelques tour-opérateurs ont mis en place des sites «B to B» attractifs et

1. Les Echos du 24/2/2000 n° 18.098.
2. Tour Hebdo.

efficaces : Go Voyages, Kuoni et Marmara/Etapes Nouvelles sont ainsi des pionniers.

Par rapport à leurs homologues françaises, les agences américaines ont beaucoup d'avance en matière de nouvelles technologies. 51 % d'entre elles ont effectué des réservations directement sur des sites de fournisseurs, selon l'ASTA, le syndicat des agents de voyages américains. Ces distributeurs réservent plus fréquemment des forfaits (64 %), des hôtels (42 %) et du train (37 %). Pour la billetterie aérienne, les GDS restent les plus utilisés. Internet a également fait apparaître de nouveaux acteurs. Les agences en ligne se sont multipliées : Expedia ou Travelocity aux Etats-Unis, Lastminute-Degriftour ou Ebookers en Europe.

Aujourd'hui, le paysage de la distribution paraît donc éclaté avec, d'un côté, les intermédiaires, au rang desquels figurent les agences de voyages traditionnelles et de nombreuses agences virtuelles et, de l'autre côté, les producteurs (hôteliers et compagnies aériennes) qui investissent sur la vente directe avec des sites Internet propres ou sous contrôle.

- **La grande distribution**

À travers les grands magasins, la presse et la VPC (France Loisirs). A titre d'exemple Leclerc Voyages (créé en 1987) et Vacances Carrefour (créé en 1990) prévoyaient chacun 100 points de vente et 160 M€ de chiffre d'affaires en l'an 2000 (environ 4 % du parc global)[1].

En 2002, Leclerc voyages fort de ses 120 points de vente réalise un chiffre d'affaires de 229 M€ (+30 % par rapport à 2000) et attire près de 40 % de clients qui n'ont jamais voyagé à l'étranger.

- **Les clubs, les Associations**

Mais aussi les Comités d'établissement, les syndicats, etc. Les agences thématiques touchant au domaine sportif.

2.4 Les formes d'agences

- **Les intégrées** : elles se développent par des filiales ou des succursales ainsi que des chaînes de franchises ou partenariats divers. Les gros opérateurs ont ce type de fonctionnement (27 % des entreprises en 2002).

1. Les stratégies des entreprises de tourisme-PUF, Collection «Que sais-je?» n° 3284, Jean-Baptiste Treboul.

- **Les réseaux volontaires** : l'adhésion est volontaire et individuelle. Ces réseaux permettent une meilleure négociation auprès des fournisseurs. Ils représentent 80 % du chiffre d'affaires des agences distributrices et 60 % des points de vente. L'essor de ceux-ci s'est intensifié depuis 1990. Leurs avantages : le sur commissionnement, la présence d'une centrale de règlement, la marque (14 % des entreprises en 2002).
  Par exemple, Selectour s'associe en 1999 à la chaîne d'hypermarchés Continent mais passe aussi des alliances avec le groupe Accor (Carlson Wagon-lit). Ce dernier accord prévoit la mise en commun des forces d'achats des réseaux CWL et Selectour qui lui permettra de se renforcer sa présence sur le marché des voyages[1].

- **La concession de licence de marque** : c'est une franchise simplifiée qui se concentre sur le concept et l'utilisation de la marque. L'agent de voyages concessionnaire travaille sur sa propre licence et demeure responsable de la gestion de son agence tout en utilisant l'enseigne du réseau et bénéficie de sa politique commerciale. Il existe un droit d'entrée et une redevance calculée sur le CA.

- **La convention de mandataire** : elle s'adresse à un candidat n'ayant pas l'aptitude professionnelle ou financière pour obtenir sa propre licence. Elle ne peut être conclue pour une durée supérieure de trois ans. Après ce délai, le candidat demande une licence ou abandonne son projet. Il existe aujourd'hui 300 à 400 mandataires (dont 250 dans les réseaux). Le mandataire ne vend à ses clients que des produits élaborés par l'agence de voyages dont il dépend (4 % des entreprises en 2002).

2.5 Les agences distributrices

Elles se cantonnent à la distribution de titres de transport ou de forfaits proposés par les voyagistes. Il s'agit de billetterie, de ventes de forfaits, de réservations hôtelières et de locations de voitures.

1. Figaro économie n° 17289 lundi 13 mars 2000-Emmanuelle Cohen.

2.6 Les agences spécialisées

Cette activité, TO/Agences en propre et partenariat, nécessite un personnel composé de guides, accompagnateurs et du matériel spécialisé. Quelques exemples non exhaustifs :

Marques	Concept	Exemple
Ultramarina	Vente de produits Australie à la carte	Plongée en cage parmi les grands requins blancs
Austral Lagons	Spécialistes des îles, clientèles HG	Seychelles, Polynésie, île Maurice
Norvista	Le Grand Nord	Le frisson nordique sécurisé, par exemple en Laponie

2.7 L'implant

Il est localisé au sein d'une entreprise précise et est en charge de tous les voyages de celle-ci (7 % des entreprises en 2002).

2.8 L'agent de voyages réceptif

Agent local ou régional plus proche des besoins des entreprises (une centaine d'unités).

2.9 Les spécialistes de la clientèle d'affaires

La joint-venture franco-américaine Carlson Wagonlit Travel détenue à 50-50 par Accor et Carlson, occupe la place de numéro deux mondial du voyage d'affaires derrière Amex.

CHAPITRE 5

Les transporteurs

1. LES COMPAGNIES AÉRIENNES

1.1 Les compagnies aériennes dans la tourmente

Depuis la déréglementation du trafic aérien votée en 1978 par le Congrès américain «The Airline Deregulation Act» qui se traduit par l'accès libre au marché et à l'abandon du contrôle des prix, de nombreuses compagnies aériennes américaines ont disparu du ciel international. PanAm, compagnie mythique, n'a elle-même pas pu réagir, ou trop tardivement, à une concurrence effrénée des nouveaux arrivants, petites compagnies aux structures de coûts peu élevés. A titre d'exemple, en 1978 il y avait moins de 20 compagnies internationales aux États-Unis, on en comptait 155 en 1981. Une guerre des prix s'ensuivit mais les grandes compagnies, handicapées par la lourdeur de leurs coûts fixes, durent chercher d'autres solutions pour gagner des parts de marchés, notamment en développant la technique du «Yield Management». En 1994, 5 compagnies uniquement contrôlaient 90 % du marché des Etats-Unis.

Cette déréglementation est arrivée en Europe dix ans après. Les mêmes modifications de l'environnement concurrentiel provoquant les mêmes effets, de nombreuses compagnies européennes connaissent aujourd'hui, ou ont connu des difficultés identiques. Notamment Air France qui attendra 1997 pour renouer avec des bénéfices durables depuis cette date (comparaison du CA et du résultat net en Mds€ en 1996 : 8,5/-0,023 – 1997 : 9/0,27). Si en

1998 British Airways se positionnait comme la compagnie aérienne européenne la plus rentable du monde en réalisant un bénéfice de 0,34 milliards d'euros pour un chiffre d'affaires de 13,5 milliards d'euros, elle a depuis connu de grandes difficultés à l'instar d'autres compagnies. En 2003 le CA de BA est de 10,8 Mds€ et elle doit faire face à une légère perte. BA détient également 9 % du capital d'Iberia et a conclu un accord de partenariat avec Swiss en septembre 2003.

Au 1er novembre 1999 KLM/Alitalia mettent en place une joint venture, devenant ainsi le premier challenger d'Air France sur le marché national[1]. D'autres alliances viennent bousculer le marché de l'aérien, celle de British Airways (BA) et d'American Airlines (AMR) qui se partageraient les vols de 75 destinations concernant les Etats-Unis, l'Europe, l'Afrique et l'Asie[2].

Mais une autre alliance/fusion vient bousculer le monde aérien depuis le dernier trimestre 2003, celle d'Air France et de KLM.

Cette union, signée le jeudi 16 octobre 2003, sera réellement effective au travers d'une offre publique d'échange (OPE) qui sera lancée dans la première quinzaine du mois de mars 2004 qui se terminera en avril 2004. Elle permettrait à Air France de prendre 100 % du capital de KLM. Ainsi, le nouveau groupe deviendra la plus importante compagnie aérienne européenne[3].

Nota : à titre de comparaison, en 1999, les cinq premiers groupes aériens réalisant les meilleurs bénéfices nets furent : AMR Corporation (1314 M$), Delta Air Lines (1078 M$), UAL Corporation (821 M$), Lufthansa (813 M$) et Singapore Airlines (615 M$) ; Air France ne se classant qu'en 13e position.
Source : Performances tourisme n° 18 fascicule 1er octobre 1999 – Airline Business – sept 99.

1.2 L'arrivée des « low cost »

En Europe, l'arrivée de compagnies aériennes à bas prix bouscule le transport aérien traditionnel. Certaines grandes compagnies ont créé des filiales pour répondre à ce nouveau défi, Go pour British Airways, Buzz pour KLM et elles se placent sur le même terrain que les principales compagnies européennes.

1. Tour Hebdo n° 924 du 14/01/2000 – Geneviève Bieganowski.
2. Les Echos du mercredi 17 novembre 1999 – « British Airways et American sortent une troisième version de leur projet d'alliance » Denis Fainsilber.
3. Les Echos du vendredi 17 et samedi 18 octobre 2003 – Samuel Coulon.

Nom	Création	Pays
Ryanair	1985	Irlande
Easy Jet	1995	GB
GO	1998	GB
Virgin Express	1992	GB
Buzz	1999	Allemagne

Au premier trimestre 2003, quatre compagnies à bas coûts allemandes opèrent sur la France sur quatre aéroports : Paris CDG, Beauvais, Nice et Marseille. Hapag Lloyd Express s'envole depuis mars quotidiennement de Cologne à destination de Marseille tandis qu'un second appareil assurera la ligne Nice-Hanovre pour un prix de 19,99€ (à partir de).

Les low cost France-Allemagne[1]

Nom	Vols	Quotidien
Berlinjet	Beauvais-Berlin Schönefeld	1
DBA	Nice-Berlin Tegel	1
	Nice-Hambourg	1
	Nice-Stuttgart	1
Germanwings	Paris CDG-Cologne/Bonn	2
	Nice-Cologne/Bonn	1
Hapag Lloyd Express	Marseille-Cologne/Bonn	1
	Nice-Hanovre	1

2. LES AUTOCARISTES

Les autocaristes se positionnent sur deux segments distincts : l'interurbain et les voyages d'agrément. Ils sont environ 2700 en France et réalisent un chiffre d'affaires tourisme de 3,7 milliards d'euros.

1. Tour Hebdo n° 1062 du 17 janvier 2003 – L.C.

3. LA SNCF ET LES TRANSPORTS DE LIAISON

- Un **transporteur majeur** : la SNCF transporte plus de 21,5 milliards de passagers/Km en TGV par an. Son chiffre d'affaires global est d'environ 8 milliards d'euros mais elle accuse un déficit quasi annuel de plus de 2 milliards d'euros. Ses rôles économique et logistique ne sont plus à démontrer face aux transports routier et autoroutier.
  Cependant, elle doit faire face à des pointes de fréquentation élevées à certaines périodes. L'application de la gestion des capacités (yield management) peut répondre en partie à ce challenge sans cesse renouvelé, mais en partie seulement. En effet, durant les vacances d'hiver de la zone C par exemple (Académies de Créteil, Paris, Versailles et Bordeaux), la SNCF voit passer près de 3 millions de clients dans les gares parisiennes. Le week-end le plus chargé étant celui de la mi-février, le grand chassé-croisé du milieu des vacances d'hiver, avec plus de 1,3 million de passagers[1].

- Des **transports de liaison** (SNCF, RATP/Aéroports) : ils jouent une place entière dans la distribution des produits touristiques. La ligne Orlyval transporte chaque jour en moyenne 8000 passagers jusqu'à l'aéroport d'Orly et a franchi le cap des 2 millions de voyageurs annuel depuis 1999 (avec une progression de 11 % entre 1998 et 1999)[2].

- Une **stratégie de partenariat** : la SNCF et Air France à travers son service «TGV Air» renforcent leur partenariat fin 1999 et en 2000. En plus des accords précédemment passés (notamment sur Lille), 6 villes supplémentaires sont inscrites dans le programme de liaisons combinées fer-air (Bruxelles, Lyon-Part-Dieu, Saint-Pierre-des-Corps/Tours, Angers, Poitiers et Le Mans). Mais la SNCF avait déjà signé des accords avec United Airlines (juillet 1998) et Lufthansa (février 1999) et d'autres compagnies sont intéressées afin de répondre à un marché «bi-modal»[3].

- Une politique tournée vers **les entreprises :** elle choisit de soigner son produit Affaires en inaugurant fin 2002 la classe Premium ainsi que le Pass'entreprise pour regagner des parts de marché sur ses concurrents

1. AFP/Metro.
2. A nous Paris, l'Hebdo du métro, semaine du 24 au 30 janvier 2000.
3. La vie du rail du 8 et 22 sept. 1999 – «Six nouvelles liaisons SNCF-Air France» Marie-Hélène Poingt – «La SNCF veut jouer à fond la carte de la complémentarité» Pascal Grassart / Voir aussi «Quand l'avion fait appel au train» du 8 sept. 99).

aériens et terrestres. Le Pass'entreprise permet d'obtenir une réduction de 5 % sur tous les voyages en train, quelle que soit la classe choisie : première, premium ou seconde, sans aucune limitation sur les horaires de voyages. Il permet aussi de bénéficier de réductions avec ses partenaires (- 20 % sur les réservations de location de voitures Avis et de 10 à 35 % selon les classes sur les vols United Airlines au départ de Paris)[1].

4. LES CROISIÉRISTES

Le profil du client a changé, il ne s'agit plus aujourd'hui de cibler uniquement les Seniors (> à 62/65 ans), mais aussi la famille, les personnes à la recherche de croisières culturelles qui préféreront des unités plus petites. La moyenne d'âge chez Costa est de 45 ans.

En France, le nombre de passagers a doublé de 1993 à 2002 (de 100000 à 220000 passagers). Il a connu une progression de 7 % entre 1996 et 1997 (de 153800 à 164500 passagers), et de près de 22 % entre 1997 et 1998 (de 164500 à 200370 passagers)[2].

Nombre de passagers dans les principaux pays européens et dans le monde[3]

Pays européens	Passagers	Dans le monde	Passagers
Royaume-Uni	600 000	Europe	1525000
Allemagne et Autriche	350000	Amérique (Nord et Sud)	5500000
Italie	250 000	Asie	500000
France	200000		
Espagne	50000		
Benelux	50000		
Suisse	25000		
Total	**1525 000**	**Total**	**7525000**

1. Tour Hebdo n° 1055-15 novembre 2002 – G.Bieganowski.
2. Tour Hebdo n° 930 du 25/2/2000 Virginie Dennemont/ TH n° 1094 du 29 septembre 2003 – Didier Forray.
3. Croisimer. Chiffres de 1998.

5. LES LOUEURS DE VOITURE

A l'instar des brokers en pleine expansion (courtiers en véhicules de location de courte durée, ne possédant pas de véhicule en propre), et aux aguets de nouvelles de sociétés low cost, les grands loueurs traditionnels se sont adaptés en concevant des forfaits. Quatre grands loueurs proposent des formules affaires ou tourisme sans surprises, où tout est compris. Avec le prépayé, une location de voiture se vend comme une nuit d'hôtel ou une place d'avion. La voiture de location est un service complémentaire dans la chaîne de valeur de la servuction. Ainsi, les plus de 8 millions de locations de voitures particulières réalisées chaque année (parc de 177 500 voitures) concernent la location affaires pour plus de 50 %. Le chiffre d'affaires des loueurs (hors utilitaires) fut de 1,4 milliard d'euros en 2001.

Les trois façons de louer une voiture sont :

- La compagnie de location de courte durée;
- Le broker;
- Le low cost (ex : Easy Car).

C'est un marché qui est de plus en plus concentré : 9,6 % des clients représentent 40 % des locations et 58,5 % des clients sont des hommes qui habitent en région Ile-de-France pour 29 %[1].

1. Tour Hebdo n° 1057 du 22 novembre 2002 – Eve Jusseaume.

CHAPITRE 6

Les parcs de loisirs

1. UN PEU D'HISTOIRE

Le XIXe siècle a vu l'apparition de parcs de loisirs en centre-ville : le Tivoli à Paris puis à Copenhague. Ils sont bâtis autour d'un même concept : un ticket d'entrée faible, des attractions, des restaurants et une offre de spectacles. Le concept du parc à thèmes est né en 1952 avec De Efteling aux Pays-Bas, mais le modèle moderne du parc d'attraction est né avec Disney en 1955 aux Etats-Unis. En 1975, avec l'ouverture de Disneyworld, le secteur est devenu une industrie qui se développe massivement en Europe.

En France, le premier parc de loisirs, la Mer de Sable d'Ermenonville, a ouvert ses portes en 1963, mais il faut attendre le début des années 90 pour assister au vrai démarrage de ce secteur, avec des succès inégaux (109 «sites de loisirs» en 1992 et 207 en 1999, selon le Syndicat national des espaces de loisirs, d'attractions et culturels).

Aujourd'hui, si près de 200 parcs d'attractions sont répertoriés en France, nombre d'entre eux ont une renommée limitée à leur région. Plusieurs d'entre eux sont des zoos améliorés ou des musées remaniés. Seuls trois parcs français ont une audience nationale, voire internationale (Disneyland Paris, Parc Astérix et Futuroscope) et proposent un hébergement intégré.

Le marché global des sites de loisirs en Europe était estimé en 2000 à quelque 300 millions de visites. 55 % des Européens de 15 ans et plus, 67 % des 15-44 ans ont visité un site de loisirs. De nombreux sites implantent hôtels et restaurants dans leur environnement et en font une partie intégrante de leur réussite.

En Europe, le nombre de visiteurs de parcs à thème serait d'environ 105 millions. Une étude réalisée par Coface-Scrl-Axétudes estime le chiffre d'affaires de l'ensemble du marché européen à 2 milliards d'euros (dont la moitié est réalisée par Euro Disney) avec une croissance annuelle de l'ordre de 8 %. Les Européens, au début réticents, sont dorénavant d'importants consommateurs de ces parcs inventés aux Etats-Unis en 1955 par Walt Disney.
Le marché français a été estimé à 30 millions de visiteurs en 2001 (contre 3 millions en 1990) avec près de 300 sites répertoriés, dont la plupart sont petits et saisonniers, alors que le trio Disney-Grévin et Cie-Planète Futuroscope accapare plus de la moitié de la clientèle (*AFP, 9 mars 2002*). L'ouverture de Vulcania et de Walt Disney Studios, entraîne une progression sensible de la fréquentation.

On dénombre une bonne dizaine de parcs à thèmes de dimension nationale, une cinquantaine de parcs régionaux, une dizaine de parcs aquatiques, plus d'une centaine de parcs botaniques, plus de mille écomusées.

Les grands groupes internationaux arrivent en force et sont à l'affût des affaires familiales qui devraient, ces prochaines années, chercher des repreneurs :

- **Tusseaud** (GB) totalise près de 15 millions de visiteurs contre 5 millions pour Grévin :
- **Parques Reunidos** (Espagne) gère une dizaine de parcs surtout en Espagne ;
- **Aspro Ocio** gère une vingtaine de parcs animaliers aquatiques et botaniques dans cinq pays d'Europe, cinq sites en France ;
- **Six Flags** (USA), gère près de quarante parcs sur trois continents, dont Walibi en Europe.

2. DÉNOMINATION DES PARCS DE LOISIRS

Le secteur des parcs à thème et des attractions touristiques regroupe une multitude d'établissements de taille et de nature très différentes :

- Les **parcs récréatifs** se définissent comme des espaces clos, consacrés au jeu et à la distraction : plus marqués par leur vocation commerciale, ils sont moins orientés vers les loisirs de plein air qu'une base de loisirs ;
- Les **parcs animaliers** du type safari-parcs ;

– Les **parcs à dominante aquatique** dont les coûts d'exploitation sont proches de ceux d'une piscine de sports de loisirs;
– Les **espaces d'attraction** associés à une base de loisirs;
– Les **parcs à vocation culturelle** ou éducative qui utilisent des attractions dans leur muséographie (automate, train...). Ces équipements conservent une vocation pédagogique qui les assimile davantage à des écomusées, la muséographie moderne intégrant de plus en plus les techniques ludiques et récréatives.

3. FRÉQUENTATION

Phénomène de société, les parcs de loisirs connaissent un succès croissant. En Europe, plus de 100 millions de visiteurs les ont fréquentés en 2001. En France, les visiteurs, qui n'étaient qu'au nombre d'un million en 1987, sont aujourd'hui 34 millions. Selon les syndicats professionnels, un Français sur trois va une fois par an dans un parc à thème, contre un européen sur deux, et trois ressortissants du Benelux sur quatre. Un Américain se rend plus d'une fois par an dans un parc de loisirs.

Palmarès des lieux récréatifs payants en millions de visiteurs

Sites	1991	1996	1997	1998	1999	2000	2001
Euro Disney Paris, Marne la Vallée	-	11.7	12.6	12.0	12.5	12	12,2
Planète Futuroscope, Poitiers	1.05	2.8	2.9	2.6	2.3	2.3	2
Parc Aquaboulevard, Paris	0.4	0.7	0.8	0.7	0.7	0.8	0,8
Parc Astérix, Plailly	1.4	1.8	1.9	1.7	2	1.7	1,8
Parc Marineland, Antibes	0.8	1.2	1.2	1.2	1.4	1,4	1,3
Nausicaa Boulogne-sur-Mer	0.5	0.6	0.5	0.8	0.7	0.7	0.7

Source : ONT, presse professionnelle, Coface SCRL-Axétudes

Entre 1994 et 1997, le taux de fréquentation passe de 26 % à 33 %, atteint 40 % en 1998 et 48 % en 1999. Disneyland Paris reste leader du marché et première destination touristique européenne avec 12 millions de visiteurs en

2000, dont 40 % de Français. Le n° 2 d'Europe se trouve près de Barcelone : l'Universal Mediterranea a accueilli 3,2 millions de visiteurs en 2001. Suit en n° 3 l'Euro park, au cœur de la Forêt Noire allemande, avec 3,1 millions de visiteurs dont 600 000 Français. En France, derrière Disney, figurent en 2001, Planète Futuroscope puis le Parc Astérix.

Un Français sur trois effectue au moins une visite par an dans un parc. La clientèle est essentiellement française, familiale et régionale à l'exception de Disneyland. Les visiteurs reviennent plusieurs fois sur les sites (près de 40 % à Disneyland, 70 % au parc Astérix en 2000). On dénombre 70 % de clientèle individuelle et 30 % de groupes. Les 35 heures sont favorables aux parcs de loisirs : 29,3 % des Français qui sont aux 35 heures ont fréquenté un parc de loisirs en 2001 contre 23,2 % pour ceux restés aux 39 heures. Certains parcs n'hésitent pas à privilégier l'accroissement de leur capacité hôtelière pour garder les visiteurs sur place. Ils deviennent ainsi des destinations à part entière.

L'ambition de conforter le parc de loisirs comme une destination touristique passe aussi par le développement de nouvelles attractions. Avec le passage aux 35 heures et le développement des courts séjours, les parcs ont leur carte à jouer en matière de destination à part entière : les tendances de la demande sont en effet des courts séjours de 2 jours/1 nuit en famille, avec logement à proximité en petit déjeuner, transport en avion ou en TGV, et les entrées au parc.

L'offre augmente chaque année chez les spécialistes de la France (Visit France, Frantour, Selectour) et des courts séjours (Jet Tours, Boomerang...), les loueurs d'appartements (Lagrange) et les autocaristes. Nouvelles Destinations à Montpellier édite depuis trois ans un catalogue consacré aux parcs d'attraction.

Certains parcs ont leurs charters : Planète Futuroscope a lancé le 6 avril 2002 une rotation hebdomadaire (samedi) au départ de Marseille, et envisage des affrètements depuis Lyon et Strasbourg.

4. LE POIDS ÉCONOMIQUE DES PARCS

La vogue des parcs à thème attire en nombre croissant les investisseurs, collectivités locales - à la recherche de relais de croissance dans leurs régions désertées - et groupes industriels, qui y voient un levier de développement idéal pour stimuler les économies locales et régionales. Les sommes en jeu et les enjeux sont énormes. Avec Disney (qui a ouvert les Walt Disney Studios), c'est un complexe commercial de plus de cent enseignes qui a vu le jour à Val d'Europe, ainsi qu'un parc international d'entreprises. Autour des bâtiments de la Planète Futuroscope, 150 sociétés des hautes technologies et douze centres de recherche sont venus s'installer.

L'activité de l'ensemble des parcs de loisirs a été multipliée par neuf en dix ans et la demande soutenue laisse anticiper une tendance de croissance oscillant entre 4 et 8 %. La France occupe le 5e rang derrière les Etats-Unis, la Grande-Bretagne, la Belgique et l'Allemagne. Véritable outil de développement touristique au service de l'économie régionale, le nombre de parcs a doublé en dix ans avec près de deux cents sites répertoriés (173) dans l'Hexagone, dépassant largement les autres pays européens (89 parcs au Royaume-Uni, 36 en Allemagne et 27 en Espagne).

Le chiffre d'affaires (en millions d'€)

Site	2001	2000	Variation 01/00 (en %)
Disneyland Paris	1005,2	959,2	+4,8 %
Futuroscope	91,5	93,0	-1,6 %
Grévin et Cie	89,4	76,2	+18 %

Résultats nets (en millions d'€)

Site	2001	2000	Variation 01/00 (en %)
Disneyland Paris	30,5	38,7	-21 %
Futuroscope	NC	NC	NC
Grévin et Cie	3,3	5,3	-38 %

La vente des billets ne représente plus que la moitié du chiffre d'affaires des grands parcs, l'autre provenant des consommations sur place, des redevances et revenus de crédit-bail des hôtels. La logique des produits dérivés s'impose à tous.

■ Disneyland Paris

Le parc Disneyland Paris représente 20 % des recettes en devises du tourisme en Ile-de-France et entretient des relations privilégiées avec 14 partenaires officiels (American Express, BNP, Coca Cola, Esso, France Télécom, Hasbro, Hertz, IBM, Kodak, McDonald's, Nestlé, Opel, Philips, Kellogs).

Eurodisney S.C.A. (la «Société») et ses filiales détenues à 100 % (le «Groupe») ont commencé l'exploitation commerciale de Disneyland Paris le 12 avril 1992. Le Groupe exploite à Marne-la-Vallée le complexe Disneyland Paris qui comprend deux parcs à thèmes, sept hôtels à thèmes, le centre de divertissements Disney Village et un parcours de golf. Le Groupe gère également le développement immobilier et l'extension des infrastructures du complexe. Après des débuts hasardeux (perte nette de 800 M€ la première année) et un investissement initial de 4 Md€ la restructuration financière de 1994 continue d'avoir un impact significatif sur le résultat net du Groupe.

■ Chiffres clés

- Première destination touristique européenne avec 12,2 millions de visiteurs en 2001;
- Site de 1943 hectares;
- Cinquième tour-opérateur français;
- 60 % de visiteurs étrangers;
- Plus de 110 millions de visiteurs depuis l'ouverture;
- Plus de 11000 employés (moyenne annuelle);
- 725 métiers représentés;
- Le plus grand site hôtelier d'Europe : 7 hôtels à thèmes (5800 chambres, 1748000 nuitées en 2000);
- Le «plus grand restaurant de France» : 69 lieux de restauration (29,8 millions de repas servis en 2001, jusqu'à 150000 repas servis par jour en période de pointe). Son CA évalué à 1 milliard de francs le place parmi les dix premiers groupes de restauration français;
- Leader européen du tourisme d'affaires avec 2 centres de congrès;
- 52 boutiques (16513 références; 27,2 millions d'articles vendus chaque année);
- Grand centre de divertissement : Disney Village rassemble 7 restaurants, un cinéma de 15 salles, 2 festivals qui ont accueilli 32000 participants au festival Celtic et 40000 au festival Latina).

Répartition du CA par activités en 2001 en %

Parc Disneyland	48 %
Hôtels et Disney Village	38 %
Autres	14 %

■ Croissance

Le chiffre d'affaires du Parc Disneyland poursuit sa croissance, traduisant une hausse de la fréquentation de 1,7 % et des dépenses par visiteur de 2,1 %. Le taux d'occupation des hôtels atteint un niveau record de 86 % qui s'ajoute à une hausse de 1,8 % des dépenses moyennes par chambre. La conjugaison de ces facteurs se traduit par une hausse globale de 4,4 % du chiffre d'affaires des hôtels et du Disney Village.

Les revenus liés aux activités de développement immobilier ont contribué pour un montant record de 23,8 M€ à l'augmentation de la marge opérationnelle, comparé à 2,9 M€ pour l'exercice précédent. Le CA 2001 du TO maison, 365 M€ (+9 % par rapport à 2000), en fait le cinquième voyagiste français.

Résultat de l'exercice 2001

En millions d'€	2001	2000	1999
Chiffre d'affaires	1005,2	959,2	920,2
Résultat avant loyers de crédit-bail et charges financières	185,2	175,8	166,2
Résultat net	30,5	38,7	23,6
Dette totale*	2569,1	2356,1	2427,9
Investissements** dont investissements Parc Walt Studios Disney	243,9 191,2	206,5 167,7	72,5 0,0

* y compris les dettes des sociétés de financement non consolidées et excluant les obligations remboursables en actions.

** y compris les charges différées.

Répartition du CA par activités

En millions d'€	2001	2000	Variation en valeur	Variation en %
Parc à thèmes	476,4	459,5	16,9	3,7
Hôtels et Disney Village	386,5	370,3	16,2	4,4
Autres	105,1	114,9	(9,8)	(8,5)
Secteur resort	968	944,7	23,3	2,5
Secteur développement immobilier	37,2	14,5	22,7	156,6
CA total	1 005,2	959,2	46	4,8

■ Planète Futuroscope de Poitiers

Le parc a accueilli 2 millions de visiteurs (contre 2,3 millions en 2000). Il est actuellement le premier employeur privé du département avec 1 350 salariés (dont 850 permanents) et 15 000 emplois indirects. La nouveauté 2002 Destination Cosmos a coûté 7,6 M€. L'objectif est d'atteindre 3 millions de visiteurs en 2005 et rester le deuxième parc de loisirs en France et le cinquième en Europe. L'investissement pour redresser le parc s'élève à 45,70 M€ d'ici 2004 dont la moitié sera financée par le département et l'autre moitié par le repreneur.

■ Le groupe Grévin et Cie (ex. Parc Astérix SA)

Il a réalisé en 2001 un CA consolidé de 89,4 M€ (+18 % par rapport à l'exercice précédent) et accueilli 4,9 millions de visiteurs (dont 1 830 000 pour le Parc Astérix) contre 3,2 millions en 1999. Le groupe gère aujourd'hui dix sites en France, aux Pays-Bas et en Allemagne : Parc Astérix et l'hôtel des Trois Hiboux, Parc de Bagatelle, Musée Grévin, France Miniature, les Mystères de la mer (nouveau nom pour le grand aquarium de St-Malo), le Bioscope, l'Aquarium de Touraine et le Parc Mini-Châteaux, le Dolfinarium de Harderwijk, Avonturenpark Hellendoom et Fort Fun.

Le groupe veut poursuivre une stratégie active d'acquisitions pour alimenter sa croissance en France et à l'étranger. Objectif dans les cinq années à venir : détenir 5 % du marché européen des parcs de loisirs (pour 1,5 % aujourd'hui), avoir 15 millions de visiteurs et une croissance moyenne du CA annuel de 30 %.

■ **Nausicaa**

Le CA annuel est de 7,6 M€. Le centre générerait 7,9 M€ de retombées annuelles pour le commerce local (soit 21 300 € par jour) et une taxe professionnelle de 228 600 €. 200 personnes y sont employées en pleine saison (dont 35 emplois induits). Pour ses 10 ans d'existence, le centre approchera le cap des 7 millions de visiteurs.

5. LES INVESTISSEMENTS

Les investissements des grands parcs de loisirs ont été considérables dans les années 80, en moyenne 100 à 120 M€ par établissement, auxquels s'ajoutent les 3 Mds€ d'Eurodisney. En 1998-1999, les investissements ont repris dans les grands parcs existants pour un montant de l'ordre de 830 M€.

De par l'importance des investissements et la vocation publique des parcs, il ne peut y avoir de création sans participation de fonds publics. Les collectivités sont ainsi appelées à mettre de l'argent avec peu ou pas de retour sur investissement mais beaucoup de retour sur l'image et le développement local en créant des équipements structurants visant à générer des flux touristiques supplémentaires qui vont alimenter l'économie de leur région.

Il faut huit à dix ans pour installer un parc d'attractions de manière pérenne et la situation commence à se stabiliser à partir de la quatrième année.

6. L'IMPACT SUR L'EMPLOI

Sites	Permanents	Saisonniers
Disneyland Paris, Marne la Vallée	11 000	4 000
Parc Futuroscope, Poitiers	650	3 000
Parc Aquaboulevard, Paris	200	-
Parc Astérix, Plailly	175	1 000
Parc Marineland, Antibes	nc	nc
Nausicaa Boulogne-sur-Mer	180	-

- Avec le premier **parc Disney**, on estimait à 40000 le nombre total d'emplois induits (12000 directement dans le parc, le reste dans les entreprises qui se sont greffées sur le site). Avec le second parc, ce chiffre dépasserait les 45 000.
  Le parc est devenu le plus gros employeur privé de Seine-et-Marne avec plus de 11000 «cast members», dont 10000 en contrat à durée indéterminée.
  Dans le secteur de l'hôtellerie et des loisirs, Disneyland Paris représente 44,5 % des emplois de Seine-et-Marne. 90 % des postes sont occupés par les résidents d'Ile-de-France. On dénombre 725 métiers représentés et plus de 95 nationalités et au total les Cast Members parlent 19 langues différentes (67 % de Français, 13 % d'Européens et 20 % d'autres nationalités). Pratiquement la moitié d'entre eux ont cinq ans d'ancienneté ou plus et l'âge moyen des permanents est de 32 ans. A chaque emploi direct chez Disney correspondent 2,83 emplois à l'extérieur du parc.
  Pour Studios Disney, 1100 personnes en CDI ont été recrutées à côté des 4000 saisonniers de l'été. Plus de 50000 emplois ont été créés depuis l'ouverture (11000 directement).

- Le **Futuroscope** est non seulement une attraction touristique de premier plan mais aussi un moteur de développement économique pour ce département rural de 300000 habitants. Si le site subit actuellement une crise (200 emplois sur 800 supprimés par le nouveau propriétaire, le groupe Amaury), il aurait généré plus de 15000 emplois sur la zone d'activités qui entoure le parc (70 entreprises privées, une dizaine d'hôtels, un palais des congrès, un téléport, un pôle d'enseignement et de recherches, une école d'ingénieurs, des laboratoires scientifiques et le siège du Centre national d'enseignement à distance – CNED).

- **Vulcania**, ouvert le 17 février 2002, a généré 200 emplois directs, et 300 autour du site.

- Aujourd'hui, environ 25000 Français travaillent au cœur des parcs de loisirs, 50000 en haute saison. Bien que beaucoup plus modeste, l'impact sur le milieu local des équipements de taille plus réduite peut être significatif. Dans les zones rurales, certains parcs sont les premiers employeurs de la commune; ils participent largement au maintien des commerces locaux. Les parcs requièrent une main d'œuvre saisonnière considérable; seulement 10 à 15 % des postes correspondent à des emplois permanents (administratifs, commerciaux et techniques).

7. LES RETOMBÉES EN TERMES D'IMAGE SUR LE TOURISME RÉGIONAL

Elles varient en fonction de la taille de l'équipement et sont devenues indiscutables pour Eurodisney et le Futuroscope. Les 278 gîtes ruraux de Seine-et-Marne réalisent l'un des meilleurs taux d'occupation de l'Hexagone avec 65 % en 2000 contre 60 % il y a quatre ans. Les gîtes présents dans un rayon de 30 Km autour d'Euro Disney réalisent des taux d'occupation annuels de 95 %. Il pèse 1 Md€ de CA et fait vivre 1300 entreprises.

D'une manière générale, les parcs récréatifs ou culturels constituent un élément nécessaire de l'offre touristique et de loisirs d'un département par l'intérêt qu'ils suscitent auprès des familles et des enfants. Même s'ils ne motivent pas forcément le séjour touristique dans une région, ils participent à son attrait au même titre que les autres équipements.

8. ÉVOLUTION ET PROJETS DE CRÉATION

Disney mis à part, les nouveaux projets sont le fruit de financements public/privé, sous-tendus par une volonté de développement économique régional.

- **Bioscope** (Alsace) : ce parc dédié à la santé, à la nature et à l'environnement n'ouvrira ses portes qu'en juin 2005, à Ungersheim près de Mulhouse. Le report d'ouverture tient au fait que les terrains choisis pour l'implantation sont des terres agricoles qui devront faire l'objet d'une procédure administrative pour pouvoir être constructibles.
  Coût prévisionnel : environ 30,5 M€ financés par la région Alsace, le département et le concessionnaire, Grévin & Cie dans le cadre d'une concession de 30 ans. C'est la première association entre des collectivités locales et un groupe privé, autour d'un projet de parc d'attractions. Le groupe Grévin & Cie s'était vu confier en mars 2001, dans le cadre juridique d'une délégation de service public, la conception, la réalisation et la gestion du futur parc à thème, qui entend allier divertissement et pédagogie sur l'environnement. Le site devrait attirer 500000 visiteurs l'année d'ouverture et 1 million de visiteurs dix ans plus tard, avec un agrandissement et de nouvelles attractions.

Ce parc s'étendra sur 150 ha et entend drainer de nouveaux flux touristiques grâce à une synergie avec la «Biovalley» du Rhin supérieur qui regroupe les six premiers groupes internationaux de l'industrie pharmaceutique (25 000 salariés).

- **Cathédraloscope** (Dol-de-Bretagne, Ille-et-Vilaine) : centre d'explication des cathédrales. 50 000 visiteurs sont escomptés. La première tranche coûtera 1,7 M€.

- **Les Jardins Virtuels** (Calais) : parrainés par le conseil général et le conseil régional qui entendent dynamiser le tourisme du littoral de la Côte d'Opale en s'appuyant sur les infrastructures déjà en place. Développé sur 60 ha, ce parc sera décliné sur le thème de «l'homme jardinier de la nature» et les nouvelles technologies de l'information et de la communication. Il compte générer près de 740 000 visites la première année, en 2003, pour atteindre les 1 250 000 entrées en 2007.

- **Naturascope** (Vienne) : dédié à la nature et à l'environnement avec une ouverture au public des premières installations prévue à l'automne 2003 et de la totalité du parc en mai 2004. Investissement initial de 49,5 M€ : la communauté des communes de Loudun participe à 25 % du montant total et le conseil général réinvestit les 42,2 M€, issus de la vente du Futuroscope au groupe Amaury pour financer sa quote-part. Prix d'entrée aux alentours de 15 € à l'ouverture et de 20 € par la suite devrait permettre d'atteindre l'équilibre d'exploitation dès le départ. Fréquentation attendue : 300 000 à 350 000 visiteurs dès 2004. Création de 150 à 200 emplois directs dès le départ. Le comité scientifique (présidé par Jean Audouze, astrophysicien et directeur général du Palais de la découverte) a la charge de superviser la conception du projet confiée à Denis Laming, architecte du Futuroscope

- **Le parc à thème de Mérignac** (Bordeaux) : parc à thème aéronautique et spatial.

- **L'homme et le végétal** (Maine et Loire) : ouverture au printemps 2005 sur le site de l'ancien aérodrome d'Angers-Avrillé, au nord d'Angers. Son concept hybride relève à la fois du «Futuroscope végétal» et d'une immense jardinerie ludique. Le parc de 15 ha disposera d'un accès routier direct (contournement d'Angers de l'A11). Investissement de l'ordre de 120 M€ financé pour moitié par les collectivités locales et par le secteur privé. La Caisse des dépôts et Grévin et Cie se sont déjà engagés. Objectif : attirer 740000 visiteurs dès la première année et 810000 en 2010. Le parc aurait pour vocation de fixer les touristes en Anjou d'autant qu'une zone de 2,8 ha réservée à l'hôtellerie est prévue.

- **Le Parc des ours** (Haute-Garonne) : ce parc public initié par le Conseil général de la Haute-Garonne sera conçu et géré par le Vicomte de La Panouse, fondateur du parc animalier de Thoiry. Investissement : 3,5 M€. Fréquentation attendue : plus de 150000 visiteurs.

- **Les Portes du Ciel** (Toulouse) : parc aéronautique sur une quarantaine d'hectares devant compléter la Cité de l'Espace; investissement prévu : 22,8 M€.

- **Disneyland Paris** : l'accès à Disneyland Paris est en constante amélioration : de nouvelles destinations desservies par le TGV, de nouveaux échangeurs autoroutiers et l'ouverture d'une deuxième gare RER Val d'Europe-Serris/Montévrain début 2001. Ces réalisations ont vu le jour dans le cadre de la politique touristique départementale du 10e contrat de plan Etat-région.

  – Lancement au cours du premier semestre 2001 d'une plate-forme de commerce électronique permettant d'effectuer des réservations en ligne.
  – Ouverture d'un deuxième parc à thème, Walt Disney Studios, sur une superficie d'environ 25 ha, dédié au cinéma et à ses effets spéciaux, en avril 2002.
  – Val d'Europe : poursuite du projet de pôle urbain conçu par les pouvoirs publics français et Euro Disney S.C.A. pour créer une nouvelle ville à usage mixte à proximité de la deuxième gare du RER prévue sur le site.
  – Création d'un complexe commercial géant de 90000 m^2 de plus de cent enseignes, d'un parc international d'entreprises (650000 m^2 SHON), de bureaux (100000 m^2), d'appartements (900 logements), de maisons individuelles et d'hôtels. La ville nouvelle devrait compter 40000 habitants en 2015, 750000 m^2 de bureaux et 40000 m^2 de centre de congrès.
  – Développement de la capacité hôtelière : la Société travaille au développement de nouveaux hôtels avec des sociétés partenaires. Au cours de l'été 2003, 1000 à 1500 chambres devraient ainsi venir s'ajouter aux 5800 chambres actuellement disponibles.

CHAPITRE 7

Quelle évolution pour le tourisme ?

«Le nom Euroland deviendra un argument émotionnel de promotion et de vente dans un marché touristique mondial âprement disputé»...

Le rapport de prospective du Plan sur le tourisme à l'horizon 2010 insiste sur la banalisation des vacances et les aspirations d'une nouvelle génération, très urbaine. Il alerte les professionnels du secteur sur le fossé qui risque de se creuser entre leur offre et les attentes des vacanciers et n'hésite pas à montrer du doigt les faiblesses touristiques de l'Hexagone[1].

Après la génération de l'après-guerre, celle de mai 68, il faut désormais compter avec une troisième génération, urbaine, pour qui les vacances sont devenues un élément fondamental du mode de vie.

Le rapport met en avant les points suivants :

- 30 % des Français ne prennent pas de vacances (50 % pour des raisons économiques);
- A l'horizon 2010, de 90 % à 95 % des Européens prendront des vacances.

Et l'accent sur des éléments importants, comme :

- Les motivations propres au tourisme passeraient au second plan derrière des motivations plus générales d'urbains stressés;

1. Les Echos du 13 mai 1998 «La France doit mieux mettre en scène ses territoires touristiques, selon le plan» de Philippe Chevilley.

- Les offres des professionnels qui évoqueraient « la masse et la contrainte collective » seraient en danger d'inefficacité ;
- Les vacanciers alterneraient de plus en plus volontiers différents types de tourisme.

L'euro transforme l'Europe en grand « supermarché du tourisme » et permet aux populations des pays européens de comparer les prix, bien sûr à qualité présumée identique. Plus généralement, le rapport estime que les collectivités locales ont peut-être trop tendance à mettre en avant leur territoire administratif, et pas assez leur territoire touristique.

Il est vrai que, du début des années 1990 à la fin du XXe siècle, l'évolution profonde du comportement du consommateur dans tous les domaines marque son passage et son caractère pour le siècle suivant. Il est confronté à de nouvelles règles économiques face à un environnement social et politique complexe qui subit des mutations structurelles considérables.

L'industrie hôtelière et touristique n'a pas échappé à cette nouvelle donne et a été contrainte de s'adapter aux nouvelles exigences de sa clientèle ou plutôt de ses clientèles…

■ Quelles sont les nouvelles attentes du consommateur ?

- Il recherche de l'authenticité, un retour aux sources en relation avec la restauration des valeurs familiales,
- Sa sensibilité au rapport prix/prestation s'est accrue : exigence de qualité tant des produits que des services,
- L'information et le conseil sont deux éléments clés,
- La marque, symbole d'un produit normé, le rassure ; il recherche la sécurité,
- Il se décide tardivement et exige de plus en plus de flexibilité de la part des prestataires auxquels il recourt,
- Il ne reste pas insensible aux offres promotionnelles et aux opportunités (Degriftour),

De plus, on voit se développer de la part des citadins une demande accrue de séjours plus courts, plus fréquents et plus proches qui correspondent à un besoin de détente, de découverte et d'activités sportives ou culturelles. La pluri-saisonnalité est en marche au détriment des « grandes vacances ». Il est important aussi de noter que trois Français sur quatre organisent eux-mêmes leurs voyages et 74 % ne font aucune réservation. Parmi les 26 % qui font appel à des intermédiaires, 11 % s'adressent directement au tour-opérateur ou au prestataire, 10 % passent par les associations et les comités d'entreprises, et 5 % seulement par des agences de voyages.

Le marché du tourisme en général, et de l'hôtellerie/restauration en particulier, est en pleine évolution et mutation devant constamment s'adapter, non seulement face au changement de comportement des consommateurs, mais il doit aussi tenir compte de la construction d'une grande région qui se prénomme l'Union européenne, qui modifie normes et réglementations et bouleverse parfois les habitudes professionnelles.

Au-delà de ces bouleversements en cours, l'article écrit par le Dr Josette Mesplier-Pinet[1] met bien en exergue d'une part, que la globalisation de l'espace européen oblige à une nouvelle approche de la recherche touristique en terme d'espace et, d'autre part, que toute recherche touristique se doit d'être intégrante, c'est-à-dire globale.

L'espace touristique pouvant être défini comme :

- un espace parcouru, fréquenté irrégulièrement dans le temps et en surface ;
- un espace rare et fragile qui s'autodétruit en se développant ;
- un espace récréatif et fonctionnalisé qui rend productif le temps de non-travail dans la société ;
- un espace productif caractérisé par des activités de services principalement.

A travers les politiques régionales européennes qui accentuent la notion de région touristique – par le biais d'actions de lutte contre les disparités de développement –, le tourisme se trouve au cœur des actions menées :

- pour réorganiser des espaces (mise en valeur en milieu rural…) ;
- pour consolider les secteurs prioritaires de développement régional (l'agriculture, la pêche, l'élevage) ;
- pour servir de relais aux activités défaillantes (petites industries).

Le tourisme est alors utilisé à la consolidation d'une cohésion des politiques régionales servant de liant entre les activités économiques (ex : tourisme agriculture, hébergement à la ferme…) ; d'où, la nécessité» d'une recherche touristique comme partenaire de développement d'une région à l'échelle de l'Europe.

1. «La recherche touristique face aux problématiques nouvelles d'unification de l'espace européen», Revue du Tourisme n°4, Revue de l'Association Internationale des Experts Scientifiques du Tourisme – A.I.E.S.T.- St-Gall, Suisse.

■ La zone de l'Euro sera-t-elle la première puissance touristique mondiale ?

«La zone de l'Euro sera la première puissance du tourisme mondial». Francesco Frangialli, secrétaire général de l'Organisation mondiale du tourisme (OMT) dont le siège se trouve à Madrid, est catégorique : *«Les Onze devanceront leur concurrent le plus important, les Etats-Unis»*[1].

Agrégats[2]	Zone Euro	Etats-Unis
Population	288 M	255 M
PIB en dollars	6,8 Mds	7,5 Mds
Recettes touristiques	72 Mds USD	64 Mds USD
% total mondial	**17 %**	**16 %**
Arrivées de touristes		
Dans chacune des zones	84 M	46 M
% total mondial	**14 %**	**7,7 %**
Départ de touristes à partir de chacune des zones	72 M	66 M

D'après l'OMT, dans 20 ans, les cartes du tourisme auront été largement redistribuées. En effet, cette organisation estime que le tourisme doublera en vingt ans. Face à l'explosion attendue des voyages, les 138 pays membres de l'Organisation mondiale du tourisme ont d'ailleurs adopté un «code d'éthique» qui n'a cependant aucun caractère obligatoire pour les Etats[3].

1. Le Figaro du 10 juin 1998 – R.L.A. «Tourisme : l'Euroland devancera les Etats-Unis».
2. Organisation mondiale du Tourisme (OMT)
3. Le Figaro.

Pays émetteurs et destinations en 2020 (en millions de passagers)[1]

Principaux pays émetteurs		Principales destinations	
Allemagne	163,5	Chine	137,1
Japon	141,5	Etats-Unis	102,4
Etats-Unis	123,3	France	93,3
Chine	100,0	Espagne	71
Royaume-Uni	96,1	Hong Kong	59,3
France	37,6	Italie	52,9
Pays-Bas	35,4	Royaume-Uni	52,8
Canada	31,3	Mexique	48,9
Féd. Russie	30,5	Féd. Russie	47,1
Italie	29,7	Rép. Tchèque	44

1. Performances Tourisme, n° 20 déc.99-janvier 2000.

DEUXIÈME PARTIE

TRAITEMENT DES CAS ET ÉLABORATION D'UN PLAN

S'il est un problème particulier que rencontrent nombre d'étudiants, mis à part la gestion de son temps, c'est bien celui de l'élaboration d'un plan. Un autre problème concernerait plutôt un manque de cohésion ou d'esprit de synthèse. Il semblerait que pour beaucoup d'entre eux, il y ait inévitablement association du nombre de pages et de la note qui s'ensuit. Certains sont alors très étonnés que l'enseignant ne suive pas le même raisonnement qu'eux et quelque fois s'en offusquent. J'ai toujours eu pour habitude de prévenir mes étudiants sur ce problème, un plan détaillé, simple, précis et construit vaut mieux – la plupart du temps – qu'un long discours. Enfin, il n'est pas inutile de rappeler une nouvelle fois que chaque étudiant ne doit pas se cantonner à ce que lui apprend son professeur.

1. TRAITEMENT DES CAS

Un cas de marketing du tourisme doit toujours faire référence en dehors de la documentation jointe :

1. Aux connaissances théoriques apprises en cours;
2. Aux termes marketing usuels ou spécifiquement liés au marketing des services;
3. A une culture professionnelle liée à l'enseignement ou aux stages et missions effectuées;
4. A la lecture de magazines et de journaux professionnels et économiques.

L'étudiant doit traiter la problématique posée explicitement ou non (dans ce dernier cas, ce sera à lui de la définir précisément par rapport au thème à traiter), et non pas celle qui lui plaît au risque de se placer hors sujet. Il devra toujours garder à l'esprit qu'un cas de marketing est un exercice complexe. Une analyse marketing suit ses propres règles et doit être travaillée dans un seul but : celle d'être exploitable pour un chef d'entreprise ou de constituer une véritable base de réflexion.

Il faut établir une distinction entre l'étude de cas à proprement parler, c'est-à-dire celle qui fait appel à un modèle d'analyse précis (modèle de Harvard, McKinsey, différenciation, etc.) et de l'analyse d'une stratégie poursuivie par une entreprise à partir de documents rassemblés et provenant de diverses sources.

- Dans la première, il vous est demandé d'appliquer ce que vous avez appris en cours,
- Dans la deuxième, vous devez vous-même faire l'effort de structurer votre analyse.

Cependant, dans les deux cas, vous devrez prendre parti, émettre des hypothèses, défendre votre point de vue et structurer à travers un plan clair et cohérent votre démarche.

■ **Un dossier ne doit pas dépasser le nombre de pages défini par l'enseignant.**

Ceci ne veut pas dire que vous deviez absolument effectuer le nombre total ou encore réduire la taille des caractères pour «en mettre plus»! Si on ne tient pas compte de la page de garde et du plan général, vous devrez impérativement suivre la démarche suivante :

■ **Les deux premières pages :**

SYNTHESE ou si vous préférez, IDENTIFICATION du sujet, des problèmes, ainsi que vos RECOMMANDATIONS (ce qui permet au décideur à qui vous le remettez de comprendre très rapidement l'intérêt d'une telle démarche et les profits qu'il peut en retirer). En effet, l'analyse d'une affaire donnée n'est pas une dissertation; c'est un document préparé en vue de l'action : d'où la nécessité de faire figurer en tête la «conclusion».

■ **Ce que vous devez ou vous ne devez pas faire :**

- Vous éviterez les longueurs, le langage fleuri, l'intellectualisme, les dispersions ...
- La ou les recommandations doivent être claires et sans ambiguïtés, d'une part, aussi solidement étayées que possible, d'autre part;
- Evitez le conditionnel, les formules du genre : «il semble que...», «nous pensons que...», «à notre avis...», «il est évident que...»;
- Adoptez un style direct et concis;
- Appuyez-vous sur des faits ou des chiffres, des informations puisées de diverses sources (et dans ce cas, n'oubliez pas de faire figurer la source : auteur, titre, date);
- Tenez-vous à l'essentiel dans votre argumentation, suivez un fil conducteur et utilisez les annexes pour toutes les démonstrations un peu longues qui risquent de faire perdre ce fil, dans le corps de l'analyse ainsi que pour les tableaux chiffrés, sauf lorsqu'ils sont brefs et se trouvent au cœur du sujet;

– Enfin, **paginez votre dossier**.

■ **Les tableaux de chiffres, les graphiques**

– Titrez-les clairement;
– Indiquez la source;
– La base des pourcentages;
– Le sens dans lequel ils doivent être lus pour les tableaux;
– Ce que représentent les chiffres (euros, milliers d'euros..., tonnes, nombre d'unités vendues...);
– Commentez les brièvement et indiquez en quoi ils «apportent quelque chose de plus».

■ **Une logique**

Une étude peut se réduire au schéma suivant : «Voici le problème principal et les problèmes secondaires qui se posent ici si je veux atteindre mes objectifs en termes de ... dans tel ou tel pays...»; «Pour résoudre ... voici ce que nous recommandons...»; «Et voici pourquoi...».

■ **Récapitulation**

– Page de titre;
– Plan de l'étude;
– Justification (n pages, maximum 10) :
  • Selon un plan faisant appel aux modèles d'analyse étudiés en cours;
  • Sinon, il vous appartient de présenter une démarche logique.

■ **Dernières recommandations pour le dossier**

– Faites un tri entre les informations pertinentes et celles qui ne le sont pas,
– Apportez vos propres estimations et hypothèses afin d'arriver à la prise de décision en situation d'incertitude,
– Exprimez vos conclusions en tenant compte du contexte humain;
– Quel que soit le désir plus ou moins fort de pénétrer un marché (étranger ou non), ne perdez pas de vue l'intérêt qu'une entreprise se bat pour survivre et être rentable.

■ **Un rapport écrit est un moyen de communication**

– Tapez-le à l'ordinateur, dans le monde de l'entreprise, c'est devenu aujourd'hui un impératif.

2. ÉLABORATION DU PLAN

Chaque étudiant est en général libre de choisir le plan qui lui convient à partir du moment où sa démarche reste cohérente. Cependant, un plan doit obligatoirement faire apparaître certains éléments, comme :

- Introduction courte qui présente le sujet et introduit les interrogations,
- Analyse du ou des points à traiter présentés distinctement et proposition(s) de solution(s) et d'améliorations possibles pour chacun de ces points,
- L'émission d'hypothèses s'il manque des informations, en faisant appel à ses propres connaissances,
- Conclusion qui peut introduire une autre problématique sous-jacente au traitement du cas.

Quoi qu'il en soit,

- Les notes doivent être «aérées»,
- La pagination et le sommaire sont obligatoires pour le traitement d'un dossier.

N'oubliez pas enfin de vous posez les questions suivantes : quel est **le** problème principal et **les** (deux ou trois) problèmes secondaires qui en découlent? Ma démarche est-elle cohérente? Les hypothèses avancées sont-elles pertinentes? Le résultat attendu sera-t-il satisfaisant?

TROISIÈME PARTIE

ÉTUDES DE CAS
THÈMES RÉCURRENTS

CHAPITRE 8

L'étude de marché

1. LES ÉLÉMENTS À PRENDRE EN COMPTE

S'il est coutumier d'écrire qu'étudier un marché potentiel, c'est :

- Identifier les besoins d'une demande quantifiable;
- Prévoir les évolutions de cette demande;
- Poser l'adéquation entre le produit proposé et le marché;

et qu'ensuite, la démarche devra suivre une logique appliquée aussi bien aux biens qu'aux services :

- Etude de l'environnement socio-économique (contexte géographique, démographique, économique et contexte touristique ainsi que leurs perspectives);
- Etude de l'analyse de la demande (Sondages quantitatif/qualitatif et qualitatif);
- Etude de l'analyse de l'offre (concurrence actuelle et nouvel entrant potentiel);
- Finalité du projet et niveau de rentabilité attendu;
- Décision;

il n'en reste pas moins vrai que les deux contraintes essentielles en matière d'implantation d'hébergement et de restauration sont :

- **La saisonnalité et ses exigences,**
- **Le lieu géographique d'implantation et le respect de son environnement...**

... même si on observe souvent de la part des professionnels une volonté d'essayer de «gommer» ces contraintes à travers une diversification produit/service de plus en plus poussée, et ce, afin de toucher des clientèles distinctes à des périodes différentes ou non, notamment grâce à l'application de techniques comme le Yield Management.

Aujourd'hui, les professionnels du tourisme en général et de l'hôtellerie et de la restauration en particulier sont, d'après la «Revue de tourisme», de plus en plus confrontés à un phénomène de globalisation de l'espace européen. Sous l'effet du développement quantitatif des transports (autoroutiers, ferroviaire, «démocratisation» du transport aérien entre autres), les frontières reculent et les voyageurs les ignorent de plus en plus.

De nouveaux espaces touristiques percent progressivement des effets induits par la globalisation et la «métropolisation» de l'espace européen. A ce phénomène se rajoute la volonté d'une politique européenne commune qui accentue la notion de région touristique. Ceci grâce à deux volontés : les actions de lutte contre les disparités de développement à l'intérieur de l'Union européenne et la prise en compte des effets régionaux des politiques communautaires[1].

La recherche touristique aujourd'hui se doit de prendre en compte un certain nombre de transformations : les régions touristiques se développent davantage dans le contexte européen que national, elles sont de plus en plus une globalité. D'après Michael Parkinson de l'Université de Liverpool, la recherche touristique, au même titre que, par exemple, la recherche urbaine doit être multicritère en prenant en compte :

- **La diversité des activités économiques liées ou non au tourisme;**
- **Le capital humain;**
- **L'environnement naturel;**
- **La communication physique et culturelle;**
- **La mobilisation interne des acteurs;**
- **L'existence d'une stratégie endogène.**

Le tableau de bord 2000 «Naissance d'un Européen, vers un euro-tourisme» n° 19 de février 2000 de Touriscopie estime que la libre circulation des per-

1. Dr Josette Mesplier-Pinet «La recherche touristique face aux problématiques nouvelles d'unification de l'espace européen», Revue du Tourisme n° 4, Revue de l'Association Internationale des Experts Scientifiques du Tourisme – A.I.E.S.T.- St-Gall, Suisse.

sonnes à l'intérieur de l'Union entraîne d'ores et déjà des migrations de populations de plus en plus importantes, d'un pays à l'autre. Grâce au TGV et au Thalys, le nomadisme devient de plus en plus courant entre les différentes capitales européennes.

Le développement de groupes de populations vivant dans une capitale et travaillant dans une autre, nécessitera des hébergements spécifiques, à mi-chemin entre la chambre d'hôtel et l'appartement de location. La multiplication également des déplacements saisonniers de jeunes travailleurs à caractère mi-professionnel, mi-touristique devrait pouvoir trouver une meilleure assistance dans les structures touristiques[1].

Des outils comme le géomarketing (association de géographie et de marketing), peuvent aider les professionnels dans leur recherche d'implantation. A l'origine, utilisés à des fins militaires, des logiciels associant cartographie et informations permettent d'analyser les opportunités d'implantation dans une zone géographique déterminée et d'établir un marketing adapté à celle-ci. Cet outil permet, entre autres :

– De faire apparaître l'emplacement de l'ensemble des établissements répertoriés par catégories, ainsi que les principales zones de chalandise en fonction, par exemple, de la densité d'entreprises;
– D'examiner dans les détails l'environnement immédiat du projet;
– De déterminer et d'imprimer les cartes qui l'intéressent;
– D'obtenir des renseignements sur les concurrents les plus proches (qualité de l'hôtel, nombre de chambres, prix affichés, taux d'occupation, etc.);
– De faire ressortir l'emplacement des unités déjà installées par le client de celles de ses concurrents par rapport aux principaux sites de chalandise;
– De voir, le cas échéant, s'il existe un chevauchement des unités lui appartenant afin de redéfinir une «politique marketing de place» et éviter ainsi une concurrence interne qui pourrait lui être préjudiciable;
– Etc.

Un simple constat visuel peut parfois mettre en évidence les causes d'une faible pénétration (présence d'un concurrent performant, signalisation incomplète ou inexistante, inadéquation entre l'offre et la demande ou offre mal adaptée par rapport à la zone de chalandise considérée, etc.).

En conclusion, la globalisation de l'espace rend de plus en plus complexe l'étude de marché pour les professionnels qui doivent dorénavant prendre en

1. Touriscopie est édité par Tourisme & Territoires 60, bd Sébastopol 75003 Paris.

compte d'innombrables variables exogènes. Un contrôle strict de la fréquentation de leur établissement est indispensable et pourra (sous forme de tableaux) porter sur :

- L'évolution de la fréquentation selon la provenance d'origine;
- La période de séjour;
- L'évolution de la clientèle classée par origine;
- Le mode de transport utilisé;
- Les types de clientèles;
- Les motifs du séjour;
- L'origine des réservations (par quel circuit de distribution);
- Les principales sources d'information des clients.

Sans oublier une grille d'étude quantitative et qualitative du profil de la clientèle présente, de l'analyse de la fréquentation hebdomadaire et mensuelle et un relevé mensuel pour l'analyse quantitative sur trois à cinq ans[1].

Quoiqu'il en soit, les consommateurs actuels et potentiels pardonneront de moins en moins à l'industrie touristique l'approximation, les défaillances, quand, par ailleurs, la technologie accomplit des progrès fulgurants. L'innovation doit donc être de tous les rendez-vous, nouveaux concepts, nouvelles architectures, nouveaux loisirs… *«Le futur doit vraiment devenir drôle de nouveau!»* Surtout pour les touristes et les vacanciers affirme *Touriscopie.*

2. LES SPÉCIFICITÉS DU MARCHÉ

2.2 Remarque générale

Les professionnels autant que les institutionnels sont concernés par les études de marché. Il est en effet important de prospecter, d'identifier et de stimuler tous les marchés potentiels.

Non seulement de mettre sur pied des actions de promotion, mais aussi de les coordonner et de les suivre que cela soit au niveau de la ville ou de la région.

Les institutionnels sont là, par nature, pour aider, conseiller, harmoniser les actions que mènent les professionnels dans leur région ou dans leur ville. Certes, le professionnel doit concentrer ses efforts sur les marchés porteurs,

1. Alain Parenteau «Le marketing pratique du tourisme d'accueil» Editions Jacques Lanore, Collection Aujourd'hui l'avenir, 1991.

mais l'action des institutionnels lui permettra de saisir l'opportunité de nouveaux marchés potentiels.

Précisons que si certains professionnels négligent leur marché local et régional, ils se privent à coup sûr d'une clientèle importante et de surcroît peu sensible aux fluctuations saisonnières. De nombreux contacts sont possibles :

Entreprises et industries de la région	Loueurs de voitures
Agences de voyages	Chauffeurs de taxi
Autocaristes	Comités d'entreprise
Transporteurs	Maisons de retraite
Hôtels	Clubs sportifs
Village de vacances	Services sociaux des mairies
Guides interprètes	Etc.

2.2 Étude de marché hôtelier

L'approche sera différente selon qu'il s'agit d'un hôtel créé par un indépendant ou par une chaîne. Pour un indépendant les limites du projet seront définies en fonction de ses possibilités financières, mais également de ses compétences professionnelles et de sa personnalité. La localisation et de la dimension du terrain jouant un rôle essentiel. Pour une chaîne, son problème principal sera de savoir si le marché local peut accueillir une structure hôtelière constituée par un produit type (catégorie, taille, prestations, architecture).

■ Etude de l'environnement

- le contexte géographique (entre autres, infrastructures et liaisons);
- le contexte démographique (évolution, répartition);
- le contexte économique (notamment le type d'urbanisation);
- le contexte touristique (monuments, mesure des flux, événements locaux, perspectives).

■ Analyse de la demande

Données générales quantitatives/qualitatives et données purement qualitatives.

Zone d'attraction	Périodes de visites
Durée du séjour	Mode de transport
Prix acceptés et souhaités	Jours de visite dans la semaine
Classe sociale	Vie économique
Séminaires	Produits et thèmes forts
Restauration : type et prix	Particularité de la clientèle

■ Analyse de l'offre

Concurrence	L'image et la notoriété de la destination
Projets en cours	L'image de marque
Le profil de la clientèle	Etc.

■ Connaître la concurrence

La pratique du «pseudo achat» permet de tester la qualité de l'accueil, l'adaptation de sa documentation à la demande, ses prix et les prestations proposées par rapport à ce qui est réalisé chez ses concurrents (boisson comprise ou non; location de matériel, salle de conférence, séminaire...). La pratique du «test produit» quant à elle, permet soit de le consommer soi-même, soit de faire intervenir une tierce personne (c'est le principe même du Guide Michelin).

■ Définition du projet

Etablissement du Business Plan et du Plan Marketing. Pour établir ces documents, on peut s'aider de celui que Maison de la France met à la disposition de ses adhérents.

■ Décision

Les professionnels ont pu constater que dans une localité, le rapport nombre de chambres classées / nombre d'habitants devrait être voisin de 1/100.

2.3 Étude de marché restaurant

Il y a de grandes différences entre le marché de l'hôtellerie et celui de la restauration. Ainsi, les clients habitent surtout sur place. L'ouverture d'un ou plusieurs nouveaux restaurants dans une zone de chalandise fera évoluer la demande (effet élasticité de la demande, l'offre dans ce cas renforce la demande de consommation avec comme résultat d'augmenter l'attractivité d'une zone) et 150 sièges peuvent servir à 450 personnes ce qui est impossible en hôtellerie (effet élasticité de l'offre qu'il est impossible d'appliquer à l'hébergement).

L'étude de marché concerne aussi bien la restauration collective ou d'entreprise, autoroutière (qui est relativement difficile à appréhender), routière et la restauration rapide et économique. Le professionnel doit pouvoir répondre à des questions précises telles que :

- Quels sont les marchés actuels (ou réels) et potentiels disponibles ?
- Pourquoi consomment-ils ?
- Quelle est la structure des prix des établissements concurrents ?
- Pour quels types de services, de produits ?
  Quels types d'hôtels et de restaurants ont réussi dans la zone considérée ?
- Quelle est l'amplitude d'ouverture des univers de consommation ?
- ...

3. THÈMES DE REFLEXION

N° 1

Pour nous chaque client est unique

«Pour nous, chaque client est unique», est un slogan qui peut s'appliquer à tous les professionnels agissant dans la chaîne de valeur de la servuction. Mais comment concilier rentabilité, donc une certaine recherche d'économie d'échelle, et les demandes multiples des clients?

Néo restauration Magazine

Ce cas ne doit pas être uniquement traité par rapport à la restauration, car une telle démarche serait beaucoup trop restrictive. Le traitement doit mettre en évidence la ou les stratégies marketing utilisées face aux difficultés que rencontrent les professionnels de l'hôtellerie, de la restauration ou d'autres intervenants du tourisme pour, d'une part, toucher leurs clientèles et d'autre part, tâcher de répondre à leurs desiderata avec comme principal objectif : la rentabilité et la pérennité de leur entreprise.

N° 2
Le Splendid Hôtel-Paris

Angélina-Luiza est propriétaire d'un hôtel 4 étoiles+ : le Splendid Hôtel à Paris. L'hôtel est ouvert 365 jours dans l'année sans interruption. Les chiffres à fin 2003 sont les suivants :

L'hôtel	Répartition de la clientèle
Renseignements généraux : - Euro - Visa, Eurocard, Mastercard, Amex, Diners… - Ouvert 365 jours par an ***80 chambres (50 % équipées Internet) :*** - Chambre de 122 € à 262,5 € sc. - Pdj de 12,10 € à 18,30 € sc. ***Restaurant :*** - Ouvert tous les jours sauf le dimanche - 35 places - Prix de 39,60 € (pour le menu) avec une moyenne de 91,50 € sc. pour la carte ***Autres renseignements :*** - animaux : non - piscine : non - salle de remise en forme - parking surveillé - 3 salles de réunion équipées (fax/tél., rétroprojecteur, vidéo projecteur)	***Taux d'occupation*** : **66 %** ***Répartition de la clientèle Selon l'origine :*** ***UE*** **70 %** Dont France 35 % Allemagne 20 % Angleterre 10 % Autres pays UE 5 % ***Hors UE*** **30 %** Etats-Unis 5 % Japon 12 % Autres pays 13 % **Répartition de la clientèle Selon l'activité :** Individuel affaires (IA) 52 % Individuel loisirs (IL) 8 % Groupes (GP) 31 % Congrès /séminaires (CS) 9 %
Informations sur le petit déjeuner, prix moyen négocié (Pmn) : IA – 1,2 par chambre louée (Pmn = 15,70 €) IL – 1,6 par chambre louée (Pmn = 15,50 €) GP – 1,8 par chambre louée (Pmn = 12,10 €) CS – 1,0 par chambre louée (Pmn = 13,50 €) Nota : GP : le petit déjeuner est toujours compris dans le prix du séjour, si sur 2 personnes 1,8 prend le petit déjeuner, le revenu brut est de 2 ***Informations sur le restaurant :*** - 45 places, 1 menu à 39,60 € sc. (uniquement à midi), à la carte ticket moyen de 91,50 € sc. - Déjeuner (nombre de services : 1,7 en moyenne y compris la clientèle extérieure), 95 % des clients choisissent le menu - Dîner (nombre de services : 0,6 en moyenne), uniquement à la carte	***Chiffre d'affaires de l'hôtel :*** 5 % des revenus de l'hôtel concernent des ventes diverses (produits au nom du « Splendid Hôtel–Paris », bars, petite restauration, souvenirs, etc.) Le prix moyen euro négocié est de : - IA = 183,0 € - IL = 167,7 € - GP = 110,0 € - CS = 137,0 €

Afin de satisfaire sa clientèle affaires et d'augmenter la fréquentation du restaurant le soir, Angélina-Luiza désire créer un menu original. Après avoir bien réfléchi, elle pose les chiffres suivants :

- Prix de vente unitaire du repas : 42,70 €
- Coûts variables unitaires de production : 15,30 €
- Budget de communication (nouvelle édition, publicité directe, frais divers...) : 22 867 € par an,
- Des frais généraux affectés au nouveau produit : 15 245 € par an

L'objectif de rentabilité visé par Angélina-Luiza est d'atteindre l'équilibre entre les produits et les charges cumulés au terme de la deuxième période considérée (1re période de 6 mois, la 2e période correspondante aux 6 mois suivants). Ils estiment que les ventes augmenteront de 25 % dès la deuxième période.

Ils font aussi l'hypothèse que la clientèle du soir (quel que soit le type de repas) augmentera de 15 % lors de la première période et de 20 % lors de la seconde période.

1/ Calculez le CA d'affaires total du Splendid Hôtel (hôtel, restaurant, divers) en faisant ressortir chaque calcul de chacun des revenus. Vous calculerez le prix moyen négocié des chambres, le RevPAR. Vous en tirerez vos conclusions en terme de diagnostic commercial et de cohérence quant à la répartition de la clientèle.

2/ Vous devrez analyser les chiffres concernant le nouveau menu et à travers la méthode dite du « point mort », vous devrez infirmer ou confirmer Angélina-Luiza dans leur projet. Vous vérifierez les chiffres ainsi trouvés afin de savoir si vous parvenez bien au seuil de rentabilité au terme de la seconde période. Vous devrez mettre en avant le nombre de nouveaux repas vendus en moyenne par jour lors de la 1re et de la 2e période ; puis le nombre de repas total vendus tout type confondu dans l'année afin de pouvoir déterminer la répartition en pourcentage de nouveaux menus et le pourcentage de repas pris à la carte. Enfin, vous calculerez le nouveau CA du restaurant. Qu'en concluez-vous ?

3/ Quels conseils donneriez-vous à Angélina-Luiza pour améliorez la rentabilité de leur établissement en terme : commercial, action de communication, politique tarifaire, politique clientèle ... ?

N° 3

Stratégie d'implantation d'un nouveau restaurant

Fuyant les encombrements de Paris, John Borisovitch, consultant indépendant pour de grandes firmes nord-américaines, s'est installé depuis trois ans à Laon, petite ville médiévale de Picardie de 26500 habitants et préfecture de l'Aisne (Nord-est de Paris).

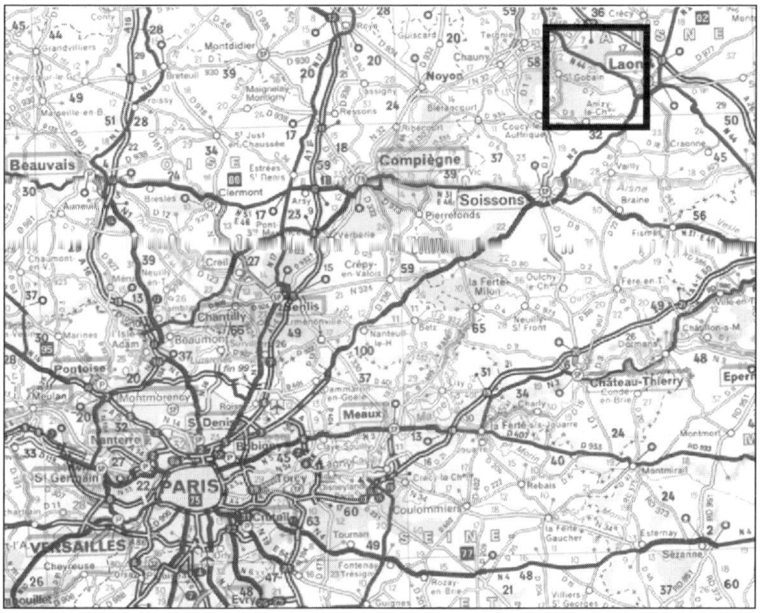

Son choix a été guidé par la situation géographique de cette ville. Laon est en effet située à une centaine de kilomètres seulement de l'aéroport Charles-de-Gaulle, où il peut organiser des réunions dans un hôtel lorsque ses affaires le demandent. Elle est également voisine de la Belgique, où il se rend fréquemment. Les villes les plus proches sont Saint-Quentin dans l'Aisne, 60000 habitants, à quarante cinq kilomètres au nord-ouest dans la direction d'Amiens; et Reims, 160000 habitants, à une cinquantaine de kilomètres au sud-est. Après avoir quitté Paris, John Borisovitch a connu quelques mois difficiles mais aujourd'hui ses affaires marchent bien. Reconnu comme un excellent professionnel par les managers avec lesquels il travaillait, il était maintenant obligé de se déplacer très souvent, non seulement en France et en Belgique, mais aussi à New-York, Boston, Los Angeles, San-Fransisco. Fervent adepte de la cuisine russe, il prend plaisir à découvrir de nouveaux restaurants lors de ses voyages.

Entre deux séjours, John en profitait pour aller faire de longues promenades dans la forêt domaniale de Saint-Gobain, ce qui lui permettait d'oublier la vie trépidante qu'il menait par ailleurs. Trois ans passèrent et John se demandait s'il n'était pas temps pour lui, à 48 ans, d'arrêter son travail de consulting afin de se consacrer à sa grande passion : la restauration. Cela faisait bien longtemps qu'il y pensait et jugeait qu'il serait plus heureux en patron de restaurant qu'en consultant international. Il profiterait ainsi de la vie et ferait partager sa passion aux autres. Après avoir bien réfléchi, il décida, pour plusieurs raisons, de s'installer dans le haut du bourg de Saint-Gobain à vingt kilomètres au sud-est de Laon.

- Saint-Gobain est situé en pleine forêt dans un cadre agréable autour duquel se trouvent de petites et moyennes agglomérations;
- C'est une région industrielle : agro-alimentaire, textile, verrerie et une importante zone agricole : céréales, hortillonnage, etc. Mais c'est aussi une région d'histoire : le siège historique de la Manufacture royale de glaces de France y fut fondé en 1685 et le Comte de La Fère (petite ville située à 12 kilomètres) naquit dans l'imagination d'Alexandre Dumas sous le nom d'Athos, un des trois mousquetaires;
- Il n'aurait pas vraiment de concurrence puisque les restaurants des alentours étaient plutôt du genre traditionnel;
- Il pouvait reprendre les locaux d'un restaurant qui venait de fermer ses portes et le coût de la location était raisonnable.

Après avoir fait ses adieux au monde des affaires, il réunit toutes ses économies et ouvre son restaurant qu'il nomme «le Boqueteau» car il se trouve en forêt. Il passe quelques encarts dans la presse gratuite et une publicité dans le journal de la région : l'*Aisne Nouvelle*. Pendant les trois premiers mois de son activité il réalise une moyenne de 60 couverts par jour (midi et soir), puis de 90 couverts les deux mois suivants. Le ticket moyen est de 41 €. Bien qu'il soit nouveau dans ce métier, John est persuadé que son pari est en voie de réussir. Il prend alors la décision de procéder à quelques changements de décoration, qui viendront certes grignoter un peu plus ses économies, mais qu'il juge indispensables, ainsi que d'engager un jeune commis pour l'aider. Mais au bout de six mois d'ouverture, ses efforts ne semblent plus porter leurs fruits. Le nombre de couverts/jour diminue régulièrement et il passe rapidement de 90 à 30 couverts/jour.

John Borisovitch ne comprend pas pourquoi. Son restaurant est pourtant un lieu convivial, la qualité de la nourriture n'a pas changé et le «bouche à oreille» avait pourtant bien fonctionné. Que se passait-il réellement? Les quelques données qu'il a collectées tout au long de ces semaines mettent en évidence les points suivants : sa clientèle est surtout composée de personnes âgées de 40 à 60 ans, cadres, bénéficiant d'un revenu élevé. Il décide alors de lancer une campagne de communication et de promotion et utilise pour ce faire tous les médias de la région, mais rien n'y fait. Passant de 30 couverts/jours à 40, les résultats restent toujours aussi décevants.

John Borisovitch a beau se demander ce qui lui vaut une telle débâcle, pourquoi la clientèle ne revient pas, où s'est-il trompé? Il commence à penser qu'il n'y avait peut-être pas un potentiel suffisant pour un tel type de restauration dans la région.

En votre qualité de consultant marketing spécialisé dans le tourisme, John Borisovitch fait appel à vous afin que vous l'aidiez, d'une part, à comprendre ce qui se passe, et d'autre part, à mieux cerner les différentes offres des professionnels dans cette région ainsi que les besoins des clients.

N° 4

Quel hôtel pour le Vieux-Montréal?

Historique
Montréal 2000

Le Vieux-Montréal est né comme un comptoir français au XVIIe siècle. D'abord baptisé Ville-Marie, il va rapidement évoluer. Le territoire du Vieux-Montréal actuel deviendra ainsi une ville fortifiée au XVIIIe siècle, sous contrôle français jusqu'en 1760, puis britannique. Il sera le centre bourgeois de la ville du début du XIXe siècle, alors que Montréal s'affirme comme pivot politique et commercial du Haut et du Bas-Canada, pour devenir le centre d'affaires victorien au XIXe siècle, dans un Montréal rejoint par la révolution industrielle. Il est le cœur de la métropole canadienne du début du XXe siècle, rayonnant depuis les sièges bancaires de la rue Saint-Jacques. Aujourd'hui cité historique, il est le centre ancien et pourtant bien vivant de Montréal, grâce à la mise en valeur du quartier initiée dans les années 1960.

Le Vieux-Montréal est aujourd'hui plus vivant que jamais. Plus de 2000 ménages y habitent. Plus de 35000 personnes travaillent dans ses entreprises de création, ses commerces, ses institutions municipales et judiciaires. Chaque année, des millions de Montréalais et de touristes fréquentent ses rues, ses places, ses musées, ses boutiques, ses restaurants, son vieux port réaménagé.

Le contexte socio-économique du Vieux-Montréal

Le Vieux-Montréal bénéficie actuellement d'investissements soutenus, que ce soit au niveau des infrastructures, du parc résidentiel ou des équipements touristiques. Le développement de vocations spécialisées, comme dans le quartier international et la cité du multimédia, contribue aussi largement à la revitalisation de ce secteur. L'agrandissement du palais des congrès, qui fera de celui-ci l'une des portes d'entrée du Vieux-Montréal, renforcera encore le caractère du quartier international et les liens de ce dernier avec le quartier historique. Par ailleurs, le tourisme est en nette progression, à Montréal comme dans l'ensemble du Québec : Montréal vient en effet de connaître en 1999 sa meilleure saison touristique depuis Expo 67. La diversité du produit touristique, le caractère unique de Montréal, le taux de change favorable et un budget marketing accru sont autant de facteurs qui contribuent à cette réussite, plaçant désormais Montréal parmi les destinations touristiques recherchées à l'échelle internationale. Or le quartier historique, avec quelque 3,5 millions de visites-personnes en 1998, soit le tiers de la fréquentation de la région métropolitaine, est une composante majeure du produit touristique montréalais.

D'autres facteurs, tels le réaménagement des points d'entrée du quartier historique et de plusieurs places publiques, le développement en rive relié à la restauration du canal de Lachine et la part accrue qu'obtiendra le Palais des congrès sur le marché des congrès internationaux avec son agrandissement, permettent d'entrevoir pour les prochaines années une poursuite de la croissance dans le Vieux-Montréal. Tous ces éléments contribuent à augmenter le potentiel du quartier historique comme destination pour le tourisme d'agrément, de congrès et d'affaires, ce qui ouvre la voie au développement d'un parc hôtelier pour accueillir cette clientèle accrue.

Le marché hôtelier dans la zone d'influence du Vieux-Montréal

Marqué par une récession au début de chacune des deux dernières décennies, par un boom de développement au cours des années 1980 et, plus récemment, par sept années consécutives de croissance de la demande sans augmentation de l'offre, le marché hôtelier montréalais atteint aujourd'hui un état acceptable, avec approximativement 70 % d'occupation sur l'ensemble du territoire. Un rattrapage important s'est donc opéré à ce chapitre, les taux actuels dépassant même les sommets du milieu des années 1980, jusqu'alors inégalés. Tout récemment, cette hausse du taux d'occupation a permis le rétablissement longtemps attendu du prix moyen des chambres, qui demeure cependant inférieur à celui des autres grandes villes canadiennes : Toronto et Vancouver.

La zone d'influence du Vieux Montréal s'étend au quadrilatère formé par le fleuve au sud et par les rues University à l'ouest, Sainte-Catherine au nord et Berri à l'est. En comparant l'évolution de l'offre et de la demande hôtelières depuis dix ans dans l'ensemble du centre-ville et dans cette zone d'influence, il ressort que c'est dans cette dernière que la progression des indicateurs est la plus accentuée (tableau 1). Bien que la croissance de l'offre ait stimulé la demande dans la zone d'influence, les analyses démontrent que le développement hôtelier dans ce secteur ne résulte pas d'un phénomène de débordement des hôtels du centre-ville, mais répond plutôt aux besoins du marché local.

Tableau 1. Croisssance annuelle moyenne de l'offre et de la demande zone d'influence du Vieux-Montréal et centre-ville (de 1988 à 1998)

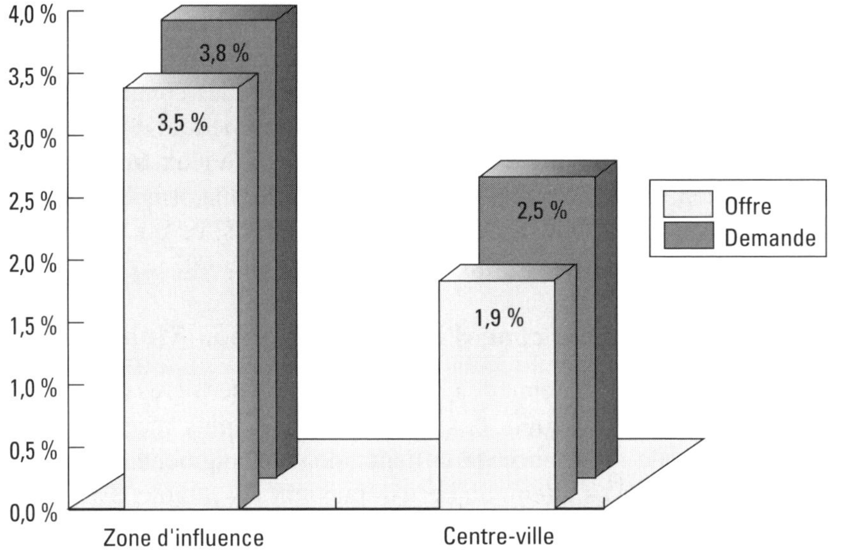

(Source : Horwath Consultants)

En 1998, la zone d'influence du Vieux-Montréal a atteint un taux d'occupation comparable à celui du centre-ville et des autres secteurs de la ville, affichant 70 % d'occupation. Compte tenu du caractère saisonnier de la demande à Montréal, ce taux équivaut, à certaines périodes de l'année, à un taux de saturation. Dans ce contexte, la croissance de la demande anticipée ne pourra, en bonne partie, être satisfaite que par une augmentation de l'offre à l'intérieur de cette zone. Une telle augmentation est d'autant plus justifiée que la revitalisation du Vieux-Montréal, le développement de la cité du multimédia et l'émergence du quartier international (avec l'implantation du siège de l'OACI et l'expansion du palais des congrès de Montréal), s'avèrent d'importants catalyseurs de la croissance du marché hôtelier.

Le potentiel hôtelier dans le Vieux-Montréal

L'analyse des contextes socio-économique et touristico-hôtelier dans lesquels évolue le marché hôtelier de la zone d'influence du Vieux-Montréal a permis de projeter l'évolution de l'offre et de la demande, afin d'estimer la capacité d'absorption de nouveaux hôtels dans ce secteur au cours de la prochaine décennie. Ces projections ont été réalisées en tenant compte de l'évolution probable de l'offre à court terme, de l'estimation des taux de croissance de la demande selon chaque segment de clientèle à partir des tendances historiques et des répercussions éventuelles d'événements qui pourraient affecter la demande dans le secteur.

En ce qui concerne l'évolution de l'offre, les prévisions ont été élaborées en prenant pour acquis l'ajout de 981 chambres d'ici deux ans. Il s'agit de projets déjà planifiés ou en cours de réalisation et relevant pour la moitié de grandes chaînes hôtelières internationales de niveau 1re classe ou luxe proposant des produits conventionnels. Pour l'autre moitié, il s'agit du projet d'«hôtel quartier général» découlant de l'agrandissement du palais des congrès de Montréal : un produit hôtelier de 1re classe mais non de luxe, compatible avec les besoins du palais des congrès de Montréal agrandi, comptant entre 350 et 500 chambres, offrant une gamme complète de services et affilié à une société hôtelière reconnue internationalement. Ce projet répond parfaitement à des besoins dérivés des segments dits de clientèles conventionnelles (congressistes, clientèle d'affaires, touristes d'agrément). Par ailleurs, la projection de la demande pour les dix prochaines années s'est faite selon deux scénarios, l'un conservateur et l'autre optimiste. Cette approche permet de tenir compte d'événements imprévus dans le cadre de cette étude et qui pourraient influencer le potentiel hôtelier du secteur. Un taux de croissance annuelle de 2,5 %, reflétant l'hypothèse de croissance économique du Québec, a été retenu et appliqué aux divers segments de la clientèle touristique. Ainsi la croissance annuelle moyenne de la demande durant la période de projection serait de l'ordre de 3,2 % (scénario conservateur) à 4,2 % (scénario optimiste).

Afin d'évaluer le nombre de chambres supplémentaires qui pourraient être absorbées par le marché, un taux d'occupation stabilisé de 65 % a été fixé comme seuil acceptable. Ce taux reflète le seuil de rentabilité généralement adopté dans le milieu hôtelier ainsi que le taux moyen enregistré à Montréal au cours des dix dernières années. Selon ces hypothèses, les projections démontrent que le marché hôtelier de la zone d'influence du Vieux-Montréal peut supporter, d'ici 2008, l'ajout de près de 1200 chambres scénario conservateur) à près de 1550 chambres (scénario optimiste). Le rythme d'entrée en service des nouvelles chambres sera le facteur déterminant de la stabilité du marché hôtelier dans cette zone au cours des prochaines années.

Tableau 2. Capacité d'absorption totale de nouvelles chambres dans la zone d'influence du vieux-Montréal (entre 1999 et 2008)

	Scénario conservateur	Scénario optimiste
Projets réalisés, 1999	191	191
Projets prévus, 200-2001	390	390
Quartier général PCM	400	400
Capacité d'absorption complémentaire jusqu'en 2008	205	566
CAPACITÉ D'ABSORPTION TOTALE ENTRE 1999 ET 2008	1 186	1 547

Un investissement hôtelier dans le Vieux-Montréal?

Du point de vue qualitatif, deux niches de marché semblent à développer, les projets actuellement planifiés dans ce secteur ne correspondant pas parfaitement aux attentes pour :

- Un produit hôtelier de style «boutique», de première classe ou intermédiaire-supérieure, distinct des hôtels conventionnels par son design unique, offrant une gamme moins étendue de services et comptant entre 50 et 150 chambres;
- Un produit hôtelier de type auberge, intime et personnalisé, de première classe ou intermédiaire, comportant moins de 50 chambres et reflétant le cachet historique du Vieux-Montréal.

Ces deux types de produits se distingueraient de la majorité de l'offre hôtelière du centre-ville et permettraient de cibler une clientèle avertie à la recherche de produits différents. L'hôtellerie de type auberge pourrait être celle qui présenterait le plus d'affinités avec le secteur du Vieux-Montréal. Non seulement l'environnement du quartier historique est propice à un produit d'hébergement intime et personnalisé, mais le secteur comporte un inventaire important de bâtiments historiques qui pourraient être recyclés à des fins hôtelières.

Investisseur dans le tourisme canadien, Philippe Trudeau est tenté par l'hôtellerie de type auberge. Il se demande seulement s'il a bien toutes les cartes en main pour se décider à investir suite à la lecture de l'étude de marché dont il vient de recevoir la synthèse décrite ci-dessus.

N° 5

Calcul de la taille d'un échantillon, préparation d'un sondage

1/ Au préalable à l'implantation d'un nouvel hôtel-restaurant sur l'agglomération de Marseille, la chaîne «MMB Hôtels» décide d'effectuer une enquête. Ayant obtenu des informations d'un sondage préalablement effectué, notamment sur la qualité des visiteurs, elle décide de retenir les données suivantes : une marge d'erreur acceptée de 5 % et la probabilité de rencontrer le caractère recherché, p = 40 %.

Le nombre de personnes trouvé devant être représentatif de la population mère, MMB Hôtels choisit la méthode des quotas pour réaliser son plan de sondage. Les caractéristiques de la population mère sont les suivantes :

- Lieu d'implantation :
  Est 4 %; NNE 3 %; O 18 %; S 22 %; Centre-ville 53 %;
- Catégorie de visiteurs :
  Affaires 45 %; Tourisme 35 %; Individuel 25 %;
- Sexe :
  Femme 45 %; Homme 55 %;

On sait aussi que l'âge des visiteurs est réparti de la façon suivante : 24-30 ans : 10 %; 31-45 ans : 30 %; 46 ans et plus : 60 %;

Le plan de sondage est constitué :

Lieu d'implantation	Sexe	Total	Catégorie de visiteurs			Totaux
			Affaires	Tourisme	Individuel	
Est	F					
	H					
NNE	F					
	H					
....	....	....	....	....	....	....
Totaux						

Source : Action commerciale *appliquée de Philippe Pico, Editions Bréal, Janvier 1993.*

3/ La direction de MMB Hôtels vous demande d'élaborer un questionnaire d'une quinzaine de questions. Elle vous laisse toute latitude pour le construire si vous argumentez vos choix.

MMB Hôtels veut minimiser ses risques et mieux connaître son futur marché en obtenant des réponses objectives et utilisables.

1/ Calculez la taille de l'échantillon et indiquez le taux de sondage ainsi trouvé;

2/ Déterminez le nombre et la qualité des personnes à interroger selon la méthode des quotas;

3/ Elaborez un questionnaire de quinze questions au maximum en justifiant le type de questions et les échelles utilisées;

4/ Apportez vos conclusions.

N° 6
La restauration d'autoroutes

Au début des années 1970, Jacques Borel, avant-gardiste et leader incontesté de la restauration autoroutière connaît de graves difficultés. D'aucuns diront qu'il n'a pas su contrôler son marché en ne prenant pas en compte les changements de comportements des consommateurs. Pourtant, on peut affirmer que ceux-ci correspondent à une clientèle «captive» et qu'il paraît plus aisé de la contrôler. L'article ci-dessous tiré de *Néo restauration* met en exergue les difficultés liées à ce type de restauration. En effet, l'image des restaurateurs est *«obérée par des préjugés anciens et les images caricaturales des premiers Jacques Borel paraissent avoir la vie dure»*.

- Malgré des efforts sans précédent, la restauration autoroutière a bien du mal à se défaire d'une image négative,
- Qui sont ces usagers du bitume? Quels sont leurs critiques et leurs attentes?
- Plusieurs enquêtes lèvent un coin de voile sur ces trente cinq millions de clients, habitués ou non, des autoroutes.

Trente-cinq millions de voyageurs empruntent chaque année les autoroutes françaises (dont 80 % de Français). Il s'agit là d'une estimation qui ne rend compte que très partiellement de l'intensité et de l'activité le long de ces 6289 kilomètres de voies rapides (Sondage réalisé pour le compte de l'ANRHA; Association des restaurateurs et hôteliers d'autoroutes). Ce chiffre est trompeur car il englobe aussi bien les touristes qui n'empruntent qu'une ou deux fois par an les autoroutes que les véritables habitués ou les professionnels de la route. Le nombre de «transactions», c'est-à-dire de passages enregistrés aux péages est plus significatif : 800 millions en moyenne.

C'est cette clientèle autoroutière que tentent d'attirer restaurateurs et pétroliers sur 321 aires de services, dont 165 comportent un restaurant. Les sociétés de restauration aimeraient mieux cerner les attentes de leurs clients et surtout de leurs non-clients, ceux qui préfèrent s'arrêter dans les stations-service. Une série d'enquête a confirmé que l'adéquation entre l'offre et la demande n'est pas encore satisfaisante. Aussi fallait-il répondre au défi lancer par les pétroliers qui ont développé une offre dans leurs boutiques tandis que les restaurateurs restaient quelque peu «passifs».

Les difficultés majeures rencontrées par les sociétés de restauration proviennent principalement :

- De l'hétérogénéité de la clientèle et des besoins à satisfaire,
- A la nature et à la fréquence des déplacements,
- Aux distances parcourues.

Les enquêtes ont permis d'identifier trois segments stratégiques de clientèles :

1 - Le segment VL

40 % des déplacements effectués en voiture revêtent un caractère professionnel dont les deux tiers réalisés par des voyageurs réguliers et 60 % pour les loisirs. Les déplacements sont répertoriés en 4 catégories :

- Domicile/trajet de courte distance ;
- Professionnels de moyenne et longue distances ;
- Week-end/loisirs de courte distance ;
- Vacances/loisirs de moyenne et longue distances.

2- Le segment PL

Il représente environ 13 % du trafic.

3- Le segment autocars : moins de 1 %

Un nombre important de personnes interrogées assimile encore aujourd'hui les restaurants d'autoroutes à des « établissements/usines froids et anonymes », à une restauration assise de self-service au rapport qualité/prix médiocre et à une perte de temps. Jean-Jacques Isoar, le patron de Sogerba est persuadé qu'il y a une place pour une politique de marque. Malgré tous les efforts entrepris par les sociétés de restauration d'autoroute pour satisfaire les usagers, ces derniers ont un jugement plutôt mitigé. Si une majorité de professionnels de la route et de voyageurs par autocar ont le sentiment que celle-ci a « beaucoup ou peu évolué » (ce qui est peu précis), 45 % seulement de la clientèle VL enregistre une amélioration. A ceci, il faut rajouter que la possibilité de faire un arrêt sans repas chez les restaurateurs n'est pas ou peu perçue.

Chiffre d'affaires effectué

Restauration	Pétroliers	Restaurants	Hôtellerie	Boutiques
0,42 Md€	35 %	65 %	90 MF	180 MF *

*Dont 56 % pour l'alimentaire

Comment jugent-ils l'évolution de la restauration autoroutière ?

Appréciation	Autocars	Poids lourds	Grand public
Améliorée (beaucoup ou peu)	66 %	55 %	45 %
Pas changée	30 %	42 %	46 %
Détériorée (beaucoup ou peu)	4 %	2 %	4 %
NSP	0 %	1 %	5 %

Ce sujet a pour objectif d'apprécier les connaissances de l'étudiant relatives à l'analyse du marché des produits de l'accueil sur un segment particulier.

1. Dégagez l'idée générale mise en évidence;
2. Définissez les termes qui vous semblent importants et expliquez en quoi ils le sont;
3. Identifiez et caractérisez les difficultés rencontrées par les professionnels de la restauration;
4. Proposez un plan stratégique qui permettrait une véritable amélioration de la fréquentation «restoroutière».

Source : Néo restauration Magazine n° 345 juill./août 1998 – Patrice Fleurent et Néo restauration Magazine du 22/9/1995 – Patrice Fleurent.

N° 7

Un palace vend ses suites en temps partagé

L'article du journal *Les Echos* paru en octobre 1997 est significatif à plus d'un titre. Il démontre que les offreurs contrôlent leurs marchés et s'y adaptent en permanence.

Un promoteur new-yorkais innove en commercialisant 253 appartements «à la semaine» en plein Manhattan, à deux pas de Central Park et de la cinquième Avenue. Après avoir été l'un des pionniers de la construction d'immeubles de logement en copropriété dans l'île aux gratte-ciel – où il a vendu pour quelque 600 millions de dollars de logements –, Bruce Eichner, président de «The Continuum Company», vient d'acquérir un hôtel «downtown», le Park Central Hôtel dont il va attribuer la moitié des surfaces à la vente de suites et studios «en temps partagé».

Cet ensemble baptisé «Manhattan Club», en cours de rénovation, propose ainsi sur 26 étages plus de 13000 droits de séjour. *«Mon projet évite deux écueils : le mauvais marketing et le caractère saisonnier, limité à six mois, des formules de ventes de logements à temps partagé. Car New York vit toute l'année»*, explique le promoteur de ce premier programme urbain. C'est pourquoi il vise quatre cibles :

1. Les entreprises dont les cadres séjournent régulièrement dans la capitale financière américaine, notamment à l'occasion de salons professionnels, congrès annuels, suivis de contrats, etc. Elles ne représentent encore que 15 % actuellement des 2000 réservations signées depuis le début de la commercialisation, il y a un an, mais elles seront privilégiées dès la mise en service, prévue pour le début de l'année 1998, d'un «Business Club» avec salles de réunion et de conférences, messagerie, salle de gymnastique et bar. *«Nous espérons commercialiser une centaine de semaines chaque mois auprès de sociétés dès que tout l'immeuble sera remis à neuf, qui s'ajouteront aux 200 ventes auprès d'autres clients»* confie le promoteur.
2. Les touristes américains. 20 millions d'entre eux viennent de tous les Etats-Unis chaque année à New York et les quelque 60000 chambres d'hôtel de la ville ne suffisent pas à les accueillir.
   Il y a aussi parmi eux ceux qui ont fui New York pour les cieux plus cléments de Floride ou de Californie, mais restent nostalgiques de Broadway.
3. Les résidents domiciliés dans un rayon de 80 kilomètres de la métropole, qui achètent pour célébrer des événements particuliers ou des anniversaires ou même éviter des embouteillages les jours de semaine en restant en ville.
4. Les acquéreurs étrangers, venus d'Amérique latine et d'Asie, notamment ceux de Singapour et Taiwan. *«Nous commençons à regarder les marchés européens, tant pour convaincre des acheteurs du vieux continent que pour renouveler l'expérience du Manhattan Club à Paris ou Londres»*, poursuit Bruce Eichner.

Une rénovation lourde

Le coût des travaux de transformation d'anciennes chambres d'hôtel en appartements de standing dans un immeuble construit en 1928 est élevé. Au prix d'acquisition de l'immeuble de 59 millions de dollars, dont 30 millions pour la partie hôtelière qui sera rénovée ultérieurement en 3 étoiles, Bruce Eichner, financé par la société Finova (Finova Capital Corporation, spécialisée dans le financement de projets immobiliers), a dû ajouter 39 millions de dollars pour rénover et concevoir les appartements 5 étoiles cédés «en temps partagé». Le prix de rénovation de chaque suite, vendue pour la semaine annuelle au prix moyen de 18000 dollars pour 65 m^2 (jusqu'à 61000 dollars la semaine de Noël) représente 110000 dollars. Le promoteur estime le total des ventes de toutes les périodes à réaliser dans les cinq ans à 180 millions de dollars, soit un bénéfice attendu de 110 millions de dollars.

Outre le prix d'achat de sa suite, dépassant en moyenne 1 million de dollars, l'acquéreur en toute propriété et à vie d'une semaine au Club Manhattan devra acquitter des charges de maintenance d'environ 600 dollars par an.

Observateur du développement de la formule de commercialisation d'appartement «à temps partagé», auprès d'une clientèle de vacanciers séduits par les possibilités des bourses d'échanges de villégiatures au soleil et aux quatre coins du monde, Bruce Eichner a affilié le Manhattan Club au réseau RCI. Les acquéreurs pourront ainsi échanger leur semaine américaine avec une des 3000 autres destinations de ce réseau international.

Récapitulation des données :

- Immeuble construit en 1928, prix d'acquisition : 59 Ml $ dont 30 pour la partie hôtelière qui sera rénovée en 3 étoiles;
- Financement : Finova Capital Corporation spécialisée dans le financement de projets immobiliers;
  Investissement : 39 Ml $ pour la conception des appartements 5* cédés en temps partagé;
- Prix de rénovation de chaque suite : 110000 $;
- Prix de vente : 18000 $ pour 65 m^2/semaine, 61000 $ pour la semaine de Noël;
- Prix de vente moyen des appartements 5* : 1 Ml $/semaine + 600 $ de charges annuelles;
- Prévision du C.A. à cinq ans : 180 Ml $;
- Bénéfice attendu : 110 Ml $.

Un nouveau concept apparaît dans le monde de l'hôtellerie, celui du «Time share». Il n'avait été appliqué jusqu'à aujourd'hui que dans un cadre purement touristique. Est-ce l'émergence d'un nouveau marché? Qu'en pensez-vous? Quels sont les critères d'efficacité pour réussir? Bruce Eichner pense étendre celui-ci sur le vieux continent, mais y a-t-il une demande? Est-il réellement envisageable dans tous les pays? Quelles sont les difficultés auxquelles il risque de se trouver confronté? Existe-t-il d'autres concepts mieux adaptés à l'ancien monde?

Source : Les Echos du 23/10/1997 : New-York : «Un palace vend ses suites en «temps partagé», Annick Colybes.

N° 8
Hôtel du Pays de Loire

Michel Aigueperse, président de Wilde Management Group, firme anglaise dont le siège social est situé à Londres, est sur le point de racheter l'hôtel du Pays de Loire 3 étoiles à Angers. Cet investisseur est déjà propriétaire d'hôtels au Royaume-Uni et en Allemagne.

Ouvert en 1994, l'hôtel du Pays de Loire dispose d'une capacité de 60 chambres (365 jours/an) et son restaurant peut accueillir 30 couverts. Il possède aussi deux salles de réunions équipées d'un rétro et d'un vidéo projecteur ainsi que d'un tableau.

L'hôtel est situé à proximité de l'autoroute A11 (Paris/Nantes) et jouxte à la fois une zone pavillonnaire et une zone commerciale. Il se trouve éloigné de deux kilomètres du centre-ville. Un couple de propriétaires le dirige.

Michel Aigueperse veut être sûr de la rentabilité de son éventuel investissement. Il ne connaît pas très bien la région et préfère effectuer une étude de marché avant d'augmenter le nombre de chambres ainsi que la capacité d'accueil du restaurant. Si tout se déroule comme il le pense, une grande campagne de communication suivrait, dirigée vers la clientèle étrangère et française.

Angers, Préfecture du Maine-et-Loire, est située en région du « Pays-de-la-Loire », à proximité de la Loire, non loin de Nantes et de l'océan Atlantique. L'agglomération d'Angers compte 202282 habitants (Angers seule : 14144 habitants). La ville est aujourd'hui le siège du Centre national de l'industrie horticole (CNIH). C'est aussi un pôle régional de l'industrie de pointe (électronique, construction électrique et automobile) ; un centre universitaire et hospitalier.

Un peu d'histoire. Angers est une ancienne cité romaine (Juliomagus) et la capitale de l'Anjou féodal (IX-XVe siècles). La ville possède aussi un château du XIIIe siècle abritant le musée de la Tapisserie, une cathédrale construite entre le XIe et le XIIIe siècle, des demeures médiévales et renaissance, le centre national de la danse contemporaine et les musées des Beaux-Arts David-d'Angers et Jean-Lurçat.

Aujourd'hui, le type de clientèle qui fréquente l'hôtel est surtout composé d'hommes d'affaires qui restent en moyenne trois jours dans le pays (principalement en semaine), d'individuels, parfois de groupes (clientèle relativement restreinte en fonction du nombre de chambres disponibles, mais il est à noter la prédominance des groupes allemands). Le type de restauration est traditionnel et il est peu fréquenté par la clientèle extérieure à l'hôtel (nombre de services : 1,4 en moyenne y compris la clientèle extérieure, la majorité des clients choisissent une formule menu).

Année	Nombre de ch. louées	Nombre de clients
2001	13242	16288
2002	12350	14071

Tableau de la répartition de la fréquentation de l'hôtel

Origine	Total	Individuels	Affaires	Groupes
France	65 %	10 %	60 %	30 %
Royaume-Uni	20 %	2 %	83 %	15 %
Allemagne	15 %	15 %	40 %	45 %

Un des soucis de Michel Aigueperse est de réduire les effets dus au phénomène de saisonnalité et d'attirer d'autres clientèles, entre autres, le week-end. Il est fermement persuadé qu'il y a une potentialité non exploitée. Si son jugement s'avérait exact, cela permettrait à l'hôtel du Pays de Loire d'accroître sa rentabilité et surtout d'amortir les investissements qu'il compte faire (entre 180000€ et 300000 €).

Etudiant/stagiaire chez Wilde Management Group au siège de Londres, Michel Aigueperse vous dépêche sur place pendant quinze jours avec un objectif clairement défini : effectuer une pré-étude de marché qui sera utilisée par le département marketing du groupe Wilde. Il vous demande de mettre en avant, tout en pesant le pour et le contre, des points importants comme : les cibles, les ouvertures envisageables, les possibilités de distribution des produits, les différents acteurs du secteur du tourisme ou non qui pourraient influencer positivement leur vente, les outils de communication à employer.

N° 9
Stratégie d'implantation d'un nouvel hôtel

■ **Sur l'aglomération de Toulouse, l'offre hôtelière par catégorie d'établissement à N, est la suivante :**

Catégorie	Nombre d'hôtels	%	Nombre de chambres	%	Taux de pénétration des chaînes en %
0*	7	5,93	380	8,03	100
1*	47	39,83	1114	23,53	35,80
2*	45	38,14	1935	40,87	53,40
3*	16	13,56	1230	25,98	53,30
4* et+	3	2,54	75	1,58	0
Total	**118**	**100**	**4734**	**100**	

Sur les 75 premières agglomérations françaises, on estime le taux de pénétration des chaînes à plus de 40 % et un nombre de chambres pour 1 000 habitants de 10,5.

■ **Offre hôtelière par quartiers de l'agglomération :**

Quartiers	Nombre d'hôtels	%	Nombre de chambres	%
Est	3	2,54	66	1,39
Nord-Est	11	9,32	612	12,93
Ouest	22	18,64	879	18,57
Sud	14	11,86	504	10,65
Centre- ville	68	57,63	2673	56,46
Total	**118**	**100**	**4734**	**100**

■ **Offre hôtelière par catégorie et par quartier (% établis sur le nombre de chambres) :**

Catégorie	Est	Nord-Est	Ouest	Sud	Centre-ville
0*		12	17	15	2
1*	25	30	16	23	22
2*	75	28	53	41	44
3*		30	10	18	30
4*			4	3	2
Total	100	100	100	100	100

■ **Les projets en cours**

Parmi les dernières ouvertures, celle de l'hôtel Garden Court est à remarquer. Il est le seul hôtel de chaîne récent dans son créneau et représente une concurrence non négligeable pour certains hôtels 3 étoiles vieillissants.

Dans la zone Nord/Nord-Est

- Un permis de construire dans une commune de la zone Nord/Nord-Est a été déposé. Le projet consiste en un hôtel 3 étoiles de 105 chambres agrémentées d'un golf, de bureaux et d'une salle de remise en forme;
- Deux projets sont également recensés dans une autre commune mais, pour l'instant, aucun permis de construire n'est déposé. Il s'agirait d'un hôtel 1 étoile et d'un hôtel 2 étoiles ou 2* étoiles +, d'une capacité chacun d'environ 45 chambres;
- Sur une troisième commune, un permis vient d'être accordé à l'enseigne «Quick Hôtel» pour installer un hôtel 2* d'une capacité de 90 chambres et son ouverture est prévue pour fin N+12 mois.

Dans la zone Est

- Un permis de construire a été accordé pour l'installation d'un Campanile (2*) de 38 chambres et pour un Première Classe de 65 chambres à proximité d'un échangeur routier. Ouverture prévue fin 2003/1er trim.2004;
- Sur une deuxième commune, aucun projet n'est aujourd'hui connu, mais l'amélioration d'une zone d'habitation de 9 hectares dont 3 sont encore disponibles, pourrait générer des projets hôteliers.

En centre-ville :

- Ouverture à N+9 mois d'un Novotel de 110 chambres associé au Palais des Manifestations;
- Réouverture de l'hôtel «Pacifique» 3* de 140 chambres à N+6 mois actuellement en cours de rénovation;
- Un hôtel 4 étoiles de 55 chambres est en construction près du Palais des Manifestations;
- Ouverture prévue du Palais des Manifestations courant N+1. Ces concepteurs prévoient 95000 journées réservées aux congrès, symposiums, manifestations sportives et prestations diverses l'année suivant l'inauguration et plus de 120000 la deuxième année.

- **Nombre de chambres en projet dans l'agglomération et évolution de la capacité globale par rapport à l'existant :**

Catégorie	Projet (nombre de chambres)	Evolution par rapport à N
0*	65	16,1 %
1*	45	4,1 %
2*	173	8,0 %
3*	355	23,3 %
4*	55	110,0 %

La chaîne Confort Hôtel désire implanter un 3 étoiles sur l'agglomération de Toulouse à l'horizon N+12 mois. La population de celle-ci est de plus de 650000 habitants. Elle fait appel à vos connaissances pour la conseiller. Quels sont les critères pertinents d'implantation que vous retiendriez? Dans quelle zone conseilleriez-vous Confort Hôtel de s'installer? Pourquoi? etc. Autant de réponses et de certitudes qu'attendent les managers de la chaîne.

CHAPITRE 9

Le comportement du consommateur

1. LES ÉLÉMENTS À PRENDRE EN COMPTE

Dans un environnement fortement concurrentiel, comprendre le comportement du consommateur afin de pouvoir le cerner, lui proposer le bon produit, au bon moment et à la bonne période ; mais surtout le convaincre que les produits qui lui proposés sont adaptés à ses besoins ; voilà ce dont rêvent toutes les entreprises. Quel que soit le secteur, il n'est jamais aisé de le comprendre et les firmes déploient des efforts inimaginables incroyables tant sur le plan financier que de l'utilisation d'outils marketing et d'enquêtes de toute sorte.

L'homme de marketing s'attachera aux notions d'élasticité/revenu (comment varie la demande à une variation de revenu ?) ; d'élasticité/prix (comment réagit la demande à une variation de prix ?) ; d'élasticité croisée (quelles sont les incidences sur les quantités vendues d'un bien ou d'un service, de la variation du prix d'un autre bien). Il devra analyser les motivations et les freins, les attitudes et la personnalité et les styles de vie qui influenceront son processus d'achat auxquels se rattachent le processus d'information et le processus de décision.

Différents modèles permettent de caractériser les comportements d'achat :

- Le modèle de **Marshall** qui analyse l'acheteur comme un individu rationnel cherchant à maximiser sa satisfaction compte tenu de l'utilité et du prix ;
- Le modèle de **Copeland** qui démontre que le processus d'achat est différent selon la catégorie de produit/service (achat courant, achat réfléchi et achat spécialisé) ;
- Le modèle de **Pavlov** qui met en relation stimulus et réflexe pour expliquer les achats impulsifs ;
- Le modèle de **Freud** qui se réfère à la structure «conscient et inconscient» ;
- Le modèle de **Veblen** qui analyse l'influence du groupe dans le processus d'achat selon que l'on veuille s'y identifier ou au contraire s'y différencier ;
- Le modèle de **Baudrillard-Becker** qui estime que consommer c'est aussi produire des signes ;
- Les modèles explicatifs globaux : modèles de **Howard** et **Sheth**, modèle d'**Engel**, **Kollat** et **Blackwell**.

Depuis les années 1990, la crise aidant, le rapport entre l'entreprise et le consommateur a profondément changé. Robert Rochefort[1] estime que les comportements se sont modifiés, diversifiés et complexifiés, en raison du caractère dual de la consommation : répondre à un besoin (le fonctionnel) et répondre à un désir (l'immatériel).

Les trois grandes attentes des consommateurs qui sont dégagées aujourd'hui sont : le désir de sécurité, le désir d'affectivité et le désir d'esthétique[2].

■ Quelles sont les nouvelles valeurs des consommateurs ?

1. On ne consomme plus pour paraître mais pour être bien : *plus serein ;*
2. On mange équilibré, on fait attention à sa santé : *plus équilibré ;*
3. On craint un peu les autres et l'avenir : *plus de confort et de sécurité ;*
4. On veut être consulté, mieux être informé, donner son avis : *plus de participation ;*
5. On ne veut plus perdre son temps. On se réserve des loisirs : *plus de plaisir ;*
6. On exige le droit à l'infidélité par curiosité, par éclectisme : *moins de mode ;*

1. Directeur du Credoc, a écrit « La société des consommateurs» 1995 O. Jacob.
2. Bernard Guilbaud –CNED.

7. On préfère le solide, le durable, l'authentique : *plus d'authenticité ;*
8. On veut de l'éthique : *plus d'honnêteté ;*
9. On veut préserver l'environnement : *plus d'authenticité ;*
10. Le plaisir passe par la convivialité en «*tribu*» et par la solidarité en société.

■ **Des valeurs qui conditionnent des comportements nouveaux**

- Moins prévisibles : volatilité, changement, opportunisme
- Très éclectiques : construction d'un «espace de liberté»
- Plus ludiques : application des règles de l'hédonisme
- Plus engagés : l'humanitaire, «made in France», solidarité
- Plus contestataires : négociation, réclamation, boycottage

Les conséquences directes de tels bouleversements sont de remettre en cause (toute proportion égale par ailleurs) certaines catégories qui servaient jusqu'à présent à décrire et à comprendre le comportement du consommateur. Les critères socio-démographiques tels le statut social, le pouvoir d'achat ou l'habitat... ne permettent plus toujours d'envisager des comportements types (l'exemple le plus frappant est l'achat d'un téléphone portable et les connotations s'y rattachant); les groupes sociaux sont plus difficilement discernables; Les sociostyles ont quelque peu perdu leur aspect prévisionnel face à l'exclusion, au chômage, aux grandes catastrophes naturelles et humaines. D'où le retour aux modèles explicatifs où la composante affective prend le dessus sur la composante cognitive. Par exemple le modèle d'**Holbrook** et **Hirschman** cherche à rendre compte du plaisir esthétique et de l'émotion que peut ressentir un consommateur face à un produit ou un service; considérant que les désirs émotionnels l'emportent sur les motivations utilitaires, le consommateur essaiera de découvrir tous les éléments immatériels qui viennent se greffer sur l'offre matérielle.

Non, il n'est plus vraiment facile d'appréhender le comportement du consommateur! Mais l'entreprise n'est pas totalement désarmée si dorénavant elle intègre dans sa démarche le fait que le cloisonnement entre consommation de biens, de services, de loisir et de consommation culturelle s'estompe. Si l'offre étonne et déconcerte le consommateur afin de répondre à son besoin d'inattendu par des innovations non seulement dans les aspects matériels mais aussi immatériels (nouveau concept d'hôtellerie super économique, restauration à thème, voyage culturel, etc.).

■ **Les attitudes à l'égard de la consommation**

L'étude réalisée par l'Observateur de Cételem 2000 dans 8 pays européens (France, Belgique, Royaume-Uni, Allemagne, Italie, Espagne, Portugal et Pologne) met en avant la modification des attitudes du consommateur européen. Quatre principaux critères se détachent : «Se faire plaisir» pour 87 %, «s'intégrer» pour 51 %, «compenser» pour 50 %, «satisfaire ses aspirations personnelles» pour 70 %. Un euro-consommateur est en train de voir le jour où convergent des tendances identiques : sensibilité au prix, critères immatériels, utilitarisme et hédonisme[1].

2. LES SPÉCIFICITÉS DU MARCHÉ

Le secteur du tourisme est cependant un secteur très particulier. En effet, dans la mesure où toutes ses prestations comportent une grande dimension immatérielle du service, l'impression de cherté perçue par les consommateurs s'en trouve exacerbée. Nombre de services se trouvent ainsi associés à la notion de gratuité et l'expression «rendre service» prend tout son sens: gratuité des éditions et brochures touristiques, renseignements, réservations d'un hôtel à un autre, etc.[2] Et si de nombreux services se trouvent associés à la notion de gratuité, comment réagira le client lorsque vous l'informerez que le pain comme la carafe d'eau lui seront facturés? Que la brochure devient payante? Ces produits étant considérés comme faisant partie des prestations minimales auxquelles il s'attend.

Dans ces conditions pour l'entreprise, comprendre ses motivations, son attitude, ses caractéristiques et tout ce qui peut l'influencer devient primordial. Contrôler et assimiler la logique du marché sur lequel elle lutte d'une part, savoir anticiper la réaction des consommateurs actuels et potentiels d'autre part, devient un avantage concurrentiel permanent pour l'entreprise de services.

De nombreux événements sont venus bouleverser le secteur du tourisme en général et de l'hôtellerie et de la restauration en particulier :

- La déréglementation aérienne et l'ouverture des frontières qui a eu pour conséquences des baisses tarifaires successives et une «démocratisation» du voyage;

1. Touriscopie – Tableau de Bord 2000.
2. «La notion de qualité dans les services» d'Yves Tinard.

– Le développement de grand-tours opérateurs comme Nouvelles Frontières, le Club Med, etc.;
– L'apparition de l'hôtellerie très économique : Formule 1, Première Classe, EtapHôtel, etc.,
– La pénétration de l'hôtellerie de chaînes volontaires ou intégrées;
– L'émergence de la restauration à thème ainsi que celle du fast-food;
– L'arrivée de nouveaux acteurs comme les G.M.S.

Le consommateur ayant à sa disposition toute une gamme de produits et de services a non seulement toute latitude de choix, mais malheureusement pour les acteurs concernés, il devient aussi de plus en plus infidèle. Ce qui ne facilite pas l'action des professionnels confrontés à une non-possibilité de stockage.

Dans un article paru dans l'Hôtellerie du 5 juin 2003, signé Cécile Junod, concernant la transformation des brasseries en Hot Spot (lieu équipé Wi-Fi – Wireless Fidelity, permettant d'accéder à Internet haut débit sans fil), une phrase retient notre attention : «*Le citoyen, devenu nomade, cherche en permanence à accroître sa productivité durant ses déplacements...*».

Dans le domaine de l'alimentation, le client veut le terroir et le pratique, le premier prix et le haut de gamme, la minceur et le plaisir[1].... Pour les agences de voyages et les tour-opérateurs, le client est impulsif, il a besoin de déstresser et le phénomène de la RTT favorise les décisions de dernière minute, il est caméléon, cherche un supplément «d'âme» pour marquer le temps, il veut la tradition et la modernité, il part en tribu mais recherche des activités flexibles et à la carte mais globalement son pouvoir d'achat stagne[2]!

C'est là, toute la difficulté pour les professionnels du tourisme : comment répondre aux attentes du consommateur d'aujourd'hui qui assume sa recherche de plaisir sans complexe, revendique ses paradoxes, et oriente ses choix en fonction de ses effets dans le temps?

1. L'hôtellerie n° 2789 du 3 octobre 2002.
2. Tour Hebdo n° 1059 du 13 décembre 2002.

3. THÈMES DE REFLEXION

N° 1
Le consumérisme fait la loi

La procédure en vue de l'adoption d'une directive européenne sur la vente à distance de biens et de services continue. Suite à la position commune du Conseil des ministres de l'Union du 29 juin 1995, le Parlement européen a entamé sa deuxième lecture de la proposition. Les amendements proposés par la commission parlementaire en charge de la protection des consommateurs seront soumis au vote du Parlement.

La directive sur les ventes à distance ne convient pas pour les services touristiques. Hotrec et Ectaa (Groupement des unions nationales des agences et organisateurs de voyages de l'Union européenne) ont réagi aux amendements proposés par la commission parlementaire et ont réitéré leur point de vue général selon lequel la directive sur les ventes à distance, si elle peut être justifiée pour les ventes de marchandises, pose par contre une série de problèmes complexes pour les transactions sur les services, et tout particulièrement les services touristiques. Les amendements proposés pour la deuxième lecture du Parlement constituent, de plus, un pas en arrière par rapport à la position commune du Conseil des ministres de l'Union.

■ Campagne d'information des consommateurs

La Direction générale XXIV de la Commission européenne a lancé le 13 novembre une campagne «radio» pour informer les consommateurs de leurs droits dans l'Union européenne. La campagne aborde trois sujets :

- Les voyages à forfait;
- Les clauses abusives dans les contrats;
- La surréservation sur les vols réguliers.

La campagne devait durer 2, 3 ou 4 semaines, selon les pays. Une initiative à suivre de très près. Il semblerait que cette campagne n'est qu'une des premières mesures de Mme Bonino (commissaire en charge de la politique des consommateurs) pour renforcer les droits des consommateurs. Il est ainsi porté atteinte à l'image des agents/organisateurs de voyages et indirectement à celle des hôteliers. La campagne devrait être renouvelée. On ignore encore les thèmes spécifiques qui seront abordés.

■ Sécurité contre les incendies dans les hôtels

La Commission européenne a publié dans le Journal Officiel du 28 septembre l'identité de la société choisie pour réaliser l'étude sur les mesures nationales en matière de sécurité contre les incendies dans les hôtels, ainsi que sur la mise en pratique de ces mesures. Il s'agit de la société française Ceten Apave, Paris. Une étude devra être présentée à la Commission.

Hotrec a répété à la Commission son souhait de pouvoir faire des commentaires sur les résultats de l'étude à un stade intermédiaire, avant que celle-ci ne soit considérée comme terminée.

■ Normalisation dans le secteur du tourisme

Le Comité européen de normalisation (CEN) vient de créer un nouveau Comité technique qui devra rédiger des normes européennes sur les informations fournies aux touristes par les guides sur les hôtels, les brochures touristiques et les systèmes de réservation.

Hotrec demande au CEN de participer à ses travaux afin que le point de vue des entrepreneurs soit entendu.

Depuis le début des années 1970, période qui a vu naître en France le consumérisme, le pouvoir des consommateurs n'a cessé de se renforcer. Aujourd'hui, la recherche de l'harmonisation des normes en Union européenne pose quelques difficultés et amène bon nombre d'interrogations.

- Comment les professionnels du tourisme doivent-ils ou peuvent-ils réagir face à un renforcement des règlements européens, surtout lorsque leurs méthodes de travail sont mises en cause?
- Existe-t-il un risque qu'ils soient «déstabilisés» et que certaines entreprises soient appelées à disparaître?
- Comment peuvent-ils à la fois satisfaire aux changements imposés par l'Union européenne et à la recherche de rentabilité?
- Les consommateurs ont-ils un réel pouvoir?
- Quelles réponses est-il possible de faire sur le plan marketing?
- Etc.

Source : L'hôtellerie du 1/02/1996.

N° 2
Au bord de la prohibition : smoking or no smoking, that's the question

Depuis le 10 avril 1995, il est interdit de fumer dans les salles de restaurant de la ville de New York. Une association de professionnels affirme que cette mesure est à l'origine d'un relatif marasme dans la restauration de la ville. Un débat à observer, pas si éloigné de nos préoccupations[1].

■ Etats-Unis : l'interdiction de fumer dans l'enceinte de la ville de New York a perturbé l'économie de la profession

Scott Wexler directeur général de l'Empire State Restaurant and Tavern Association, la principale organisation professionnelle de restaurateurs et bistrotiers de toute sorte de l'Etat de New York est formelle : l'interdiction de fumer dans l'enceinte de la ville de New York a perturbé l'économie de la profession. A l'appui de ses dires, une étude réalisée par Dun & Bradstreet à partir de données officielles montre qu'entre le 1er janvier 1993 et le mois de mars 1996, soit un an après la mesure d'interdiction, la restauration de la ville de New York a perdu 2779 emplois soit une baisse de 4 %. Pendant la même période les comtés des environs situés soit dans l'Etat de New York soit dans le New Jersey (l'agglomération se poursuit à l'Ouest de l'Hudson River dans l'Etat de New Jersey) ont créé 1937 emplois nets, soit une hausse de 5 %. Mais n'est-ce pas simplement l'effet de la fuite des activités du cœur de la métropole vers la périphérie? *«Non»* répond Scott Wexler, *«car dans le même temps l'emploi en général et les activités de distribution en particulier ont progressé dans le centre de la ville»*. Avouons que pour avoir observé les affaires de la ville, c'est-à-dire une restauration apparemment en plein boom, nous avons douté de ces arguments. Il y a bien accroissement du chiffre d'affaires, mais non en proportion de l'accroissement des charges, se plaint le directeur de l'association. Pour faire face, les restaurateurs se seraient donc engagés dans une lutte pour la productivité par siège et par salarié. Et l'interdiction de fumer irait à l'encontre de cet effort.

L'association représente dans la ville de New York uniquement quelque 5000 affaires sur 15000 restaurants et tavernes. C'est dans la lutte contre la prohibition du tabac en CHR que les professionnels se sont unis en groupe de pression. *«Parce que les antitabac étaient organisés, eux»,* commente Wexler, professionnel du lobbying à l'américaine.

1. L'hôtellerie n°2536 du 20/11/1997 – Alain Simoneau/ L'hôtellerie du 1/02/1996 «Le consumérisme fait la loi», voir aussi n°2591 du 10/12/1998 «La loi antitabac n'enfume plus les esprits» de M.-L. .Estienne.

■ Des restrictions progressives

Ce fut d'abord voici dix ans environ, une mesure de l'Etat de New York obligeant tout restaurateur à fournir une place de non-fumeur à tout consommateur qui en ferait la demande. On imagine la difficulté que peut représenter l'application d'une telle obligation. Puis vint la décision de la ville prise début 1993 avec application au 10 avril 1995. Cette interdiction mérite d'être précisée. C'est dans la salle de restaurant qu'il est interdit de fumer. Il n'est pas demandé de prévoir un espace non fumeur. L'interdiction est supposée être totale. Par contre fumer reste autorisé dans les bars. Mais il y a un problème. La plupart des restaurants de la ville disposent également d'un bar, le plus souvent immédiatement attenant à la salle de restaurant, sans séparation efficace.

■ Une loi applicable?

Résultat, la loi est détournée en permanence, et de deux manières : d'abord comme on peut l'imaginer, la fumée des cigares émis par les consommateurs du bar n'obéit qu'aux lois de la physique. La réglementation précise bien une distance minimale à respecter entre le bar et la première, rangée de sièges, mais les volutes franchissent cet espace sans difficulté. Ensuite, les clients fumeurs ont pris l'habitude d'aller manger… au bar, soit disant des snacks et repas léger, en fait de quoi se caler solidement. Cela ne suffit pas selon l'Empire State Restaurant and Tavern Association à stopper le recul des affaires. *«Il semble,* selon Scott Wexler, *que les fumeurs soient de meilleurs consommateurs que les non-fumeurs, qu'ils manquent à l'appel et que le fait de ne pouvoir rester longtemps à table les fasse écourter leurs repas. Au-delà,* plaide le lobbyiste, *les restaurateurs sont faits pour recevoir leurs clients chaleureusement, pour qu'ils se sentent bien et non pour leur faire subir des interdictions».*

Une association ne se contente pas de ces arguments professionnels. Les restaurateurs savent que face à des impératifs de santé publique ils auront toujours tort. Ils répondent donc de manière très offensive, et en s'engageant à agir fort et loin, non contre l'existence de fumeurs à table, mais pour préserver la santé des non-fumeurs. Aux Etats Unis, les lobbies antitabac se battent sur tous les fronts : au niveau fédéral et dans les agences gouvernementales, dans chaque Etat, dans chaque comté, dans chaque agglomération et dans chaque commune. Les résultats sont extrêmement divers. En concertation avec d'autres professionnels d'autres Etats très touchés (dans certaines villes de Californie il y a carrément prohibition même dans les bars), la stratégie des professionnels est de tenter d'agir au plus haut. Si possible à l'échelon fédéral, au minimum à l'échelon de l'Etat comme dans l'Ohio où chaque localité joue sa propre partition avec la fumée.

■ Un investissement de 10000 à 50000 dollars

Les restaurateurs new yorkais souhaiteraient voir l'Union adopter la mesure suivante : obligation de mise en place d'une véritable zone non-fumeurs dans les restaurants (en général plus vastes que chez nous) avec séparation réelle au minimum matérialisée par une glace; et mise en place d'une véritable ventilation, avec contrôle des flux d'air de manière à éviter le passage de la fumée vers la zone non-fumeurs, et pour faire bonne mesure une extraction d'air avec filtration. Au total, un investissement de quelque 10000 dollars si la ventilation est limitée à la protection de la zone non-fumeurs, et 50000 dollars si l'ensemble de l'établissement est concerné.

On imagine la réaction des restaurateurs européens (du moins de la majorité d'entre eux) devant l'exposé de ces mesures. Impossible, trop cher etc... Oui, sans doute. Mais le dossier est loin d'être clos en Europe. D'autres lois plus contraignantes pourraient faire leur apparition. Peut-être serait-il temps, dès à présent d'étudier des contre-mesures efficaces.

■ Au Canada, c'est la guerre[1]

En Amérique du Nord, les luttes d'influence pro et antitabac sont à prendre au sérieux. A Vancouver, Canada, province de Colombie-Britannique, l'interdiction de fumer dans les restaurants est apparue en mai 1996. Les restaurateurs trop peu organisés ont attaqué la décision en justice et ont perdu. Ceux que l'on appelle en Amérique les «antis» en veulent davantage et réclament à présent une interdiction totale dans tous les CHR. A Toronto, Ontario, métropole de quatre millions d'habitants se constitue en juin 1996 une «coalition» de patrons restaurateurs, hôteliers et de syndicats de salariés de la restauration contre la «menace». La coalition a financé une étude montrant que les fumeurs pèsent 30 % de la population mais 42 % du chiffre d'affaires des CHR. D'après l'étude l'interdiction provoquerait la fermeture de 660 à 915 restaurants de la métropole (sur 6500 affaires) et menacerait plus ou moins 10 % des emplois. Cela n'empêche pas l'interdiction de fumer en CHR à 100 % d'être votée par le Toronto City Council, le conseil municipal de la ville centre de la métropole avec effet au 1er janvier 1997. A coup de campagnes de presse, la décision est vivement combattue. Les quatre communes de banlieue prennent leur distance et adoptent des réglementations contradictoires. La confusion s'installe. Finalement, fin 1996 le conseil de Toronto amende son projet, crée des zones fumeurs dans 25 % de l'espace des CHR et repousse l'application au 3 mars. Une application effective de cette réglementation (qui reste différente dans les autres communes de la métropole) mériterait pour le moins une étude.

---

1. L'hôtellerie n°2536 du 20/11/1997 – Alain Simoneau/ L'hôtellerie du 1/02/1996 «Le consumérisme fait la loi», voir aussi n°2591 du 10/12/1998 «La loi antitabac n'enfume plus les esprits» de M.-L. .Estienne.

■ Union Européenne : concilier les préférences des fumeurs et des non-fumeurs dans les hôtels, les restaurants et les cafés[1]

Le Conseil des ministres de l'Union européenne avait adopté en 1989 une résolution invitant les Etats-membres à interdire de fumer dans les lieux publics ou à créer des espaces spécifiques pour les fumeurs. Suite à cette résolution, plusieurs Etats-membres ont adopté ou préparent des législations restrictives.

Hotrec (Groupement des unions nationales des agences et organisateurs de voyages de l'Union européenne) et ses associations membres ont adopté des principes communs qui préconisent la conciliation des préférences des fumeurs et des non-fumeurs sur une base volontaire. Une brochure à cet effet a été récemment publiée par Hotrec en dix langues.

■ Un problème complexe

2003, coup de tonnerre chez les consommateurs Irlandais. Une loi leur interdit de fumer dans les pubs. Comment réagiront les clients qui, par tradition et par plaisir, associent le droit de boire et de fumer? En Europe, de plus en plus d'hôteliers et de restaurateurs tranchent dans le vif et choisissent de réserver leurs établissements aux non-fumeurs. Cela n'est pas sans conséquence. Grogne et parfois scandale provoqué par les fumeurs, perte de clientèles et baisse du chiffre d'affaires. Seuls quelques clients étrangers (par exemple pour la France), trouvent quasi normal le fait que des chambres soient non-fumeurs (notamment provenant d'Allemagne, de Hollande et de Belgique) [2].

Entre désir et réalité, il y a parfois une marge qu'il semble malaisé de combler. Les CHR sont confrontés à une difficulté majeure : comment concilier les fumeurs et les non-fumeurs? Surtout lorsque leur établissement ne le permet pas, ou demanderait des travaux trop onéreux! Que pensez du comportement de ces deux populations? Sont-elles vouées inextricablement à l'intolérance et à l'incompréhension mutuelles? Cela ne risque-t-il pas de remettre en cause un certain mode de vie, une culture, des habitudes de consommation? Ou, d'être bénéfique pour les CHR en attirant les non-fumeurs...

Ces réflexions ne sont en aucun cas exhaustives, l'étudiant devra trouver l'idée forte pour la construction de son sujet.

1. L'hôtellerie n°2536 du 20/11/1997 – Alain Simoneau/ L'hôtellerie du 1/02/1996 «Le consumérisme fait la loi», voir aussi n°2591 du 10/12/1998 «La loi antitabac n'enfume plus les esprits» de M.-L. .Estienne.
2. L'hôtellerie n°2821 du 15 mai 2003.

N° 3
Le comportement des célibataires

Les célibataires sont de plus gros consommateurs de loisirs que les couples ou les familles. Parmi leurs sorties préférées, des dîners au restaurant. Selon une étude réalisée, 50 % des célibataires de moins de 65 ans vont au restaurant le soir, au moins une par mois. Ils sont environ 20 % à le fréquenter, toujours le soir, au moins une fois par semaine. Mais, en matière de restauration aussi, le célibat engendre des demandes dont il faut tenir compte.

26 % des ménages français se composent d'une seule personne. Deux catégories de célibataires coexistent : les moins de 40 ans résidant dans de grandes agglomérations et les plus de 60 ans vivant dans des habitats dispersés. La fréquentation des restaurants étant très liée au degré d'urbanisation et à l'âge, ce sont les premiers qui dînent le plus souvent à l'extérieur. Les célibataires provinciaux se reçoivent plus aisément les uns chez les autres tandis que les Franciliens sortent.

■ Un curieux avide de convivialité

Le célibataire organise souvent sa soirée l'après-midi même. Doté d'un tempérament de «découvreur», il fréquente peu les restaurants traditionnels, sauf en famille, et recherche des établissements «différents». Connaissent un gros succès : la cuisine exotique, avec en vedette le restaurant chinois, la restauration rapide, les restaurants à la mode. Moins soumis aux contraintes que l'*Homo Sapiens* vivant en couple, le célibataire est adepte du service décalé (22h30/23h), et sort tant la semaine que le week-end. Ce qu'il recherche avant tout : la convivialité, les contacts et l'innovation. Le célibataire fuit comme la peste les restaurants tristes et déserts, ce qui est trop bien réglé et un peu froid. En revanche, il apprécie les restaurants disposant d'un bar où il dégustera un cocktail avant de passer à table.

■ Inégalité hommes - femmes au restaurant

D'après Bernard Boutboul de Gira Sic Conseil (société d'études en restauration), la femme célibataire ne va pas au restaurant toute seule, mais accompagnée d'amies, de collègues ou... d'un homme. Dans ce cas, la gamme culinaire ou le décor lui importe peu.

En revanche, avec d'autres femmes, elle recherche le dépaysement sur le plan du cadre, de l'ambiance et des plats. Mais attention au service trop attentionné qui pourrait agacer le groupe d'amies. Quant à l'homme, pas de recherche spécifique, s'il va au restaurant, c'est bien souvent pour changer ses habitudes et y dîner seul ou avec des amis. A noter enfin, les dépenses de restaurant sont plus élevées chez les hommes seuls. Autre point, l'âge du client : ainsi toutes les observations qui suivent sont établies d'après les résultats d'une étude réalisée par Gira Sic Conseil auprès de célibataires de moins de 40 ans.

■ Pour s'attirer les bonnes grâces du célibataire...

Un célibataire a une idée très précise d'un bon rapport qualité/prix. Fort prescripteur, le célibataire est aussi plus dépensier : (15 à 20 % de plus par an). Tout aussi important, l'accueil, dès le premier contact... même pour un seul couvert, car, satisfait, le client est susceptible de revenir avec plusieurs personnes. S'il n'aime pas être relégué, le célibataire n'aime pas non plus être «exposé en vitrine». Idem pour les «mariages forcés» : si le célibataire vient dîner seul, c'est pour être tranquille, pas pour se retrouver avec un(e) inconnu(e) en face de lui. Contrairement aux idées reçues, les célibataires ne boivent pas forcément plus mais ils recherchent l'innovation. Ainsi, à l'apéritif, ils dégusteront plutôt les cocktails maison et négligeront les whiskies et autres pastis. Amateurs de découvertes ils aiment goûter de nouveaux vins et les boivent souvent au verre pour en apprécier de différents au cours d'un même repas. Seul, peut-être, mais amateur de bonnes choses!

■ Vrais et faux célibataires

Le célibataire occasionnel (du mois d'août) ne calque pas son comportement sur celui du célibataire permanent. Il dîne le plus souvent chez lui ou chez des amis. Il va rarement au restaurant tout seul et, s'il y va, il préfère retourner dans un endroit qu'il connaît déjà.

Le comportement d'une personne devenue «célibataire», après avoir vécu en couple (suite à un divorce ou un veuvage) est également différent de celui d'un célibataire de toujours : son mode de vie reste relativement proche de ce qu'il était «avant».

Vous venez d'ouvrir un restaurant dans un quartier très fréquenté et cette population vous intéresse particulièrement. Après avoir fait un portrait du célibataire en faisant ressortir ses traits principaux, vous expliquerez comment vous comptez l'attirer.

Source : Promocash Magazine – Françoise Felice.

N° 4
Tourisme et comportement des acteurs

62 millions de visiteurs en France en 1996, 67 millions en 1997, plus de 70 millions en 1998 avec la Coupe du monde de football, 77 millions en 2002. Aux traditionnels visiteurs allemands, anglais ou italiens qui forment l'essentiel de la clientèle étrangère, s'ajoutent aujourd'hui les Brésiliens qui viennent goûter aux charmes français, les Chinois qui pointent leur nez et les ressortissants des pays de l'Est aux portefeuilles bien garnis.

Qui sont-ils vraiment? Comment se comportent-ils? Tous ont un point commun : ils s'informent avant de venir! Mais plus surprenant encore, 75 % des visiteurs étrangers ont déjà fait au moins un séjour dans l'Hexagone et cherchent à découvrir du nouveau[1].

■ Les étrangers choisissent la France[2]

En été 1996, ils étaient déjà plus de 62 millions à en faire leur destination favorite. Ce record d'affluence a été meilleur encore avec la Coupe du monde de football. Mais il ne faut pas se laisser griser. Si le tourisme a bonne mine, c'est qu'il est très lié aux taux de change: ainsi en été 1997, la fluctuation de ces taux joua à plein en faveur de la France, redevenue soudainement bon marché. Le phénomène fut très marquant pour le dollar : le contingent de touristes américains avait ainsi grimpé de 10 % en quelques mois.

■ Des touristes bien informés

Fini le temps du touriste candide qui tombe dans toutes les arnaques de l'été. Il s'arme de brochures et de guides. Au Japon, le ministère de l'Economie a publié une enquête comparative des prix de 93 produits, à Paris, Tokyo, Londres, Francfort, New York et Singapour. En la lisant, tout Japonais peut donc savoir où faire les meilleures affaires. Or Paris y apparaît comme l'endroit le plus cher.

Le touriste est aussi plus connaisseur. Beaucoup n'en sont pas à leur premier voyage dans notre pays. En région parisienne cet été, 75 % des visiteurs étrangers ont déjà fait au moins un séjour en France. Ils cherchent donc du nouveau. Plutôt que les circuits classiques, ils veulent découvrir la nature et l'art de vivre à la française. On les retrouve dans les chambres d'hôtes ou les gîtes, d'où ils rayonnent pour visiter le plus de sites possible.

1. Le Parisien du 15 août 1997 – Régis de Closets/Joëlle Frasnetti/ François Boennec/Olivier Schwarz/Catherine Cousin.
2. Le Parisien- Régis de Closets.

On pourrait les croire comblés. Pas du tout... A leur retour, ils jugent les Français «vantards et peu hospitaliers», selon un récent rapport du Conseil économique et social. Il importe donc de relancer les campagnes de promotion de notre image à l'étranger. Or la France a un peu tendance à s'endormir sur ses lauriers. En 1994, l'Etat n'a pas dépensé plus d'argent pour assurer sa promotion à l'étranger que Disneyland Paris pour faire sa publicité !

■ «On a fait de gros efforts sur l'accueil et les prix»[1]

Jacques Maillot, confirme que l'été 1997 «se présente grès bien». Pour lui, aucun doute, la France demeure la terre d'élection des touristes.

Le Parisien – Comment expliquez-vous ce regain d'intérêt ?

Jacques Maillot – La principale raison est avant tout monétaire. Le cours des principales monnaies rend notre pays à nouveau intéressant, notamment pour les Américains et les Anglais. Deuxième raison, non négligeable, les efforts importants, ces dernières années, en matière de prix.

Un des principaux griefs des étrangers concernait le coût de la vie. Depuis la guerre du Golfe, il y a eu une prise de conscience des professionnels. Même sur la Côte d'Azur, les prix se sont assagis. La France est devenue plus abordable. Et comme il n'y a aucun problème de sécurité – contrairement à l'été 1995, avec les attentats – toutes les conditions sont réunies pour ce grand retour des étrangers. Et ce n'est pas fini !

Le P. – Les étrangers nous reprochent parfois la qualité de l'accueil et des infrastructures ? Est-ce que cela a évolué ?

JM – Un gros effort a été fait pour améliorer l'accueil. Beaucoup de tour-opérateurs, d'hôteliers et de restaurateurs se sont adaptés. Mais de gros progrès restent à faire pour la pratique des langues étrangères. C'est vraiment notre point faible. Cela revient souvent dans les critiques de notre clientèle nord-américaine et européenne. Le tourisme tient une place importante dans notre économie. C'est une activité qui rapporte plus de devises que l'agroalimentaire. Il ne faut pas l'oublier !

Le P. – Premier pays pour le nombre de visiteurs, la France n'est qu'au second rang pour les recettes touristiques. Fait-on ce qu'il faut pour les inciter à dépenser plus ?

JM – A cause de la politique du franc fort, on reste un pays cher par rapport à nos concurrents. Il faut s'adresser à plusieurs types de clientèles. Il faut offrir des produits de luxe, très demandés, mais être aussi à la portée de visiteurs ayant un pouvoir d'achat moyen. On sait le faire – nos campings, par exemple, sont très compétitifs – mais il faut aller au-delà. Il faut poursuivre ces efforts sur les prix.

---

1. Le Parisien - Joëlle Frasnetti.

Le P. – Confronté à la concurrence, la France est donc encore un produit qui se vend bien?

JM – Sans chauvinisme, c'est un beau pays avec beaucoup d'atouts : des paysages variés, une nourriture excellente, un patrimoine culturel exceptionnel et un art de vivre… Ce n'est donc pas étonnant s'il y a cette percée. Toutes les régions ont mis les bouchées doubles, pas seulement sur le littoral. La Bourgogne, l'Aveyron ont fait de gros efforts pour s'adapter à la demande. Les touristes ne se limitent plus à Paris et à la Côte d'Azur, au contraire.

■ Combien dépensent-ils en moyenne?

– Suisses	:	3050 €	– Italiens	:	190 €
– Japonais	:	1680 €	– Anglais	:	230 €
– Américains	:	1530 €	– Allemands	:	230 €
– Espagnols	:	305 €	– Hollandais	:	120 €

■ Où vont-ils?

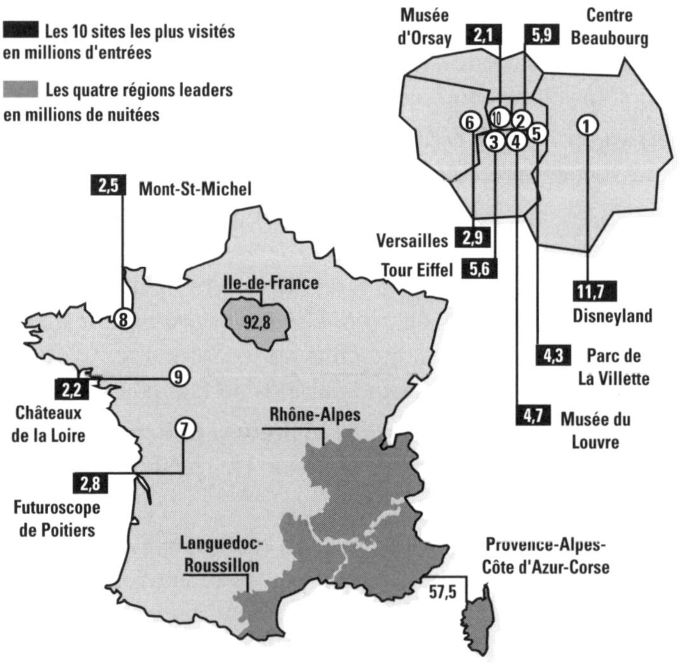

Source : ministère du Tourisme/ Infographie : JSI Paris.

■ Des exigences différentes selon les nationalités[1]

- Les Polonais sont «ouverts et débrouillards», ils adorent nos paysages et notre technologie; comme les Roumains, ils sont galants;
- Les Grecs semblent «indisciplinés et bruyants» et ils aiment visiter la cuisine du restaurant dans lequel ils se restaurent;
- Un café léger fait plaisir aux Danois;
- Les Allemands sont «rigoureux et ponctuels»; ils aiment le confort mais pas les escargots!
- Les Suisses sont «calmes et organisés» mais ils ne trouvent pas la France toujours très propre...;
- Les Anglais ne supportent pas les traversins et détestent le boudin, la viande saignante, les escargots et les cuisses de grenouille;
- Les Espagnols ont le tutoiement facile...;
- Les Américains consomment à toute heure, mangent peu de fromage et boivent peu d'alcool pendant les repas;
- Les Japonais adorent les marques : les produits Chanel, Dior ou Vuitton;
- Les Italiens semblent être des «vacanciers en or». Satisfaits ou mécontents, les Italiens sont excessifs et les enfants sont rois!
- Les Hollandais n'aiment pas les cuisses de grenouille et la cuisine à l'ail ainsi que les tripes et le boudin;
- Etc.

■ «Nice»[2]

Si vous demandez à un Espagnol, un Américain ou un Japonais ce qu'il n'a pas aimé sur la Côte d'Azur, ils répondront tous d'une même voix, si ce n'est d'une même langue : «la circulation automobile» : trop de bouchons, trop de doubles files, trop de PV, pas assez de parkings. Mais à cet inconvénient près, les étrangers ne sont pas déçus par ce mythique Sud français qu'ils rêvaient de connaître.

■ Les Russes très flambeurs

«La Côte d'Azur, ça représente un lieu idéal pour des vacances. La vie est assez chère, mais la livre écossaise se porte bien en ce moment», s'enthousiasme Mason, une habitante de Glasgow qui espérait rencontrer du côté du Carlton à Cannes «un homme très riche et amoureux comme il y en a beaucoup ici...»

Cette année, ce sont les Russes qui sont arrivés les poches pleines. «Il y a deux ans, la dépense journalière des touristes venus de Russie était évaluée à 380€ par per-

1. Le Parisien – O. Schwarz.
2. Le Parisien – Catherine Cousin.

sonne. D'autres catégories sociales ont, depuis, afflué et leur budget a baissé, mais certains riches moscovites vont encore dépenser jusqu'à 15300€ en une semaine», affirme un responsable du comité régional au tourisme.

■ Les Japonais adorent le shopping et les marques

Dans l'ordre des moins regardants arrivent ensuite les Japonais. Quotidiennement, chacun d'eux consacre environ 110 € pour payer l'hôtel (trois ou quatre étoiles), mais aussi pour le shopping. Les produits de marque les font craquer, achetés à Cannes ou Monaco.

«Ils gardent bien en évidence le sac en papier siglé qui contient leurs achats», raconte la réceptionniste d'un hôtel niçois.

■ Les Allemands ne sont pas sélectifs dans leurs achats

«Les Allemands, en revanche, reviennent les mains vides de leurs balades. Ils visitent surtout les musées et l'arrière-pays, attendent le dernier jour pour se précipiter sur les magasins de souvenirs où ils achètent n'importe quoi».

■ Les Italiens sont des vacanciers en or

Les vacanciers en or – et les plus nombreux – sont les Italiens. Ceux venus des régions de Milan ou Turin qui envahissent, par bandes de quinze ou vingt, restaurants et plages privées, adorent les parfumeries et les magasins de vêtements.

■ Les autres se partagent les restes du gâteau

Les Anglais ont un budget moyen de 61€ par jour, **les Espagnols** de 46€. «*ce sont* ***les Français*** *qui claquent le moins*», confie une restauratrice.

La clientèle haut de gamme est en nette augmentation cette année, et la principauté de Monaco en profite aussi : les quatre étoiles y sont remplis à 100 %. Des clients exigeants : le sultan d'Oman arrivé début août avec son Airbus privé à Nice (1830€ par jour la place réservée à l'aéroport) a renvoyé son avion et l'équipage à Paris pour lui rapporter de Rungis de la lotte fraîche pour son dîner…

■ Des avis partagés, mais… comment réagissent les professionnels CHR ?[1]

L'Irlande : *«… Je trouve l'accueil formidable, les Français chaleureux…»*

L'Inde : *«… Nos premiers contacts avec les Français n'étaient pas très bons, ils ne sont pas très souriants. Mais ça s'est arrangé, nous avons fait des efforts pour parler la langue…».*

1. Guide «Bonjour» direction du Tourisme/L'hôtellerie n° 2519 du 17/7/1997 – 2518 du 10/7/1997 – 2722 du 7/08/1997…

Etats-Unis : *«… J'adore ce pays…Les Français sont plutôt chaleureux, mais avec mon groupe, on a été mal reçus dans un café car nous ne comprenions pas le menu. C'est dommage, mais je souhaite vivement revenir».* Les Américains déplorent la pratique insuffisante de l'anglais et l'anti-américanisme. L'image qu'ils ont des Français : cultivés et expressifs mais méfiants et susceptibles.

L'Espagne : *«… Paris, c'est la ville que j'aime le plus au monde, pour les musées, les paysages et les habitants. Les Français sont adorables et font l'effort pour nous parler en anglais, même si nous parlons un peu votre langue…». «…Je trouve les Français plutôt agréables…»*

L'Italie : *«… J'ai eu l'occasion de voyager en Europe et je peux vous dire que l'accueil en France n'est pas plus mauvais qu'ailleurs. Les Français sont plutôt sympathiques, même s'ils perdent parfois patience pour des détails…».* Leur image des Français : distants, peu communicatifs, impertinents, chauvins, arrogants mais aussi sympathiques, bien organisés !

Le Japon : *«… La nourriture y est excellente… Nous ne parlons pas un mot de français… La plupart du temps, on essaie de se faire comprendre… mais cela ne facilite pas toujours le contact»*

L'Allemagne : *«… Le seul point négatif réside dans l'impolitesse des Parisiens qui ne sont pas souriants, et qui, dans l'ensemble, n'aident pas les touristes…»*

La Grande Bretagne : *«… Les Français ne font pas toujours d'efforts pour nous accueillir, mais je crois que les Britanniques ont le même défaut…».* Leur image des Français : bavards, distants envers les étrangers, mal organisés, bons vivants.

La Hollande : *«Ils considèrent que nous manquons de rigueur, que nous sommes impulsifs, chauvins et que nous ne pratiquons pas assez les langues étrangères».* Ils nous trouvent cependant cultivés, courtois, chaleureux et latins.

En règle générale, les étrangers estiment que notre caractère n'est pas facile. Ainsi les Grecs regrettent notre «chauvinisme», les Australiens, notre côté «arrogant»… et peu «aimable», les Suisses notre manque de «fiabilité»… Précision importante : selon les professionnels, ce sont les Français qui dépensent le moins…

Au-delà des clichés et des «croyances populaires» :

1/ Comparez le comportement des touristes en vous référant aux différences culturelles ;

2/ Comment les professionnels CHR peuvent-ils répondre à toutes les demandes des touristes, qu'ils soient français ou étrangers. N'y a-t-il pas un risque de déstabilisation ?

3/ Quelles améliorations préconiseriez-vous dans l'accueil des touristes ?

CHAPITRE 10

La segmentation

1. LES ÉLÉMENTS À PRENDRE EN COMPTE

Pour une entreprise, quel que soit le secteur concerné, essayer de comprendre le comportement des consommateurs est une chose, mais cela ne suffit pas. En effet, comment satisfaire les chalands actuels et potentiels s'il n'existe pas une certaine homogénéité de clientèles? Comment agir de façon cohérente en terme de communication, produit, prix, distribution si la cible de la firme n'est pas ou peu déterminée? En fait si l'on ne connaît pas vraiment «sa cible».

Même si aujourd'hui les entreprises essaient de concilier standardisation et personnalisation du service, il est quasiment impossible de briguer un marché sans en avoir préalablement déterminé les futurs acheteurs. Le marché est composé de millions d'individus très différents les uns des autres, par leurs habitudes, leurs goûts, leurs croyances, leurs groupes d'appartenance, leurs exigences, etc. L'entreprise doit alors tout faire pour s'adapter à un ensemble hétérogène en essayant d'exaucer les desiderata du plus grand nombre, ce qui est loin d'être une chose aisée.

On parle aujourd'hui, non plus de segmentation, mais d'hyper-segmentation, c'est-à-dire la segmentation dans la segmentation; avec tout de même une crainte de taille pour les hommes de marketing : que les produits ne se cannibalisent pas entre eux! Sauf si c'est l'effet qui est volontairement recherché.

Une bonne segmentation est celle qui permet à l'entreprise une certaine «standardisation» de ses produits et services tout en lui concédant certaines déclinaisons, adaptations et personnalisations. Rien n'est jamais acquis définitivement, notamment au niveau européen où les normes sont loin d'être aujourd'hui accordées. La segmentation des marchés ne part pas de l'étude des produits mais de celle des groupes de clientèles… Segmenter un marché consiste à le découper en sous-ensembles distincts, chacun de ces sous-groupes pouvant raisonnablement être choisi et satisfait de façon spécifique.

■ La segmentation : quelques définitions de départ

Positionner : c'est-à-dire construire autour d'un produit une personnalité claire, motivante et distinctive face à la prolifération des produits et des marques. Le positionnement est la place qu'occupe un produit dans l'esprit des consommateurs retenus en fonction de critères objectifs (qualité technologique, services associés, prix de vente…) et subjectifs (image de l'entreprise, prestige de la marque, évaluation comparative du produit par rapport aux alternatives concurrentes…).

■ La démarche STP au sein du marketing stratégique

1. Analyse des besoins
2. Mise en évidence des fonctions du produit requises
   - Segmentation du marché (S)
   - Examen de l'attractivité des segments (T1)
   - Examen de la compétitivité de l'entreprise (T2)
   - Mise en oeuvre du positionnement souhaité (P)

■ Un enchaînement logique

Les trois moments de la démarche sont étroitement dépendants les uns des autres de façon cohérente :

(S) : L'entreprise commence par s'informer sur les critères de choix pertinents selon lesquels la clientèle potentielle peut être découpée en sous-groupes – les segments – relativement homogènes,

(T) : Puis elle choisit la cible, le ou les segments sur lesquels elle se concentrera pour optimiser l'efficacité de son action marketing,

(P) : Enfin elle se positionne sur la cible choisie, en adaptant le produit, le prix, le mode de distribution et la communication aux besoins, aux goûts et aux valeurs de cette cible.

2. LES SPÉCIFICITÉS DU MARCHÉ

Le secteur du tourisme est peut-être un des derniers secteurs à avoir appliqué les techniques de marketing (véritablement à partir du milieu des années 60). Que de chemin parcouru depuis !

Si on peut globalement considérer que les hôtels super-économiques correspondent à une stratégie indifférenciée, au «marketing de masse»; Les hôtels luxueux, les palaces, à une stratégie concentrée, au «marketing individualisé»; et le secteur médian à une stratégie différenciée, au «marketing segmenté», tout n'est cependant pas aussi simple.

La segmentation essentiellement effectuée au secteur médian et les classifications qui en découlent n'ont pas toujours, pour un nombre d'étoiles équivalent, le même impact ni une image identiques pour les acheteurs. On parlera communément d'un 2 étoiles +, d'un 2 étoiles –, d'un 3 étoiles –, d'un 3 étoiles +, d'un 4 étoiles -, etc. Peut-on parler ici d'hyper-segmentation ou tout simplement de services plus ou moins bien adaptés selon la catégorie de clientèle visée ou encore de difficultés d'adaptation à une zone de chalandise? Comment cibler correctement son offre si les demandeurs ne s'y retrouvent pas toujours eux-mêmes?

L'évolution «naturelle» de notre société (évolution sociétale) oblige les professionnels agissant dans la chaîne de valeur du tourisme à contrôler de façon permanente leurs marchés. Parmi les mutations les plus profondes de la société européenne, il en est une de plus en plus irréversible, celle qui concerne la montée en puissance des valeurs féminines. Celle-ci ne manquera pas de modifier en profondeur certaines composantes de l'industrie touristique. Si l'Europe féminine devient une réalité, le tourisme féminin également. De nouveaux produits du tourisme commencent à apparaître qui n'excluent pas pour autant la clientèle masculine, ni les familles. Plus de 51 % de la population de l'Union européenne est aujourd'hui féminine et les études mettent en avant les faits suivants : les femmes sont diplômées, autonomes, travaillent, dépensent, ont moins d'enfants… et elles recherchent des offres et des structures capables de prendre en charge leurs enfants, la logistique ménagère… qui leur proposent de plus des équipements santé-beauté, de la convivialité et des vacances «sûres» [1]

Si les critères de segmentation traditionnels restent vrais, l'entreprise devra de plus en plus affiner sa démarche. Si «imaginaire, plaisir, fête, désir, rêve,

1. Touriscopie – Tableau de Bord 2000.

bien-être, féminité...» deviennent des maîtres mots, alors ils doivent être considérés comme des critères de segmentation à part entière. Mais le violent désir des consommateurs «d'être bien» ne facilitera sûrement pas la tâche déjà ardue des acteurs du tourisme. Surtout que le comportement «self-service» des individus devient une tendance visible même si elle reste encore marginale[1].

Le problème d'une segmentation de marché est encore plus vif lorsqu'il s'agit de certains acteurs du tourisme comme les agences de voyages ou les tour-opérateurs. Certains professionnels préconisent de ne pas segmenter les consommateurs car ils peuvent se comporter différemment d'un voyage à l'autre. Les niches de consommation auraient disparu au profit des niches de produits, les professionnels du tourisme devant tout faire pour accompagner leurs clients dans leur accomplissement personnel. «*Il faut être sur le marché du bonheur*»... A condition de bien expliquer la différence de prestations d'un produit à l'autre, notamment pour les promotions[2].

1. Touriscopie – Tableau de Bord 2000.
2. Tour Hebdo n°T 1059 du 13 septembre 2002.

3. THÈMES DE RÉFLEXION

N° 1
Le Groupe FLO

Café Flo, Petit Flo et maintenant le Petit Bofinger, le groupe Flo de Jean-Paul Bucher décline ses enseignes et aborde en pleine propriété ou par le système de la franchise de nouveaux lieux et de nouveaux clients. Ainsi, Flo sera bientôt dans les aéroports, les musées, les centres commerciaux et peut-être les gares.

■ Présentation du groupe Flo

Le groupe Flo regroupe les Brasseries Flo, la chaîne Hippopotamus (rachetée en 1992), Flo prestige, Raynier et Marchetti. Jean-Paul Bucher détient 72 % du capital de cette entreprise qui pèse désormais plus de 0,152 Mds€ de chiffre d'affaires (les 18 % restants sont détenus par Clinvest). A partir de 1968, Jean-Paul Bucher pose les premières pierres de ce qui deviendra son «empire» en achetant sa première brasserie alsacienne style 1900 et en collectionnant peu à peu les plus beaux établissements de ce type, de «Chez Julien» à «La Coupole» ou encore «le Bœuf sur le Toit». La clientèle de la rive gauche et du seizième arrondissement se déplace alors dans les quartiers populaires et les théâtres de la porte Saint-Martin. Durant les quatre premières années, il double son chiffre d'affaires moyen/jour : de 460 à 915 euros, puis de 1830 à 3660 euros. 150 places génèrent 500 à 600 couverts. Devant un tel succès et afin de ne pas perdre une importante clientèle potentielle, Jean-Paul Bucher décide «d'accrocher d'autres wagons» au groupe Flo en acquérant au fur et à mesure des opportunités d'autres grandes Brasseries comme «Le Terminus Nord» ou «Le Vaudeville». Le but : augmenter le nombre de tables afin d'une part de conserver sa clientèle, et d'autre part, d'attirer celle qui ne consomme pas encore.

■ Le Café Flo, Le Petit Flo et le Petit Bofinger

Si en 1994, Jean-Paul Bucher et son équipe ne pensaient pas s'étendre en utilisant le système de la franchise, ils décident en 1997 d'accélérer le développement du groupe grâce à cet outil. Ils affirment ainsi leurs ambitions et leurs positionnements à travers leur savoir-faire. Il ne s'agit plus de guetter les opportunités de rachat de belles brasseries mais bel et bien de se positionner sur de nouveaux segments de clientèle en leur proposant des formules de restauration adaptées. Café Flo, Le Petit Flo et le Petit Bofinger font partie de cette offensive.

■ Café Flo

C'est le concept porteur né de l'expérience du groupe dans le grand magasin Le Printemps. La direction du magasin souhaitait offrir à sa clientèle l'attrait et la qualité d'une enseigne connue et appréciée. Le groupe Flo propose alors de remplacer la cafétéria par un vrai restaurant de 475 places avec service à table, le ticket moyen passant de 8,40 € à 15,30 €. Le pari était de pouvoir satisfaire au moment du déjeuner, plus de 600 clients avec parfois des pointes de 1000 à 1200 couverts en deux heures et demie. Pari tenu puisque le Café Flo du Printemps sert en moyenne 680 clients/jour avec un ticket moyen de 15 €. Pour pouvoir satisfaire la clientèle en si peu de temps la conception de la carte joue un grand rôle : elle permet aux clients à la fois de bénéficier d'un large choix et le met en mesure de se décider rapidement, car les formules et les assiettes-repas sont entièrement illustrés de photos claires et attrayantes. Quatre formules (hors boisson) cohabitent.

Les clients ayant aussi la possibilité de choisir des grillades, des hors-d'œuvre et salades, cinq types de pâtes fraîches, dix plats de poisson et de viande, quinze desserts et autant de glaces.

A travers ce concept de restauration, le groupe Flo espère ainsi répondre aux exigences d'une clientèle pressée mais qui ne se satisfait plus de selfs. Son objectif d'implantation concerne les lieux à fort trafic comme les gares, les musées, les aéroports, les centres commerciaux, etc.

■ Petit Flo

Le concept du «Petit Flo» est un concept original à mi-chemin entre le bistrot et la sandwicherie. Il répond à l'opportunité de créer à l'étage «mode jeune» de grands magasins, un lieu «branché» dans un décor de couleurs vives, de chaises et tables design et de vaisselle dépareillée. Le choix du repas se limite à «l'ardoise» (six assiettes, six desserts, un plat du jour chaud, quatre vins et deux apéritifs); aussi, le temps moyen passé à déjeuner n'est que de 35 minutes et le ticket moyen est inférieur à 13,70 €. Un tel concept a permis à Flo d'offrir une alternative de restauration de plus et d'attirer une autre sorte de clientèle. Si au début, il visait essentiellement les femmes parce que les repas sont équilibrés, rapides, légers; la clientèle masculine qui fait de plus en plus attention à ce qu'elle mange ne fait que croître.

■ Le Petit Bofinger

Le concept du «Petit Bofinger» s'apparente à un de ces nouveaux bistrots sympathiques de quartier, la marque apportant le prestige et la sécurité d'un nom connu. Les publics professionnels visés sont les indépendants qui souhaitent transformer leur établissement en Petit Bofinger pour un coût d'environ 31000 €. Le groupe Flo se donne une année pour affiner ce nouveau concept qui en est à sa période de test. Le

«French Café» installé à Neuilly-sur-Seine par un ancien de chef Flo sert de banc d'essai. Le but est de mesurer l'impact que peut avoir sur la clientèle un nom comme Bofinger. Jusqu'à présent, le Petit Bofinger de Neuilly-sur-Seine a augmenté son taux de fréquentation de 20 %, reste à savoir s'il ne s'agit pas ici d'un succès essentiellement dû à la curiosité.

■ Présentation de Flo Prestige

Le concept Flo (réceptions livrées clé en main : buffets, cocktails et mariages) a fait ses preuves depuis l'ouverture en 1980 de la première boutique Flo, avenue de la Grande-Armée. On compte dix boutiques dans la capitale et deux autres vont prochainement ouvrir à Neuilly et à Alésia.

«Flo Prestige, c'est un style de vie devenu accessible. La qualité des services autant que celle des produits fait toute la différence. Nous restons avant tout des artisans» déclare Thierry Weil, Directeur-Général. C'est également un traiteur où l'on peut trouver 2000 produits référencés, 50 % d'entre eux sont préparés sur place ou devant le client. Le client dispose d'un large éventail de choix : des assiettes «fraîcheur» à moins de 7,60 € aux coffrets-repas fabriqués à la commande, avec pain, vrais couverts et assiette, sept jours sur sept.

Tout en conservant leur image de marque (qualité et prestige), le groupe Flo a su capter différentes clientèles. Si l'entreprise travaille sur la mise au point d'une «bible» à destination des futurs franchisés elle ne désire pas pour autant créer une chaîne à proprement parler. En effet, elle estime que chaque établissement doit garder son caractère et sa spécificité afin de continuer à surprendre le client.

■ Flo a le vent en poupe[1]

Lors de son introduction sur le second marché de la Bourse de Paris en mai 1998, le groupe Flo tablait, pour 1998, sur une hausse de 10 % de son chiffre d'affaires (CA 1997 : 206 M€) et une progression de 15 % de son résultat net (résultat net 1997 : 5,20 M€). Les prévisions ont été revues à la hausse. Chez Flo, on reconnaît d'ores et déjà que les objectifs seront «très probablement» dépassés. Pour le 1er semestre 1998, le groupe de Jean-Paul Bucher a réalisé un chiffre d'affaires de 115,6 M€ en hausse de 17,6 % par rapport au premier semestre 1997 et un résultat net de 3 M€ contre 2,6 M€ en 1997 (progression de 15,2 %). Des résultats au beau fixe que Flo attribue aux succès des ouvertures et à la poursuite de la stratégie menée depuis plusieurs années.

Fin décembre 1998 le groupe comptabilisait : 9 Hippopotamus (soit 36 restaurants au total), 2 nouvelles adresses de Jean-Paul Bucher (Le Balzar à Paris et Flo Reims;

1. L'hôtellerie n° 2581 du 1/10/1998-NL.

soit 13 brasseries), 3 boutiques Flo Prestige (13 boutiques en tout pour la France) et 2 cafés Flo à Londres (10 unités). Quant aux prévisions à l'horizon 2000/2001, Hippopotamus franchit le cap des 50 unités, sans oublier 13 boutiques et 5 brasseries supplémentaires.

■ Le temps de la consolidation[1]

Depuis, le **groupe Flo** a connu maintes restructurations. Au printemps 2000, après avoir racheté Hippopotamus quelques années plus tôt, il reprend la chaîne Bistro Romain. Ainsi le groupe s'est diversifié en proposant une offre de restauration sur plusieurs créneaux et dans des gammes de prix différentes.

En 2001, renonçant à se développer Outre-Manche, il s'est désengagé de ses huit cafés Flo londoniens, faute de marge opérationnelle suffisante. Les désinvestissements ont concerné également la France où l'enseigne Raynier Marchetti, le spécialiste dans l'organisation de réceptions, a été cédé, où cinq Petit Bofinger ont fermés et où, en septembre 2002, la chaîne de traiteurs Flo Prestige a été cédée à Fauchon. Cette révision stratégique s'accompagne d'un renforcement des marques fortes telles que Hippopotamus et Bistro Romain.

Analysez la segmentation établie par le groupe Flo. Qu'en pensez-vous? Quels sont les types de clientèles concernés? La stratégie poursuivie par Flo vous semble-t-elle cohérente et pourquoi? Peut-on parler de dispersion ou de choix judicieux?
La réponse ne doit pas seulement s'arrêter au texte, l'étudiant devra effectuer une recherche documentaire sur l'entreprise afin d'étayer ses dires.

1. Courrier Cadres : n° 1260 du 10 juillet 1998 – «Agences de voyages : reprise confirmée» d'après AFP- «Le voyage culturel a un nom, un seul… Clio» - «Sélecteur dans la cour des grands» d'Yves Aoulou – «L'agence de voyages en danger» n 1194 du 26 janvier 1996 d'après AFP – «Les voyagistes misent sur le succès des grandes expos» n° 1154 du 12 avril 1996 d'après AFP.

N° 2
L'agence de voyages est-elle en danger?

La vente directe par téléphone, Minitel, Internet se développe de plus en plus. L'agence de voyages indépendante est-elle menacée, à terme, de disparition? Déjà aux Etats-Unis des agences de voyages sont présentes sur le Web. Un particulier peut ainsi obtenir les descriptifs des produits qui l'intéressent et organiser son voyage tranquillement de chez lui. Il n'a plus besoin de se déplacer pour réserver le produit de son choix. La VPC des produits du tourisme est en train de gagner une bataille.

De nombreuses chaînes volontaires ou intégrées s'y sont également mises : Relais & Châteaux, le Club Méditerranée, le Groupe Accor et aussi Nouvelles Frontières, Ski France, etc. Les agences qui jouent un relais indispensable entre les producteurs et les clients voient leur rôle s'amenuiser. Même si Degriftour-Réductour, qui vend par Minitel et Internet, reste l'ennemi public numéro un, les patrons d'agences de voyages constatent aussi qu'il réalise un chiffre d'affaires de près de 45 millions d'euros. Selectour, la première association française d'agences de voyages doit se battre contre des poids lourds comme Nouvelles Frontières qui vendent leur propre production ou Havas Voyages qui possède un réseau intégré se taillant ainsi 40 % de parts de marché. Une enquête du cabinet de consultants Arthur D.Little prédit un profond bouleversement dans le secteur, où d'après lui, seuls quelques grands réseaux pourront survivre, aux côtés d'agences indépendantes qui auront choisi de «s'hyperspécialiser» dans des segments où elles pourront apporter un savoir-faire particulier. La réservation de produits secs comme un vol ou d'autres produits simples, feront partie alors du nombre d'opérations automatisées qui apporteront peu de valeur ajoutée[1].

L'agence de voyages n'est pas pour autant devenue le maillon d'une chaîne inutile. Selon le Centre d'observation économique (COE), l'activité des agences de voyages françaises n'a pas vraiment diminué (si l'on exclut les phénomènes conjoncturels imprévisibles comme le 11 septembre). 1996 est l'année qui a connu une véritable reprise dans le marché du voyage avec une croissance de 7 % (ce qui ne fait que rattraper le niveau d'activité de 1992!)[1]. Mais est-ce suffisant pour lutter contre l'inéluctable?

Certains professionnels n'attendent pas que les déconvenues arrivent pour réagir. En un peu plus de cinq ans, la patronne d'ABC Voyages a installé à Nice cinq agences

1. L'Echo Touristique n 2327 du 3/5/1996 – «Lucie Simonpiéri fait rêver ses clients sur grand écran» de Eliane Cognet. Voir aussi : «Services télématiques des tour-opérateurs : quelle utilité pour la vente en agence – L'Echo Touristique du 17/11/1995 de Hervé Hugueny et Sandra Martini.

en centre-ville, une à Cannes et à Antibes[1]. Elle exploite également un tour-opérateur «Isratour» (son chiffre d'affaires était supérieur à 7,6M€ en 1995, en progression de 25 % par rapport à l'année précédente). *«Le client doit être dépaysé simplement dès avant qu'il franchisse le seuil de la porte»* affirme-t-elle, et les agences doivent aller chercher le client : *«Il faut l'attirer avec les meilleurs prix du marché puis le fidéliser en lui offrant un service qu'il ne trouvera pas ailleurs».*

Elle vend par courrier ou à domicile pour ceux qui ne peuvent pas se déplacer et inonde les quartiers chics de propositions et de cartes-réponses. Sa recette : innover constamment en matière de services. L'une de ses agences niçoise est équipée d'une luxueuse salle de projection agrémentée d'un service de documentation et d'une vidéothèque. *«Qu'il s'agisse de groupes ou d'individuels, le client peut voir sur écran géant les dernières images du pays où il rêve d'aller»*, un argument choc d'après elle, qui plaît aux producteurs ravis d'organiser des soirées d'information. Mais ce n'est pas son seul atout. Un service crédit est à la disposition des clients. Un organisme financier rattaché à la Société Générale consent des paiements échelonnés à ses clients. Pour 15 euros d'empruntés, le client remboursera 16,44 euros. Quelques centaines de ventes ont ainsi pu être réalisées *«sans aucun risque pour l'agence»* précise-t-elle. Sa dernière idée est de lancer un club de voyages qui fonctionnerait sur le principe du parrainage. Tout client qui persuade un ami de passer par ses agences bénéficie de points gratuits sur son prochain achat.

D'autres misent sur l'hyperspécialisation comme le tourisme culturel. *«Les expositions très médiatisées des dernières années offrent la possibilité d'un nouveau développement»* se réjouit Jean-Pierre Respaut, l'un des dirigeants de Clio, premier spécialiste français des voyages culturels qui propose 300 circuits différents dans le monde entier et a drainé 20000 voyageurs en 1996[2]. Participent également à cette «aventure» Intermèdes Arts et Voyages, Nouvelles libertés et bien d'autres. Il existe un véritable engouement pour les séjours culturels et les voyagistes les intègrent de plus en plus dans des forfaits thématiques : expositions d'artistes tels Van Gogh, Rembrandt, Cézanne; trésor de Priam à Moscou, civilisation Maya, peintures rupestres de Namibie, vestiges archéologiques d'Irak, etc. Tout le monde n'est cependant pas concerné. La clientèle visée est celle qui a du temps libre et un porte-monnaie bien garni, d'où une moyenne d'âge de 55 ans même si *«les expositions phares sont*

1. Courrier Cadres : n° 1260 du 10 juillet 1998 – «Agences de voyages : reprise confirmée» d'après AFP – «Le voyage culturel a un nom, un seul… Clio» – «Sélecteur dans la cour des grands» d'Yves Aoulou – «L'agence de voyages en danger» n 1194 du 26 janvier 1996 d'après AFP – «Les voyagistes misent sur le succès des grandes expos» n° 1154 du 12 avril 1996 d'après AFP.

2. Courrier Cadres : n° 1260 du 10 juillet 1998 – «Agences de voyages : reprise confirmée» d'après AFP – «Le voyage culturel a un nom, un seul… Clio» – «Sélecteur dans la cour des grands» d'Yves Aoulou – «L'agence de voyages en danger» n°1194 du 26 janvier 1996 d'après AFP – «Les voyagistes misent sur le succès des grandes expos» n° 1154 du 12 avril 1996 d'après AFP.

parvenues à rajeunir et diversifier ce public» constate Jean-Pierre Respaut. Le tourisme culturel semble profiter de l'essoufflement du tourisme de masse. Stella Maris Changuitté, membre du syndicat national des professions du tourisme, estime que les consommateurs ne sont pas toujours prêts à payer pour la qualité plus que la quantité : *«Les consommateurs, notamment les comités d'entreprises friands de voyages organisés, mettent les tour-opérateurs en compétition au niveau des prix... certaines prestations sont ainsi réduites... ».*

La spécialisation et l'hyper-segmentation sont-ils une réponse aux difficultés rencontrées par les agences de voyages face au développement de la vente directe? En d'autres termes, mieux cibler sa clientèle peut-il apporter une réponse à leurs problèmes? D'après vous, quels doivent être les objectifs et les critères d'efficacité dont elles doivent tenir compte selon les caractéristiques du marché (baisse des commissions, achats en ligne, etc.)?

N° 3
Méthode du Khi 2 – Tris à plat

Edouard Yang, propriétaire d'un hôtel restaurant 3 étoiles, estime qu'il est de son devoir de satisfaire au mieux sa clientèle. Il cherche constamment à innover et à répondre à leurs besoins. Il sait par expérience que le petit déjeuner représente un moment important car il participe à l'équilibre alimentaire de toute une journée.

Il pense améliorer sa formule de petit déjeuner en proposant systématiquement une corbeille de fruits frais en plus du plateau traditionnellement composé de café ou thé, lait, céréales, croissant et tartines, beurre et confiture. Il veut cependant être sûr que cette idée répond véritablement à un besoin et qu'il y a une demande suffisante pour la rentabiliser. Edouard Yang décide alors de réaliser une enquête «auto-administrée» sur 1000 locations, ce qui lui permettra de toucher le plus grand nombre de consommateurs en fonction de la situation familiale. Il espère ainsi que les réponses à son questionnaire lui permettront de dégager les meilleures relations entre un critère d'achat et de comportement à définir et des critères explicatifs qui seraient ici la situation familiale. En d'autres termes, est-ce que la situation familiale est un critère explicatif de la consommation de fruits frais au petit déjeuner?

Après avoir dépouillé les réponses à la question : «Consommez-vous des fruits frais au petit déjeuner?», les fréquences réelles suivantes ont été observées :

	Total	Célibataire	Marié avec enfants	Marié sans enfant	Veuf	Divorcé
Oui	400	40	120	170	50	20
Non	600	60	200	190	90	60
Total	1000	100	320	360	140	80

Afin de savoir s'il y a corrélation entre la situation familiale et la consommation de fruits frais au petit déjeuner :

1/ Calculez les fréquences théoriques;

2/ Déterminez la valeur du Khi 2 sachant que le seuil de rentabilité accepté est de 95 %;

3/ Apportez vos conclusions.

Distribution du Khi 2

v \ p	0,990	0,975	0,950	0,900	0,100	0,050	0,025	0,010	0,001
1	0,0002	0,0010	0,0039	0,0158	2,71	3,84	5,02	6,63	10,83
2	0,02	0,05	0,10	0,21	4,61	5,99	7,38	9,21	13,82
3	0,12	0,22	0,35	0,58	6,25	7,81	9,35	11,34	16,27
4	0,30	0,48	0,71	1,06	7,78	9,49	11,14	13,28	18,47
5	0,55	0,83	1,15	1,61	9,24	11,07	12,83	15,09	20,52
6	0,87	1,24	1,64	2,20	10,64	12,59	14,45	16,81	22,46
7	1,24	1,69	2,17	2,83	12,02	14,07	16,01	18,47	24,32
8	1,65	2,18	2,73	3,49	13,36	15,51	17,53	20,09	26,13
9	2,09	2,70	3,33	4,17	14,68	16,92	19,02	21,67	27,88
10	2,56	3,25	3,94	4,87	15,99	18,31	20,48	23,21	29,59
11	3,05	3,82	4,57	5,58	17,27	19,67	21,92	24,72	31,26
12	3,57	4,40	5,23	6,30	18,55	21,03	23,34	26,22	32,91
13	4,11	5,01	5,89	7,04	19,81	22,36	24,74	27,69	34,53
14	4,66	5,63	6,57	7,79	21,06	23,68	26,12	29,14	36,12
15	5,23	6,26	7,26	8,55	22,31	25,00	27,49	30,58	37,70
16	5,81	6,91	7,96	9,31	23,54	26,30	28,84	32,00	39,25
17	6,41	7,56	8,67	10,08	24,77	27,59	30,19	33,41	40,79
18	7,01	8,23	9,39	10,86	25,99	28,87	31,53	34,80	42,31
19	7,63	8,91	10,12	11,65	27,20	30,14	32,85	36,19	43,82
20	8,26	9,59	10,85	12,44	28,41	31,41	34,17	37,57	45,32
21	8,90	10,28	11,59	13,24	29,61	32,67	35,48	38,93	46,80
22	9,54	10,98	12,34	14,04	30,81	33,92	36,78	40,29	48,27
23	10,20	11,69	13,09	14,85	32,01	35,17	38,08	41,64	49,73
24	10,86	12,40	13,85	15,66	33,20	36,41	39,37	42,98	51,18
25	11,52	13,12	14,61	16,47	34,38	37,65	40,65	44,31	52,62
26	12,20	13,84	15,38	17,29	35,56	38,88	41,92	45,64	54,05
27	12,88	14,57	16,15	18,11	36,74	40,11	43,19	46,96	55,48
28	13,57	15,31	16,93	18,94	37,92	41,34	44,46	48,28	56,89
29	14,26	16,05	17,71	19,77	39,09	42,56	45,72	49,59	58,30
30	14,95	16,79	18,49	20,60	40,26	43,77	46,98	50,89	59,70

v : degré de liberté
p : seuil d'indépendance

N° 4

Méthode du Khi 2 – Tris à plat/tris croisés

Désirant proposer des produits adaptés à ses clients, un tour-opérateur effectue un sondage auprès des agences de voyages qui distribuent sa production en France et à l'étranger. Il espère ainsi déterminer le critère le plus discriminant entre le fait de partir à la montagne ou au bord de la mer en tenant compte de deux modalités : la situation familiale et le revenu du foyer. Après avoir dépouillé les réponses de ses distributeurs, il obtient les résultats suivants :

	Variables à expliquer		
Variables explicatives	**Séjour à la montagne**	**Séjour à la mer**	**Total**
Revenu mensuel :			
de 10000 à 15000	6	3	9 %
de 15001 à 20000	16	19	35 %
> 20000	10	46	56 %
Composition de la famille			
Couple sans enfant	6	22	28 %
Couple avec 1 ou 2 enfants	7	38	45 %
Couple > 2 enfants	19	8	27 %
Total	**32**	**68**	**100 %**

Afin de pouvoir adapter ses produits, le tour-opérateur vous demande de :

1/ Calculer les fréquences théoriques;

2/ Déterminer la valeur du Khi 2 pour chacune des deux modalités avec un seuil d'indépendance de 5;

3/ Apporter vos conclusions;

4/ quelles actions préconiseriez-vous si le tour-opérateur sollicitait vos conseils?

CHAPITRE 11

La politique de produit

1. LES ÉLÉMENTS À PRENDRE EN COMPTE

Qu'est-ce qu'un produit? Dans le sens restrictif du terme, on peut admettre que c'est tout ce qui peut être vendu par l'entreprise, mais dans ce cas, ce serait en limiter sa portée. Acquérir un produit c'est non seulement acheter une promesse faite par l'entreprise de satisfaire un besoin, mais aussi l'image qu'il transmet à travers ses caractéristiques, sa marque, son logo, etc. A tel point qu'il arrive très souvent que le client n'achète plus le produit intrinsèque mais tout ce qui s'y rattache, la fonction principale du produit devenant alors secondaire.

2. LES SPÉCIFICITÉS DU MARCHÉ

Dans les métiers du tourisme, de l'hôtellerie et de la restauration, trouver une définition simple de ce qu'est un produit est ardu, car il s'attache à la notion de servuction et des éléments qui la composent. Un restaurateur ou un hôtelier ne vend pas un produit unique, mais un ensemble de fonctions et de détails qui doivent composer un ensemble homogène aux yeux des clients. Oublier une savonnette dans la chambre, servir sans plaisir visible le client, etc., et aussitôt le produit, si bon soit-il, se dévalorisera aux yeux de celui-ci. Beaucoup ont déjà fait l'expérience de s'asseoir à la table d'un café et voir passer et repasser le serveur devant soi sans s'arrêter, comme si leur client était devenu soudainement transparent ! Quand au bout de cinq minutes ou plus il daigne enfin s'arrêter, soit, las d'attendre, le client est parti, soit il a observé la scène et dorénavant il ne remettra plus jamais les pieds dans cet endroit. Que dire aussi de cet hôtel de chaîne 2 étoiles situé dans la banlieue d'une grande ville universitaire du nord de la France, dont certaines chambres ont une vue imprenable sur les poubelles et dont le client est obligée pour dormir – bien qu'il l'ait signalé à la réception de l'hôtel – de poser le matelas par terre pour éviter de se retrouver «assis» une fois couché ! Sans parler de la justification de prix d'un simple café en salle qui s'habille de luxe à 3,50 € (soit 23 F) dans certaines brasseries traditionnelles parisiennes ! Cet hôtelier ou ces limonadiers n'ont peut-être jamais entendu parler des «4 As» ou interprète à leur façon la notion de service et d'hospitalité... Il est évident que la publicité (le «bouche-à-oreille» si important dans ce secteur) qui sera faite de ces établissements ne pourra leur être que préjudiciable. On ne peut qu'être d'accord avec Michel Kosossey et Daniel Majonchi qui estiment que quel que soit le produit CHR (Café, Hôtel, Restaurant), il faut lui donner une âme en rapport avec la sensibilité des consommateurs recherchés sachant qu'un produit sera acheté pour ses fonctions mais aussi pour l'image qu'il véhicule («Réussir en Hôtellerie et Restauration» de Michel Kosossey et Daniel Majonchi de 1990). Finalement, le produit du tourisme en général et de l'hôtellerie/restauration en particulier peut se transformer en un formidable vecteur de communication constructif ou discordant.

Heureusement, la plupart des professionnels ont intégré depuis longtemps la notion de qualité dans leur processus de servuction et de vente et l'analyse de ses composantes permet une meilleure définition et adaptation de l'offre par rapport à la demande du produit du marché de l'accueil.

■ La démarche qualité dans le nouveau classement des restaurants de tourisme

La politique de produit est un des éléments du marketing-mix qui doit être **clairement identifié et identifiable par le client**. Fini le classement des restaurants en «étoiles» de 1963. Voici la pyramide de la qualité, nouveau classement des Restaurants de Tourisme reconnu par le ministère du Tourisme. Un classement qui repose sur la qualité et la compétence du restaurateur et de son équipe. Les bases de cette nouvelle classification sont les suivantes :

Restaurants de tourisme : réglementation et responsabilisation

L'arrêté du 27/09/1999 crée une seule classe de restaurants de tourisme devant satisfaire aux contrôles des services préfectoraux.

Restaurateurs de France : charte de qualité et labellisation

Le label : un véritable contrat d'engagement entre les restaurateurs volontaires et les partenaires nationaux et régionaux. Le restaurateur doit satisfaire au contrôle d'audit initial et aux contrôles une fois tous les deux ans.

Cuisineries gourmandes des provinces françaises : référentiel et certification de conformité

La certification : un signe officiel de qualité, un véritable engagement entre les restaurateurs volontaires et les partenaires. Le restaurateur doit satisfaire au contrôle d'audit initial et aux contrôles annuels par les inspecteurs Qualité France.

Schéma du nouveau classement des restaurants en France

La Pyramide de la qualité

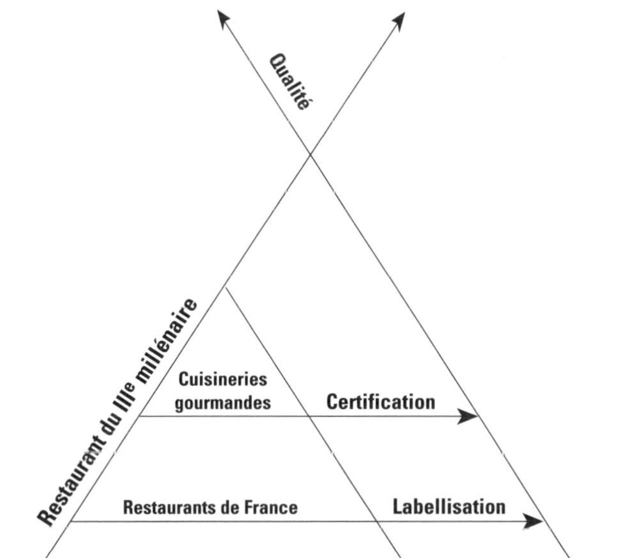

Source : L'Hôtellerie n° 2649 du 20 janvier 2000 « Sous le signe de la qualité » de Bernadette Gutel.

■ La marque

Le tourisme s'intéresse depuis toujours aux marques. Mais à l'heure où la confusion ajoutée par l'intervention des labels et des normes (Iso, Afnor…) est à son comble, «quel est l'avenir de la marque?» se demande *Touriscopie*[1]. A vouloir rassurer le consommateur et lui offrir une gamme infinie de produits, on a fini par engendrer une confusion dans l'esprit du client.

C'est là que la marque prend toute son importance. En effet, à condition de savoir l'entretenir et la gérer, la marque permet aux produits de se positionner clairement dans l'esprit des consommateurs. Certains estiment comme Robert Rochefort, spécialiste de la consommation *«qu'il n'y a pas d'avenir pour les produits sans les marques, sauf pour les publics en voie de pauvreté».*

En fait, l'approche d'un produit et de sa marque ne semble pas être la raison principale portant à l'acte d'achat si on considère que 59 % des adultes se déclarent indifférents aux marques. Il semblerait qu'elle soit par contre un critère de choix dans les domaines que l'on connaît le moins bien. Dans le domaine touristique, Raphaël Pachiaudi (consultant) estime qu'*«une marque doit véhiculer des notions de rêve et d'évasion, mais aussi d'ouverture et d'écoute et, pour les marques de services, d'internationalisme. Elle doit rassurer, contenir une éthique de respect de l'autre et dégager surtout une notion de plaisir».*

1. Touriscopie n° 20 de mars 2000.

3. THÈMES DE REFLEXION

N° 1
Les cartes de fidélité : un produit « autonome »

■ Un véritable outil marketing

Produit de fidélisation et véritable outil marketing, les cartes de fidélité incitent-elles vraiment les clients d'hôtels à revenir ? Depuis une trentaine d'années, de nombreux professionnels ont lancé leur propre carte de fidélité pour essayer de capter et de récompenser leurs clients réguliers. Combien en existe-t-il ? Plus d'une cinquantaine : Priority Club, Club Express, Carte Privilège, Exclusive Card, Carte Prestige, Carte Noire, WorldWide Novotel, The Hilton Club, Carte Club du groupe Warwick, etc. Il existe une quantité innombrable de supports émis par des hôtels individuellement ou par des regroupements ou club d'hôtels. *« Dès que quelques hôteliers se réunissent, ils éditent un guide (ou ouvrent un site sur Internet), puis aussitôt, créent une carte de fidélité. Cela devient un réflexe »,* commente, amusé, un assistant au tourisme et à l'hôtellerie (ATH) d'une chambre de commerce[1].

■ De la carte d'abonnement en une carte de paiement

Aujourd'hui, les grands opérateurs hôteliers présentent de nouveaux projets de cartes et de fidélisation, avec une différence notable, la carte de fidélité se transforme à la fois en une carte de paiement et en une carte d'abonnement.

■ Un coût souvent supérieur au chiffres d'affaires généré

Les lancements de cartes de fidélité et autres clubs se font régulièrement par grandes vagues. Depuis quelques années, il y avait eu un ralentissement sensible. La perte d'intérêt par les professionnels pour les programmes de fidélisation était moins due au petit nombre de clients d'hôtels qui se laissaient séduire, qu'aux moyens coûteux à mettre en œuvre peu rentables de ce fait. En ce sens, la carte de fidélité est un véritable produit « autonome ».

Mais en sa qualité de produit, il est nécessaire, comme pour tout autre produit ou service, d'assurer une logistique *ad hoc* et parfois sophistiquée et de prévoir un budget en conséquence pouvant dépasser 150 000 euros si le réseau s'avère conséquent. Même si la rentabilité n'est pas toujours au rendez-vous, seuls de grands réseaux

1. L'Hôtellerie du 16/01/1997 : « Les cartes de fidélité, elles n'incitent plus les clients à consommer » - M.W.

comme Sofitel du groupe Accor peuvent en l'espèce espérer atteindre les 12000 personnes qui paient près de 153 euros de cotisation pour être «fidélisés».

■ Capter les clients par tous les moyens

Modification de l'environnement concurrentiel, infidélité des clients, il faut coûte que coûte remplir ses hôtels. Il est aujourd'hui impensable de délaisser un seul moyen de créer du chiffre d'affaires. La carte de fidélité a été mise à jour dans ce but mais encore faut-il que le réseau suive. Il semble que la grande difficulté à surmonter et le principal problème des chaînes volontaires et des chaînes de franchise soit de faire accepter la carte de fidélité par ses affiliés et clients. *«Je veux bien faire un effort pour bien accueillir les porteurs de carte de la chaîne, mais pas question d'accorder une réduction à des gens que je ne reverrai sans doute jamais»,* dit un hôtelier breton adhérent à une chaîne volontaire.

Tout est fait pour gratifier le client de la chaîne qui se laisse identifier par sa carte. L'identification du client est en effet la première clef de réussite d'un programme de fidélisation cohérent. La seconde règle étant de faire vendre la fameuse carte par le personnel en contact avec le consommateur. Accor l'a bien compris, à travers sa carte «Compliment» en association avec American Express ou encore Choice, qui assure une formation solide à l'ensemble du personnel en contact pour bien vendre le produit et savoir accueillir les possesseurs de cartes.

■ Connaître les caractéristiques des clients

Une puce, incorporée dans la carte a pour fonction de pister le client dans sa façon de consommer. *«Si l'informatique est entrée dans l'hôtellerie pour permettre de suivre pas à pas tous les stades de la gestion, et de réagir rapidement à la moindre disparition d'une crème caramel ou d'une bouteille de vin, on ne sait rien sur les clients, ni sur leur consommation, ni sur leur motivation de séjours, ni sur leurs caractéristiques»,* commente un directeur d'hôtel de chaîne.

Faut-il jeter aux orties les bons vieux livrets à timbres collés? Si les clients les jugent assez folkloriques, ils les trouvent paradoxalement plus sympathiques et pratiques (un seul coup d'œil leur permet de compter les points collectés) que les cartes à puce, dont ils détestent les petits coupons remis par l'hôtelier et qui se perdent facilement. Grâce aux lecteurs des terminaux des cartes bancaires (TPE), la carte à puce permet aux professionnels de «tout savoir» sur les habitudes de consommation de leurs clients réguliers. Cependant, moins de 15 % des clients séjournant à l'hôtel possèdent une carte de fidélité de chaîne hôtelière, soit une personne sur six. 41 % des clients séjournent à l'hôtel plus d'une fois par mois, voire plusieurs fois par semaine.

■ Les cartes de fidélité n'incitent plus à la consommation

Il semble que les hôteliers n'aient pas su appréhender le nouveau fonctionnement de leurs clients. S'il est vrai que fidéliser un client est moins onéreux que d'en recruter de nouveaux, personne ne peut plus se passer de ces deux options.

Le plus difficile est que la vocation même de la carte de fidélité a changé avec le comportement d'achat des consommateurs. S'il est toujours vrai, pour les clients des grandes chaînes hôtelières, qu'elle leur donne envie de retourner dans les mêmes hôtels en contrepartie de cadeaux ou de nuitées gratuites (aussi parce qu'ils sont sécurisés lors de leurs voyages longue distance), cela l'est nettement moins pour les autres clients qui se déplacent en France. La carte de fidélité ne paraît plus un stimulus suffisant qui incite la clientèle à consommer plus et n'a plus la même influence sur la décision d'achat. Un porteur de carte de fidélité peut aller de temps en temps à la concurrence auprès de qui il a parfois droit à une réduction supérieure, sans même présenter de carte d'abonnement…

«Les promoteurs de cartes de fidélité ont toujours recherché l'originalité en incluant des tas de prestations : assurances, avantages pour l'achat de batteries de voiture, réductions pour les achats dans telles chaînes de magasins, etc.», explique Denys Rousseau, président de Séditel, développant le programme Cartel, qui gère les cartes de fidélité pour plusieurs grandes chaînes hôtelières. Aujourd'hui, les clients veulent des choses simples et en relation directe avec l'hôtellerie. «*Trop d'avantages polluent la carte et lui font perdre de son attrait*», ajoute-t-il.

■ Des avantages liés à l'hôtellerie

64 % des personnes interrogées pensent que la carte de fidélité doit surtout offrir des réductions. Ils estiment même qu'en dessous de 15 % de réduction sur le prix de la chambre, ce n'est pas intéressant voire mesquin (10 % pour l'hôtellerie haut de gamme). Contradiction ultime, les clients pensent que ce produit ne doit pas utiliser le mot «fidélité», car être fidèle c'est s'enfermer c'est s'ôter le droit de choisir et de comparer. Les clients ne veulent plus attendre pour profiter d'avantages, une carte de fidélité doit leur apporter un bénéfice immédiat (réduction, cadeau, prestation offerte…). Les séjours offerts après plusieurs nuitées consommées doivent venir en complément des avantages fournis sur place dans les hôtels. Difficulté supplémentaire : les moyens et gros utilisateurs d'hôtellerie ne veulent plus payer pour bénéficier d'une carte de fidélité, car pour eux *«la fidélité ne se paie pas».*

Développer un programme de fidélisation est aujourd'hui de plus en plus délicat et demande une subtilité certaine de la part des hôteliers. Les consommateurs sont d'humeur changeante et pour la plupart, ils rejettent l'idée de se raccrocher à un hôtel ou à un réseau d'hôtels. Doit-on pour autant négliger l'intérêt d'une carte de fidélité? Si elle n'a plus la capacité d'inciter les clients à consommer, elle reste pour l'hôtelier un moyen de distinguer ses clients et pour ces derniers, un moyen de se faire reconnaître. Le groupe Warwick l'a d'ailleurs bien compris : une carte Club permet à ses clients des hôtels de luxe, en France et à l'étranger, de bénéficier de tarifs tout à fait préférentiels[1].

■ Les grands hôtels partenaires

Le Grand Hôtel de Saint-Malo, l'hôtel Warwick, le Westminster et le Kléber à Paris, le Grand Hôtel de Cannes, le Royal Windsor à Bruxelles et le Warwick de Genève se sont regroupés afin de promouvoir auprès de leur clientèle une carte Club. L'initiative en revient au groupe Warwick dont dépend notamment le Grand Hôtel de Saint-Malo, qui s'est lié à cette occasion à la société HCS. *« C'est une société privée qui vend notre produit : l'hôtel. Nous, nous récupérons une nouvelle clientèle et eux la vente de la carte »,* explique M. Le Guillou, sous-directeur de l'hôtel malouin. Au mois de mai 1996, un millier de personnes avaient adhéré au Club, *« et nous en espérons 2000 pour très bientôt »,* poursuit-il. Pour obtenir ce résultat, l'opération de marketing privilégie le phoning personnalisé. *« Afin d'atteindre nos clients, nous fonctionnons essentiellement par recommandation »*, souligne Evelyne Deshayes du Grand Hôtel, promu 4 étoiles depuis le début de l'année 1996.

■ La cible : la clientèle d'affaires

D'un coût annuel de 184 euros TTC, la carte Club du groupe Warwick offre un panel de services qui se veulent attractifs. Un cadeau de bienvenue permet au nouvel adhérent de bénéficier d'une nuit gratuite à hauteur de 114 euros hors saison et 145 euros en saison. De plus, chaque membre accompagné d'une autre personne se voit proposer une réduction de 50 % sur le déjeuner. La carte Club permet également de bénéficier de tarifs préférentiels lors de la réservation de chambres (de moins 20 % à moins 40 % selon le type de chambre et la période). Une réduction de 10 % est faite sur les consommations et de 20 % sur toute bouteille de champagne commandée. *« La carte permet aussi des réductions sur l'organisation de séminaires, de cocktails, etc. »*. Globalement, l'ensemble des offres reste commun aux différents établissements concernés, mais chacun peut bien entendu les personnaliser.

La cible principale demeure la clientèle d'affaires. «*Nous avons d'ores et déjà contacté quelque 15000 sociétés. Nous connaissions la majorité de cette clientèle et désormais nous essayons de la fidéliser. Pour ceux qui ne nous connaissent pas, nous voulons leur dire que notre produit n'est pas hors de prix. C'est un 4 étoiles, mais nous ne sommes pas à Paris. Les gens ont trop tendance à imaginer des notes extrêmement salées, surtout pour la restauration*». Les responsables de l'opération

1. L'Hôtellerie du 23 mai 1996 «Les grands hôtels partenaires» de O. Marie.

semblent assez confiants puisque d'autres établissements devraient bientôt rejoindre la liste et notamment au Touquet.

La carte de fidélité est-elle un véritable produit autonome? Elle ne fait plus recette mais elle reste indispensable... pourquoi? Le changement observé de comportement est-il dû aux seuls clients? Les responsables d'hôtels doivent-ils se remettre en question? Pourquoi? Comment? Ne concerne-t-elle que les hommes d'affaires? Quels sont les critères d'efficacité présentés et mis en avant par les professionnels pour réussir? Quelles modifications préconiseriez-vous? Etc. Autant de questions que vous devrez traiter à l'aide de vos connaissances théoriques et professionnelles, sous la forme d'un plan construit, clair et cohérent.

N° 2

Le Beaujolais nouveau : un produit comme un autre?

Vin de soif, convivial et chaleureux, le beaujolais nouveau est l'occasion de faire la fête, pour oublier le froid de novembre et tous ses soucis.

A l'heure qu'il est, les inconditionnels du beaujolais nouveau, qui ont commencé à lever le coude à minuit tapant, auront déjà percé les mystères de la cuvée 2002. Pour tous les autres, la «dégustation» se fera aujourd'hui, sur le zinc d'un bistrot, au resto d'entreprise, voire chez soi avec quelques amis. Pour sa 51e année, le beaujolais nouveau est plus que jamais une date à marquer d'une pierre... rouge dans le calendrier festif.

D'autant que le rituel tombe invariablement le troisième jeudi de novembre, quand notre moral – miné par la météo et les coups de pompe – a soif de distraction. «*C'est un vin de fête par excellence. De plus en plus de gens l'attendent pour s'offrir un moment convivial*», s'enthousiasme Maurice Large, président de l'Union interprofessionnelle des vins du Beaujolais.

Cafés, bars à vin, bistrots... De plus en plus d'enseignes mettront aujourd'hui le célèbre primeur à la carte, notamment en région parisienne, qui absorbera près de 3 millions de bouteilles. Respectueux des traditions, Patrick Fabre, le patron du restaurant *Aux Bons crus* à Paris, a attendu minuit pour remplir les verres. «*Même si on me supplie, pas question de le servir avant... Sauf à moi bien sûr! Le beaujolais, c'est notre nouvelle année. La fête attire du monde, les gens rigolent, débattent. Un vrai bonheur!*»

«Moins exubérant, mais aussi plus dense»

Quant au goût c'est une autre histoire. Du côté des «ronchons» – qui conseilleront parfois d'autres primeurs, Côtes-du-Rhône par exemple –, Jean-Pascal Revol, responsable de la cave des Papilles, rue Daguerre à Paris (XIVe), lui trouve un «goût de souris». Comprendre : «de moisi». «*Cela tient à la maturité précoce des raisins, mûrs à l'extérieur mais gorgés de flotte, à cause des trombes d'eau qui leur sont tombées dessus.*».

Mais les avocats du «beaujolpif» sont encore nombreux. Philippe Faure-Brac, sacré meilleur sommelier du monde il y a dix ans, aujourd'hui à la tête du *Bistrot du Sommelier* (Paris VIIIe), ne lui veut que du bien. «*Ce n'est pas un grand vin, mais il est de mieux en mieux fait. Vu les conditions météo, c'est vrai que ce n'est pas une année facile. Le vin n'est pas aussi fruité qu'à l'ordinaire, moins exubérant, mais aussi plus dense, avec des arômes de framboise, de poire et de fruits macérés*».

Et si votre palais vous dit te contraire, ne vous formalisez pas. Agréablement gouleyant ou bibine violacée, banane ou fruit rouge, explosif ou mollasson, euphorisant ou migraineux... Comme chaque année, chacun verra midi à sa porte, comme le confirment nos cinq lecteurs qui ont pu tester le cru 2002 en avant-première. Le plus important n'est-il pas finalement que ce modeste breuvage, simple «vin de soif» mais convivial en diable, continue toujours à délier les langues[1] ?

«C'est un vrai coup de fraîcheur»

Bernard FONTENILLE, patron d'un bistrot à vin à Paris

Avec son long comptoir, ses tables en bois, ses murs couverts d'affiches, ses menus écrits sur l'ardoise et sa large banderole annonçant l'arrivée du beaujolais nouveau, *le Petit Verdot* (XVIIe) fleure bon le bistrot de tradition. Bernard Fontenille, le patron, prend les commandes, distribue les bons mots... et remplit en douce de beaujolais 2002 les verres de ses plus fidèles habitués. *«Normalement, c'est minuit pour tout le monde, et pas avant, mais je fais quelques exceptions»,* glisse-t-il d'un air mutin. Pour rien au monde, Bernard qui tient les rênes de son bistrot depuis quatorze ans, ne raterait cet événement. *«C'est une date incontournable que j'attends toute l'année. D'ailleurs, les gens en redemandent. En novembre, les clients font grise mine, un vrai coup de fraîcheur!»*

«Un moment très spécial»

De midi à 2 heures du matin, aujourd'hui, l'étroite salle du *Petit Verdot* sera noire de monde. Jeunes, vieux piliers de bar, ouvriers ou cadres supérieurs, tous gloseront sans fin sur les mérites et les défauts de la cuvée 2002. Bernard, lui, ne se fait pas de soucis. Il y a trois semaines il est parti faire son marché sur les terres du Beaujolais et a fini par opter pour le *domaine Lafond*, qui a reçu hier la médaille d'argent des beaujolais primeurs 2002, *«je ne me suis pas trompé, il est splendide».*

Hubert, chef d'entreprise de 50 ans et fidèle ami de Bernard a eu le privilège d'y goûter hier soir quelques heures avant minuit. *«C'est qu'il y en a du mauvais, mais quand il est bien vinifié, c'est un régal. De toute façon, le beaujolais c'est avant tout un moment très spécial qui offre l'occasion de parier de tout et de rien avec des amis ou de simples inconnus».*

Qu'ils aiment ou pas le primeur, les clients n'auront pas le choix; aujourd'hui, *«ce sera beaujolais ou rien»,* s'exclame le volubile maître des lieux. Venir le déguster avec des bons copains et un peu de saucisse sèche, c'est le bonheur absolu. Un

1. Charles de Saint Sauveur - Le Parisien n° 18102 bis Jeudi 12 novembre 2002.

moment convivial, une vraie fête comme on n'en a malheureusement plus souvent l'occasion d'en faire. *«On a beau dire, une bonne bouteille de beaujolais dans ces conditions, c'est quand même bien meilleur qu'un grand cru avec des imbéciles!».* [1]

2002 : l'appellation Beaujolais fête ses 65 ans

De l'encensement au refus absolu de considérer le beaujolais nouveau comme un vin parmi tant d'autres ou encore comme un vin en lui-même; phénomène de mode, «miracle» dû aux hommes de marketing ou tout simplement combat d'une région pour mettre au point un produit «tradition» à l'exemple de «Maître Kanter» (qui n'a jamais existé que dans notre imagination), afin de briser l'encerclement créé par la réputation des vins de Bordeaux, de Bourgogne, d'Alsace... et de Beaujolais, dans lequel il se trouvait? Aujourd'hui, le Beaujolais nouveau se vend dans le monde au même titre que le N° 5 de Chanel. Il représente avec la baguette de pain, le béret basque et le camembert, la simplicité et le bonheur de vivre à la Française... la France profonde. Le beaujolais nouveau s'exporte bien, merci. A tel point qu'il en viendrait à éclipser le sacro-saint steak-frites. Son arrivée dans les capitales du monde est devenue d'une importance extrême. Le troisième jeudi de novembre remplacerait-il le 14 juillet? Aux derniers jours de l'automne, la traditionnelle affichette «le beaujolais nouveau est arrivé» fleurit aux vitrines des restaurants, bistrots de quartier, bar, café...

CLES
- 1951. Date de la naissance de l'appellation Beaujolais nouveau. Jusqu'en 1985, sa commercialisation était fixée au 15 novembre. Depuis, la date fatidique est le troisième jeudi de novembre.
- Un cépage» et deux appellations. Le Beaujolais nouveau est un vin à cépage unique (le Gamay noir à jus blanc), et existe en deux appellations : beaujolais et beaujolais-villages.
- 58 millions. C'est le nombre de bouteilles commercialisées en 2002, dont la moitié en France.
- Japon. C'est le premier pays consommateur après la France. En 2001, les Japonais ont bu 7200000 bouteilles, devant les Allemands (7000000), et les Américains (3900000).
- Primeur. D'autres régions viticoles produisent des vins primeurs comme les Côtes-du-Rhône ou le Gaillac.

Un événement mondial

Si le produit représente un symbole en France et en Navarre, il prend, à l'autre bout de la planète, une signification quasi sacrée, presque incantatoire. A l'aéroport de Narita à Tokyo, les fidèles entre les fidèles attendent avec impatience l'arrivée du

1. C.D.S. Le Parisien n 18102 bis Jeudi 12 novembre 2002.

premier cargo d'Air France qui transportent les quatre vingt dix mille bouteilles du précieux breuvage. Comble de bonheur, ils seront les premiers – grâce au décalage horaire – à le «déguster» avec toute l'émotion que l'on peut imaginer. A Manhattan, l'ouverture d'une bouteille de beaujolais nouveau prend l'allure d'une cérémonie «antique»; c'est le savoir-vivre à la française qui est en jeu et se compare pour l'occasion, pour qui sait vivre... à l'ouverture d'un Pétrus...

Derrière cet exceptionnel engouement de quelques semaines, qui fait de la France la «vedette absolue du bien boire», il y a une formidable opération commerciale, le génie de quelques hommes et sociétés qui ont réussi une opération de marketing/communication sur la scène internationale, de ce qui n'est qu'un produit parmi d'autres, jusqu'à en faire le symbole parfait de la culture française!

Récolte, vinification et mise en bouteille se font en deux petits mois et demi. Des soixante millions de bouteilles produites chaque année, 65 % sont destinées à l'exportation. Au jour «J» moins quelques heures, transporteurs, camionneurs, avionneurs sont tous sur le «pied de guerre», et le feu vert donné, tous les Boeing, Airbus et autres cargos décollent dans toutes les directions suivant une logistique implacable qui garde les yeux sur les décalages horaires. Ainsi, un Boeing 747 décolle le 11 novembre à 22 heures de l'aéroport de Lyon-Satolas afin que le beaujolais nouveau puisse être servi le jour même.

«Le Beaujolais nouveau est arrivé!» René Fallet en fait le titre d'un roman en 1975

Les titres des journaux participent également à la fête : «Le Beaujolais s'invite au Kremlin», «l'Allemagne, premier supporter du beaujolais nouveau», «USA : le Beaujolais se rebiffe». *«Extraordinaire phénomène de marketing, au succès dépassant toutes les espérances, qui a réussi le tour de force de faire coïncider l'image de la France à l'étranger avec un bon petit vin de terroir»,* précise Pierre-Jean Rémy de l'Académie française. *«... soyons réalistes, est-ce que le vrai Beaujolais, un peu mûr et qui a pris du corps, ne vaut pas, et de loin, le fameux Beaujolais "nouveau"»? Dès lors, de là à faire du Beaujolais nouveau le symbole de la qualité France, du bien-boire, sinon de l'esprit français, il y a un formidable coup de génie qui doit laisser pantois nos amis du côté de Pauillac ou de Margaux»,* tient-il à préciser.

Hors de France, la France du beaujolais nouveau, c'est une France de carte postale en couleurs, où la cuisse de grenouille est restée figure de style alors qu'un vin, et un seul, a dépassé l'emblème pour devenir une mode[1] ...

---

1. Le Figaro Magazine du 18/11/95 «Beaujolais nouveau : la planète prend un pot» de Pierre-Jean Rémy – «Quand un petit vin emploie les grands moyens» de Nicole Manuello – «Comment on lance une tradition mondiale» de Jacques Lesinge, © Le Figaro n°9901003.

Le Beaujolais? Pff...

Moue, sourire de celui qui fait la différence entre «bibine» et grand cru. Le beaujolais? «*Merci, je tiens à ma santé!*» La grande majorité affiche son mépris. Mais alors? Qui a bu les millions de bouteilles estampillées «beaujolais nouveau»? Vous, moi, le voisin, le Président de la République... nous tous! La veille du troisième jeudi de novembre, personne n'a le droit d'en boire sous peine de 150 euros d'amende par bouteille en cas de délit constaté. Le jeudi à «zéro heure, heure locale» les vannes s'ouvrent et la fête peut commencer. Cette fête est l'une des plus belles réussites publicitaires et commerciales des trente dernières années. Depuis longtemps, on buvait en famille le vin nouveau le jour de la Saint-Martin, c'est-à-dire le 11 novembre; la guerre de 1914/1918 vint bousculer les habitudes et en 1984, la date du troisième jeudi du mois de novembre fût arrêtée.

Le goût de banane? Emanations d'acétate d'isoamyle, résidu indésirable d'une fermentation malolactique mal achevée.

1968-1998, trente années d'ascension ont propulsé le beaujolais nouveau là où il est aujourd'hui. En 1968, à l'initiative de quelques vignerons et du négociant Georges Duboeuf, le «primeur» déferle sur toute la France et hors des frontières. Très populaire, le beaujolais nouveau a toujours été du côté du fantassin plutôt que de l'état-major. De la gaillarde plutôt que du menuet. Boisson canaille de caboulots, il s'est vu attribué une réputation d'assommoir; c'est du passé...Beaujolais nouveau, Beaujolais-villages ou crus classés du Beaujolais sont aujourd'hui codifiés. *«La réglementation est très stricte,* rappelle Georges Duboeuf. *Le beaujolais nouveau, c'est le vin d'initiation par excellence, on le boit pour son côté séducteur et amical. Son succès ne peut pas porter préjudice aux crus. C'est un autre marché, une autre clientèle».* Cependant, certains patrons de bars à vins pensent que le Beaujolais nouveau vendu à prix modeste porte préjudice au reste de leur cave comportant des vins de qualité supérieure.

Si Mark Williamson, patron du *Willi's*, rue des Petits-Champs estime que la fête du vin est un événement fabuleux, qu'il faut à tout prix protéger contre une exploitation commerciale qui est en train de le tuer, il aurait préféré que cette fête soit organisée autour d'un grand vin et son jugement est sévère *: «J'ai un certain mépris pour ce beaujolais-limonade qu'on va trouver un peu partout dans les bistrots. Il suffit de mettre n'importe quoi en bouteille, ça se vendra de toute façon. On est très loin du vin».*

Jean Chanrion, limonadier rue Boulard à Paris, porte un jugement moins dur : *«Le Beaujolais a peut-être eu le tort de vouloir se transformer un jour en grand vin. C'est un petit vin que je défends parce que je l'aime, mais c'est un vin de comptoir. Autrefois, on appelait toutes ces cuvées les "beaujolais bâtards", il fallait les boire avant Noël».*

André Pousse, maître du *Napoléon Chaix*, salue bien bas les auteurs du célèbre slogan : *«le Beaujolais nouveau est arrivé».* La petite phrase a fait le tour du monde, maintes fois reprises, copiée, appliquée à d'autres événements. *«C'est une idée géniale? C'est comme «va comprendre Charles». Ca sonne bien et ça reste gravé dans les mémoires. J'ai des clients au restaurant qui ne boivent jamais de beaujolais, sauf pendant cette période. C'est devenu une tradition, et les traditions, c'est chouette. Même s'il y a toujours un peu de snobisme dans les trucs qui sortent à une date précise, ça fait plaisir de changer de vin ce jour là. Bien sûr, aucun restaurateur ne peut manquer ça! Il y a des marchands de vin qui se refont une santé avec le beaujolais nouveau...».* A tel point que certains cafés et restaurants vendent le premier jeudi du mois de novembre presque un tiers de leur consommation annuelle.

Japon, Allemagne, Etats-Unis en 2001 (Etats-Unis, Angleterre, Allemagne et Japon en 1997) sont dans cet ordre, les principaux demandeurs du fameux breuvage. 58 millions de bouteilles voyagent à travers le monde! (55 millions en 1997). Il arrive aussi qu'il soit soumis à boycott comme en 1995 lors des derniers essais nucléaires effectués par la France dans le pacifique à Mururoa. Car ce n'est pas le vin le plus célèbre, mais c'est sûrement le plus «médiatisé» et il représente une certaine idée de la France.

Alors que les appellations contrôlées correspondent à une production de 22 millions d'hectolitres, celle du Beaujolais n'est que de 1300000 hectolitres dont plus de 650000 hectolitres en «primeur» (ou vin «nouveau»). Quel bruit autour d'un petit vin où chaque année on nous prédit l'événement du siècle! Louis de Montauzan, viticulteur près de Lacenas reste attentif au phénomène «primeur» : *«C'est un vin qui correspond bien aux goûts profonds de notre époque, où tout doit aller vite et où l'on préfère la rapidité à la réflexion, à la maturité. Nous sommes dans une société où le traditionnel n'est plus un gage de qualité : on aime aujourd'hui ce qui ne sent pas le bouchon ou le moisi».* Le Beaujolais ne sera jamais que ce qu'il est : un petit vin. Un vin de soif, qui chatouille les papilles. Il n'a pas à être bon; il est comme le muguet du 1er mai, la galette des Rois, les crêpes de la Chandeleur et la Saint-Valentin[1].

Le domaine du Beaujolais : 35000 ha; Vignoble : 22000 ha contrôlés par 4.500 exploitants viticoles; 19 coopératives représentent 50 % des viticulteurs; 150 négociants commercialisent 90 % de la récolte; Le Beaujolais se scinde en trois familles : le Beaujolais (50 % de la production), le Beaujolais-villages (25 %) et les dix crus (25 %)[2].

1. Le Figaro Magazine du 18/11/95 «Beaujolais nouveau : la planète prend un pot» de Pierre-Jean Rémy – «Quand un petit vin emploie les grands moyens» de Nicole Manuello – «Comment on lance une tradition mondiale» de Jacques Lesinge, © Le Figaro n°9901003.
2. Néo restauration Magazine n°337 - novembre 1997 «Beaujolais : un succès qui dure» de Jean-Charles Schamberger.

Il n'y a jamais, mais absolument jamais, de mauvaises années. Tous les mois de novembre que le calendrier nous apporte, ce sont des communiqués enthousiastes, articles dithyrambiques et plumes admiratives devant le nectar nouveau. Bravo pour les viticulteurs de l'appellation qui ont quasiment créé un cas d'école dans le marketing de l'auto proclamation. On pourrait s'en inspirer, si ce n'est déjà fait, dans les cours d'HEC... Mais trop de réussite dans le marketing risque un jour ou l'autre de se retourner contre ses initiateurs. Prenons le cas, de 1994 : que n'a-t-on lu ! Ici et là, sur les qualités exceptionnelles de ce cru mémorable ! A croire que les plumitifs spécialisés ne goûtent pas le produit dont ils parlent avec tant d'enthousiasme. Hélas, le beaujolais nouveau 1994 est une infecte piquette qui finit, espérons-le, ses ravages dans les bistrots et restaurants où l'on ose encore le proposer. Pas besoin d'être un amateur éclairé pour constater que cette année, le Beaujolais est une calamité qu'il vaut mieux éviter d'appeler «vin». A la limite, puisqu'il faut écouler une production toujours abondante, autant la vendre hors des frontières, de préférence à des consommateurs moins avertis.

Au-delà de ces mercantiles considérations, il serait judicieux de recommander aux restaurateurs qui proposent, matériel promotionnel à l'appui, le beaujolais nouveau, de le goûter avant d'en faire profiter, si l'on ose dire, les clients. Comme il est impensable qu'un professionnel digne de ce nom soit influencé par un réseau de distribution ou un fournisseur, il pourrait, librement et en fonction de sa propre expérience, décider ou non de vendre du «Beaujolais nouveau». Et seul celui qui en aurait trouvé du bon (il en existe) oserait le mettre à sa carte.

Un moyen pour un restaurateur de gagner la confiance de ses clients, ce qui vaut bien le prix de quelques mauvaises barriques[1].

Analysez la stratégie de produit poursuivie par les producteurs de Beaujolais. Le beaujolais nouveau est-il un produit comme un autre? N'est-il qu'un pur produit marketing? Quel est son concept? Le consommateur est-il vraiment influencé par la publicité? Quel est le choix laissé aux professionnels?...
Autant de questions non exhaustives autour desquelles vous devez construire de façon structurée votre réflexion en apportant vos propres critiques et objections.

1. L'hôtellerie de 1996 «L'année du Siècle».

N° 3
La stratégie des restaurateurs du bitume[1]

Plus de 120 millions de voyageurs qui sillonnent routes et autoroutes. On compte désormais plus de 800 millions de passages enregistrés et plus de 7400 kilomètres de bitume autoroutier. La restauration, d'autoroutes ou de bords de routes ainsi que les pétroliers, génère un chiffre d'affaires global annuel d'environ 0,60 Mds€ (42 % pour la restauration d'autoroutes, 30 % pour la restauration bords de routes et 28 % pour les pétroliers) et fait tout pour attirer les consommateurs dans un marché fortement concurrentiel. La part de l'hôtellerie se monte quant à elle, à environ 0,16 Mds€. A titre d'exemple, en 1994, lors des vacances d'été, 35 millions de voyageurs empruntaient les autoroutes françaises.

■ Un marché hétérogène associée à certains préjugés

Les sociétés de restauration essaient de mieux comprendre les attentes des clients afin de les fidéliser, mais aussi d'attirer les non-clients qui préfèrent s'arrêter chez les pétroliers. En 1995, Sogerba (Groupe Autogrill) présent sur les autoroutes, effectue une série d'enquêtes avant d'adapter ses restaurants autour d'un nouveau concept : Côté France. Les conclusions mettent en avant le fait que l'adéquation entre l'offre et la demande des clients n'est pas complètement satisfaite. *«A travers ces études, il nous est apparu que l'offre actuelle des restaurateurs répondait imparfaitement aux attentes des consommateurs; que les stations-service avaient développé une offre dans leurs boutiques, qui avait bénéficié d'une certaine passivité des restaurateurs et de conditions concurrentielles plus favorables; qu'il existait une réponse à ces défis»*, expliquait alors Jean-Jacques Isoar, patron de Sogerba. L'hétérogénéité de la clientèle ne facilite pas la tâche des professionnels de la restauration. On ne peut approcher de la même façon les touristes et les professionnels de la route. Sogerba a donc identifié trois segments de clientèles distincts :

1. **Le segment VL**, types de déplacements,
   - Domicile/travail de courte distance,
   - Professionnels de moyenne et longue distances (40 % des déplacements effectués),
   - Week-ends/loisirs de courte distance,
   - Vacances/loisirs de moyenne et longue distances.
2. **Le segment Poids lourds** (13 % du trafic)
3. **Le segment autocars** (1 % du trafic)

---

1. Néo restauration Magazine n°345 juillet/août 1998 «120 millions de clients à séduire» de Patrice Fleurent / Néo restauration Magazine du 22/09/1995 «L'attente des usagers» de Patrice Fleurent.

La tâche des restaurateurs n'est pas aisée à cause de préjugés anciens et dépassés. En effet, les images caricaturales des premiers «Jacques Borel» que peuvent avoir les clients perdurent. Nombre de personnes assimilent encore les restaurants d'autoroutes à des «établissements/usines froids et anonymes» et que la restauration assise de self-service est toujours d'un rapport qualité/prix médiocre.

Les restaurateurs doivent donc se battre contre de vieux préjugés en même temps qu'ils doivent gérer l'activité plutôt en dents de scie, de la diversité de la clientèle, de la concurrence des pétroliers et enfin du grignotage. Tâche ardue qui les pousse à innover, à s'associer entre eux ou à fusionner. L'offre essaie de s'adapter en permanence en diversifiant ses formules. On trouve les «nouveaux cafés», les «free-flow», les «cafétérias en ligne» et les «services à table» pour répondre à la demande notamment du troisième âge.

■ Le marché

Le chiffre d'affaires de plus de 55 millions de clients, servis dans les restaurants d'autoroutes répartis au long des autoroutes, proviendrait pour 72 % des individuels, pour 20 % des groupes/autocars et pour 8 % des routiers. De grands groupes se partagent ce marché. HRC (groupe Eliance : Arche Restaurant, Arche Café, Pomme de Pain, Quick), Sogecer (Arcotel), Sogerba (groupe Autogrill : Côté France, Relais Autogrill), Relais Routiers (indépendants) et les pétroliers qui essaient de garder les clients venant faire le plein d'essence en proposant des formules (en sus des petites prestations : boissons, sandwiches, petite alimentation...) qui se rapprochent de plus en plus de l'ambiance café.

■ Une activité fluctuante

«En été et certains jours de l'année, l'activité bondit de 1 à 5 et nous devons être capables de gérer les situations les plus contrastées. Cela implique au départ des investissements très lourds (en surface, équipement des restaurants, sanitaires, parkings...), surdimensionnés toute une partie de l'année», observe Maurice Mondet, responsable de la restauration autoroutière du groupe Eliance. Il faut noter une grande disparité entre établissements. Le chiffre d'affaires des restaurants varie de 0,61 M€ annuels à 13 M€ et leur rentabilité va de zéro à 12 ou 13 %.

■ Les indépendants

«Dans un même restaurant, nous allons réaliser 305 € de chiffre d'affaires un jour, puis 15 250 € au moment d'un rush et quel que soit le nombre de clients nous devons maintenir les mêmes horaires d'ouverture, assurer la même qualité, entretenir avec le même soin l'établissement. C'est, je crois, un véritable savoir-faire», tient à préciser Philippe Raoulx, un indépendant qui se consacre exclusivement depuis huit

ans à la restauration autoroutière, dont l'enseigne, *le Mirabellier*, est présente sur six aires d'autoroute. Ses points de vente offrent 200 places assises, une terrasse de 300 places et ils peuvent satisfaire 250 clients par heure. Seuls dix employés polyvalents sont présents en permanence. «*Malgré un ticket d'entrée élevé, 2,3 M€ de d'investissement environ, une durée de concession limitée, l'autoroute présente des avantages. L'intensité du trafic nous assure une clientèle, et cela pendant dix-huit ou vingt ans. Aucun restaurant de centre-ville ou même de bord de nationale ne peut espérer autant de passage*», commente Philippe Raoulx. Son objectif : passer de 7,7 M€ à 11 M€ de chiffre d'affaires à partir de l'an 2000 et conquérir de nouveaux emplacements.

Certains indépendants s'associent avec de grands groupes. Ainsi, Georges Gouttes, président de l'ANRHA, (Association nationale des restaurateurs/hôteliers sur autoroutes) qui possède «Port Lauragais» et le «Buffet languedocien», ouvre en partenariat avec Eliance/IIRC un restaurant sur l'aire du Pic du Midi et prévoit d'en ouvrir un autre, avec le même partenaire, à Comminges. «*Les risques sont partagés et le dossier est plus attractif pour les sociétés d'autoroutes*», explique-t-il.

■ Un réseau à croissance ralentie

Lors des années 1960 à 1994, il y a eu une forte croissance du réseau autoroutier avec la construction de 6289 kilomètres de voies rapides. Puis une augmentation de près de 18 % les quatre années suivantes. Mais toutes les voies supplémentaires n'ont pas la même importance. Très souvent, il ne s'agit plus que de transversales où le trafic n'est pas aussi dense. «*Il faut accepter de perdre de l'argent au moins les deux premières années. Mais ensuite, les flux augmentent et, peu à peu, les aires se bonifient*», estime Philippe Raoulx.

■ Des efforts qui paient, des efforts à faire

«*En quelques années, les restaurants d'autoroutes ont réussi, grâce à leurs efforts, à fidéliser une clientèle et l'on constate à travers nos enquêtes que notre image s'améliore. Les usagers nous attribuent désormais une note globale de satisfaction, de 6,7 points sur 10. Beaucoup se rendent compte, en outre, que nous nous ne sommes pas plus chers que des restaurants de périphérie ou de centre-ville. Ils peuvent d'ailleurs trouver aujourd'hui un éventail de formules de 9 € à 15,20 € ou 18,30 €, des sandwiches, des salades, des buffets...*», commente Georges Gouttes.

«... On peut faire mieux. Faire en sorte que ceux qui ne s'arrêtent pas encore chez nous découvrent ce qu'on peut leur offrir; fidéliser en affinant nos formules et répondre ainsi davantage aux demandes de certains catégories de voyageurs».

Chez Sogerba-Autogrill comme chez Alliance, on estime que la restauration recèle un potentiel important. En prenant non seulement en compte une segmentation précise du marché au lieu de répondre à toutes les catégories de passagers, mais aussi en surveillant l'évolution du comportement du consommateur. En fait, les attentes des clients sont diverses; ils veulent que l'on tienne compte de leur temps disponible, qu'on leur propose des produits frais et traditionnels... et ils recherchent des repères à travers des marques.

Les enseignes Côté France, Autogrill ou Relais coexistent et sont donc ouverts au moment des rushs afin de satisfaire l'ensemble de la clientèle des trois segments de marché définis; l'union fait donc la force... car la restauration en solo ne réussit pas toujours. McDonald's en a fait l'expérience avec ses deux unités implantées qui stagnent à hauteur de 1,53 M€ de chiffre d'affaires pour l'une et de 3 M€ pour l'autre. *«L'enseigne est sans doute trop mono produit pour satisfaire une frange suffisamment large de la clientèle autoroutière»*, pense un professionnel.

■ Le marché de la restauration du bord de route

Les restaurateurs des nationales connaissent beaucoup plus de difficultés dues au positionnement et à la gestion. Ils ne profitent pas du «maillage» des autoroutes et subissent de plein fouet la concurrence. *«Il y a vingt ans, 3500 établissements affichaient le panneau «Les Routiers». Aujourd'hui, 1450 adhèrent à notre charte. Toutefois, si nous avons perdu en nombre, nous y avons gagné sans doute en qualité»*, analyse Patrice de Saulieu, dépositaire du label. Mais la concurrence des autoroutes est passé par-là; des investissements de plus en plus lourds et une certaine anarchie ont renforcé le tout.

«Les parkings coûtent cher. Il faut acheter des champs, les aménager, offrir des douches, sanitaires. Avec des repas à 9,90 €, trouver l'équilibre n'est pas évident, même en servant, comme dans la plupart des Routiers, une moyenne de 70 à 100 repas par jour». Si les relais rassemblent toujours le public fidèle des camionneurs, des touristes étrangers les fréquentent également, en particulier les Anglais. Pour faire connaître le réseau, 40000 exemplaires du guide sont distribués chaque année. Difficile aussi d'attirer les routiers en centre-ville ou dans un bourg lorsque les municipalités font tout pour les retenir en dehors.

Il existe cependant une demande assez forte de ce type de concept de la part de restaurateurs qui désirent se diversifier. *«Nous examinons ces demandes avec une grande prudence car l'implantation d'un centre doit correspondre à un minimum de trafic pour être rentable. Les investissements sont en effet élevés, 1 M€ environ clé en main, et il nous faut compter avec une gestion serrée. Le point mort d'un de nos restaurants se situe en effet à 280 ou 300 couverts/jour»*, argumente M. Philippon, patron de Sogecer-Arcotel. Sachant que la marge ainsi dégagée permet difficilement d'envisager un développement rapide.

■ Ouvrir son marché

300000 chauffeurs sur les routes de France, un nombre croissant d'étrangers. Le marché est loin d'être saturé. Les opportunités sont bien réelles, mais il faut vouloir diversifier son offre afin de pouvoir accueillir d'autres segments de clientèles : autocaristes, clientèle locale des zones industrielles, familles et banquets le week-end. On estime d'ailleurs chez Arcotel que le mélange de clientèles ne pose pas de problème majeur en raison de la formule proposée : 10€ le repas, avec buffet à volonté et boisson comprise… .

Les préjugés ont la vie dure. Malgré des efforts sans précédent, la restauration autoroutière et celle du bord de route, a bien du mal à se défaire d'une image restée souvent négative. Mais qui sont ces usagers du bitume? Quels sont leurs critiques et leurs attentes? Comment les restaurateurs ont-ils réagi? Quelles sont leurs difficultés? Dégagez dans un premier temps l'idée générale mise en évidence et analysez les choix stratégiques du secteur en question à travers un plan construit où devront apparaître toutes les variables du marketing stratégique et opérationnel. Quelles autres possibilités, stratégies, préconiseriez-vous?
Si vous pensez qu'il vous manque des éléments, émettez des hypothèses et faites appel à vos connaissances acquises en cours ou à l'extérieur.

N° 4
Suitehôtel : le client comme chez lui..

Le 28 janvier 1998, Paul Dubrule demande à ses collaborateurs de réfléchir à un concept d'hôtellerie nouvelle génération. Le 24 novembre 1999, soit en moins de deux ans après en avoir eu l'idée, le nouveau produit Suitehôtel 3 étoiles ouvre ses portes à Lille-Lesquin, site sur lequel fut construit le premier Novotel. Près de deux ans furent nécessaire pour étudier le concept et le marché. Quatre ans plus tard, il se décline en périphérie de Paris et même intra-muros...

Accor a véritablement de la «suite» dans les idées. Après avoir «bouleversé» le monde hôtelier en lançant Formule 1 au début des années 80, voilà que le groupe réédite ses exploits. Le nouveau concept en question, baptisé Suitehôtel, n'est cette fois-ci pas véritablement «révolutionnaire» à première vue. C'est en effet un simple hôtel trois étoiles, composé exclusivement de suites. Le prototype, qui a ouvert au mois de novembre 1999 à Lesquin près de l'aéroport de Lille, ne ressemble pourtant en rien aux produits existant sur le marché européen. «*Nous avons joué sur la notion de service limité, en réduisant les surfaces traditionnellement allouées à la restauration et aux salles de réunion*», explique Olivier Devys responsable du projet chez Accor. Et d'ajouter : «*Cela nous a permis de privilégier l'espace dans les suites*». Sans tomber certes dans le luxe, le premier Suitehôtel dispose ainsi de 73 suites d'une superficie de 30 m^2 chacune. De quoi prendre ses aises et s'approprier les lieux. D'autant plus d'ailleurs qu'elles ont été conçues comme de vrais petits studios. Grâce à une cloison coulissante, le client jouit effectivement d'un espace chambre et d'un espace à vivre. Question couchage, pas de souci ! Un grand lit (160 x 200) agrémenté d'une couette moelleuse vous tend les bras.

Quelques pas suffisent et vous voilà dans la salle de bains, tout de bois revêtue, équipée d'une grande baignoire (1,75 m) et d'une douche à part (construite selon les techniques employées pour Formule 1). Sans oublier également les toilettes séparées dotées de lave-mains.

■ Un espace à vivre

Côté espace à vivre, on peut travailler bien sûr : avec un véritable bureau où l'on peut prendre ses aises, mais aussi consulter Internet ou bien encore téléphoner *via* le WebTouch One. Mieux. Si nécessaire, le client a aussi la possibilité de le transformer en table de réunion afin de recevoir collègues et autres visiteurs.

■ Le juste prix

Avec Suitehôtel, Accor a souhaité en effet créer un lieu à la fois fonctionnel et humain. D'autant que le leader hôtelier garde un œil avisé sur la clientèle touristique. A ce propos, une méridienne convertible peut accueillir deux enfants dans la suite. Et les tarifs affichés sont particulièrement compétitifs. «*Suitehôtel est une synthèse de toutes les expériences qui ont été effectuées dans les autres marques. Résultat : nous avons des coûts de construction tirés. Notre objectif étant de ne pas dépasser les 61 000 € la chambre, foncier compris*» indique Olivier Devys.

Le prix de la suite s'élève ainsi à 66 €* pour une ou deux personnes. Petit-déjeuner continental offert et prépaiement obligatoire. Une famille comprenant deux enfants paiera juste un supplément de 10 €. Intéressant? Si Suitehôtel séduit les clients, Accor envisage de développer le concept à travers le Vieux Continent. D'autres unités sont d'ores et déjà prévues à Paris, Porte de Montreuil et sur le site international du tunnel sous la Manche. Sachant que les créateurs du produit, dont Paul Dubrule fut la tête chercheuse, se sont inspirés du modèle américain, l'avenir s'annonce sous de bons auspices. Rappelez-vous en 1967 l'apparition du premier Novotel[1]...

■ La restauration

Les petits veinards pourront même profiter d'un en-cas ou d'un rafraîchissement grâce à la présence d'un bar aménagé avec four à micro-ondes, réfrigérateur, fontaine et bouilloire électrique. «*Suitehôtel est effectivement destiné, en premier lieu, à une clientèle d'affaires qui se déplace fréquemment et a besoin d'une chambre multifonction*», souligne Olivier Devys. Visant ce segment de clients, qui s'adonne assez souvent au rituel du déjeuner d'affaires, le prototype de Lille-Lesquin propose donc une restauration simple associée à une distribution automatique de produits frais dont plusieurs sélectionnés et mis au point par Lenôtre. Un repas complet coûte ainsi aux alentours de 11,50 €. Ce qui n'empêche pas parallèlement Suitehôtel d'offrir au cœur du lobby (150 m^2) un bar chaleureux où chaque soir le gérant de l'établissement invite ses hôtes à un pot d'accueil. Sans oublier un espace business (bureau, ordinateur, imprimante, fax) accessible 24 h/24, un espace forme (20 m^2) et un autre pour le petit-déjeuner.[1]

Le concept bar sans être vraiment une kitchenette, permet au client qui ne souhaite pas sortir le soir de se nourrir sur place grâce à un four micro ondes, un réfrigérateur, une fontaine, une bouilloire électrique, une petite poubelle intégrée pour les produits à usage unique. Dans les distributeurs du lobby, il trouve au choix snacks, sandwiches et boissons, une pochette de couverts et serviette à usage unique, type compagnie aérienne, et s'il le désire, de quoi se composer de vrais repas concoctés par Danone pour l'ultra frais et Lenôtre pour le plat principal sous vide (tagliatelles au saumon, filet de poulet sauce aux champignons, noix de Saint-Jacques, etc.) et les desserts. Le repas complet est onéreux, le yaourt coûte 1,53 €, la douceur Lenô-

1. L'hôtellerie du 13 janvier 2000 – Claire Cosson.

tre 2,75 €, la salade ou le sandwich club 4,27 €, le plat chaud 7 €. Ce premier Suite-hôtel est situé hors de la ville près de l'aéroport, donc loin des quartiers riches en restauration. Les restaurants du Mercure, du Novotel et de la Courte Paille se trouvent à proximité. Le client dispose en outre par le webtouch one d'un accès au site Intranet de l'hôtel où lui sont indiqués les restaurants les plus proches[1].

■ Trucs et astuces

Le lobby et la suite sont deux conceptions complémentaires. L'espace est compté au plus serré sans en donner l'impression. Le lobby propose trois zones fonctionnelles identifiables par les matériaux et les couleurs : une zone petits déjeuners, avec tables basses et fauteuils en simili cuir vert et bleu, le bar, une structure incurvée à base de bois, sans doute la forme la plus structurante de la pièce, et un petit salon aux couleurs plus vives et fauteuils de détente, ici le comptoir de réception devient une «table d'accueil» où on peut aussi trouver ce que l'on a oublié (accessoires de toilette etc.). L'hôtel propose aussi, toujours dans le lobby, un «espace business» accessible 24h/24h avec table de bureau, ordinateur, imprimante, fax et services bureautiques, et un «espace forme» de 20 m^2 avec vélo home-trainer et tapis de course, téléviseur, magnétoscope avec vidéos sportives. Au premier et au troisième des quatre niveaux de l'hôtel, le client, décidément autonome, trouvera un espace repassage équipé de matériel professionnel. Sur le bureau des suites, le webtouch one, en apparence un téléphone comme les autres, est en réalité un terminal doté d'un écran activé par stylet et d'un petit clavier. L'accès, très intuitif, ne nécessite qu'un petit dépliant d'explication. On se connecte à Internet très facilement et la navigation s'effectue au stylet. Mais gare au prix : 0,76 € l'accès, cinq minutes gratuites, puis 0,46 € les minutes suivantes. Ne pas oublier de se déconnecter après avoir expédié un e-mail[1].

■ Les premiers pas à l'étranger

Au dernier trimestre 2002, la dernière-née du groupe Accor ouvre sa première adresse en Autriche. D'autres unités vont rapidement voir le jour hors des frontières nationales, outre-Rhin notamment Fondée voilà 4 ans, cette nouvelle enseigne 3 étoiles compte 8 hôtels à fin 2002.

Qui l'eut cru? Pas grand monde en vérité. Lorsqu'en 1998, Olivier Devys, actuel p.-d-g. de la Société d'exploitation des hôtels suite (SEHS) et de la Société de construction des hôtels suites (SCHS), et Pascal Pingon, directeur général développement construction de Suitehôtel, se lancent dans la création d'une nouvelle chaîne d'hôtels exclusivement composés de suites...

1. L'hôtellerie du 13 janvier 2000 – Claire Cosson.

Aujourd'hui pourtant, les faits sont là. A fin 2002, Suitehôtel totalise 8 établissements (soit un parc de 1105 chambres), dont 2 hors de France. Avec ses 30 m^2 modulables permettant de créer son propre territoire, son design chaleureux, ses moyens de communication modernes, ses accessoires sympathiques (micro-ondes, réfrigérateur, bouilloire, lave-mains dans les toilettes...), et ses services 24h/24 (salle de repassage, business center, espace de remise en forme...), le concept est en fait parvenu à séduire les plus récalcitrants.

Signe des temps d'ailleurs Accor a finalement consacré en 2002, quelque 16 M€ au développement de ladite marque. Après Lille en 1999, Suitehôtel compte maintenant 6 unités supplémentaires dans l'Hexagone, dont 1 à Paris porte de Montreuil, 1 à Paris Saint-Denis Stade, 1 à Paris CDG Nord2 et 1 à Paris CDG Roissy Ville (opérationnel depuis le 15 octobre 2002). Sans oublier les ouvertures à Calais Coquelle (novembre 2002), celles de Vélizy et de Rueil-Malmaison (début 2003)[1].

■ Module adaptable à la rénovation

Mais, mieux encore ! Au cours de l'exercice 2002, le réseau franchit les frontières nationales. En juillet 2002, Suitehôtel s'est effectivement implanté en Autriche, à Vienne. Une première incursion à l'étranger qui va rapidement s'accélérer dans les semaines à venir avec notamment l'inauguration d'un établissement à Hambourg (Allemagne). «*Notre produit correspond très bien aux attentes de la clientèle germanique*», indique Olivier Devys. Et de poursuivre : «*C'est la raison pour laquelle nous prévoyons une croissance soutenue dans cette zone géographique.*» Des projets sont par conséquent d'ores et déjà engagés à Hanovre, Berlin (2004), Munich ainsi qu'à Francfort. La Belgique, les Pays-Bas et le Luxembourg ne sont pas en reste non plus, puisque des Suitehôtel sont également programmés en 2004-2005 à Bruxelles, au Luxembourg et à Amsterdam. Un programme chargé en perspective qui pourrait l'être encore davantage. D'autant que les concepteurs de la chaîne s'apprêtent à mettre au point un système leur permettant de développer Suitehôtel dans le cadre de projets de rénovation. «*Notre système peut en effet aujourd'hui s'adapter à différents endroits. Nous travaillons d'ailleurs sur la rénovation d'un bâtiment du XVIIIe siècle*», confie Pascal Pingon. De quoi permettre à terme au produit Suitehôtel de «*descendre*» en ville[2].

■ Satisfaction de la clientèle

Ce qui ne fera qu'augmenter la satisfaction des clients. Suite à une enquête réalisée en juillet dernier auprès de 600 personnes, 52 % d'entre elles se sont déclarées très

1. L'hôtellerie n° 2642 du 2 décembre 1999 – CC.
2. L'hôtellerie n° 2790 du 10 octobre 2002 – CC.

satisfaites de la prestation Suitehôtel. A l'évidence donc, l'enseigne, dont le slogan est «*une autre façon de vivre l'hôtel*», fait des émules. Y compris au sein des franchisés historiques du groupe français avec lesquels différents dossiers sont en cours de réalisation dans des villes telles que Dijon, Nancy, Perpignan... Avec un seuil de rentabilité à 55 % d'occupation, Suitehôtel bénéficie, il est vrai, d'atouts convaincants. Tout comme ses coûts de construction oscillant entre 80000 €/chambre à Paris et 70000 €/chambre en province[1].

■ Modification du système de restauration

Après avoir misé sur des distributeurs automatiques de plats frais, la chaîne a changé son fusil d'épaule. «*Les consommateurs devaient payer avec des pièces et ne pouvaient pas s'informer sur la composition des mets. Deux freins à la consommation*», explique Olivier Devys. Les établissements Suitehôtel testent donc maintenant des armoires réfrigérées avec paiement à la réception. La chaîne étudie également d'autres pistes comme la vente d'espaces restauration à des prestataires extérieurs[2].

■ Profiter du flux pour faire connaître la marque[3]

Il s'agit de placer la marque en évidence dans un lieu de très grand passage de flux internationaux. C'est l'un des deux choix d'implantations stratégiques de Suitehôtel : les centres-villes métropolitains ou les carrefours de grands flux. L'hôtel de Calmais Eurotunnel, ouvert début décembre 2002 avec 100 suites, est le 8e de la marque, qui propose désormais 1 100 suites à Lille-Lesquin, Calais Eurotunnel, Paris-Montreuil, Saint-Denis-Stade de France, Roissy, à Hambourg et à Vienne. La couverture de la région parisienne se poursuit avec Vélizy et Rueil-Malmaison. Suivront Cannes, Paris-Porte de la Chapelle, Lille Euralille, Nancy, Perpignan. Des projets sont avancés à Lyon Part Dieu, Marseille Méditerranée, Toulouse, Grenoble... A l'étranger d'autres projets sont signés à Luxembourg Kirchberg auprès des Novotel et Sofitel existants, à Munich, Berlin et Hanovre, Bruxelles Midi...

Un taux de satisfaction exceptionnel mais les objectifs en matière de taux d'occupation ne sont pas toujours atteints; ils se situent parfois autour de 55 à 57 %, ce qui est loin des objectifs visés. Le manque de notoriété de la marque et le concept innovant sont une explication. Par contre, Olivier Devys, p.-d.g. de Suitehôtel explique que si le produit est distribué par le réseau Internet, par les centres d'appel d'Accor, par des prescripteurs de type SNCF Voyages, le taux d'occupation atteint celui des marques confirmées.

---

1. L'hôtellerie n° 2790 du 10 octobre 2002 – CC.
2. L'hôtellerie n° 2790 du 10 octobre 2002 – CC.
3. L'hôtellerie n° 2817 du 17 avril 2003 – A. Simoneau..

Une bonne déclinaison produit, une segmentation *ad hoc* (ciblage, positionnement), une étude de la zone de chalandise... Une recherche d'innovation permanente mais aussi une recherche constante de la satisfaction du client, semble, entre autres, les facteurs clés de succès sur lesquels se fonde le groupe Accor.
Quels sont les éléments qui expliquent le succès du produit Suitehôtel? N'y a-t-il pas un risque de cannibalisation avec les autres produits 3*[1] proposés par la firme? Quelles sont ses forces et ses faiblesses? Existe-t-il des menaces? En qualité de professionnel du marketing touristique, hôtellerie - restauration vous tâcherez d'y répondre.
Les documents doivent vous servir de support tout en faisant appel à vos propres connaissances, expériences. Vous traiterez ce sujet comme vous l'entendez, mais votre démarche doit être structurée, aérée et faire apparaître un plan.

1. Les prix en 2003 varient de 75 € à 89 (celui devant ouvrir à Paris en 2006 autour de 120 €)

CHAPITRE 12

La politique de prix

1. LES ÉLÉMENTS À PRENDRE EN COMPTE

L'ordonnance du 1er décembre 1986 a abrogé toutes les précédentes ordonnances qui réglementaient le niveau des prix quel que soit le secteur concerné. La liberté des prix est désormais le principe général et aujourd'hui (mis à part les exceptions comme les professions à *numerus clausus* et l'application de législations spéciales pour certains secteurs comme les livres, les tabacs et en règle générale tout ce qui concerne les entreprises d'Etat), le jeu de la concurrence régule et établit l'équilibre entre l'offre et la demande.

Les méthodes de détermination des prix sont connues. Si les professionnels tiennent compte des coûts de production ou de servuction (production de services), le marketing introduit une autre façon de raisonner : tenir compte de la demande afin de déterminer précisément ce que le client est prêt à consommer et surtout en quelles quantités.

La valeur sociétale joue également un rôle non négligeable. Le client ne consomme plus le produit mais tout ce qui s'y rattache. La sensibilité au prix est de ce fait complètement différente selon la catégorie de clientèle. Le professionnel se trouve, quant à lui, confronté à une flexibilité de l'offre importante et à son aspect forfaitaire. Il devra porter une attention toute particulière à l'établissement de ses prix en fonction de l'image qu'il recherche et qui doit correspondre à celle qui sera perçue par les clients afin d'éviter toute dissonance cognitive.

2. LES SPÉCIFICITÉS DU MARCHÉ

Les produits du marché de l'accueil comprennent des produits/services d'une diversité complexe. Il paraît difficile d'établir le prix d'un produit qui doit répondre à des niveaux de besoins différents selon les individus, alors que les facteurs sociologiques et culturels jouent pleinement leur rôle. Tout ceci fait que, bien souvent, le consommateur a du mal à s'y retrouver et à établir des comparaisons entre les prix de produits «substituables».

Dans le secteur du tourisme, la période, les segments de marché, les coûts d'exploitation... oblige le professionnel de l'hôtellerie et de la restauration à différencier ses tarifs. Pour établir le prix journalier de location, l'hôtelier pourra se fier à la «loi du millième» qui stipule qu'il doit correspondre au «millième» du coût de la construction (millième qui est plutôt le 750e et qui a tendance à diminuer, mais par exemple, le nouveau concept Suitehôtel lancé par le Groupe Accor, respecte quasiment la «loi du millième» puisque le coût de la construction par chambre, foncier compris, a été de *61 000 €* avec un prix de vente unitaire de 66 € pour une ou deux personnes).

Il devra aussi tenir compte de la rémunération des intermédiaires qui jouent un rôle important. Pour la restauration, la difficulté est d'organiser les prix de la carte et des menus de façon cohérente et efficace pour une meilleure rentabilité. La méthode établie par M. Jean Toulemonde : les «Principes d'omnes» (*omnes* en latin signifiant : pour tous, d'où les principes de M. Toutlemonde) peut grandement l'y aider. La grande différence cependant entre l'hôtellerie et la restauration est qu'en hôtellerie l'offre est inélastique.

■ Evolution du budget vacances

Marquées par un départ ou non, les vacances sont sacrées! 52,8 % des Français se disent d'ailleurs prêts à faire des sacrifices pour préserver ces moments précieux. Les prévisions pour les 2 prochaines années quant à l'évolution du budget vacances sont les suivantes :

En diminution	20,1 %
En augmentation	20,1 %
Stable	43,1 %
NSP	8,3 %

Source : Simm Scanner / L'Hôtellerie supplément magazine n°2660 du 6/04/2000 « Les Français sont accros aux vacances ».

■ **Le phénomène de saisonnalité**

Si le jeu de la concurrence régule et établit l'équilibre entre l'offre et la demande, le phénomène de saisonnalité est un des éléments incontournables de l'offre touristique. Cela peut se traduire par une politique d'écrémage en haute saison et une politique de pénétration en basse saison. Il en est d'ailleurs de même pour toute exploitation ayant un caractère saisonnier.

■ **La difficulté de perception des prix par les consommateurs**

La difficulté d'appréhender le véritable prix d'une prestation a de multiples sources :

1. La diversité des produits du tourisme;
2. La combinaison de produits-services élémentaires plus ou moins complexes;
3. La perception culturelle et les croyances populaires;
4. Un cœur de cible «élargi» parfois délicat à satisfaire de façon homogène...

■ **La gestion des clients**

Les professionnels de l'hôtellerie, de la restauration et du tourisme en général doivent savoir piloter entre plusieurs segments de clients. Les tarifications tiendront compte de nombreux critères comme par exemple :

- La remise en marchandise : phénomène de gratuité qui intervient surtout en basse saison (la 11e nuit d'hôtel, la troisième semaine d'hôtel, la 10e pizza...),
- La période (haute ou basse saison),
- Les tarifs sociétés,
- Les tarifs spécialisés (Novotel a été le premier à proposer la gratuité du couchage pour les enfants jusqu'à 16 ans, les seniors, les familles nombreuses...),
- Le type de marché ou segment de marché (groupes, individuels, entreprises),
- La rémunération des intermédiaires,
- Le type de prestations (séminaire, pension, symposium...)
- ...

3. THÈMES DE REFLEXION

N° 1

Adapter son offre en fonction des moments de la journée

■ Baisser les prix aux heures creuses

Partant du principe qu'une chaise vide coûte cher, Hippopotamus offre 30 % de réduction sur les grillades en semaine, de 14h30 à 19 heures. Une expérience qui peut être appliquée à tous les établissements qui ne pratiquent pas la coupure et qui veulent rentabiliser les heures creuses.

La SNCF adapte depuis longtemps ses tarifs en fonction des heures de fréquentation. Des débits de boisson adoptent le principe du «happy hours» (venu d'outre-Atlantique) : aux heures d'affluence, le client paie le prix indiqué et, durant les heures creuses, une réduction variant de 10 à 50 % lui est accordée. Une telle politique de prix permet non seulement de «lisser» la fréquentation, mais aussi d'attirer une clientèle qui reste indécise. Cependant, la restauration répugnait jusqu'à présent à appliquer ce principe. En France, des horaires de repas fixes sont bien ancrés dans les habitudes du consommateur. Pas facile d'attirer les clients en dehors des heures normales, notamment en ce qui concerne le déjeuner!

Selon Pierre Cassagne, directeur général de la chaîne Hippopotamus, l'objectif est clair : *«Il s'agit de développer la fréquentation dans un créneau horaire où elle est faible. A cet égard, il faut rappeler que la majorité des Hippopotamus sont ouverts sans discontinuer de 11h30 à 1 heure, voire 5 heures du matin. En conséquence, le personnel reste largement mobilisé durant les heures creuses. De cette manière, consentir un rabais de 30 % ne nous fait pas perdre de vue qu'une chaise vide représente la plus lourde charge dans un restaurant. Donc, tout ce qui peut être vendu, même à bas prix, durant ces heures creuses, contribue à augmenter nos marges».* Il est important de noter que le ticket moyen ainsi obtenu n'est pas pour autant inférieur à celui du déjeuner. *«Il s'agit,* explique Pierre Cassagne, *d'offrir une grillade facturée de 11,30 € à 20,20 € pour un prix somme toute proche d'une formule Hippo malin. Le ticket moyen reste sensiblement le même, mais le client est satisfait».*

■ Un risque de report...

Afin de profiter de ces réductions, des clients en profitent pour décaler leurs heures de déjeuner. *«Certaines tables arrivées à 14h25 jouent la montre pour bénéficier de la réduction,* reconnaît le directeur général. *Mais quoi qu'il en soit, nous jouons le jeu. Heureusement, ce comportement reste marginal. Cette formule nous amène réellement des clients supplémentaires».* Tous les établissements ne peuvent envisager de pratiquer la même politique de prix. En effet, deux conditions au moins doivent être réunies : l'absence de coupure de service d'une part, et un volume d'activité suffisant d'autre part. En l'occurrence, les Hippopotamus ont une rotation moyenne de 3,5 et affichent souvent complets. La pratique des «*happy hours*» contribue alors à fluidifier la fréquentation.

■ Des résultats probants.

Pierre Cassagne ne désire pas communiquer des résultats précis sur l'opération en question. *«Nous sommes souvent plagiés tant sur le graphisme ou l'intitulé de nos menus que sur nos initiatives. Nous ne souhaitons pas faciliter outre mesure la tâche de nos concurrents»*. Mais une chose est sûre, le chiffre d'affaires a globalement augmenté. D'autres établissements qui se sont mis à l'heure des «*happy hours*» ont également vu progresser leur chiffre d'affaires. Dans ce cadre, Hippo-Maine, loin d'être le mieux placé géographiquement, sert une quinzaine de couverts par jour. Rapportée à la moyenne des 315 couverts par jour servis dans l'établissement, l'augmentation atteint 4,75 %.

Comme on pouvait s'y attendre, l'initiative de Pierre Cassagne a donné des idées à d'autres restaurateurs. La Brasserie Jenny à Paris propose une réduction de 10 % sur toute commande prise avant midi. Marc de Saint-Pierre précise : *«cette initiative vise à attirer une nouvelle frange de clientèle locale constituée d'employés qui verront là l'occasion de s'offrir nos formules rapides à meilleur marché. On peut estimer que, vers 13 heures, les tables seront libérées pour accueillir une clientèle différente»*.

■ Bouleversement des habitudes de consommation des clients?

Espérer changer radicalement les habitudes des clients serait utopique. La plupart des restaurateurs qui appliquent cette formule veulent essentiellement augmenter la fréquentation de leur établissement en élargissant les plages horaires des repas. Ils visent une segmentation de clientèle différente : la clientèle à budget modeste qui hésite à franchir le pas d'un restaurant, les touristes, mais également les personnes du «troisième âge» débarrassées des contraintes horaires et qui représentent un potentiel commercial de plus en plus important dans le domaine des loisirs.

■ Démonstration de rentabilité...

Heures normales	Heures creuses Système «happy hours»
Prix de vente : 14,50 €	10,15 € (-30 %)
T.V.A. : 2,48 €	1,73 €
Coût matière : 3,85 €	3,84 €
Frais fixes : 6,00 €*	Contribution = 4,58 €
Revenu brut d'exploitation : 2,17 €	0 €
* 78 % de frais de personnel, 22 % de frais généraux	

La «chaise vide» n'apporte aucune contribution aux frais fixes contrairement au système «happy hours».

■ Adapter son offre en fonction des moments de la journée

Marc Ghez, Loreto et Lydia Guevel décident d'installer le 13 octobre 1998 dans le 8e arrondissement de Paris un restaurant de 53 places, le «Washington Café», mettant en avant une cuisine de qualité à prix modérés dans une ambiance chaleureuse et un décor semi new-yorkais. La particularité de l'endroit? Une amplitude horaire très élastique puisque le restaurant ouvre ses portes dès le matin à 7 heures pour ne les refermer que le soir pas avant minuit... Le Washington Café accueille les clients tôt le matin et sert le petit-déjeuner. A midi, le restaurant est plein grâce à son implantation au cœur d'un quartier d'affaires. Le soir, dès 18 heures, les clients s'installent au comptoir pour prendre l'apéritif, mais rares sont ceux qui restent dîner. «*Le soir, le restaurant attire une clientèle davantage résidentielle et fonctionne moins bien qu'à l'heure du déjeuner, moment de la journée où nous sommes souvent obligés de refuser du monde*», explique Loreto[1]. Pour remédier à ce problème, le Washington Café s'est mis à proposer une restauration rapide au bar à base de sandwichs à 2,14 € et de bruschettas à 3 € accompagnés d'une salade verte. A la carte, le chef Christian Canu, qui vient du restaurant Dominique à Paris, propose chaque jour un plat différent à 9,15 € et un menu à 13,60 € composé d'une entrée, d'un plat et d'un dessert du jour. Quant à la carte, le prix moyen tourne aux alentours des 22,90 €.

Cette cuisine simple et classique semble avoir conquis la clientèle du déjeuner, par contre, le soir la clientèle se fait plus rare. Pour attirer la clientèle, la Washington Café a mis en place une animation musicale avec un orchestre qui joue tous les vendredis et samedis soirs. Une ambiance conviviale s'installe et l'endroit s'anime instantanément. Le Washington Café a compris qu'il fallait aujourd'hui adapter son offre à la demande d'une clientèle dont les besoins varient selon les différents moments de la journée[2].

A l'aide de vos connaissances, de votre culture professionnelle, vous dégagerez l'idée générale mise en évidence; vous définirez les termes qui vous paraissent importants. Vous analyserez la stratégie de prix pratiquée par Hippopotamus et par Washington Café, leurs concurrents... Non seulement à l'aide du texte, mais aussi en faisant une étude terrain de la stratégie des prix pratiqué aujourd'hui par les professionnels.

1. Néo restauration Magazine n°315-316 «Baisser les prix aux heures creuses» – décembre 1995 de Jean-Michel Déhais.
2. L'Hôtellerie n 2546 du 29/1/1998 «Adapter son offre en fonction des moments de la journée» de B.Thiault.

N° 2
Le Yield Management

Dois-je vendre une chambre immédiatement à prix réduit pour éviter qu'elle ne reste vide ou bien dois-je prendre le risque d'attendre un client disposé à payer plein tarif? Telle est la question que se pose le directeur général d'une chaîne intégrée internationale. En votre qualité de directeur marketing du siège, il vous demande d'étudier la politique de prix pratiquée dans le groupe. En fait, il désire que vous développiez la technique du yield management afin d'optimiser les recettes en pratiquant une politique de prix différenciée.

Dans un premier temps il aimerait que vous appliquiez cette technique à l'hôtel 2 étoiles World Nature, hôtel de 400 chambres. En effet, d'après lui, l'hôtel WN qui a un taux d'occupation satisfaisant compris entre 70 et 90 %, ne génère pas un revenu global en rapport. La moyenne des prix pratiqués est comprise entre 55 et 77 €.

Hôtel World Nature 400 chambres	Chambres vendues 77€	Chambres vendues 55€	Nombre total de chambres vendues	Taux d'occupation chambre	Revenu global*	Revenu moyen	RevPar
Gestion classique des capacités							
1. L'hôtelier cherche avant tout à remplir le maximum de chambre. Il privilégie donc le taux d'occupation au détriment du rendement	80	280	360	90 %	21,56	59,90 €	53,90 €
2. L'hôtelier est préoccupé par le revenu moyen que lui procure chaque chambre louée, il suivra donc d'abord cet indicateur	248	40	288	72 %	21,30	73,94 €	53,24 €

.../...

Gestion des capacités par le YM							
3. L'hôtelier cherche le meilleur équilibre entre le TO et le revenu moyen par chambre pour optimiser son revenu global							
4. L'hôtelier a arrêté la vente des bas prix le plus tard possible, atteint un TO de 90 % tout en préservant le nombre de chambres vendues au prix fort.							

* En milliers d'euros.[1]

ANNEXE : Accor réorganise son système de réservation[2]

Le groupe hôtelier va se doter d'un nouveau système de réservation et recruter de nouvelles compétences pour optimiser le remplissage de ses hôtels.

«*Une chambre, c'est un produit périssable. Si elle n'a pas été vendue le soir, c'est perdu*» explique Corinne Gaillard, responsable *«revenue management»* du projet Réservation du groupe Accor. Pour optimiser la rentabilité d'une offre qui ne varie pas par rapport à une demande qui fluctue, le groupe hôtelier se lance dans le «revenue management». A l'instar des compagnies aériennes, des sociétés de location de voitures ou encore de la SNCF, Accor se dote d'un nouveau système de réservation qui permettra de connaître, en temps réel, les disponibilités des «300000» chambres qu'il gère aux quatre coins du monde et des «100000» situées dans l'Hexagone. Cette nouvelle approche, plus connue sous le nom de «yield management», revient à faire de l'ingénierie des ventes. En s'appuyant sur un historique des ventes, on arrive à faire des prévisions d'occupation des hôtels et définir des stratégies de vente ou des stratégies marketing pour, *in fine*, optimiser le revenu

1. D'après L'Essentiel du Management de septembre 1995.
2. D'après Courrier Cadres APEC n° 1237 du 22 janvier 1998 – Catherine Feldman.

hôtelier. *« Ce n'est pas vraiment une révolution pour nous »* tempère Patrice Olivier, directeur du développement des carrières et de la formation du groupe. Chaque directeur d'hôtel pratiquait déjà de la sorte pour son propre établissement. Mais il va désormais devoir penser en terme de « place ». En effet, Accor est passé d'une organisation par marques à une organisation multimarques. Exit la concurrence entre Novotel, Sofitel, Mercure, Ibis et autres enseignes du groupe. La gestion des réservations ne se fait plus au niveau d'un établissement, mais d'un site géographique qui regroupe en moyenne dix hôtels. Les critères de rémunération des directeurs d'hôtels doivent d'ailleurs évoluer dans ce sens. Ce qui fait dire à Corinne Gaillard que le « revenue management », *« c'est d'abord un état d'esprit, une culture d'entreprise, une façon d'appréhender les ventes d'une entreprise de services »*. Trois sites pilotes ont testé la nouvelle organisation : Strasbourg en mars 1998, Bruxelles en juillet 1998 et Paris-Sud en septembre 1998. Pour développer cette nouvelle politique, le groupe va créer 80 à 120 postes de « revenue manager » qui auront pour mission de gérer les réservations de ses 160 places européennes (dont 80 à 100 en France). *« Ce poste demande à la fois des compétences pointues pour réaliser des analyses complexes, mais aussi une grande diplomatie pour amener ses interlocuteurs à adhérer à ses recommandations car, contrairement à son homologue qui travaille dans une compagnie aérienne, le « revenue manager » Accor n'a pas un pouvoir de décision, c'est au directeur de l'hôtel qu'il revient de suivre ou non les préconisations »*, explique Evelyne Chabrot, directeur délégué des ressources humaines Affaires et Loisirs.

■ Le groupe recrute des « yield managers »

Accor, qui recherche en interne une partie de ses futurs « yield managers », fera également appel à des candidats externes. Une bonne connaissance des flux du marché du tourisme constitue un atout de poids. A ce titre, les directeurs d'hôtels ou d'hébergement sont bien placés. Les contrôleurs de gestion ou les informaticiens aussi. A condition qu'ils aient déjà dirigé des équipes. A côté des profils plus expérimentés, des jeunes diplômés pourront débuter comme adjoint sur une place. A ce titre, Accor a créé en 1995 une chaire de « yield management » pour l'hôtellerie avec l'ESC Angers. Et si l'on n'exclut pas chez Accor une période d'interrogation du côté des principaux intéressés, on pense que les résultats plaideront en faveur du nouveau système de réservation. Pour Evelyne Chabrot, *« la notion de service devrait se substituer aux rapports hiérarchiques »*.

1/ En vous aidant des annexes, analysez et expliquez ce qu'est le yield management, ce qu'il apporte en plus par rapport à une simple tarification de prix.

2/ Optimisation des capacités de l'hôtel YN : le prix des chambres les plus vendues selon la période de réservation est de 55 € et de 77 €. A l'aide du tableau, vous rechercherez le meilleur revenu global pour l'hôtel. Sachant que la répartition de la vente des chambres en fonction du prix est faite de la façon suivante : en 3- 55 € : 41 % et en 4- 77 € : 59 % et que le taux d'occupation est de : 81 % en 3 et de 90 % en 4 :
- Calculer le revenu global;
- Le revenu moyen par chambre;
- Le RevPar;
- Le nombre de chambres vendues selon leur prix de vente.

Qu'en concluez-vous?

3/ Le yield management, un élément de réponse?
La direction de l'hôtel estime que les services et les prix proposés aux différents types de clientèles fréquentant l'établissement (hommes d'affaires, groupes, individuels), doivent être mieux adaptés en fonction de la période.

4/ Quelles sont les différentes contraintes auxquelles peut être confronté un professionnel en matière d'établissement de prix?

N° 3

Optimisation du profit à travers une stratégie de prix

Armand, propriétaire d'un restaurant haut de gamme de 45 places ouvert 360 jours dans l'année, désire créer un repas original. Sa clientèle est surtout composé d'hommes d'affaires qui aiment surtout venir le soir se plonger dans une ambiance calme et sélecte. Après avoir bien réfléchi, il pose les chiffres suivants :

- Prix de vente unitaire du repas : 42,70 €;
- Coûts variables unitaires de production : 22,90 €;
- Budget de communication (nouvelle édition, publicité, frais divers...) : 45735 € par an;
- Des frais généraux affectés au nouveau produit : 22870 € par an.

L'objectif de rentabilité visé par Armand est d'atteindre l'équilibre entre les produits et les charges cumulés au terme de la deuxième année. Il fait l'hypothèse que les ventes augmenteront de 15 % dès la deuxième année.

Incapable de déterminer à l'avance le nombre de repas qu'il pourra vendre, Armand vous demande d'analyser ces chiffres.
A travers la méthode dite du «point mort», vous devrez l'infirmer ou le confirmer dans ce projet. Dans ce dernier cas, vous lui proposerez des améliorations si vous le jugez nécessaire. Vous effectuerez également une vérification globale de vos calculs.

N° 4
Type de clientèle et politique de prix

Un investisseur allemand désire racheter l'hôtel 4 étoiles de 56 chambres, «Le lac Bleu», situé dans la région des lacs du nord de l'Italie. Construit en 1988, le Lac Bleu est ouvert toute l'année sans interruption. Le chiffre d'affaires hébergement concerne 7 162 chambres louées.

La clientèle se décompose en clientèle individuelle (40 %) et clientèle de groupes (60 %). Si le tarif affiché est de 229 € hors petit déjeuner, le tarif concernant la clientèle individuelle, essentiellement une clientèle d'affaires, est négocié à 183 € en moyenne. En ce qui concerne les groupes (50 % de Français et 50 % d'Allemands), le tarif négocié avec les tours-opérateurs se situe en moyenne à 145 €. Le prix du petit déjeuner affiché est de 11 €. Il se négocie à 6,90 € pour la clientèle de groupes et à 9,20 € pour la clientèle d'affaires. Le Pdj est toujours inclus dans la prestation vendue aux groupes (moyenne de 1,8 par chambre louée) alors que seulement 50 % de la clientèle individuelle le commandent.

L'hôtel *Le Lac Bleu* réalise également environ 10 % de son chiffre d'affaires global en vendant des prestations diverses (boissons, souvenirs, circuits, etc.).

1/ Quelles sont vos conclusions en terme de diagnostic commercial : taux d'occupation, types de clientèle, prix... ?

2/ Calculez le chiffre d'affaires total du *Lac Bleu*.

3/ L'investisseur estime qu'il faut axer ses efforts sur la clientèle de groupes sans pour autant délaisser la clientèle individuelle. Si l'augmentation du taux d'occupation de la clientèle de groupes est de 30 % et celui de la clientèle individuelle de 10 %, quel sera alors l'impact sur le taux d'occupation global? Est-ce suffisant sachant que le seuil de rentabilité se situe plutôt entre 45 et 50 % de taux d'occupation? Quel sera alors le prix moyen négocié de l'hôtel et le nouveau chiffre d'affaires global?

4/ Sachant que les Français ont une sensibilité au prix : e d/p = - 0,20 et les Allemands : e d/p = - 0,10, que proposeriez-vous comme autre stratégie pour augmenter le revenu global de l'hôtel (communication, prix, distribution, etc.)?

N° 5
Analyse d'une politique tarifaire

Jordan Kolby est propriétaire de trois hôtels 4 étoiles :

– L'hôtel Empereur à Lyon (France);
– L'hôtel du Roi à Namur (Belgique);
– Le Grand Berlinois à Berlin (Allemagne).

Les trois hôtels sont ouverts 365 jours dans l'année sans interruption. En 2003, les chiffres connus sont les suivants :

	Hôtel Empereur France	**Hôtel du Roi Belgique**	**Grand Berlinois Allemagne**
Taux d'occupation	48 %	53 %	65 %
Répartition de la clientèle selon l'origine :			
UE	**65 %**	**75 %**	**85 %**
Dont : France	35 %	10 %	12 %
Allemagne	20 %	8 %	40 %
Belgique	6 %	45 %	7 %
Autres pays UE	4 %	12 %	26 %
Hors UE	**35 %**	**25 %**	**15 %**
Etats-Unis	8 %	9 %	6 %
Japon	16 %	3 %	5 %
Autres pays	11 %	13 %	4 %
Répartition de la clientèle selon l'activité :			
Individuel (affaires)	42 %	31 %	30 %
Individuel (loisirs)	38 %	29 %	20 %
Congrès/séminaires	10 %	10 %	30 %
Autres raisons	10 %	20 %	20 %

Les informations sur les trois hôtels sont les suivantes :

France	**Allemagne**	**Belgique**
CA : 734 949,55 €	**CA : 2 974 918,40 €**	**CA : 105 846,94 €**
Visa, Eurocard,	Visa, Eurocard,	Visa, Eurocard,
Amex, Diners	Amex, Diners	Amex, Diners
Ouvert toute l'année....	idem	Idem
Restaurant fermé		
Dimanche et lundi....	idem	Idem
Menus 32 € - 61€ sc.	Menus 34,8 € - 80,7€ sc.	Menus 51,4 € 61€sc
Directeur	***Directeur***	***Directeur***
Alex Caille	Eric Von Braun	Henry Lapointe
31 chambres	**76 chambres**	**7 chambres**
85,4 € - 195 € sc.	104,7 € - 222,2 € sc.	95 € sc.
Pdj 10,7 € - 13,5 € sc.	Pdj 10,2 € sc.	Pdj 9,5 € sc.
Chien : oui avec sup.	Oui avec sup.	Non
Sauf restaurant	sauf restaurant	Non
Piscine : non	couverte	Non
Tennis : 500 m	3 kilomètres	10 kilomètres
Golf : 2 kilomètres	5 kilomètres	15 kilomètres
Parking surveillé	parking surveillé	parking surveillé

1/ Analysez et expliquez la stratégie de clientèle poursuivie par ces trois hôtels;

2/ Vous calculerez le prix moyen négocié ainsi que le RevPAR et vous comparerez les chiffres obtenus dans un tableau avec le prix affiché des chambres; Que pensez-vous de la politique tarifaire de ces hôtels, quelles conclusions pouvez-vous en tirer en terme d'optimisation du revenu? Quelles améliorations pourriez-vous préconiser?

CHAPITRE 13

La politique de communication

1. LES ÉLÉMENTS À PRENDRE EN COMPTE

Informatique, vidéoconférence, Internet, télécommunications... Le monde des affaires ne peut plus ignorer le bouleversement qui s'est produit en seulement quelques décennies et qui a fait entrer notre planète dans l'ère de l'information et de la communication. Ce bouleversement a d'ailleurs eu pour effet de démultiplier les dépenses liées à la communication. En effet, quoi de plus important pour une entreprise liée au secteur du tourisme, que de faire connaître son produit et les services qui s'y rattachent ! Encore faut-il que l'ensemble des communications émanant d'une chaîne volontaire ou intégrée, d'une chaîne de restauration ou plus simplement provenant d'indépendants, soit cohérent avec les autres variables du marketing-mix.[1]

1. Tour Hebdo n°923 du 7 janvier 2000 «Guides touristiques : les T.O. de plus en plus courtisés» de Henri Cormier.

La communication d'une entreprise est dirigée vers plusieurs cibles et elle répond à un véritable enjeu concurrentiel. Selon ses besoins, une firme utilisera les outils média ou hors média mis à sa disposition et elle s'en servira comme une caisse de résonance afin d'attirer une clientèle ciblée.

2. LES SPÉCIFICITÉS DU MARCHÉ

On peut aussi s'appuyer sur les huit principes de Lendrevie et Brochand divisés en quatre principes de fond (la clarté, l'adaptabilité, l'originalité et l'acceptabilité interne) et quatre principes de forme (l'existence, la continuité, l'honnêteté et la cohérence).

En fait, les composantes de l'image du produit du marché de l'accueil forment un tout très complexe. L'immatérialité d'un service donne parfois du fil à retordre aux entreprises du tourisme quant au fond et à la forme de communication à utiliser. La communication effectuée par Novotel en 1992 ou celle lancée par les hôtels Mercure en 1997 en sont des exemples frappants et ils prouvent qu'il est difficile de toucher clairement les cibles clientèles déterminées. Comment d'ailleurs représenter à travers le média télévision, en quelques spots publicitaires de quelques secondes, tout un ensemble complexe de combinaisons de plusieurs services plus ou moins intégrés? D'un autre côté, la communication globale ou corporate ou encore appelée institutionnelle, se développe et peut parfois répondre à cette question.

Les éditions viennent alors au secours des professionnels de l'hôtellerie et de la restauration. Ces documents, véritables ambassadeurs de l'entreprise, permettent alors de communiquer de façon claire et précise et de vendre des produits et des services «secs» ou «intégrés». Certaines règles simples devront tout de même être respectées : éviter d'éditer des formats originaux qui ne rentrent pas dans des emballages normés, surveiller le poids des documents, gérer le nombre d'exemplaires à commander d'une saison sur l'autre en raison des changements qui peuvent intervenir…

Le dépliant d'un hôtel ou la carte d'un restaurant, doit servir à véhiculer une image positive et attractive de l'établissement. Il doit donc être soigneusement préparé et les photographies sont censées représenter la vie et non des endroits vides de clients (une chambre vide, un parking sans voiture, une terrasse vide peuvent avoir un impact négatif sur le consommateur). Le plan d'accès, les tarifs… font aussi partie de la communication d'un établissement, ils doivent être précis, clairs, sans ambiguïté.

Les éditeurs en chiffres

Editeurs	Nombre de titres	CA 99	Exemplaires vendus en 1999
Petit Futé	80	7800000	946000
Mondéos	30	6500000	795000
Hachette	25	4500000	500000
Ulysse	nc	1500000	200000

Cependant, si tout le monde connaît bien les principes d'une bonne communication, on ne peut utiliser le mot de recette; car cela signifierait qu'elle pourrait être appliquée par tout le monde en utilisant les mêmes ingrédients, ce qui serait absurde. Chaque entité concernée doit pouvoir utiliser les principes de base afin de concocter la sienne propre adaptée aux réalités de son environnement et de son marché.

Mais une action de communication, quelle qu'elle soit, n'a de sens que si elle découle d'un plan d'actions marketing[1]. Ce qui implique que l'entreprise de services a préalablement déterminé :

L'**objectif** poursuivi : notoriété, fidélisation, image;
- La **cible** : clients actuels, potentiels, leaders d'opinion;
- Le **thème** de la communication : un seul message;
- La **zone** géographique : régionale, nationale, internationale;
- Le **budget** imparti en fonction des supports choisis;
- Les **retombées** attendues : suivi et contrôle afin de mesurer les retombées en termes qualitatif et quantitatif.

Une fois ces points établis, il sera plus facile pour le professionnel d'apprécier :

- Le **contenu** du message qui doit être mémorisable par le consommateur;
- Les **supports** à employer; supports qui conditionnent la qualité de l'image que l'on désire véhiculer;
- La **période** la plus favorable pour lancer la campagne de communication.

On ne peut parler de communication sans tenir compte des nouvelles technologies. Dans un article «La révolution de la communication est en marche»[2], Joël de Rosnay, scientifique et futurologue, précisait lors du salon européen

1. HTR Tendances & Marketing.
2. L'Hôtellerie n°2562 du 21 mai 1998 «La révolution de la communication est en marche» - Cécile Junod.

des technologies pour l'hôtellerie et la restauration (Eurhotec), organisé par l'Association internationale de l'hôtellerie et de la restauration (IH&RA) du 25 au 27 février 1998, que *«pour pouvoir relever le formidable défi du prochain millénaire, il est impératif que les directeurs d'établissements anticipent et intègrent dans leur fonctionnement la grande révolution de la communication qui s'annonce»*. Selon lui, les facteurs clés de succès seront liés à la gestion des informations reçues et à la formation de l'encadrement. Il interpelle les professionnels sur la nécessité d'intégrer dès à présent cette révolution de la communication : *« Vous devez avant tout saisir la nature du changement et apprendre à utiliser les nouvelles technologies développées. Il faut impérativement pénétrer le monde d'Internet, envisager un réseau Intranet et investir en formation. En quelque sorte, vous devez adopter sans plus attendre un régime informatique intensif»*.

Joël de Rosnay tient cependant à préciser que plus la technologie gagnera du terrain et plus le client sera exigeant dans sa relation humaine. La technologie n'est alors qu'un outil qui permet de décharger le personnel de tâches fastidieuses et lui permet de mieux s'occuper des préoccupations de la clientèle.

Evolution des investissements publicitaires dans le monde de 1996 à 2001 (en millions de US dollars)

Communication	1996	2001	Evolution
Promotions	259103	375947	+45,10 %
Courrier adressé	32776	80267	+145,00 %
Télémarketing	11556	17413	+50,70 %
Motivation	4481	8458	+88,70 %
Relations publiques	3472	7456	+115,00 %
Annuaires/éditions	12725	24213	+90,20 %
Terrain	2248	3712	+65,10 %
Imprimés sans adresse	42977	75685	+76,30 %
Presse quotidienne	31970	43911	+37,30 %
Presse magazine	8592	15197	+77,80 %
Presse locale	6833	12165	+78,10 %
Radio	18292	18685	+2,15 %
Télévision	32265	44713	+38,50 %
Médias interactifs	1920	7525	+292,00 %
Total	**469210**	**735347**	**+56,7 %**

- 77 % des annonceurs utilisent six médias différents ;
- 89 % ont eu recours à la presse ;
- 77 % au marketing direct ;
- 69 % à la communication sur les lieux de vente ;
- 57 % à la télévision ;
- 48 % aux médias électroniques ;
- 71 % pensent que le CD-Rom, le CDI et les téléservices s'intégreront dans le comportement quotidien des consommateurs contre 63 % pour les services et réseaux en ligne et 52 % pour la télévision numérique ;
- 46 % mesurent l'efficacité de leurs actions de communication avec au moins quatre instruments de mesure.

3. THÈMES DE REFLEXION

N° 1
Bistrots en fête

Lors d'un congrès de la Fédération nationale de l'industrie hôtelière, plusieurs représentants syndicaux ont taxé l'opération «Bistrots en fête», dont la première édition a vu le jour en 1994 et qui est prévue à la fin du mois de septembre, de parisianisme. Disons plutôt qu'il y a un commencement à tout et que Paris en est un. Notons tout de même qu'en 1995, plus de 2500 établissements ont été mobilisés pendant quatre jours, et qu'il y a eu 1600 animations musicales et artistiques. En 1998 les quatre jours ne font plus que deux, mais la fête se fait aussi ailleurs qu'à Paris.

Cette opération est un moment privilégié où le bistrot retrouve ses lettres de noblesse : rires, détente, humour, bonnes bières, bons vins, musique, art… au coin du zinc, en salle ou en terrasse. L'événement Bistrots en fête correspond à un moment de convivialité unique et qui n'appartient qu'à lui.

■ **Qui est concerné ?**

Tous les établissements peuvent y participer, car « plus on est de fous, plus on rit» (il y a 3950 cafés-tabac, 34857 débits de boissons qui réalisent respectivement 1,70 et 2,45 milliards d'euros de chiffres d'affaires par an[1]). Cela dit, dans les faits, il faut un patron motivé. Lors de la première édition, il a été constaté à maintes reprises que sans un investissement personnel de celui-ci, les animations avaient tourné court, les banderoles avaient fait «potiche» et les ballons n'avaient pas quitté leurs cartons. Sans parler des comptoirs désertés alors qu'à moins de cinq minutes à pied, un bistrot sans prétention croulait sous les applaudissements d'une clientèle étonnée, satisfaite, heureuse de boire un verre, discuter, signer un livre d'or ouvert pour la circonstance.

L'implication et la motivation sont deux ingrédients nécessaires, voire impératifs, au succès de Bistrots en fête. Ensuite, il y a l'aide et les moyens développés par

1. L'Hôtellerie du 17/09/98.

l'organisation… avec le soutien de la Mairie de Paris. Du beau monde et un large éventail de possibilités à la clef. Le principe : l'organisation Bistrots en fête fournit aux professionnels une PLV complète (publicité sur les lieux de vente) comprenant des banderoles extérieures, un tapis rouge (à placer devant la porte d'entrée), des affiches qui annoncent l'événement au public, etc. Les organisateurs mettent également en place un concours consommateurs, se chargent des contacts avec les chanteurs et les musiciens (qui jouent ainsi un rôle de guide dans le choix de l'animation) et prennent en main l'aspect communication.

■ **De gros efforts de communication**

Directs à la radio, débats philosophiques… La liste de tous les établissements participants paraît dans un cahier spécial de Pariscope, avec tiré à part distribué à la clientèle. Des émissions de radio (radios du groupe NRJ) sont faites en direct des établissements pendant les quatre jours d'animation. Le philosophe Marc Sautet (à la tête d'une association de philosophie) mobilise, de son côté, ses troupes, pour lancer des débats dans une série de cafés. Ca fonctionne déjà au Café des Phares, place de la Bastille, le week-end.

Bref, pas question d'abandonner le cafetier après la distribution des calicots. A lui, par contre, de saisir l'opportunité de l'opération. Lors de la première édition, certains ont offert une fleur aux consommatrices, d'autres ont reversé un pourcentage des ventes à un club sportif de leur quartier, d'autres ont créé des cocktails, affiché et donné l'historique de leur établissement, organisé des karaokés le temps de l'apéritif ou installé des jeux de société (attention cependant aux types de jeux proposés, les loteries et les tombolas notamment, sont formellement interdites au sein des cafés). On peut aussi faire deviner aux clients la *«distance existant entre le bas d'une bouteille pendue au plafond et le sol ou la longueur du bar».* Celui qui s'en rapproche le plus gagne… une tartelette, un sandwich, etc. Tout, pendant ces quatre jours, devient prétexte à la fête : les Saints du jour, les anniversaires, les personnes qui passent la porte aux douze coups de midi ou de minuit. Les thèmes ont aussi l'approbation du public : sport (tournois de ping-pong sur le bar, de pétanque en terrasse, de baby-foot avec Paris), région (notamment en fonction des origines du patron), cinéma (western, policier, comédie musicale)… .

1/ Analysez de façon structurée la communication mise en œuvre lors de l'opération «Bistrots en fête»;
2/ Une telle manifestation permet-elle de fidéliser le client?
3/ Comment mesurer son impact et son efficacité?

Source : L'Hôtellerie du 6/7/1995 «Bistrots en fête : où, quand, comment et pourquoi» de Syvie Soube – L'Hôtellerie du 1/02/1996 «Bistrots en fête : tacite reconduction».

N° 2

Internet : une nouvelle approche de la communication des firmes. Le Web : un produit d'appel?

■ Les hôteliers se font de plus en plus internautes[1]

Une des questions essentielles que se posent les professionnels du secteur du tourisme, concerne l'évolution possible d'Internet et son impact sur leur métier en terme de communication et de distribution. Tous les professionnels sont-ils concernés? Agences de voyages, tour-opérateurs, hôteliers, restaurateurs, cafés?

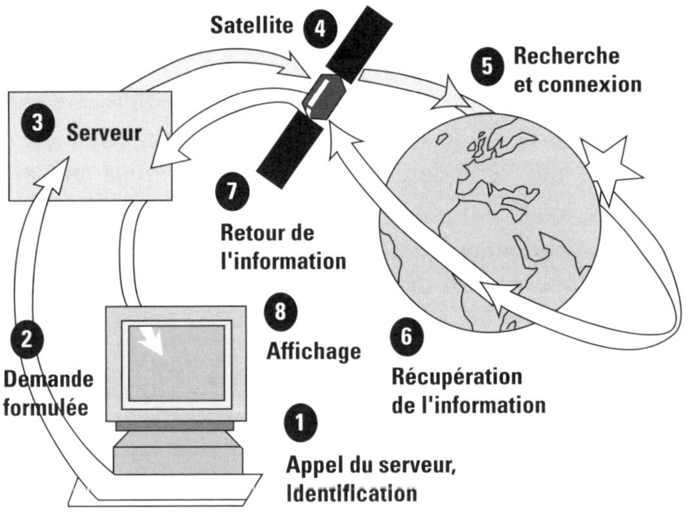

Le nombre de serveurs Internet en France se situait à la fin de l'année 1997 à 2 pour 1 000 habitants, contre 43 en Finlande, 22 aux Etats-Unis ou 13 aux Pays-Bas. Plus de 51 % des chaînes hôtelières volontaires ou intégrées sont présentes sur le Web (Etude réalisée en 1997 par Coach Omnium). Cependant, pour la plupart des individus, Internet est un outil dont la signification reste encore assez vague, même si d'aucuns estiment que, pour les clients potentiels, le Web permet de rechercher des informations aux quatre coins du monde tout en restant dans son fauteuil. Communiquer à travers Internet permettrait de toucher une clientèle avec laquelle les firmes n'auraient autrement jamais eu le plus petit contact…

1. L'Hôtellerie, supplément Economie n° 2515 du 19/6/1997 «Les hôteliers se font de plus en plus internautes» de ML Estienne.

■ Cafés et restaurants

Comme dans tous les établissements du même genre, boissons, salades, tartes, cafés…, sandwiches, figurent sur une carte. La grande différence se trouve dans la présence d'ordinateurs mis à la disposition des clients initiés ou non qui, pour 9,15 € de l'heure environ, peuvent «surfer» sur Internet, la souris dans une main, un verre dans l'autre.On les appelle des «cyber-cafés» ou des «cyber-restaurants». Nicolas Jardry l'un des fondateurs du Café Orbital juge que le rôle des serveurs ou des patrons est fondamental pour expliquer et assister les consommateurs : *«nous devons à la fois être serveur et informaticien et en plus parler plusieurs langues».* L'anglais est de toute façon une langue obligée car peu de sites Web sont entièrement en français. Les formations organisées le samedi matin avec l'aide d'étudiants reviennent à 30,49€ pour deux heures. Cela semble peu cher en comparaison de l'investissement que devrait réaliser un particulier pour s'équiper : un ordinateur, un modem, un abonnement et le prix des communications. Et les restaurants? Nicolas Jardry estime quant à lui que c'est de la folie pour un restaurateur de se lancer dans une telle aventure, car ce sont deux métiers différents. Stéphane Abboud du Net Coffee, pense au contraire que l'idéal, c'est le restaurant dont l'espace bar est un peu délaissé dans la journée : «Internet, c'est un bon moyen de fidéliser la clientèle et de lui offrir un plus, à la manière des points phone». Roland Buhler, patron du Midi-minuit à Strasbourg, cyber-restaurant depuis septembre 1995, propose deux formules de repas à 9,15 € et 17 € avec une demi-heure de connexion comprise. Il organise avec son épouse des soirées Internet à thème et il touche également une clientèle d'entreprises soucieuses de sensibiliser leur personnel.

■ Deux abandons coup sur coup[1]

En février/mars 1997, deux cyber-cafés cherbourgeois, le Diapason et Le Charleston, mettent en veilleuse leurs ordinateurs. Le phénomène de société s'est heurté aux mentalités de la Manche. Ces établissements sont donc redevenus des cafés traditionnels. Laurent Ahmed, patron du Charleston recrutait essentiellement sa clientèle d'internautes parmi les jeunes de 18 à 25 ans. Malheureusement, l'Institut universitaire de technologie proche de l'établissement s'est depuis équipé et les étudiants surfent dorénavant gratuitement sur Internet. A ceci se rajoute le fait que, sans chercher à être rentable, mais tout simplement essayer d'amortir les frais d'exploitation, il aurait fallu une trentaine de connexions au lieu des quinze pour les trois postes mis à la disposition des clients (11,80 € par mois d'abonnement à Internet, une prise de connexion télécom de 22,90 € par mois auxquels vient se rajouter le coût de la location des ordinateurs). Un produit comme Internet trouve-t-il sa

1. L'Hôtellerie n°2502 du 20/3/97 «Le Cyber café vacille à Cherbourg» de O. Marie.

place et sa clientèle dans n'importe quel établissement ? Peut-il remplacer en fait un flipper ou un baby-foot ?

■ L'ère du cyber-hôtel : les hôtels se branchent sur le Web

L'hôtellerie indépendante : le trois étoiles Champerret-Villiers[1]

L'hôtel trois étoiles Champerret-Villiers de 45 chambres, situé au 129 de l'avenue Villiers dans le 17e arrondissement de Paris fut le premier établissement à équiper ses chambres d'ordinateurs avec accès à Internet. Christian Mahy, directeur de l'établissement est ainsi parvenu à capter une clientèle qu'il ne touchait pas auparavant : celle des hommes d'affaires. *« Il y a des moments où il faut décupler son énergie et tout mettre en œuvre pour répondre aux besoins de ses clients, mais aussi augmenter ses parts de marchés »* explique-t-il. L'idée n'a pas germé du jour au lendemain uniquement pour sacrifier à une mode. Dès 1991, lors de la rénovation de l'hôtel, il fait installer des prises d'ordinateurs dans les chambres. A l'automne 1995, Christian Mahy collabore avec Compuserve, serveur d'accès à Internet (dont l'accès est gratuit pour ses clients) et avec Olivetti. Dix chambres sont ainsi équipées afin de répondre aux besoins de ses clients (25 autres chambres devant suivre dans les mois qui suivent) et une imprimante est disponible pour deux chambres : *« Lorsqu'ils voyagent à travers le monde, les hommes d'affaires doivent rapidement communiquer avec leur entreprise. Via le Web et leur boîte électronique, ils peuvent prendre connaissance des messages qui leur sont destinés. Voici un élément dont je devais tenir compte dans l'élaboration de mon produit »* précise-t-il.

Coût de l'investissement : plus de 1 980 € par chambre. *« Ce n'est pas colossal ! D'autant que ces installations suscitent l'intérêt de nouveaux clients qui jusqu'à présent ne prenaient guère en considération le Champerret-Villiers »* tient-il à préciser. Affilié au groupe Helan Reservation (Néotel et Héraldus), membre du groupement Hôtels Unis de Paris, Christian Mahy pense aussi que c'est la seule manière pour un hôtelier indépendant de se commercialiser à travers le monde.

■ L'hôtellerie de chaînes[2]

Hyatt est présent sur Internet depuis 1994. Depuis, la plupart des grandes chaînes hôtelières intégrées ou volontaires se sont « connectées » : Hilton Corporation, Holiday Inn, Accor... En France, c'est la chaîne Relais & Châteaux qui a été la première à le faire. C'était en 1995. En janvier 1996, les deux tiers des 60 000 connexions

1. L'Hôtellerie du 1/02/1996 « L'hôtel Champerret-Villiers à Paris : être le premier « cyber-hôtel » » de Claire Cosson.
2. Les Echos du 13/3/1996 « Les premiers pas de l'hôtellerie sur internet » de TN.

provenaient des Etats-Unis. «*Les demandes ainsi générées représentent un chiffre d'affaires mensuel d'environ* 6 100 € *sur une activité globale de* 304 900 € *par mois*», précise Michel Bouquier, délégué général des Relais & Châteaux.

Le Sofitel Paris Saint-Jacques Hôtel et Conventions[1]

Le Sofitel Paris Saint-Jacques Hôtel et Conventions investit 30,5 M€ sur cinq ans. Depuis juin 1996, clientèle d'affaires et clientèle de loisirs ont désormais leur propre accueil. La rénovation des 800 chambres et suites s'est terminée en 1999. L'installation du Cyber Business Lounge, cyber-café avec accès à Wanadoo (France Télécom Interactive), permet aux clients de se connecter à tous les services d'Internet et aux 25 000 services Minitel existants.

Le groupe des hôtels Concorde[2]

Le groupe des hôtels Concorde concurrence sur Internet, depuis décembre 1995, les chaînes volontaires comme Leading Hotels of the World et Small Luxury Hotels. Les clients trouveront sur le serveur de Concorde : photos, descriptifs et promotions; une liste des bureaux de vente Concorde. Courant 1996, l'ensemble des 72 hôtels de la chaîne s'y trouvera… en anglais. Les clients pourront effectuer une demande de réservation («résa») par e-mail. Une confirmation sera demandée par télécopie ou téléphone du numéro de carte de crédit en garantie. Pourquoi par fax ou téléphone? Tout simplement pour éviter les risques de piratage (quelques groupes proposent la réservation directe avec cryptage du numéro de carte). Un petit plus permettant de renforcer l'impression et l'impact sur le client : le Web de Concorde donne la conversion dans les grandes monnaies mondiales des tarifs exprimés en monnaie locale avec des cours actualisés au jour le jour.

Le groupement Esterel Côte d'Azur[3]

«Internet permet de véhiculer une image dynamique auprès de la clientèle», assure Jean-Michel Chezalviel, président d'Esterel Côte d'Azur, un groupement hôtelier qui vient d'ouvrir un site avec deux pages présentant les adhérents (11 établissements 2 et 3 étoiles, soit 450 chambres entre Fréjus et Saint-Raphaël). Le Var, première destination des touristes en France au début des années 1990 se retrouve aujourd'hui rétrogradé à la quatrième place. *«Internet est un vecteur de communication intéressant pour toucher une clientèle étrangère plus large sans passer obliga-*

1. L'Echo Touristique du 21/6/1996 «Le Sofitel Saint-Jacques rénové et branché sur internet» de Pascale Filliâtre.
2. L'Echo Touristique du 24/11/1995 «Les hôtels Concorde sur internet» de Thierry Noisette.
3. L'Hôtellerie «La côte d'azur sur le web» de E. Millot.

toirement par des voyagistes qui prélèvent à chaque fois une commission», précise-t-il.

Le service coûte environ 229 € par an aux hôteliers (une transmission directe des messages est faite par télécopie pour ceux qui ne possèdent pas de système informatique). Il vient compléter les opérations de promotion menées sur le terrain par le groupement. *«Nous faisons très peu de publicité, mais nous multiplions les opérations qui induisent des retombées dans la presse locale ou nationale. En décembre par exemple, nous collections des jouets pour la Croix Rouge»*, conclut le président.

La chaîne des Domaines du soleil

La chaîne des Domaines du Soleil présente depuis octobre 1995, son parc de résidences en montagne (14400 lits dans 16 stations) sur le Web. L'investissement est estimé à 152449 €. Le serveur informe aussi les clients sur les trajets (cartes routières et SNCF), l'enneigement et la météo, les animations… Encore une fois, 75 % des 150 réservations passées et confirmées en 1995 proviennent de l'étranger et concernent surtout une clientèle individuelle. Des résultats qui peuvent *a priori* sembler modestes mais ce serait oublier que le trafic sur le serveur a atteint des pointes de 110000 connexions hebdomadaires. Mais ce qui est plus rare, c'est que ce serveur constitue le serveur unique de la montagne française. La chaîne du Soleil prévoit que les offices du tourisme et professionnels des stations se doteront à terme de leur propre boîte à lettres électronique, ce qui leur permettra non seulement de réagir plus vite aux demandes d'information mais aussi de faire des économies de télécommunication dans leurs échanges avec leurs clients nationaux, étrangers ou entre eux (durant les grèves de novembre/décembre 1995, le siège parisien a adressé jusqu'à 1000 fax par jour à ses adhérents!).

Toutes les chaînes assurent que leur présence sur Internet ne doit pas gêner les agences de voyages. Celles-ci, qui réservent par systèmes informatisés GDS (Global Distribution System) peuvent trouver des informations et des images sur le Web. Ce qui n'a pas empêché cependant Thisco, une société qui héberge de nombreux serveurs hôteliers de lancer en octobre 1994 TravelWeb pour les clients qui veulent passer directement leurs réservations. Sven Boinet, ancien vice-président d'Accor raconte, après sa rencontre avec un géant américain de la distribution électronique, que pour eux, les agences et tous les types d'intermédiaires sont en passe de disparaître.

■ Internet et les voyagistes[1]

Le Club Med

Internet possède une dimension que n'offre pas le Minitel : photos, cartes postales télématiques avec palmiers, musique et vidéo... Celle-ci vient renforcer l'impression de rêve et d'évasion, donc la force de la promotion des sites touristiques proposés. Du plus simple aux dépliants sophistiqués qui informent le client. Tout est fait pour créer le dépaysement attendu, même si on peut se demander si cette forme de communication, souvent effectuée en anglais, n'est pas exclusivement dirigée vers une clientèle étrangère. Ainsi, la page d'accueil du Club Méditerranée ne permet de visualiser que les villages de vacances des Etats-Unis, des Bahamas, des Caraïbes, du Mexique et de Polynésie française. La personne intéressée par un séjour est priée de s'adresser à son agent de voyages ou d'appeler un numéro vert aux Etats-Unis ! On est encore loin du 3615 Club Med présentant les villages des trente pays sur cinq continents avec possibilité de réserver.

Nouvelles Frontières

Nouvelles Frontières a choisi de ne présenter que des gros plans sur des destinations phares afin de donner au client un avant goût de voyage, en contrepartie, il met l'accent sur le ludique (choisir un voyage pour moins de x euros...). Mais là encore, pour plus de détails, le client doit se déplacer, téléphoner ou passer par le service Minitel.

Degriftour

Au contraire de Nouvelles Frontières ou du Club Med, Degriftour propose un service complet qui permet aux clients intéressés de choisir entre les vols, les circuits, les hôtels, les séjours à thèmes. Dès que le choix du séjour est fait, le client peut voir les produits et passer directement sa commande. Il pourra ensuite confirmer sa commande par télécopie ou par messagerie électronique. Degriftour réalise ainsi le tiers de son chiffre d'affaires grâce à Internet.

Quelques producteurs offrent aux agences la possibilité de faire leur promotion sur leur service télématique. C'est le cas de Tempo à Marseille. Ce voyagiste spécialisé dans la programmation de séjours liés à un événement musical, a créé en 1995 son Tempotour qui réserve deux pages à chaque agence partenaire. Brok'air veut s'appuyer sur 2000 agences indépendantes pour lancer sa nouvelle marque Daily et son service télématique du même nom. Ces agences recevront également un code

1. Téléphone de mars 1996 « Internet séduit les voyagistes » de Dominique Hoeltgen.

qui leur permettra de rentrer sur le Minitel leur propre publicité. C'est un moyen d'autopromotion gratuit. Sans en attendre des retombées mirifiques au niveau des ventes, ces voyagistes estiment que cela leur permet d'occuper le terrain et de limiter l'espace utilisé par les soldeurs et les vendeurs en direct.

L'entreprise doit choisir un mode de communication et de distribution en fonction de ses objectifs, mais aussi, en fonction de critères d'efficacité selon les caractéristiques du marché sur lequel elle se situe. Dans ce cas, il est traité du rôle et de l'avenir des nouvelles technologies dans les métiers du tourisme : quelles sont les cibles? L'avenir d'une telle distribution? Les craintes, légitimes ou non, des différents professionnels comme des consommateurs? Les avantages et les inconvénients d'une telle technologie? Les bouleversements que cela a provoqués?

1/ Les documents mis à votre disposition vous servant de support, vous effectuerez dans un premier temps une recherche documentaire afin de pouvoir établir les évolutions entre 1996 et 2003 à travers des tableaux comparatifs;

2/ Vous établirez deux questionnaires : l'un, destiné aux professionnels du tourisme, le second, destiné aux consommateurs;

3/ Vous réaliserez une enquête terrain et après analyse, vous expliquerez en quoi ces nouveaux outils ont révolutionné à long terme, non seulement l'offre en matière de services en France ou à l'étranger; mais aussi, en quoi ils ont profondément modifié les habitudes de comportement des consommateurs.

Nota : Vous pouvez vous intéresser à un segment de marché professionnel précis (hôtellerie, restauration, agence de voyages, TO, autres) ou rester plus «généraliste» en faisant une présentation du marché du tourisme et de ses différents intervenants.

N° 3

Promotion hôtelière : cherche clients individuels pour l'été

Comment freiner la chute du taux d'occupation lorsque la saison touristique arrive? Alors que les hôteliers accueillent tout au long de l'année une clientèle d'affaires, ils se trouvent brusquement confrontés à une forte baisse de fréquentation. Les chaînes essaient alors d'attirer les vacanciers au travers d'actions promotionnelles afin de remplir leurs hôtels durant les semaines creuses d'été. Ces campagnes fondées essentiellement sur un avantage tarifaire visent avant tout les familles et les individuels. Ces derniers constituent une population beaucoup plus sensible au prix *a contrario* des hommes d'affaires dont les coûts d' hôtellerie sont généralement pris en charge par leur entreprise. *«La principale difficulté à surmonter est que les hôtels de chaînes basculent soudainement d'une clientèle d'hommes d'affaires pour lesquels ils sont bien rodés, vers une clientèle familiale à l'égard de laquelle ils sont mal à l'aise»,* estime un responsable marketing d'un groupe hôtelier. Le sac de plage remplace alors l'attaché-case, le bermuda le costume trois pièces.

Durant l'été 1996, les hôteliers de la ville de Nîmes ont ainsi organisé une opération «Invitation à Nîmes». A cet effet, des chéquiers ont été distribués qui permettaient aux vacanciers de découvrir à prix réduits les sites touristiques et culturels de leur région. La même année, les hôtels du groupe Choice avaient, eux, lancé une opération «week-end» pour ses hôtels Comfort, Quality et Clarion en Europe. L'offre promotionnelle consistait en une réduction de 30 % sur le prix de la chambre et de la gratuité du petit déjeuner du 1er mai au 30 octobre. Une campagne de communication fut faite à travers la presse et 800000 dépliants furent distribués aux automobilistes à la sortie des grandes villes européennes. Le groupe Choice contacta aussi 20000 agences de voyages.

Toutes ces campagnes de communication/promotion s'étalent généralement du mois de juin au mois de septembre. Partant du principe qu'une chambre n'est pas un produit que l'on peut stocker (donc non louée, une recette en moins), chaque chaîne hôtelière recherche l'idée originale, le petit plus, qui attirera une population quelque fois méconnue. On distribue des millions d'invitations, des centaines de milliers de chèques de réduction, par exemple sur les aires de péages des autoroutes ou à la sortie des grandes villes. Tout est fait pour capter la famille et les juniors, les clients de demain.

■ Qui fait quoi ?

Novotel	- Hébergement gratuit pour les enfants de moins de 16 ans logeant avec leurs parents; - Petit déjeuner offert pour les enfants; - Une peluche «Dolfi» offerte aux enfants; - Menus, aires de jeux, livres réservés aux enfants.
Campanile	- Petit déjeuner gratuit pour les moins de 5 ans; - Menu «Campi».
Bleu Marine	- Gratuité de l'hébergement et du Pdj pour les moins de 16 ans; - Un menu «Moineau» pour les moins de 12 ans.
Première Classe	- Petit déjeuner offert aux enfants;
Choice	- Hébergement gratuit pour les enfants logeant dans la chambre des parents; - 50 % de réduction pour chambre indépendante pour les enfants.
Climat de France	- Un Pdj offert par chambre et par nuit; - 3e lit gratuit.
Frantour	- Réduction sur le tarif chambre pour les possesseurs de carte orange pour un séjour minimum de trois nuits; - Réduction supplémentaire de 20 % pour les détenteurs de la carte fidélité Frantour; - 2,5 millions d'invitations distribuées.
Mercure	- Chèques Fidélité Vacances : réduction pour un prochain séjour dans les hôtels de la chaîne; - 600000 chèques distribués.

A l'aide du texte et de votre propre connaissance, vous analyserez la stratégie de communication mise en place par les chaînes hôtelières dans le but d'attirer et de fidéliser une clientèle différente de celle que reçoivent habituellement les hôteliers. Qu'en pensez-vous? Apportez votre propre point de vue. Y a-t-il d'autres stratégies envisageables? Quelles seraient celles que vous retiendriez et pourquoi si vous étiez un professionnel?

Source : L'Hôtellerie n° 2475 du 19/9/1996 «Campagne de communication : cherche clients individuels pour l'été» de M. Watkins.

N° 4
La publicité et le sport

«*Budweiser veut imposer sa présence publicitaire envers et contre toute législation antialcoolique; et les pouvoirs publics seraient prêts à trouver un arrangement*». Le journal *France Soir* du 28 avril 1997 titrait : «*La bière met la pression*». Il est vrai que la coupe du monde de football approchait à grands pas, l'enjeu financier était tel que les producteurs d'alcool bataillaient auprès des pouvoirs publics afin d'obtenir un adoucissement de la loi Evin. Le géant américain Anheiser Bush, producteur de la Budweiser tentait de faire accepter la vente de sa bière sur le stade de France. Les producteurs français s'étaient bien sûr engouffrés dans la brèche. Ils ne comprenaient pas que les pouvoirs publics puissent accorder un privilège à un seul industriel, de plus étranger, et cherchent à faire modifier la loi incriminée.

Le ministère de la Santé semblait d'ailleurs faire preuve de discrétion tandis que celui de la Jeunesse et des Sports préparait un texte qui aurait permis au brasseur de s'afficher sur les stades. Ainsi, Budweiser n'aurait pas déboursé plus de 15 millions d'euros pour rien, afin d'obtenir le rang de sponsor officiel de la Coupe du monde. Même le grand patron August A. Anheiser Busch avait plaidé sa cause auprès du Président Chirac en décembre 1996. Il ne demandait pas une modification de la loi française mais une «*solution équitable pour tout le monde*». On peut noter une légère contradiction dans ces propos à partir du moment où la loi, si elle n'interdit plus la publicité alcoolisée dans les stades, s'oppose à la diffusion sur le sol français de compétitions où l'alcool s'affiche[1].

Bien que Anheiser Busch ait essuyé un revers devant la Commission européenne qu'il avait saisie d'un recours pour «*restriction à la liberté de prestation de services*», il poursuivait son lobbying effréné et menaçait de retirer son budget à la FIFA. Certains envisageaient même d'organiser la diffusion télévisée des matchs partout dans le monde sauf en France. N'était-ce pas oublier assez vite que le contrat fut signé par Anheiser Busch quatre ans après l'entrée en vigueur de loi Evin? En janvier 1997, une proposition de loi fut déposée devant l'Assemblée nationale qui proposait toute une série de modifications de la loi Evin en matière de publicité et de parrainages. Les associations de lutte contre l'alcoolisme avaient réagi en adressant une lettre ouverte à Jacques Chirac, rappelant que l'alcool causait chaque

1. France-Soir «La bière met la pression» du 28/04/1997 Arnaud Levy.

année 50000 morts en France. Le ministre allemand de la Santé souhaitait également que les chaînes de télévision diffusent moins de publicité en faveur de l'alcool lors de retransmissions sportives. Il estimait que la position des brasseurs était indéfendable au regard des 2,5 millions de personnes malades de l'alcoolisme en Allemagne.

Les propos recueillis par Arnaud Levy du journal *France Soir* lors d'une interview donnée par Claude Evin, exprimaient bien son inquiétude de voir vider de son sens une loi au profit d'intérêts purement financiers. Ancien ministre de la Santé, il estimait que la santé publique ne devait pas être malmenée par des intérêts privés.

Claude Evin semblait bien connaître le lobby des producteurs de tabac ou d'alcool et il craignait qu'on vide sa loi. L'ancien ministre expliquait à *France Soir* qu'il luttait pour que la santé publique ne soit pas malmenée par des intérêts financiers.

FranceSoir – Que pensez-vous des manœuvres autour de votre loi ?

Claude Evin – Depuis plusieurs mois, le ministère de la Jeunesse et des Sports veut trouver une solution qui permette à Budweiser d'afficher durant la Coupe du monde. Plusieurs solutions ont été envisagées. Même une « extraterritorialité » des stades, ce qui pour le « Stade de France », serait pour le moins paradoxal. Je peux comprendre que les producteurs d'alcool se soient engouffrés dans la brèche en contestant le privilège qui serait fait à Budweiser.

Je crois que toute exception créerait un précédent dangereux et irait à l'encontre du dispositif légal. Or, c'est au Parlement de défaire une loi, qui s'impose tant qu'elle n'a pas été modifiée. Je crois qu'avant de changer quoi que ce soit, on devrait au moins attendre que la Commission d'évaluation de la loi ait rendu son avis.

FS – Comment s'exerce le lobbying des alcooliers ?

CE – Ce n'est pas un hasard si Budweiser veut absolument être présent durant la Coupe du monde. C'est un très grand événement international qui est tout particulièrement apprécié par les jeunes. Or, pour les producteurs, c'est aujourd'hui un segment de consommateurs qui représente une cible prioritaire. Le lobbying s'exerce de façon insidieuse. Les publicitaires y prennent d'ailleurs une part plus importante que les producteurs ou les industriels. Comme ils ne peuvent mener de débat frontal, ils avancent des thèmes de prévention, « apprendre à bien boire », etc. En fait, ce sont des faux-nez. Je comprends que les alcooliers défendent leurs intérêts, mais qu'on ne mette pas la prévention à toutes les sauces.

FS – Votre loi ne risque-t-elle pas d'être progressivement vidée de sa substance ?

CE – En France, chaque fois que l'on a tenté de mettre en place des législations de maîtrise ou d'opposition au tabac et à l'alcool, elles ont fait l'objet de tentatives directes ou indirectes pour les modifier ou les détourner. C'est pourquoi j'avais présenté une loi plus drastique en 1990. Malheureusement, le gouvernement Balladur a déjà cédé aux pressions, notamment des producteurs de vins et des élus des circonscriptions viticoles, en autorisant l'affichage de la publicité pour l'alcool. Une modification démagogique et inefficace car, dans la pratique, elle bénéficie plus aux bières et aux alcools forts qu'au Saint-Emilion ou aux crus de Bourgogne.

FS – Croyez-vous que les ministères en charge de la santé sauront faire preuve de fermeté ?

CE – Jusqu'à présent, Jacques Barrot et Hervé Gaymard avaient apparemment résisté aux pressions. Il n'est pas impossible que les lobbies français réagissent en fonction de l'incertitude politique du moment. Il faut s'attendre à les voir redoubler d'activité. J'ai bien l'intention de me battre pour défendre, non ma loi, mais un texte important de santé publique qu'il ne faudrait pas voir vidé de son sens au profit d'intérêts financiers.

Malgré toutes les pressions exercées par Budweiser, il fut finalement décidé d'interdire toute forme de publicité portant sur l'alcool, même virtuelle, dans les stades français pour cause de loi Evin[1].

Des chiffres :
32 nations qualifiées;
33 jours de compétition, 64 matchs;
2,5 millions de spectateurs attendus dont 1 million à Paris;
37 milliards de téléspectateurs en audience cumulée (deux fois plus que les Jeux Olympiques) dont 1,7 milliard pour la finale du 12 juillet 1998;
2 millions de footballeurs licenciés en France dont la moitié est âgée de 6 à 20 ans; 60 % des 12-49 ans suivent régulièrement ou occasionnellement l'actualité du football.

La publicité doit-elle souffrir d'interdiction. Quels sont les enjeux pour les producteurs d'alcool, les agents publicitaires? Les professionnels CHR sont-ils concernés par cette « bataille de la publicité » ? Entraîne-t-elle un effet négatif sur la consommation? En parler, n'est-ce pas déjà en faire la publicité? Toutes les formes de communication sont-elles bonnes?

1. Néo restauration Magazine de janvier 1998.

CHAPITRE 14

La politique de distribution

1. LES ÉLÉMENTS À PRENDRE EN COMPTE ET LES SPÉCIFICITÉS DU MARCHÉ

Selon le vice-président des Wagons-lits[1], *«La distribution est le seul métier où le client peut théoriquement tout faire lui-même. Face aux menaces permanentes d'un court-circuitage, nous devons toujours prouver que nous sommes les meilleurs modes d'intermédiation»*.

A la lecture d'articles de journaux, de livres ou de magazines, tout le monde peut constater qu'il existe une multitude d'intermédiaires dans le secteur du tourisme, trop! A tel point que l'on peut parler d'un marché dispersé de l'offre et de la demande. Certains l'ont bien compris et proposent aujourd'hui des produits ciblés. Citons pour exemple *Clio*, spécialisé dans le voyage culturel ou encore l'agence *Voyageurs du Monde* qui met à la disposition des clients, un spécialiste par destination.

La question à laquelle chaque consommateur se trouve confronté est de trouver l'intermédiaire qui répondra le mieux à ses besoins. Celle du professionnel de l'hôtellerie et de la restauration est de choisir le réseau de distribution qui assurera la pérennité de son établissement, sachant qu'il s'engage parfois à moyen voire à long terme.

1. Jean-Baptiste Tréboul, Les stratégies des entreprises de tourisme, © P.U.F., collection Que sais-je?» n°3284, 1998.

Les systèmes de réservation (GDS : Global Distribution System) participent partiellement à la réponse. Il en est ainsi de «SABRE» d'American Airlines, de «GALICO-APOLLO» du groupement United Airlines, KLM, Swissair et Alitalia ou d'«AMADEUS» en Europe. Les salons professionnels, dont la périodicité est annuelle, permettent également aux acteurs de se rencontrer, de confronter leurs idées et d'essayer de mieux répondre à la demande (World Travel Market à Londres, ITB à Berlin, SMTV –Salon mondial du Tourisme et des Voyages – à Paris, Porte de Versailles, BIT à Milan, BTF à Bruxelles, ITME à Chicago, etc.).

Les différents acteurs en présence :

- Les tour-opérateurs, les croisiéristes;
- Les agences de voyages, l'agent de voyages réceptif;
- Les spécialistes de la clientèle d'affaires, les implants;
- Les transporteurs;
- La grande distribution;
- Les clubs, les associations;
- Les comités d'établissement, les syndicats;
- La presse, la vente par correspondance;
- Les parcs de loisirs...

La particularité du marché de l'accueil est que la distribution de ses produits est indissociable des moyens de communication mis en œuvre par l'entreprise. Le partenariat est une autre facette utilisée par elle qui lui permet de renforcer l'image qu'elle désire véhiculer et qui fera vendre. Prenons comme exemple la grande alliance du train et de l'avion. La SNCF a signé en 1998 un accord (devenu effectif le 18 juillet 1998) avec le numéro un mondial du transport aérien, United Airlines. Ainsi, les passagers entre Lyon et les Etats-Unis peuvent dorénavant acheter un billet comprenant le vol et le parcours en TGV de Lyon-Part-Dieu à l'aéroport de Roissy Charles-de-Gaulle. D'autres pays ne sont pas en reste, en Allemagne, la Deutsche Bahn et Lufthansa annoncent eux aussi une opération identique[1].

«Le client en correspondance échangera simplement son coupon aérien auprès d'un des guichets SNCF, "TGV Air Le rendez-vous", avant d'emprunter son TGV»... «Pour nous, c'est la possibilité d'être commercialisé très loin du territoire français et auprès de comptoirs qui ne connaissaient pas forcément le TGV».

1. La vie du Rail & des transports du 22 juillet 1998 «Quand le train et l'avion font alliance» de Marie-Héléne Poingt.

Plus de 30 % des TGV (7 sur 22 entre Lyon et Roissy) ont des horaires compatibles avec les vols d'United Airlines. Celle-ci évalue à 100000 le nombre potentiel de clients annuels voyageant entre ces deux points. La SNCF n'en est pas à son premier coup d'essai. Déjà, en 1995, elle s'était associée avec Air France pour les passagers en correspondance à Lille ou à Roissy. D'autres accords sont envisagés avec Lufthansa, SAS, Thaï, Varig ou Air Canada.

En Allemagne, Cologne, Düsseldorf, Berlin, Leipzig et Bonn s'y préparent. En Angleterre, British Airways s'allie avec les chemins de fer pour exploiter Eurostar au sein d'un consortium comprenant la SNCF et la SNCB ainsi que l'autocariste National Express.

Le partenariat train/avion prend de plus en plus d'ampleur. Les gares d'aéroports font partie intégrante des stratégies de distribution des entreprises qui peuvent le mettre en avant comme un gage de qualité, de facilité et d'adaptation au marché. La ligne Paris - Londres en 2h35mn depuis septembre 2003 en est exemple saisissant.

3. THÈMES DE REFLEXION

N° 1

Quel réseau de distribution choisir?

Vous venez d'être nommé responsable marketing à la direction internationale du groupe South America. Celui-ci a racheté l'hôtel-restaurant «Les Antilles» il y a deux ans, un hôtel 4 étoiles de 110 chambres situé à la Guadeloupe face à la mer. Construit en 1988 et entièrement rénové en 1999, il connaît aujourd'hui de graves problèmes de rentabilité. En effet, le taux d'occupation moyen n'est que de 50 %, ce qui est loin d'atteindre la rentabilité attendue par le groupe. En fait, on constate que la clientèle actuelle est surtout une clientèle d'affaires et d'individuels.

Le président de South America vous confie ce dossier et vous demande de tout faire pour rentabiliser les investissements qui ont été réalisés. La chemise qui vous est remise, renferme les renseignements suivants :

A. Rénovation de l'hôtel et construction d'une piscine en 1996;

B. Ouvert toute l'année;

C. Disposant des prestations suivantes :
   - Chambre avec télévision, bains, WC et minibar : 95 €;
   - Petit déjeuner continental : 11,50 € (85 % des clients prennent le petit dejeuner);
   - Salle de restaurant panoramique avec terrasse de 50 places, prix moyen d'un repas : 30,50 €;
   - 2 salles de réunions sont mises à la disposition de la clientèle d'affaires; elles sont équipées d'un téléphone, d'un fax, d'un ordinateur, d'un modem et d'une imprimante;
   - Une salle de fitness et une salle de remise en forme.;
   - Une cabine de massage destinée aux hommes d'affaires stressés;
   - Une boutique de journaux et de souvenirs dans le hall de l'hôtel;
   - Une agence de change ouverte de 10h à 12h et de 16h à 19h;
   - Un bar de 30 places situé entre le salon et la piscine.

D. Les résultats d'une étude réalisée par un consultant indépendant spécialisé dans le domaine touristique auprès d'une population d'hommes d'affaires internationaux.

Cette étude fait apparaître les renseignements ci-après :

- Le prix psychologique pour une nuit avec petit déjeuner pour cette région est de : 122 €;

– Le coefficient d'élasticité de la demande par rapport au prix est égal à e (d/p) = 0,8.

Or, vous savez que si la règle du « 1/1 000e » avait été respecté, le prix de vente de la chambre avec le petit déjeuner s'établirait autour de 105 € et que le prix du marché moyen aux Antilles pour une même catégorie et le même type de prestation s'établit entre 122 € et 138 €.

Dès avoir pris connaissance de ces éléments et de ces faits (et sans écarter le clientèle actuelle), vous envisagez une stratégie de distribution et de communication dirigée vers une clientèle touristique.

En vous appuyant sur vos connaissances professionnelles :

1/ Vous analyserez dans un premier temps la stratégie de prix mise en place par votre prédécesseur et vous en déduirez l'étude qui aurait dû être réalisée ;

2/ Vous suggérez à votre président de vendre des chambres par l'intermédiaire de professionnels du tourisme. L'idée de passer par l'intermédiaire d'un tour opérateur vous semble la meilleure. Vous lui présentez les avantages et les inconvénients de ce type de distribution et les risques éventuellement encourus vis-à-vis de la clientèle actuelle ;

3/ Il vous semble judicieux, en parallèle, de préparer une campagne de communication qui viendrait accompagner le réseau de distribution retenu. Vous réfléchissez non seulement aux objectifs à atteindre, aux cibles et moyens à mettre en œuvre, mais aussi aux circuits les mieux adaptés.

N° 2

La restauration traditionnelle et le développement de la vente à domicile ou au bureau

La restauration traditionnelle a traversé quelques années difficiles. Si les restaurateurs de province parviennent à consolider leurs prix moyens «couvert», celui des Parisiens décline régulièrement.

Depuis 1994, date de lancement de l'Observatoire sur la restauration commerciale, certains mois avaient été marqués par des événements ayant fait fléchir ou remonter la fréquentation : attentats, grèves en novembre/décembre 1995, météo, tourisme fléchissant, etc. Bien sûr, ces faits ont pour conséquence immédiate, une fluctuation de la demande et des effets directs sur le chiffre d'affaires des professionnels[1].

Ce ne sont cependant pas les seules raisons d'une telle fluctuation. On constate une tendance plus diffuse due à une baisse de la consommation des ménages. Les banquets ou les dîners ne semblent plus faire recette. Ainsi, le nombre de couverts servis le soir dans les restaurants a diminué de plus de 30 %, et ce, toutes régions confondues. Les déjeuners d'affaires ont, quant à eux, accusé un fléchissement de près de 10 %. En effet, les cadres subissent deux effets croisés : d'une part, leur pouvoir d'achat diminue depuis plusieurs années, et d'autre part, à cause de la réduction d'effectifs des entreprises, ils n'ont plus le temps de déjeuner longuement. Ils se rabattent alors sur des formules de restauration rapide ou des sociétés de livraison de repas à domicile ou au bureau… Heureusement, les séminaires, les repas familiaux ou les groupes de touristes, sont venus compenser quelque peu compenser le déficit provenant de la clientèle individuelle[2].

Ces fluctuations n'ont pas empêché de maîtriser les prix moyens «couvert», et depuis le passage à l'euro, nombre de professionnels ont pu, dans une certaine mesure, ajuster leurs prix. Mais est-ce suffisant pour contrer un tel phénomène?

> L'entreprise doit choisir un mode de distribution en fonction de ses objectifs, mais aussi en fonction de critères d'efficacité selon les caractéristiques du marché sur lequel elle se situe. Quel est l'avenir de la restauration traditionnelle face au changement de comportement des clients et au développement de la vente à domicile ou au bureau? Quelles réponses peut-on trouver face à la baisse de fréquentation?

1. Le baromètre de la restauration Coach Omnium/L'Hôtellerie est fondé sur un panel de 201 restaurants répartis sur toute la France et interrogés chaque mois, avec service à table – hors cafétérias et restauration rapide –.
2. L'hôtellerie – M. Watkins.

N° 3

Toucher une clientèle hors semaine

John McLow, Président Directeur-général d'un groupe hôtelier, envisage d'effectuer une étude de marché et de lancer une campagne de communication dirigée vers les intermédiaires de la distribution des produits du tourisme suite à l'agrandissement et à l'embellissement d'un de ses hôtels «Le Chalutier» situé à Angers. La ville, Préfecture du Maine-et-Loire est située en région Pays-de-la-Loire, à proximité de la Loire, non loin de Nantes et de l'océan Atlantique. L'agglomération d'Angers compte 202282 habitants (141404 pour la ville d'Angers seule).

La ville est aujourd'hui le siège du Centre national de l'industrie horticole (CNIH). C'est aussi un pôle régional de l'industrie de pointe (électronique, construction électrique et automobile); un centre universitaire et hospitalier. Mais Angers est également une ancienne cité du treizième siècle abritant le musée de la tapisserie, une cathédrale construite entre le XI et le XIIIe siècle, des demeures médiévales et renaissance,le Centre national de la danse contemporaine et les musées des Beaux-Arts David-d'Angers et Jean-Lurçat.

Aujourd'hui, le type de clientèle qui fréquente l'hôtel est surtout composé d'hommes d'affaires qui restent en moyenne trois jours dans le pays (principalement en semaine), d'individuels, parfois de groupes (clientèle qui était relativement restreinte en fonction du nombre de chambres disponibles). Après agrandissement et rénovation de l'établissement, le nombre de chambres est passé de 80 à 140. John McLow envisage une stratégie de distribution et de communication axée vers la clientèle française et surtout étrangère, sachant que les visiteurs les plus nombreux sont français (65 %), anglais (20 %), allemands (10 %) et 5 % de divers.

Répartition de la fréquentation de l'hôtel-restaurant

Origine	Total	Individuels	Affaires	Groupes
Français	65 %	10 %	60 %	30 %
Allemands	10 %	5 %	70 %	25 %
Anglais	20 %	2 %	83 %	15 %
Autres	5 %	10 %	80 %	10 %

Un de vos principaux soucis est de palier les effets dus au phénomène de saisonnalité bien connus des professionnels, ainsi que d'attirer une clientèle de week-end; ce qui permettrait à l'hôtel d'accroître sa rentabilité et d'amortir plus vite les investissements réalisés.
- Mais comment vendre votre produit?
- Quels sont les circuits de distribution les plus adaptés?

Ne sachant pas exactement déterminer, *a priori*, la meilleure solution, vous pensez vous adresser aux tour-opérateurs étrangers. Vous préparez ensuite une liste d'actions tournées vers les structures locales qui peuvent également distribuer vos produits.
- Mais quelle campagne de communication faut-il envisager en parallèle?

Vous devrez répondre à ces interrogations en réfléchissant, non seulement aux objectifs à atteindre, mais aussi aux les cibles et aux moyens financiers et matériels à mettre en œuvre.

N° 4
Les réceptifs : un intermédiaire important de la distribution pour les professionnels

Si les agences réceptives passent souvent inaperçues; si elles restent dans l'ombre des agences de voyages et des tour-opérateurs, elles jouent pourtant un rôle essentiel sur le vaste marché du tourisme.

Quand interviennent-elles? Où est leur place dans l'organigramme de vente du secteur du tourisme? Au départ, comme pour tout marché, il y a la demande. Les consommateurs ont à leur disposition une vaste gamme de produits/services allant du service sec, passant par le service combiné à la prise en charge totale du séjour. Tout le monde connaît le rôle du tour-opérateur, un canal de distribution qui remplit le rôle de grossiste en servuction. Les agences réceptives sont contactées par le tour-opérateur qui leur demande d'organiser les séjours et les circuits. Grâce à leurs contacts et à leurs relations entretenues avec les prestataires locaux, elles peuvent bénéficier de tarifs inférieurs à ceux généralement accordés aux tour-opérateurs. Les agences réceptives constituent donc un maillon indispensable entre le prestataire de services et le tour-opérateur. Dans la chaîne de servuction, elles forment un autre canal.

Pourquoi rajouter un canal alors que le réseau de distribution possède déjà de nombreux intermédiaires? En fait, il serait coûteux pour un tour-opérateur étranger d'installer une filiale ou un bureau de représentation dans chacun des pays avec lequel il est amené à traiter. Etant généralement éloigné des points d'achats, le tour-opérateur doit pouvoir s'appuyer sur une personne de confiance et s'assurer que ses clients auront droit au meilleur service. Un problème de langue et de culture peut aussi se poser et les réceptifs sont alors d'une grande utilité. Ainsi, l'agence JCT International, dirigée par M. Omorin, est spécialisée sur le marché japonais. Ring-Tours est organisée par cellules, en fonction des différents pays avec lesquels elle travaille (marché slave, pays anglo-saxons, etc.).

A la demande des touristes de passage dans la capitale qui souhaitent de plus en plus découvrir le «Paris des Parisiens», les réceptifs à Paris proposent des circuits classiques mais également des circuits originaux, comme par exemple des journées consacrées uniquement au magasinage (clientèles asiatiques et américaines). Barbara Tascievic, responsable des relations publiques du marketing et des *incentives* pour Ring-Tours, souligne que 75 % de la clientèle demandent des services complémentaires à l'hébergement.

Il existe de nombreuses agences réceptives en France. Parmi les plus importantes en termes de volume d'activité et de notoriété, auprès des voyagistes comme des hôteliers, il y a l'agence Ring-Tours, spécialisée sur Paris et la Côte d'Azur, Visit France (qui joue aussi le rôle de tour-opérateur), Fair Play Voyages, JCT International. Certains réceptifs font partie intégrante de grands groupes comme Kuoni, Nouvelles Frontières. La différence majeure entre ces réceptifs se situe au niveau de leur spécialisation : chacune est spécialisée sur une activité ou une région de la planète. Pour Nouvelles Frontières, l'essentiel de la clientèle du département réceptif est lié à l'activité de tour-opérateur du groupe à l'étranger. Il y a deux ou trois ans, 100 % de l'activité réceptive de Nouvelles Frontières étaient réalisés à l'intérieur du groupe contre 80 % aujourd'hui. En fait, la clientèle du département réceptif est composée à plus de 70 % par des clients individuels, principale cible de Nouvelles Frontières. Ces clients viennent à plus de 30 % d'Italie, où près de 200 personnes travaillent pour Nouvelles Frontières : sept vols relient Paris à Rome, Venise, Pise, etc. *A contrario*, le groupe Kuoni accueille à 80 % des groupes et plus de 50 % de leurs clients sont d'origine asiatique.

■ Une activité tournée vers les hôteliers

Le volume d'activité des agences réceptives est généré entre 50 et 80 % par la vente de chambres d'hôtels. «L'hôtellerie est aux réceptifs ce que l'aérien est aux tour-opérateurs», affirme Philippe Mirc, directeur de l'agence Visit France. Si les tour-opérateurs tirent leur force des tarifs qu'ils obtiennent des compagnies aériennes en achetant à l'avance un grand nombre de sièges, il en est de même pour les réceptifs qui achètent une grande quantité de chambres aux hôteliers; puis, ils essaient de trouver des tour-opérateurs susceptibles de les leur racheter. On peut alors considérer que les réceptifs forment une autre forme de grossiste. Tout le monde y trouve-t-il son compte? L'hôtelier a l'avantage de s'adresser à un interlocuteur unique et proche de lui, ce qui lui évite de négocier avec de nombreux voyagistes étrangers. Travailler avec les réceptifs permet aussi aux hôteliers de remplir leur établissement pendant la basse saison et d'équilibrer le taux d'occupation entre haute et basse saison. Le rôle des réceptifs est ici beaucoup plus perceptible, car en période d'activités réduites, ce sont eux qui cherchent des manifestations, des événements, des parcours particuliers… qu'ils proposent à leurs clients. De plus, ils comprennent et acceptent les augmentations de tarifs des chambres en haute saison.

■ Le contrat réceptif/hôtelier

Plusieurs sortes de contrats coexistent selon le type de clientèle. Pour les clients individuels, l'allotement reste la formule la plus utilisée. L'hôtelier optimise ses ventes, et un équilibre se produit entre les différentes périodes d'activité. Une durée de rétrocession, en général de J-3 à J-60, est prévue dans le cas d'annulation d'une réservation. Pour les groupes, les contrats sont le plus souvent ponctuels. Constitués de 20 à 30 personnes contre 50 personnes auparavant, les groupes sont aujourd'hui plus restreints. Une règle officieuse impose au réceptif de ne plus acheter de chambres lorsqu'il a déjà un contrat d'allotement représentant 10 % de la capacité de l'hôtel. Les chaînes hôtelières sont aussi en étroite relation avec les réceptifs qui non seulement, leur permettent d'optimiser leurs ventes pendant les périodes de faible activité, mais aussi de d'accueillir une clientèle étrangère qui leur aurait été difficile de toucher. Pour Le Méridien, les ventes de chambres aux clients individuels, loisirs et affaires, *via* des agences réceptives, représentent près de 10 % des ventes totales sur ce segment. Si le produit trois et quatre étoiles, ayant une grande capacité et une bonne implantation, intéresse 70 % des réceptifs, ils n'oublient pas pour autant les catégories inférieures. Par exemple, la visite du Pape à Paris à l'automne 1997, dans le cadre des Journées mondiales de la jeunesse, a été organisée par l'agence réceptive Fair Play Voyages et a surtout fait travailler les hôtels économiques (de 0 à 2 étoiles). La clientèle des agences réceptives reste majoritairement individuelle et extrêmement diversifiée. Les tarifs des chambres sont peut-être moins élevés mais l'augmentation du niveau d'activité d'un hôtel entraînera celle du RevPar.

Le plus grande partie des touristes est issue d'Asie, d'Amérique du Nord, d'Europe (notamment Allemagne, Italie et Angleterre). Les pays de l'Est constituent cependant un énorme potentiel. Cette clientèle recherche plutôt des hôtels de niveau deux étoiles, ce qui laisse présager des perspectives intéressantes pour certaines chaînes hôtelières, comme le groupe Envergure ou le groupe Accor.

■ Un véritable partenariat réceptif/hôtelier

L'agence Visit France, un des plus importants acteurs du marché, travaille en collaboration avec Air France depuis de nombreuses années. Début 1998, Air France décide d'éditer une brochure et de l'adresser à de nombreux tour-opérateurs à travers le monde. Destinée à être distribuée à leurs clients, celle-ci propose les services de Visit France pour tout ce qui concerne l'hébergement, la location de voiture, la restauration... Le partenariat Air France/Visit France a donc permis de lancer une opération dirigée vers les tour-opérateurs étrangers.

Ring-Tours présente désormais ses prestations sur CD Rom. Une liste impressionnante d'hôtels (classés par catégorie, ville, sur une carte de France), des circuits, des visites d'une journée dans la capitale parisienne… peuvent être consultés par les tour-opérateurs. Pour chaque prestation, Ring-Tour propose des tarifs groupe et individuel. Ce réceptif s'est associé avec le groupe Flo et vend la plupart de ses brasseries aux tour-opérateurs étrangers.

■ Conseils aux hôteliers qui souhaitent travailler avec des réceptifs

– Définir précisément ses cibles clientèle et leurs besoins ;

- Contacter le ou les réceptifs spécialisés sur le ou les marchés (se procurer le guide du SNAV par exemple);
- Élaborer des contrats commerciaux selon les besoins de l'hôtel et sa capacité» : allotement pour la clientèle individuelle, contrats ponctuels ou séries pour des groupes;
- Proposer des tarifs toujours plus bas que pour les tour-opérateurs étrangers;
- Rester fidèle si les partenaires sont sérieux et augmenter les tarifs de manière cohérente.

Les principaux réceptifs implantés en France

Agence	Spécialités	Part CA Hôtellerie
Visit France	Etats-Unis, Russie, Israël, Pays du Golfe, Amérique du Sud. Bureau à Nice, spécialisé dans les congrès.	80 %
Ring-Tours	Circuits thématiques, à Paris et Côte d'Azur. Spécialistes des marchés européens.	50 %
Kuoni	Spécialisé dans les packages pour les groupes essentiellement.	60 %
Nouvelles Frontières	Grâce à ses autres activités, ce réceptif est en contact avec plus de 20 pays étrangers.	80 %

Tour-opérateurs, agences de voyages, réceptifs... des professionnels au service de professionnels de l'hôtellerie, de la restauration... et d'autres entreprises de tourisme, et ce, pour satisfaire une demande hétérogène.
Vous analyserez le rôle joué par le canal de distribution constitué d'agences réceptives. Comment répondent-elles à la demande des professionnels ou au changement de comportement des clients? Constituent-elles vraiment une charnière indispensable dans le circuit de distribution? Quels sont les cinq avantages essentiels pour les hôteliers à travailler avec des réceptifs? ...
Autant de questions que vous devrez vous poser pour construire votre sujet en tenant compte du fond mais aussi de la forme.

Sources : HTR Tendances & Marketing.

N° 5
Une démarche qualité pour fidéliser sa clientèle

Jim Sullivan et Phil Roberts sont deux consultants américains, propriétaires de restaurants dans le Colorado. La formation du personnel et le suivi du service sont pour eux les éléments clés de la réussite en restauration. En effet, il faut toujours avoir présent à l'esprit que la restauration est une activité commerciale et que posséder le meilleur produit du monde ne sert à rien si l'on ne sait pas le vendre. Les serveurs sont, dans cette optique, avant tout des vendeurs et non des preneurs d'ordre. Pour Sullivan et Roberts, il vaut mieux se concentrer sur le marketing interne qu'externe, car ils jugent inutile la publicité si l'établissement n'est pas capable de fidéliser les clients. D'après eux, il existe six moyens pour augmenter le chiffre d'affaires :

1. Conquérir plus de clients («bouche à oreille»);
2. Fidéliser la clientèle;
3. Accroître la fréquence de visite des clients;
4. Réduire les coûts;
5. Augmenter les ventes;
6. Garder en permanence le sourire devant ses clients.

Ces moyens doivent dans la mesure du possible être mis en œuvre à chaque étape du cycle de servuction. La méthode ci-dessous ainsi établie est, d'après ses auteurs, applicable dans tous les types de restaurants sous condition d'adaptation à chaque type de clientèle.

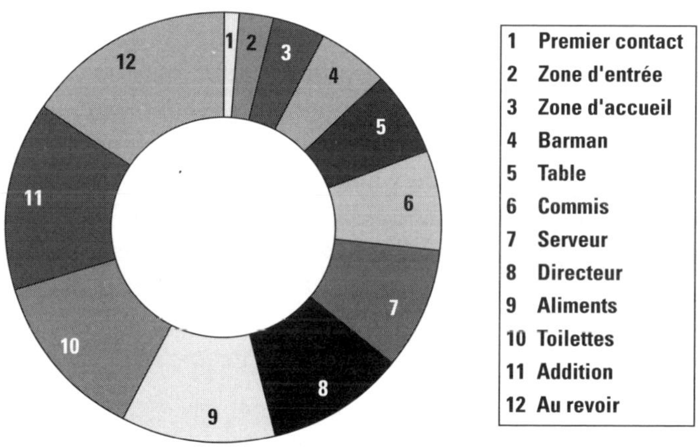

C'est donc une véritable démarche de qualité dont il est question. Un article écrit dans *Qualité en mouvement* précise toutefois : *«Si vous souhaitez que vos salariés*

traitent bien vos clients commencez par bien les traiter vous-mêmes». Fort de cet adage, Novotel a lancé en avril 1995, pour l'ensemble de ses équipes, une formation qualifiante «progrès Novotel» qui a pour objectif l'épanouissement professionnel et personnel. Elle concerne environ 10000 personnes réparties dans les 300 hôtels implantés dans 50 pays. Les directeurs deviennent des «Maîtres de maison». Un sourire naturel, des formules de politesses spontanées, un certain art de mettre le client à l'aise et de l'inciter à penser que chacun fera son possible pour lui faire plaisir, sont des plus qui n'ont pas de prix et donnent envie au client de revenir : partant du principe que le plus important dans une entreprise de service, est la fidélité, et que pour fidéliser le client, il faut rendre ses collaborateurs heureux de travailler dans ce secteur.

Si la formation permet à certains d'évoluer au sein du groupe, *«Progrès Novotel»* met surtout l'accent sur l'évaluation d'aptitudes professionnelles indispensables à la conception et à la mise en œuvre de projets, à l'adaptabilité, à la faculté de faire partager ses objectifs et à les communiquer afin de pouvoir les mesurer et les atteindre. *«Nous avons choisi d'aider chacun à prendre conscience de sa valeur ajoutée à l'entreprise…»*, explique Evelyne Chabrot, directeur des Ressources humaines de Novotel. *«Pour nos 6 métiers : restaurant, réception, étages, cuisine, bar… et chef de service… Chacun construit son parcours de progrès et bénéficie d'une formation individualisée. L'école de vie est un outil de management qui va permettre à chacun d'être reconnu et d'exercer le métier le plus adapté à ses compétences, à ses aspirations. Chaque collaborateur se sentira à "sa" place et aura de ce fait une tout autre relation avec nos clients»*, tient-elle à préciser.

La recherche de qualité pour une meilleure satisfaction de la clientèle, passe également par un contrôle qualitatif et quantitatif. Chantal Haas, directeur Consumérisme et Qualité chez Accor estime que le plus difficile à maîtriser est la qualité comportementale : le contact, l'accueil, l'imprévu, une personne qui n'a pas dormi la nuit, etc. La technique (le quantitatif) répond à des critères de qualité plus facilement vérifiable. De nombreux établissements complètent les contrôles habituels par des «visites mystères»[1], des enquêtes auto-administrées, la lecture attentive et le traitement rapide de lettres de réclamations, des interviews des clients à la fin de leur séjour, sans oublier les enquêtes d'après un panel représentatif de la population. Tout est bon pour retenir le client : *«Aujourd'hui, le client est zappeur, le fidéliser est un défi à chaque fois renouvelé, c'est là que le management intervient… Les résultats sont affichés dans tous les hôtels pour créer une émulation entre eux…»*.

---

1. Les «visites mystères» permettent d'assurer le suivi et l'amélioration des prestations chez les professionnels participant à la chaîne de valeur de l'entreprise. Cette mesure s'intègre dans le cadre d'une procédure globale très élaborée d'un groupe. (voir l'article paru dans HTR de février / mars 1999).

Distribuer ses produits, c'est aussi savoir les vendre. C'est également pour le professionnel s'engager dans une démarche de qualité et de contrôle de qualité. Les différentes étapes de la relation vente (prise de contact, recherche des besoins, argumentation et traitement des objections...), répondent à l'objectif principal qui est la satisfaction du client. Satisfaction qui permettra entre autres de le fidéliser. Chaque étape répond donc à un ou des objectifs précis. Comment l'ensemble du personnel peut-il contribuer à augmenter le chiffre d'affaires d'un restaurant ou d'un hôtel ? La démarche de Novotel vous semble-t-elle cohérente ? Expliquez et argumentez.

Sources : L'Hôtellerie «Le service qui vend», «Six moyens pour augmenter le CA à chaque étape du cycle de servuction» - Supplément Economie de L'Hôtellerie n° 2515 «Innover devient urgent» de M. Watkins.

QUATRIÈME PARTIE

Nouveaux concepts et études de cas spécifiques

CHAPITRE 15

Nouveau concept touristique

«VACANCES OUTRE-TERRE»

«Dans six mois, départ des premiers touristes pour l'espace...»

Vous avez le cœur bien accroché et l'envie de voir le monde de haut? Les tour-opérateurs spatiaux vous attendent. L'excursion de juillet est déjà complète, mais d'autres suivront, avant les week-ends en apesanteur et les villégiatures orbitales. Sortez vos cartes bancaires et bouclez vos harnais!

Quatre juillet, sur une base aérienne de Californie. Tandis que retentissent les flonflons de la fête nationale américaine, le *Cac-1* affrété par Advent Launch Services marque son point fixe en bout de piste et s'élance, le vacarme des moteurs couvrant les fanfares. A bord de cet appareil à la silhouette insolite, deux pilotes et huit passagers sont en partance pour l'espace. Un équipage à peine plus important, après tout, que celui d'une navette spatiale. La nouveauté : ces voyageurs sont des touristes. Ni des astronautes ni des scientifiques. Pour préparer cette excursion inhabituelle, ils n'ont subi qu'un entraînement d'une semaine.

Le *Cac-1* décolle. Son accélération est à peine plus sèche que celle d'un jet classique. C'est dans la carlingue exiguë que les différences sont sensibles. Serrés comme des sardines en boîte, les candidats au frisson extrême sont solidement harnachés à leurs sièges : rien à voir avec les ceintures ventrales des vols ordinaires. L'autre particularité, c'est le tarif. Chaque passager a payé son billet 100 000 dollars (plus de 110 000 € – taux de change mars 2003). Le prix du rêve.

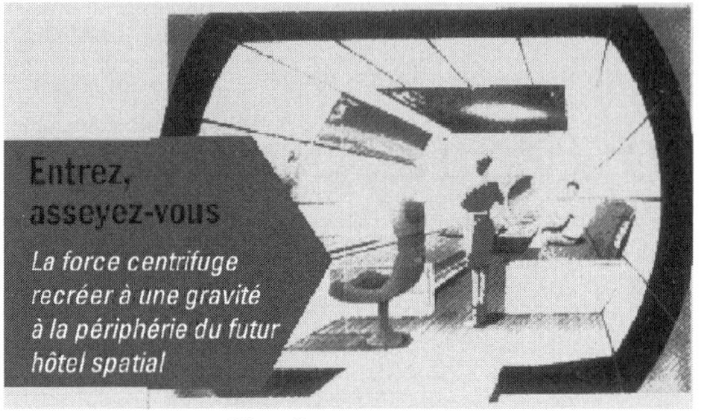

Chambre avec vue.
La station touristique de Shimizu pourra accueillir environ 400 hôtes

En trente minutes de vol, le *Cac-1* atteint 10 000 mètres d'altitude. L'équipage largue le premier étage. Le deuxième est mis à feu. Cette fois, une accélération foudroyante, implacable, écrase les passagers contre le dossier de leur siège. Encore quelques minutes, et l'on quitte la basse atmosphère. C'est maintenant, à 100 kilomètres d'altitude que commencent les merveilles. Par les hublots, c'est la féerie de la Terre. Bleue, zébrée de nuages et surtout ronde comme une orange. Autour de la planète règnent le noir, le froid et l'infini de l'espace. Après la fascination, c'est l'euphorie : les effets de la gravitation ne sont plus sensibles. Leurs harnais enfin débouclés, les passagers flottent dans l'habitacle, esquissant cabrioles ou entrechats impossibles sur Terre. Hélas, la récréation est brève. A peine quelques minutes. Déjà, il faut rejoindre le carcan des sièges pour se préparer à regagner le sol. Une descente d'un peu plus d'une heure et les roues du Cac-1 touchent impeccablement la piste. Mission accomplie : huit vaillants astronautes amateurs viennent de s'offrir le tour de grand huit le plus cher de l'histoire !

Une performance ? Certes, mais moins technique qu'économique. Le *Cac-1* n'a rien de révolutionnaire : deux étages réutilisables, et des moteurs qui carburent au mélange gaz naturel – oxygène liquide. Comparée aux ergols utilisés par Ariane ou Titan, l'option ne peut rivaliser en termes de rendement mais elle se révèle aussi incomparablement moins coûteuse. Grâce à ce choix, envoyer 1 kilo de charge utile à 100 kilomètres d'altitude revient cent fois moins cher qu'avec une fusée classique. L'exploitation commerciale dès lors devient possible.

> « Les premiers passagers paieront leur billet 100 000 dollars. Le prix du rêve. »

L'aventure vous tente ? Pour le vol inaugural du 4 juillet, inutile d'espérer trouver une place : tout est déjà vendu. Bref, si vous voulez agrémenter vos vacances d'été d'un voyage sortant de l'ordinaire, il faudra vous contenter d'une formule plus banale. Un stage de survie en Antarctique, la traversée en parapente du désert de Gobi ou une simple croisière au large du cap Horn... A moins que vous n'acceptiez de patienter un peu. Pas longtemps, rassurez-vous, car l'offre va rapidement se multiplier. Bientôt, Advent Launch Services ne sera plus qu'une compagnie parmi d'autres à proposer la fantastique aventure du tourisme spatial. Après tout, de nombreuses fusées ou navettes décollent chaque mois, et des centaines de femmes et d'hommes ont déjà voyagé dans l'espace. De quoi inciter une poignée d'entreprises à se lancer dans ce tourisme de l'extrême.

«Je suis prêt à emmener qui veut»

Challenges a rencontré l'homme qui se fait fort de vous envoyer au ciel.

Quand décollez-vous?

Techniquement, tout de suite. Le problème en Grande-Bretagne et un peu partout en Europe, c'est le financement de ce type d'entreprise. Il y a très peu de capital-risque. Les rares professionnels du secteur hésitent à investir dans le spatial.

Quel est votre projet?

J'ai deux projets. Le premier, Ascender, emmènera un petit nombre de personnes. C'est un avion-fusée embarqué sur un jet de ligne classique. Il s'en sépare lorsque ce dernier a atteint son altitude de croisière. La technologie est tout à fait éprouvée. Le second, plus ambitieux, est le Spacebus, qui ouvrira vraiment la voie du tourisme spatial. Le principe est le même, mais l'avion-fusée partira d'un porteur supersonique. De toute façon, je suis prêt à emmener qui veut.

Quelle rentabilité espérez-vous?

La location d'un avion de ligne pour quelques heures ne coûte pas cher. J'utilise les infrastructures aéroportuaires existantes. Je n'ai donc qu'à me préoccuper du deuxième étage. Il s'agit d'un engin techniquement simple, dont les propulseurs se trouvent sans difficulté sur le marché. Là encore, tout ceci n'est guère onéreux. Après les premiers vols, il me sera possible d'amortir l'investissement très rapidement.

L'hôtel orbital de la compagnie japonaise Shimizu (vue d'artiste).
Il devrait ouvrir vers 2020, à 450 kilomètres au-dessus du sol terrestre : l'altitude de la vieille station Mir, farniente et luxe en plus.

Avec cette première excursion, une nouvelle économie de l'espace est en train d'apparaître. Les professionnels sont partis d'un constat simple : les vols habités n'ont aucune retombée commerciale. Ils coûtent cher et ne rapportent rien. Si on ne les rentabilise pas, la recherche s'arrêtera. D'où l'idée lumineuse de transformer le vol spatial en attraction foraine.

L'idée n'est pas nouvelle. Dès 1960, des ingénieurs publièrent des projets de tourisme astronautique.

Mais, à cette époque, les responsables des agences spatiales ne les prenaient guère au sérieux. Tout changea quand, au milieu des années 90, des études d'Aerospace Corp. de Bristol Spaceplanes et du Centre de recherches de l'université de Tokyo montrèrent que ce tourisme-là était, économiquement et techniquement, à portée de main. Un sondage japonais, applicable aux pays du G7, établit, en effet, que 60 % de la population est tentée par un voyage spatial. 10 % de celle-ci serait même prête à y consacrer un an de salaire !

Tempérons les espoirs de ceux qui s'imaginent déjà voguant dans l'éther sidéral à bord d'un vaisseau grand comme une douzaine de paquebots. La conquête de l'espace par les touristes prendra du temps. Elle reproduira à peu près les grandes étapes de l'épopée spatiale : le vol simple, qui consiste à monter à très haute altitude, le vol orbital, où le passager tourne autour de la Terre, et enfin le séjour en station spatiale, qui peut durer plusieurs semaines. Quant à la technologie du voyage interplanétaire, elle reste à créer.

Pas question, par exemple, d'aller passer vos vacances de Pâques sur Mars en 2003 !

La première étape, le vol simple, consiste à s'élever à une centaine de kilomètres. C'est ce que propose le *Cac-1*. En effet, cette altitude est considérée par les agences spatiales comme le début de l'espace. A partir de là, la Terre apparaît clairement comme une boule. Cette partie du vol ne dure que quelques minutes pendant lesquelles le touriste est en état de microgravité. Peu après, l'engin rentre dans l'atmosphère et regagne la terre ferme. Pour réaliser un tel voyage, il suffit de pouvoir atteindre la vitesse de Mach 4,5. Ensuite, faute d'une accélération suffisante pour se mettre en orbite, le vaisseau retombe.

> Une station orbitale permanente accueillera des vacanciers.

Schématiquement, les ingénieurs proposent un lanceur à un seul étage ou une fusée placée sur le dos d'un gros avion. Extérieurement, les engins peuvent prendre des formes différentes. Le Black Horse Pathfinder, de Pioneer RocketPlane, par exemple, ressemble en tout point à un jet : il décolle et atterrit horizontalement sur des pistes classiques. Une fois en l'air, l'engin est ravitaillé en oxygène liquide. Le pilote allume alors un moteur-fusée qui lui permet d'atteindre 140 kilomètres d'altitude. Initialement, cet appareil était prévu pour la mise en orbite de petits satellites. Mais le président de Pioneer RocketPlane, Robert Zubrin, affirme que son Black Horse pourra parfaitement être utilisé pour le transport de passagers.

Dès 1967, Dassault avait lancé l'idée d'un transporteur spatial constitué d'une fusée montée sur un avion. Lancée par celui-ci à 10 000 mètres d'altitude, la fusée monte dix fois plus haut, à la lisière de la couche gazeuse de la terre. Ce système a été repris (redécouvert?) par Peter Conrad, astronaute de la seconde mission lunaire Apollo et fondateur de Universal Space Lines. Le projet, en cours de réalisation, est estimé à plus de 38 millions d'euros (250 millions de francs). A la tête de Bristol Spaceplanes, le Britannique David Ashford veut, lui, lancer très bientôt Ascender, un prototype fondé sur la même idée (lire l'interview ci-dessus). Tout comme Zegrahm Space Voyage qui vend déjà des billets pour son premier vol, prévu début décembre 2003. Les prix? Tous s'alignent sur la norme de 100000 dollars.

Si l'avion vous terrorise, la Rotary Rocket Company vous proposera de gagner l'espace à bord du Roton, une sorte d'hélicoptère. L'entreprise a été fondée en Californie par deux anciens de l'aérospatiale américaine, aidés par un financier de San José. Leur engin décolle verticalement comme une fusée. Pour revenir, il déploie les pales de son rotor. Leur rotation régulière assure la stabilité de l'engin tout en le freinant progressivement au fur et à mesure de la rentrée dans les couches denses de l'atmosphère. Le Roton est entièrement réutilisable. Sa cellule ultra-légère est en matériau composite très résistant. Premier essai l'an prochain, vol commercial pour l'an 2003.

En France, les constructeurs ont des projets plein leurs cartons. L'Aérospatiale planche par exemple sur Taranis, un lanceur bi-étage à décollage vertical. Et chez Dassault, il y a le Star H, un avion supersonique qui largue en plein ciel une petite navette dotée d'un moteur-fusée. Hélas! Aucun tour-opérateur tricolore ne s'est, jusqu'à présent, intéressé à ces bijoux.

Après le vol simple, les touristes découvriront le vol orbital, et surtout la station spatiale. Ici, on ne parle plus d'un timide saut de puce de 100 kilomètres, mais d'un véritable séjour dans l'espace. Quand? *«Ce type de voyage sera tout à fait plausible vers 2010»*, estime Robert Haltermann. Cet ancien ingénieur de la Nasa a participé au projet de la navette, et est aujourd'hui propriétaire d'une agence de voyages. Les passagers feront alors deux ou trois fois le tour de la planète, en trois à cinq heures – avec quelques heures de microgravité à la clé. Ces croisières permettront une vue panoramique sur les continents et les océans, et de spectaculaires levers et couchers de soleil. Reste à perfectionner la technique : pour se mettre en orbite, il faut en fait, accélérer jusqu'à Mach 26 – plus de 25000 kilomètres à l'heure, l'objectif étant de convoyer, lors de chaque vol, une cinquantaine de passagers payants.

Les plus audacieux travaillent déjà sur l'étape suivante : l'installation d'une station spatiale permanente qui accueillera des vacanciers pendant quelques jours. C'est alors que commencera vraiment le tourisme de masse. Les projets d'hôtels extraterrestres ne manquent pas. La Nasa, par exemple, soutient un tel programme d'implantation touristique, d'une capacité de 100 personnes.

Le projet le plus abouti est toutefois celui de Shimizu. Cette compagnie japonaise de construction tient le quatrième rang mondial dans son domaine et prévoit d'ouvrir son Space Hotel vers 2020, à 450 kilomètres d'altitude – à peu près l'orbite actuelle de la station Mir (détruite depuis peu). Il prendrait la forme d'une grande roue animée d'un mouvement relativement rapide (trois tours par minute) qui reconstituera une gravité équivalant à 70 % de celle de la Terre. Cette gravité culminera à la périphérie, là où seront disposées la plupart des chambres, et décroîtra en se dirigeant vers le centre, où Shimizu prévoit l'installation d'une aire d'apesanteur pour la pratique de sports spécifiques. Quelques chambres seront également disponibles pour des activités plus torrides. Coût de l'hôtel : 23 milliards d'euros (150 milliards de francs). Un montant ridicule à côté des 122 milliards d'euros (800 milliards de francs) que doit engouffrer, dès l'an prochain, la Station spatiale internationale.

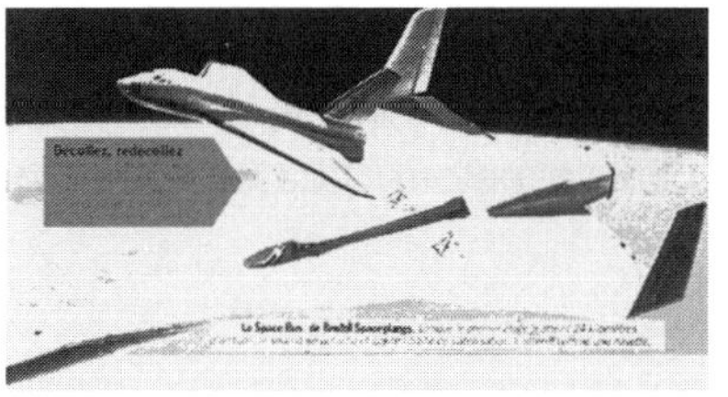

«Le Space Bus de Bristol Spaceplanes.
Lorsque le premier étage atteint 24 kilomètres d'altitude, le second se détache et gagne l'orbite de satellisation. Il atterrit comme une navette.»

Les petits trucs

Puis-je partir?

Une visite médicale est obligatoire avant d'embarquer. Si vous êtes globalement en bonne santé, il y a peu de contre-indications. A surveiller : la circulation sanguine, les tympans et l'oreille interne, le cœur. Un entraînement bref est indispensable. Il permet de vérifier à la fois que votre corps est en bon état et que vous ne risquez pas de paniquer. Rassurez-vous : l'épreuve n'est pas plus pénible que la préparation d'un stage de plongée.

Où m'adresser?

Voici une sélection d'entreprises proposant pour bientôt des voyages spatiaux grand public.

- **Advent Launch Services**

Civilian Astronauts Corps (CAC), suite 2000, 403 Nasa Rd 1 East,
Houston Texas 77598. Tél : (00) 1281482 40 05

- **Zegrahm Space Voyages**

1414 Dexter Ave, N, suite 2001, Seattle, WA 98109.
Tél. : (00) 1206285 37431 N° vert : 1-888-SPACE66

- **Bristol Spaceplanes**

3 Forest Hills, Almondsbury, Bristol, England. Tél. : (00) 44 1454613907
http://www.bristolspaceplanes.com/contact.shtml

• **Infos online :**

http://www.spacefutur.com . Un site qui donne de précieux renseignements et http://www.gwu.edu/~spctour/ : un site plus austère régulièrement mis à jour.

De la science-fiction à la réalité... Et si vous décidiez de vous lancer sur ce nouveau marché? Un tel produit touristique possède sûrement un potentiel de développement, mais lequel? Vous mettrez en avant les caractéristiques de ce produit. Quels seraient les facteurs clés de succès? Les freins? Les arguments commerciaux et de communication? Quels supports et quels réseaux de distribution? Les cibles? Comment les toucher? Mais de quel marché s'agit-il? Peut-on penser un jour passer du «concept Concorde au concept de l'A380?».
Le document mis à votre disposition doit vous servir de support et vous aider à effectuer une démarche en terme de marketing stratégique et de marketing opérationnel d'un nouveau produit/marché (les dates indiquées ont ici peu d'importance).

Source : Magazine Challenges – Décembre 1998 – Paul Loubière.

CHAPITRE 16

Étude de la stratégie d'un hôtel

IBIS CAMBRONNE TOUR EIFFEL

Dans le cadre de vos études, vous venez d'arriver comme stagiaire à l'hôtel Ibis Cambronne Tour Eiffel 2, rue Cambronne dans le 15e arrondissement de Paris. Le directeur de l'hôtel vous reçoit et vous demande d'analyser son produit. Afin d'en savoir un peu plus, votre première démarche est d'interviewer Laure Lecointe (qui a remplacé Corine Fréminet il y a quelques mois), attachée commerciale de l'établissement. Cet hôtel fait partie des 674 Ibis existants en 2003.

Ci-après, le résumé de l'enquête interne :

Produit et concurrence

1. Pourriez-vous me parler du produit proposé aux clients?

Hébergement *: Il existe plusieurs types de chambres : des grands lits et des « twins » (lits séparés), des chambres triples ainsi qu'une chambre par étage réservée aux personnes handicapées. Il n'existe pas de salle de bains typiquement Ibis avec baignoire, car l'hôtel est un ancien Arcade. Il y a 523 chambres au prix unique de 89 € la semaine. Le week-end, la chambre* *est à 75 €. Ce dernier tarif est aussi applicable selon les périodes et sous certaines conditions, par exemple en juillet et en août ainsi que pendant les mois de décembre et janvier. Les chambres sont insonorisées et elles sont toutes climatisées. Elles possèdent le téléphone automatique avec messagerie vocale, la radio et la télévision (Câble et Canal+).*

Restauration : *1 restaurant « l'Estaminet » de 230 places assises proposant une carte (menus ou à la carte) de plats typiquement français.*

Autres services : *Salles de réunions (5 salons de 20 places maximum d'une superficie de 40 m^2 chacun); il est important de signaler que le concept des salles de réunions a évolué, tendant à une certaine normalisation.*

Un parking privé de 80 places payant avec un accès direct à l'hôtel; un patio ombragé et très agréable l'été; un bar; « l'en cas » et l'engagement « 15 mn ».

2. En quoi consiste l'engagement « 15 mn »?

15 mn, c'est le temps maximum pour apporter une solution si un client rencontrait un petit problème et dont l'hôtel serait responsable. C'est un service rendu 24h/24h afin que le client soit pleinement satisfait. Si nos services n'arrivaient pas à le satisfaire, nous lui remboursons la prestation sur laquelle nous avons fait défaut. Cela peut aller jusqu'au remboursement de la nuitée.

3. Quels sont les avantages liés à votre emplacement par rapport à votre zone de chalandise?

En premier lieu l'accès. Il y a plusieurs stations de métro à proximité, en particulier le métro Cambronne sur la ligne 6 qui passe par Montparnasse et qui se trouve à quelques mètres de l'établissement.

L'hôtel est situé à proximité du périphérique par la Porte de Versailles et à 12 minutes en métro, 10 mn en bus ou en voiture et à 20 mn à pied du Parc des Expositions près de la Porte de Versailles. Il se trouve à proximité de plusieurs ministères, de l'Unesco et de l'Ecole Militaire.

D'ailleurs, les grandes institutions comme l'Unesco préfèrent être en relation avec un gros porteur ce qui leur permet de regrouper leurs visiteurs au même endroit.

4. Quels sont vos concurrents?

Directs : *il n'existe pas de 2 étoiles de chaînes intégrées mis à part l'Ibis Cambronne jusqu'à la Porte de Versailles, sauf l'Ibis-Brancion. Mais on ne peut le considérer comme un concurrent, c'est plutôt un atout en cas de «délogement», ou en ce qui nous concerne, la location de salles de réunions.*

Cependant, on peut considérer que les hôtels «bureaux» indépendants (c'est-à-dire sans restaurant) de catégorie 2 ou 3 pratiquant un même niveau de prix sont des concurrents.*

En catégorie supérieure : *il existe des hôtels de quartiers indépendants, des Mercure, le Sofitel-Sèvres ou le Novotel-Vaugirard. Cependant, ils captent un autre segment de clientèle et ils ne se situent pas vraiment dans la même zone de chalandise.*

5. Quelle est votre politique tarifaire?

En ce qui concerne Ibis, il existe un classement par catégorie : petit/moyen et gros porteur. Les gros porteurs ont l'obligation d'aligner leurs tarifs au mieux. Si nous sommes plus chers par rapport à Ibis Bercy ou Porte de Bagnolet, cela s'explique par le fait que l'hôtel est au centre de Paris.

Comme je l'ai indiqué plus haut, notre politique tarifaire a changé. Elle est devenue plus simple et se fonde sur une tarification unique.

Sinon, pour le quartier, nos tarifs supportent bien la concurrence, car, à services comparables ce sont, soit des indépendants, soit des hôtels de groupe de catégorie supérieure pratiquant donc un tarif plus élevé.

Quoiqu'il en soit, nous considérons que l'hôtel Ibis Cambronne Tour Eiffel, se classant dans la catégorie économique, applique déjà un prix approprié et nous ne négocions pas les tarifs sauf exception (allotement, carte Ibis, carte «Favorite Guest» pour tout hôtel du groupe à partir de 2 étoiles).

6. Quels sont les avantages et les inconvénients de votre produit par rapport à cette concurrence?

Avantages :

- *La capacité de servir plusieurs produits annexes de l'hôtellerie;*
- *Notre emplacement;*
- *La notoriété de la marque;*
- *Etre un gros porteur;*
- *La norme Iso 9001.*

Inconvénients :

- *Ne pas avoir de chambre avec bains;*
- *Un tarif plus élevé que les Ibis de province, (mais en rapport avec la localisation).*

7. Pourriez-vous faire une répartition de votre clientèle?

Notre clientèle est composée à 20 % de groupes et à 80 % d'affaires et de loisirs (90 % de la clientèle Corporate possèdent la carte Ibis).

8. Pouvez-vous dire quelques mots sur la carte Ibis?

Elle permet, entre autres, de réaliser des économies et de bénéficier de nuits week-ends gratuites. Au bout de 10 nuits passées chez Ibis, le client bénéficie d'un chèque « nuit week-end ».

Dans le groupe, il existe également la carte Corporate et la carte Compliments. La carte Compliment est une carte de paiement internationale (Accor/ American Express) qui permet de cumuler des points en réglant des achats (chez Accor ou chez les commerçants affiliés à American Express) et qui octroie des avantages liés au groupe.

La carte Corporate va encore plus loin. Air France, le Crédit Lyonnais, American Express et Accor se sont associés afin de faire bénéficier d'avantages aux entreprises et aux hommes d'affaires. Il faut bien sûr rajouter la carte Accor hotels Favorite Guest.

9. Quels sont les motifs de séjour de la clientèle?

Notre calendrier est subdivisé en 4 mois d'activité tourisme/loisirs et 8 mois de séminaires/affaires. La clientèle d'affaires correspond essentiellement à une clientèle de salons (salon de l'automobile, salon du prêt à porter, Midcar ou encore salon du tourisme...).

10. Quelle est la durée moyenne des séjours?

Elle est égale en moyenne à 2 jours sur 8 mois pour la clientèle d'affaires et de 5 jours sur 4 mois pour la clientèle de groupe. Il faut cependant noter que la moyenne des séjours pour la clientèle de salons est de 10 jours (une vingtaine de personnes par entreprise).

11. Comment la demande évolue-t-elle?

L'établissement a une stratégie bien déterminée. On cherche à privilégier la clientèle individuelle sous toutes ses formes (familiale ou d'affaires), contrairement à notre politique antérieure, où nous accueillions plus de groupes. Il fallait remplir les 523 chambres (notamment lors de la mémorable grève des transports de 1995). Notre taux d'occupation est proche des 90 %.

12. Quel est le pourcentage de clients fidèles?

En affaires, environ 10 %. Par contre, on peut parler de clients fidèles pour les Corps d'Etat, les Tours Leader et pour les réunions (75 % de ces derniers sont des clients à l'année).

Avec le changement de notre concept, la clientèle s'est en partie modifiée mais nous avons constaté que la fidélisation de nos clients était plus grande

Techniques de vente : méthodes, moyens et stratégie commerciale

13. Quelles sont les méthodes qui vous permettent de mettre en avant et de promouvoir vos prestations auprès de vos clients?

Privilégier, personnaliser l'accueil pour que le client se sente bien et qu'il n'ait pas l'impression d'être dans une « usine ».

La formation récurrente du personnel a été mise en place par le groupe Accor. On parle ici de « polycompétences ». Elle permet d'améliorer l'accueil par la multicompétence du personnel sur l'information de tous les services susceptibles de satisfaire le client. Cette formation a permis au groupe Ibis d'obtenir la qualification Iso 9002 de l'année 2000 à l'année 2002.

Depuis janvier 2003, le groupe a obtenu la qualification Iso 9001 qui concerne aussi bien le produit que les services.

Questionnaire de satisfaction

14. Quels sont les moyens que vous utilisez pour attirer un nouveau segment de clientèle?

– *Installation de « pannotages » en ville,*

- *Une urne dans les restaurants pour que le client puisse y déposer sa carte personnelle,*

Pour fidéliser nos clients, nous utilisons les outils suivants :

- *La carte Ibis (coût 155 € à l'année et valable pour l'ensemble des hôtels Ibis), qui donne une réduction de 10 % sur les chambres petit déjeuner inclus et sur la restauration;*
- *L'invitation faite aux clients à prendre l'apéritif avec les chefs de service (ce que l'on nomme le « coup du Patron »). Le but étant de savoir ce qui ne va pas pendant le séjour du client et de le connaître davantage;*
- *L'« happy hours » au niveau du bar depuis janvier 2003, entre 18 et 19h;*
- *Le contrat satisfaction « 15 mn » (le service technique doit intervenir dans les 15 minutes après le signalement de la panne par le client). Le client est ensuite rappelé pour savoir si l'intervention s'est bien passée. Il me semble important de souligner que 70 % des interventions se font avant 15 minutes suivant l'appel du client;*
- *Des mailings que nous adressons régulièrement à nos clients fidèles ainsi qu'aux entreprises.*

15. Comment réagissez-vous face aux grèves importantes, comme par exemple celle de 1995?

Nous sommes très réactifs et nous nous attachons au mieux à satisfaire nos clients. Par exemple, fin 1995, plusieurs réunions ont été annulées et notre taux d'occupation était tombé à 30 % pendant les 15 premiers jours. Pour remédier à cela, nous avions baissé notre prix qui était à l'époque de 420 francs – 64 € (forfait séminaire) petit déjeuner inclus à 250 francs – 38 €. Certes, c'était le prix de revient de la chambre, mais au moins l'hôtel fut rempli et cela a fait travailler le personnel durant ces six semaines de grèves.

Nous avions adressé cette offre (250 francs au lieu de 420 francs) à plusieurs stations de radio et, le soir même, notre taux d'occupation était remonté à 85 % (entre 17h et 19h, le taux d'occupation passait rapidement de 30 % à 85 %). Il faut savoir aussi que nous nous sommes trouvés dans l'obligation de loger 40 % du personnel sur place.

Durant les grèves de mai 2003, nous n'avons pas vécu la même situation. La baisse de fréquentation que nous avons subie fut très limitée.

Remarques

16. Souhaiteriez-vous ajouter quelque chose qui n'a pas été évoqué et qui vous semblerait important en ce qui concerne la distribution et la commercialisation de vos produits?

La clientèle visée par l'hôtel Ibis Cambronne Tour Eiffel reste la clientèle d'affaires et de loisirs. Non seulement l'ensemble des chambres a été rénové mais l'hôtel tout entier, et le concept du restaurant a changé.

Le mobilier s'est «transformé», plus «design», avec des couleurs s'alliant avec celle des murs, vert pastel moucheté associé de jaune et d'ocre rouge.

La certification Iso 9001 apporte un label de qualité qui a un impact sur notre clientèle en personnalisant l'accueil et les services :

- *«Lève-tôt» petit déjeuner de 4h à 6h30 du matin;*
- *«Lève tard» petit déjeuner de 10h à midi;*
- *Accueil 24h/24h au contraire des concurrents de même niveau;*
- *Bar 24h/24h;*
- *«L'en-cas».*

A travers l'interview et les annexes qui vous sont fournies, analysez la stratégie de l'Ibis Cambronne Tour Eiffel en termes de marketing stratégique et de marketing opérationnel. Vous mettrez en évidence les modifications apportées en l'espace de trois ans afin de répondre à de nouveaux besoins.

Annexe 1
Plan d'accès à l'hôtel

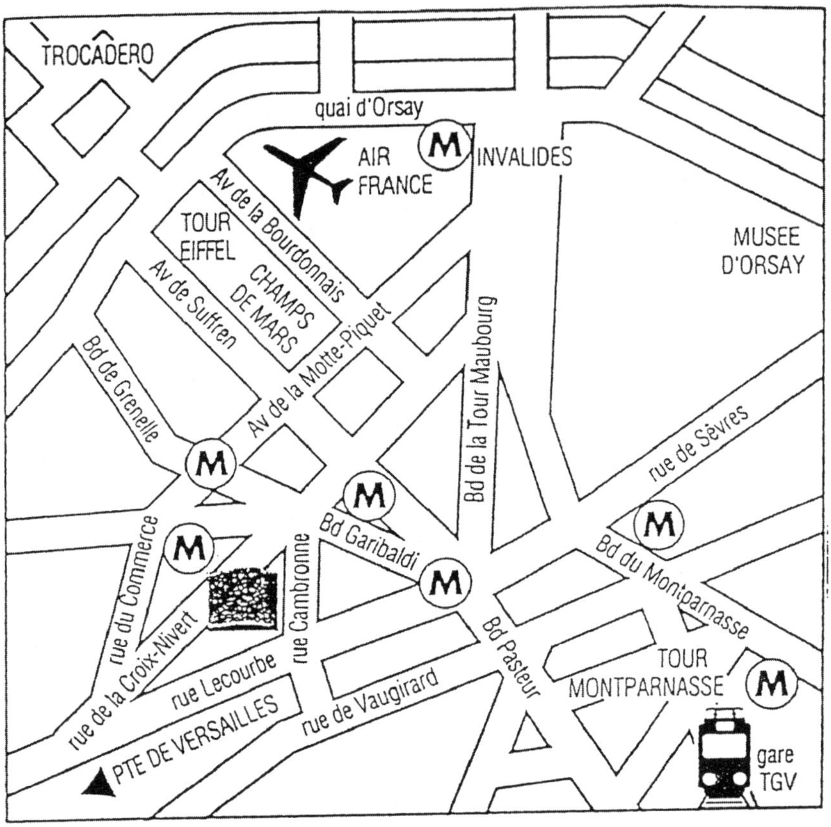

Annexe 2
Location de salle pour une journée (pause comprise)

Depuis le 1er janvier 2003, les 5 salles de réunions sont au tarif unique de 380 € TTC pause incluse (café, thé, friandises...).

- «Champ de Mars»
- «Grenelle»
- «Tour Eiffel»
- «Garibaldi»
- «Invalides»

Les salles sont équipées : D'un écran ;
D'un rétroprojecteur ;
Deux «paper-board» ;
D'un téléphone ;
D'une télévision ;
D'un magnétoscope.

Les salons sont tous équipés de prises électriques centrales au niveau des tables et périphériques pour le branchement de matériel hi-fi, vidéo et informatique.

Les pauses

Le concept des pauses a été mis en place en septembre 2002, il comprend :

- Boissons fraîches ;
  Boissons chaudes au choix (café, thé, chocolat, cappuccino, décaféiné) ;
- Barres de céréales chocolatées (Graniny, Kitkat, Lion...), les barres de céréales sont le résultat d'un partenariat avec le groupe Nestlé) ;
- Biscuits (galettes bretonnes) ;
- Petit chocolat Lenôtre.

Annexe 3
Les prix repas séminaire et groupe

- Séminaire : tarif unique : 20 € TTC tout compris (choix dans le menu ou dans la carte) ;
- Groupe : tarif de 17 € TTC (entrée, plat et dessert), le reste en sus ;
  tarif de 21 € TTC tout compris (vin + café).

Annexe 4
L'Estaminet

La carte de l'Estaminet – restaurant se lit comme un journal de format A3 et comprend 4 pages. Très facile à lire, il comprend différentes rubriques qui vont au-delà de la simple présentation de menus et de plats. En effet, l'édition change à chaque saison.

- 1re page :
  - Les potins du quartier
  - Le dicton de saison
  - Comme on dit chez nous
  - Le sommaire
- 2e page :
  - Les recettes de l'Estaminet. Par exemple celle du « Sauté d'agneau aux fèves façon Parmentier »
  - Le menu du patron à 12 €
  - Le menu « Pourquoi pas ? » à 20 €
  - Les nouvelles réclames ! (entre 3,50 € et 7,90 €)
  - Les planches Estaminet (entre 12,90 € et 15 €)
  - Les bons petits plats (entre 7,60 € et 12,80 €)
- 3e page :
  - « Petite histoire », par exemple sur le Maroilles AOC
  - Les échos des Estaminets de France et d'ailleurs
  - Le coin du fromager, plat unique à 5 €
  - Voyage sur les douceurs : « De Capoue, de Byzance ou d'ailleurs, des délices pour faire bombance »
- 4e page :
  - « Savoureuses expressions »
  - Les péchés du Patron « Pour les amis du coude levé et de la dive bouteille »
  - Au comptoir (bières, apéritifs, eaux et boissons gazeuses et les digestifs)

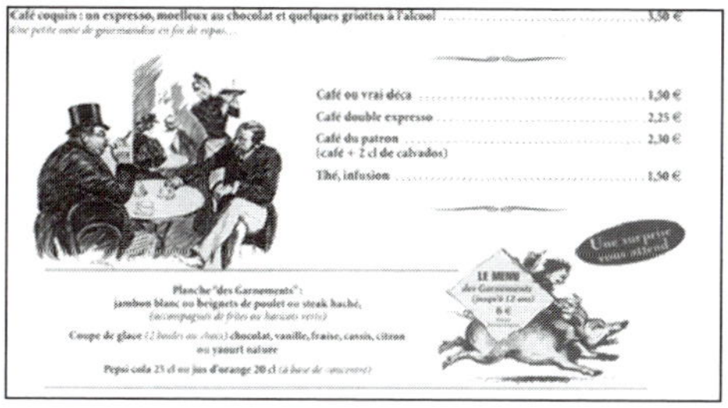

Café coquin : un expresso, moelleux au chocolat et quelques griottes à l'alcool .... 3,50 €

Café ou vrai déca .... 1,50 €

Café double expresso .... 2,25 €

Café du patron .... 2,30 €
(café + 2 cl de calvados)

Thé, infusion .... 1,50 €

Planche "des Garnements" :
jambon blanc ou beignets de poulet ou steak haché,

Coupe de glace chocolat, vanille, fraise, cassis, citron
ou yaourt nature

Pepsi cola 25 cl ou jus d'orange 20 cl

Qu'en était-il avant la transformation du concept Ibis?

Annexe 1
Location de salle pour une journée

Salon en lumière du jour : C D E F

Les salles sont équipées : d'un écran / d'un rétroprojecteur / deux «paper-board» / d'un téléphone / d'une ligne de téléphone libre.

	Les salons	La surface	En théatre	En classe	En «U»	En pavé	En cocktail	€
A	Garibaldi	90 m^2	90	30	30	45	130	686
B	Grenelle	50 m^2	50	24	24	30	70	381
	A + B	140 m^2	140	90	50	80	200	1067
C	Invalides	45 m^2	40	25	25	23	40	549
D	Breteuil	34 m^2	35	15	12	20	30	488
	C + D	80 m^2	80	45	40	45	80	1037
E	Tour Eiffel	40 m^2	35	20	15	18	30	488
F	Champ de Mars	40 m^2	35	20	15	18	30	488
	E + F	80 m^2	80	45	40	35	80	976
G	Ségur	34 m^2	25	15	12	15	---	366
H	Miollis	25 m^2	---	---	---	8	---	198

Il est possible d'équiper les salons d'un matériel hi-fi, vidéo et informatique. Tarif sur devis.

Annexe 2
Les cocktails

Tarifs des boissons TTC

LA BOUTEILLE : 12 à 15 verres		
- Whisky (70cl)	33,54 €	220 FF
- Whisky supérieur (70cl)	77,75 €	510 FF
- Martini rouge/blanc (100cl)	28,20 €	185 FF
- Suze (100 cl)	29,73 €	195 FF
- Ricard (100 cl)	49,55 €	325 FF
- Gin (70 cl)	34,30 €	225 FF
- Vodka (70 cl)	34,30 €	225 FF
- Porto (70 cl)	31,25 €	205 FF
KIR : 7 à 8 verres		
- Le pichet de vin blanc (100 cl)	9,60 €	65 FF
- La crème de cassis (100 cl)	16,00 €	105 FF
CHAMPAGNE 6 à 7 coupes Toute bouteille entamée sera facturée.		
- La bouteille (75 cl)	26,70 €	175 FF
BOISSON SANS ALCOOL		
- Perrier, Coca-cola, jus de fruits...	4,57 €	30 FF
EN ACCOMPAGNEMENT		
- Perrier, Coca-cola, jus de fruits...	1,83 €	12 FF
Le champagne apporté par vos soins sera facturé 5,34 € TTC (35 f) de droit de bouchon par bouteille ouverte		

Annexe 3
Accompagnement

GARIBALDI	GRENELLE
Olives vertes et noires mélanges salés	Olives vertes et noires mélanges salés
Assortiment de 3 canapés salés froids	Assortiment de 4 canapés salés froids
Assortiment de 2 canapés salés chauds	Assortiment de 3 canapés salés chauds
Assortiment de 3 petits fours sucrés	Assortiment de 4 petits fours sucrés
11,43 € (75 FF) TTC par personne	**13,72 € (90 FF) TTC par personne**
CAMBRONNE	**VAUGIRARD**
Olives vertes et noires mélanges salés	Olives vertes et noires mélanges salés
Assortiment de 5 canapés salés froids	Assortiment de 7 canapés salés froids
Assortiment de 3 canapés salés chauds	Assortiment de 5 canapés salés chauds
Assortiment de 5 petits fours sucrés	Assortiment de 7 petits fours sucrés
19,06 € (125 FF) TTC par personne	**22,87 € (150 FF) TTC par personne**
Nos formules hors boisson. Location de salle en supplément	

Annexe 4
Les séminaires

- **Forfait journée d'étude 44,21 € (290 FF) TTC par jour et par personne**

  Un café d'accueil,
  Deux pauses,
  Un déjeuner 3 plats, eau minérale, vin et café,
  La mise à disposition d'une salle
  Un écran, rétro projecteur et 2 «paper-board»

- **Forfait semi résidentiel 114,34 € (750 FF) TTC par jour et par personne**

  Un café d'accueil

Deux pauses
Un déjeuner 3 plats, eau minérale, vin et café,
La mise à disposition d'une salle
Un écran, un rétro projecteur et 2 «paper-board»
Une chambre single, grand lit
Un petit déjeuner buffet

- **Forfait résidentiel 133,40 € (875 FF) TTC par jour et par personne**

  Un café d'accueil
  Deux pauses
  Un déjeuner 3 plats, eau minérale, vin et café,
  La mise à disposition d'une salle
  Un écran, un rétro projecteur et 2 «paper-board»
  Une chambre single, grand lit
  Un petit déjeuner buffet
  Un dîner 3 plats, eau, vin et café inclus

Nota : la carte séminaire et banquet propose 7 plats différents pour les entrées, 7 plats différents pour les plats principaux et 7 plats différents pour les desserts (prix hors séminaires déjeuner ou dîner : 27,44 € (180 FF) TTC par personne hors séminaire location de salle incluse). Sont inclus également une eau minérale (1 bouteille pour 2 personnes) et le vin (1 bouteille pour 3 personnes).

Annexe 5
Les pauses

LE MATIN
Boissons chaudes au choix
Café, thé, chocolat et cappuccino
Viennoiseries
Jus de fruits
Oranges et Pamplemousse

Hors forfait : 3,81 € (25 F) TTC
par personne

LA CAMPAGNARDE
Boissons chaudes au choix
Café, thé, chocolat et cappuccino
Jus de fruits
Oranges et Pamplemousse
Assortiment de 3 charcuteries
Jambon, saucisson et pâté
Vin rouge

Hors forfait : 6,86 € (45 F) TTC
Par personne (supplément forfait
3,05 € (20 F) TTC par personne)

L'APRES-MIDI
Boissons chaudes au choix
Café, thé, chocolat et cappuccino
Corbeille de fruits frais
Brownies
Jus de fruits
Oranges et Pamplemousse

Hors forfait : 3,81 € (25 F) TTC par personne

Annexe 6
Les menus et les buffets

■ **4 menus sont proposés (sur la base minimum de 20 personnes) :**

- l'Ecole Militaire	32,00 €	210 FF TTC par personne
- Le Montparnasse	36,60 €	240 FF TTC
- La Tour Eiffel	42,70 €	280 FF TTC
- Les Invalides	53,40 €	350 FF TTC

Sont inclus : le vin (une bouteille pour 3 personnes, Château Cadillac Branda ou Muscadet sur lie; eau minérale : Evian et Badoit (base une bouteille pour 2 personnes); café et location de salle inclus.

■ **4 types de buffets (sur la base minimum de 25 personnes) :**

- Bastille, le campagnard…	25,90 €	170 FF TTC par personne
- Concorde, l'exotique…	32,00 €	210 FF TTC
- Trocadéro, le Parisien…	39,64 €	260 FF TTC
- Vendôme, le gourmet…	48,80 €	320 FF TTC

Sont inclus : le vin (une bouteille pour 3 personnes, Château Cadillac Branda ou Muscadet sur lie; eau minérale : Evian et Badoit (base une bouteille pour 2 personnes); café et location de salle inclus.

CHAPITRE 17

Planet Hollywood

1. NEW-YORK, AU 140 W. DE LA 57TH STREET

En 1991, Robert Earl et Keith Barish ouvrent à New York le premier restaurant Planet Hollywood, au 140 W. de la 57th. Street. 10 ans plus tard, Planet Hollywood s'installe sur Times Square à New York. Robert Earl a déjà développé plusieurs restaurants à thème aux Etats-Unis et en Angleterre, dont le fameux «Hard Rock Café». Presque inconnu du grand public, le succès de ses restaurants repose essentiellement sur la popularité de stars qu'il réussit à associer à son entreprise. Keith Barish, producteur hollywoodien d'une centaine de films (*9 semaines 1/2, Le fugitif ...*), trouve quant à lui désolant que le public de ses films n'ait jamais de contacts réels avec les stars du cinéma. Il voit en Robert Earl une solution à ce problème et ensemble, ils créent le restaurant du cinéma. C'est ainsi qu'au début, Sylvester Stallone, Arnold Schwarzenegger, Bruce Willis et Demi Moore s'impliquent dans cette chaîne de restauration et en deviennent non seulement les actionnaires, mais également les têtes d'affiche. Si le pourcentage que détiennent les stars reste secret, on sait que les protagonistes conservaient à eux deux plus de 50 % des parts de la société.

Depuis la première ouverture, les partenaires de Planet Hollywood ont évolué au fil du temps. 12 années ont passé et Sylvester Stallone, Arnold Schwarzenegger ou Bruce Willis se sont retirés. Aujourd'hui, la «dream team» a été rejointe par ceux que l'on appellera la «new generation» : Britney Spears, Shaquille O'Neal, et le groupe Nsync, venus eux aussi représenter l'image du Planet Hollywood dans le monde; et Robert Earl est maintenant seul aux commandes.

Rapidement, le «Planet Hollywood» devient une chaîne internationale. Il y a actuellement, 27 Planet Hollywood dans le monde dont 8 aux Etats-Unis : Acapulco, Amman, Auckland, Bali, Cancun, Disneyland-Paris, Dubaï, Guam, Jakarta, Kuala Lumpur, London, Madrid, Niagara Falls, Paris, Puerto Vallarta, Riyad, Rome, Tokyo et Toronto. Le 25 août 1995, le 26e Planet Hollywood ouvre ses portes à Paris, au 78 avenue des Champs-Elysées. Aux États-Unis : Atlantic City, Honolulu, Las Vegas, Mall of América, Myrtle Beach, New York Times Square, Orlando Walt Disney World (Siège) et Saint-Louis.

A cette époque, l'objectif de Robert Earl était d'atteindre 100 restaurants d'ici l'an 2000, et ce, dans les meilleurs quartiers des grandes capitales (soit plus de 10 restaurants par an environ). En 2003 il y a environ 30 restaurants dans le monde au lieu des 100 prévus, mais en 12 ans le concept s'est renforcé; et si quelques fermetures furent incontournables (notamment le Planet Hollywood de Moscou), il est passé du stade de l'adolescence à celui de la maturité.

2. LE CONCEPT PLANET HOLLYWOOD

Implanté sur 1000 m^2 exploitables (bar, restaurant, boutique), Planet Hollywood s'étend sur 3 niveaux :

- Au rez-de-chaussée : la boutique;
- Au premier sous-sol : le bar;
- Au deuxième sous-sol : le restaurant.

Tout est fait pour rendre hommage au 7e Art. Thème sur le cinéma accompagné d'accessoires, décors, supports, collections qui s'y rapportent; cuisine américaine et californienne. John McCann en est l'architecte attitré. Chaque restaurant s'affirme comme un musée original reflétant le monde du cinéma et de la télévision. Le client découvre d'extraordinaires collections de costumes, de machines, de véhicules provenant de tournages de film : le couteau de Stallone utilisé dans «Rambo», le robot destructeur de «Terminator», le requin géant des «Dents de la mer», etc. La conception du restaurant est proche des chaînes de restauration américaines.

Le montant total de la collection s'élevait en 1999 à 85 millions de dollars. L'ensemble des objets – appelés «memorabilia» – est conservé dans un entrepôt anonyme à Orlando avant de rejoindre leur destination finale. Il y a entre 200 et 600 «memorabilia» par restaurant.

3. LE MARKETING MIX

3.1 Le produit

a) Données générales

Emplacement :

- Métro : Georges V ou Franklin Roosevelt (ligne 1);
- Parkings publics : Parc Champs-Elysées ou George V;
- Possibilité de voiturier.

Horaires d'ouverture (toute l'année sans interruption) :

- Restaurant et bar : de 12h00 – 1h00 du matin;
- Boutique : 10h00 – 1h00 du matin;
- Terrasse en été : 12h00 – 23h00 .

Investissements et loyer :

- Superficie de plus de 4000 m;
- Installé dans les murs de l'ancien Lido, c'est le second Planet Hollywood de la chaîne et le plus grand restaurant parisien;
- Investissements : entre 12,20 et 13,80 millions €;
- Loyer : environ 153000 €/mois.

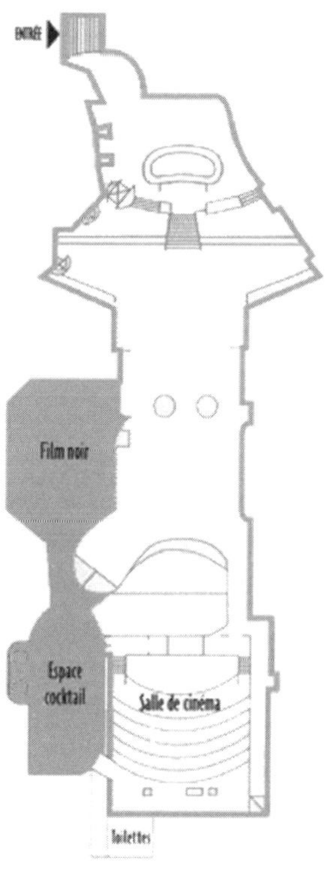

Nombre d'employés :

- Environ 160 personnes (soit 40 personnes de moins en moyenne qu'à l'ouverture du restaurant).

Capacités :

- la salle de restaurant a une capacité d'environ 550 places assises;
- Capacité en cocktail : 1000 personnes;
- Capacité en séminaire : 250 personnes (salles Hollywood et Zebra).

Equipements / Services :

- Régie audio-visuelle (cassettes VHS PAL, SECAM et HTSC);
- 18 écrans dont 12 géants;
- 2 micros HF;
- 1 caméra fixe;
- Scène en option;
- Mise à disposition de la vitrine donnant sur les Champs-Elysées, seulement lors d'événements spécifiques.

b) La boutique

Elle présente une variété de vêtements et d'articles signés «Planet Hollywood Paris». Le client a la possibilité de personnaliser le produit en y apposant son logo et peut également opter pour les chèques-cadeaux Planet Hollywood échangeables en boutique ou au restaurant :

- T-shirts, sweat-shirts, casquettes, vestes en cuir, chemises, écharpes, gants;
- Porte-clés, pin's, stylos;
- Peluches, verres, sacs à dos;
- ...

c) Le cinéma

La salle de cinéma de 11m de large sur 12m 30 de long permet toutes projections de films, l'accueil de séminaires, de conférences de presse ou encore de lancements de produits. Elle a une capacité de 94 places assises.

La salle de cinéma est utilisée pour la projection des films en avant-première (généralement suivie d'un cocktail), auquel participent souvent des célébrités locales. Cette salle de cinéma (certifiée THX) est louée non seulement à la demande d'entreprises pour leurs séminaires, mais surtout pour la projection-presse en avant-première, par les distributeurs de films.

d) L'espace cocktail

Celui-ci est adjacent à la salle de cinéma. Il permet des réceptions, des petits déjeuners ou encore des événements particuliers comme les arbres de Noël ou des soirées clé en main :

- Superficie : 140 m^2;
- Capacité en place assise : 90 personnes;
- Capacité en cocktail : 120 personnes;
- Capacité en séminaire : 40 personnes (disposition en U).

A cet espace peut s'adjoindre la salle «film noir» pour une capacité d'accueil total de 170 places assises ou 200 en cocktail. Planet Hollywood met alors à la disposition du loueur le matériel technique adéquat.

e) Les salons à thème

- Salle «Metropolis» (située en contrebas face aux marches) dont le thème concerne la science-fiction;
- Salle «Hollywood» ou «Sky room» en raison de la couleur bleue du plafond et des engins suspendus;
- Salle «Films noirs» consacrée aux reliques provenant de vieux films;
- Salle de banquet (privatisable).

La capacité d'accueil

Nom de la salle	Places assises
Metropolis	114
Film noir	80
Hollywood	244
Banquet	100
Cinéma	94

f) Les «memorabilias»

Trois cent «memorabilias» sont exposés au Planet Hollywood Paris parmi lesquels on trouve : le char de «Ben Hur», le bus de «Speed», le cockpit de «Air america», etc. Une place importante est consacrée au cinéma français et à leurs stars : le couvre-chef et la pipe de Jean Gabin dans «Les enquêtes du commissaire Maigret», le feutre de Gérard Depardieu dans «Cyrano», la robe de Jeanne Moreau dans «Jules et Jim», etc.

Tous ces objets sont accompagnés d'une plaque de cuivre indiquant le nom de l'acteur, le titre du film, le studio qui l'a produit, l'année de sa sortie, sa description, son donateur ainsi qu'une photo extraite du film attestant de leur authenticité.

Au fond du restaurant, comme dans tous les Planet Hollywood, un diorama présente des figurines de stars grandeur nature. Enfin, sur les 18 écrans vidéo dont 12 géants du restaurant, sont projetés des extraits de films américains et français ainsi que les bandes-annonces des films américains à venir.

3.2 La communication

Une stratégie pull au travers les manifestations de grandes stars du cinéma étrangères, de stars françaises. Une communication également («marchandising») à travers la boutique de souvenirs placée à l'entrée de la salle de restaurant (± 20 % du CA total). Par exemple :

- Sur la présentation de son addition, le client bénéficiera d'une remise de 15 % sur tous ses achats en boutique;
- Ou encore, pour 1 sweat-shirt acheté + l'addition du jour, il se verra offrir 1 tee-shirt;
- L'enfant n'est pas oublié à travers la formule «1 menu offert par adulte payant».

Depuis quelques mois, la stratégie de communication s'est effectuée principalement vers deux cibles principales : la clientèle d'affaires, d'une part, la clientèle individuelle/groupe, d'autre part. Une plaquette a été réalisée par la direction des ventes et du marketing incluant tous les services proposés par l'entreprise.

Des actions ciblées sont réalisées. La particularité de Planet Hollywood fut de scinder le marketing et les ventes des relations publiques. En représentant, entre autres, ces deux fonctions sur la chaîne de valeur de Porter, nous avons :

Chaîne de valeur de Planet Hollywood

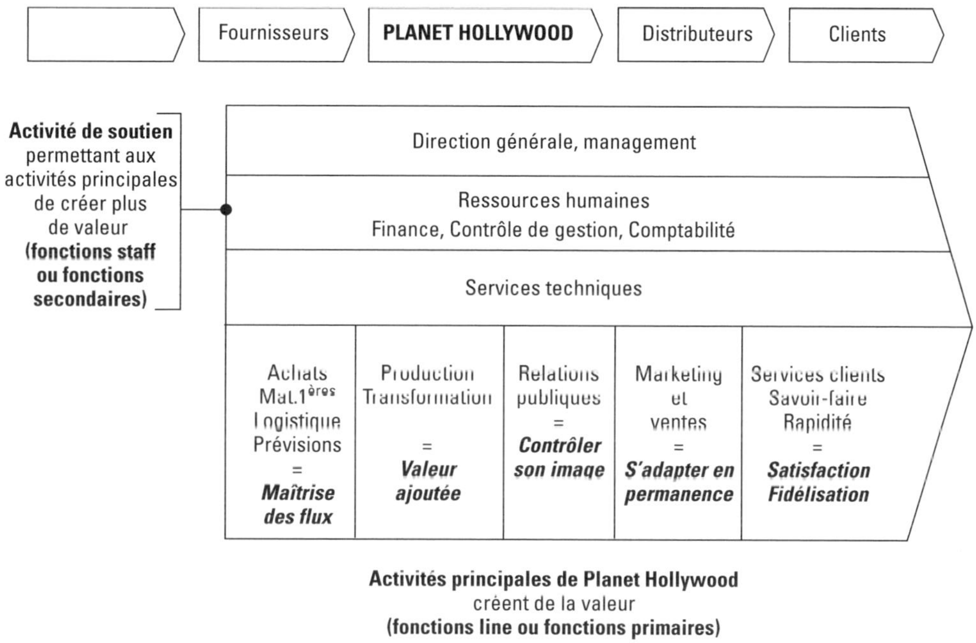

La fonction des relations publiques est d'assurer l'image du Planet Hollywood à travers la publicité et les opérations réalisées ou non par la firme. Il s'agit d'avant-premières réalisées dans la salle de projection du restaurant, de soirées réunissant de prestigieux invités (ex. Soirée Petit Prince dont une partie des bénéfices est reversée à une association), d'opérations de promotions d'artistes telles que des show-case ou des dédicaces, d'opérations de partenariat avec des radios, magazines, etc. Les articles parus dans la presse (PQR, presse générale, jeune, etc.) suite à ces manifestations entrent dans la stratégie de communication du Planet Hollywood.

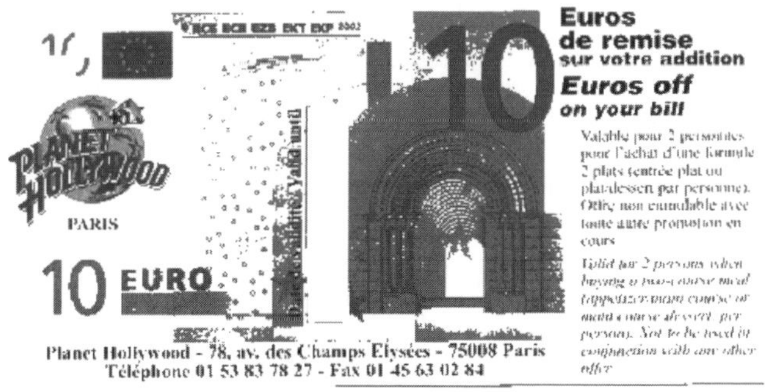

La fonction marketing est située plus en aval dans la chaîne de valeur. Elle est en charge de l'innovation produit/service; des éditions; des relations ventes; de tout ce qui peut améliorer le produit dans sa globalité afin de rester compétitif.

3.3 La distribution

a) Point de vente Planet Hollywood : c'est une stratégie à la fois intensive par le nombre de points de vente et sélective par la qualité des quartiers choisis,

b) Clientèle

- **Les particuliers** (80 %) : en sus de la clientèle de proximité et de passage, la concurrence locale a poussé Planet Hollywood à s'adapter et à élargir son offre en accueillant des «goûters familiaux», «rallyes» (marché de la «vieille France»), «*dance parties*» le vendredi soir)
- **Les entreprises** : séminaires, CE («*buy out*», arbre de Noël, vente de «*packages*», système de «Co-branding» avec le Crazy Horse, le Lido, le Rex et les cinémas Gaumont)
- **Les agences «événementielles»** : l'entreprise organise des événements «*clé en main*», des animations adaptées à chaque public (Dj, orchestres folkloriques, sosies, magiciens...). Par exemple : la cérémonie des «*gants d'or*» imaginée par Jean-Claude Boutier qui récompense les meilleurs boxeurs de l'année; le lancement du magazine «*Star Academy*»; les manifestations de grands clubs de football pour des actions humanitaires; des avant- premières de films...
- **Les tour-opérateurs, les agences de voyages :** Jetair

c) Fournisseurs

- **Les guides et les éditions** : brochure Citytrip;
- **Les salons professionnels** : Bedouk, Réunir, Ecoprise (CE), RDV Paris.

3.2 Le prix

On peut estimer que la politique de prix est une politique de pénétration avec des prix qui se maintiennent afin de fidéliser la clientèle.

Les actions de communication et de relations publiques se sont tout particulièrement renforcées auprès des entreprises présentes autour des Champs-Elysées. Planet Hollywood offre ainsi la possibilité aux salariés possesseurs d'une carte spéciale entreprise «Business» de venir se restaurer pour un prix très raisonnable de 9 €.

La Saint Sylvestre étant un moment important, Planet Hollywood propose un menu conséquent à un prix qui peut sembler élevé (1200 € au 31 décembre 2002) mais qui reste compétitif par rapport à ce que proposent les concurrents locaux.

4. LES SERVICES ET L'ESPRIT DU PLANET HOLLYWOOD

Avant chaque service, le personnel de salle participe à une réunion pendant laquelle le responsable donne ses instructions et présente les plats du jour. Les objectifs sont clairs : acquérir une meilleure connaissance des produits proposés quotidiennement. L'ambiance est décontractée, mais les méthodes américaines sont strictes, car la satisfaction du client est primordiale et doit être le *credo* de chaque serveur. Tout ceci est d'ailleurs parfaitement explicité dans le manuel que reçoit tout employé. En fait, le serveur doit prendre la commande le plus rapidement possible tout en cherchant, dans la bonne humeur, à satisfaire le consommateur. Combien gagne-t-il ? A titre de comparaison, un serveur gagne en moyenne 1250 € net par mois auxquels s'additionnent de 300 € à 650 € de pourboires. Aux Etats-Unis, un serveur gagne environ 2,30 € de l'heure, soit ~ 380 € par mois auxquels se rajoutent ~ 1520 à 2290 € de pourboires.

Les hôtesses, elles, doivent porter attention à chaque départ et recenser les tables disponibles. Elles sont nettoyées et préparées en une minute par les «Bussers» afin de ne pas faire attendre les clients suivants (les «Bussers» travaillent en équipe avec les serveurs et serveuses).

4.1 **Le personnel** (fonction «line»)

- 1 chef
- 25 cuisiniers en zone d'envoi
- 3 sous-chefs
- 15 cuisiniers en préparation
- 6 superviseurs

- 10 plongeurs
- 2 économes
- 22 serveurs
- 6 «bussers»
- 7 hôtesses
- 5 barmen
- 8 vendeurs (ses) en boutique
- 4 serveurs minimum + 2 superviseurs pour les terrasses en été
- 1 personne pour la maintenance
- 2 projectionnistes

4.2 La cuisine

Son organisation est fondée sur la spécialisation des postes de travail afin d'accroître la productivité globale. Elle est centrée autour de deux zones principales : la zone de préparation où sont réalisés les plats de base et la zone d'envoi dévolue à l'assemblage et à la cuisson finale. La zone d'envoi se présente de façon linéaire et comprend cinq stations : pizza, hamburger-grill, friterie, grillade, sauteuse. Chaque poste se voit assigné une tâche précise laissant peu de place à l'improvisation. Le processus de fabrication doit aboutir à un résultat identique et constant. Ne sont transformés que des produits frais achetés auprès de grossistes. De plus, grâce à une gestion informatisée des besoins, la production s'effectue en flux tendus et le volume des stocks n'excède pas une journée et demie de production.

4.3 Cartes et fréquentation de la clientèle

- Le restaurant sert en moyenne 900 couverts par jour et enregistre des pointes à 2400 couverts;
- Le ticket moyen est de 25 €;
- Deux cartes se «croisent» : traditionnelle et américaine.

Quelques spécialités françaises viennent s'ajouter à la formule américaine. Elles répondent à un double souci : fidéliser d'une part la clientèle parisienne et faire en sorte que les touristes sachent qu'ils se trouvent en France d'autre part. Notons aussi la commercialisation du vin de Gérard Depardieu (Château de Tigne) dans tous les Planet Hollywood au prix de 20 €.

5. ÉTUDE DE LA CARTE

«*Une cuisine internationale à dominante californienne*», voici comment on peut caractériser la cuisine de Planet Hollywood.

Les plats de cuisine française restent traditionnels (bœuf bourguignon, croque-monsieur...). La carte «américaine» fait appel à sa diversité culturelle comme la mythique salade «Caesar», les ailerons de poulets épicés ou encore le «new york steak». Par rapport à la carte française, son offre est largement plus ample et variée. En effet, elle propose un grand nombre de plats cosmopolites, des spécialités italiennes (lasagnes, «fettucine carbonara») ou asiatiques («asian chicken salad»)...

5.1 Les boissons

a) Prix moyen des cocktails maison et shooters : 8,36 €

(Apéritifs alcoolisés, sans alcool et «shooters». En 1999, 6 produits sur 7 se situaient à ~ 7 €)

Prix	6,90		8,5		12,50
Nombre de cocktails		16		1	

b) Prix moyen des bières : 5,86 €

(Même chose pour les bières dont le prix se situait à 5,40 € en 1999, en 2003 la bière est au prix de 6 € sauf sans alcool à 4,50 €)

c) Beverages. Prix moyen des café/thé, eau minérale, soft-drink, cappuccino :

Prix	2,50		3,75		4,75
Nombre		6		1	

d) La carte des vins rouges, prix moyen : 24,14 €

(Simplification de la carte des vins en 2003, le prix moyen tout vin confondu est de 20,18 €. En 1999, le prix moyen était de ~ 21,80 €)

Prix	19		21		23		28		38
Nombre de vins rouges		2		2		1		2	

e) La carte des vins blancs et rosés, prix moyen : 20,67 €

(En 1999, le prix moyen était de ~ 16,40 €)

Prix	19		21		23
Nombre de vins blancs/rosés		2		4	

f) Le vin au verre (rouge, rosé ou blanc) : 5,70 €

(Le vin en pichet est au prix unique de 9 €)

Prix	4,95		5,5		6,5
Nombre de verres/vins		7		11	

g) Prix moyen des champagnes : 45 €

(Par rapport à 1999, simplification de la carte avec 2 marques uniques, l'une à 40 €, la seconde à 50 €. Le prix moyen 1999 était de 67,4 € avec 4 produits)

5.2 Les entrées

Prix moyen des entrées : 8,50 €

(En 1999, le prix moyen était de ~ 7,62 €)

Prix	3,9		7,5		8,9		10,9
Nombre de plats		2		4		3	

5.3 Les plats

a) Prix moyen des plats principaux : 19,53 €

(En 1999, le prix moyen était de ~ 16,46 €)

Prix	17,9		18,5		19		21
Nombre de plats		4		3		2	

b) Prix moyen des salades : 13,30 €

(En 1999, le prix moyen était de ~ 10,52 €)

Prix	10,5		13,5		14,5
Nombre de salades		3		3	

c) Prix moyen des sandwiches : 13,25 €

(En 1999, le prix moyen était de ~ 12,35 €)

Prix	13		13,5	
Nombre de sandwiches		3		3

d) Prix moyen des pâtes : 14,4 €

(En 1999, le prix moyen était de ~ 11,28 €)

Prix	12,9		13,9		15,9
Nombre de plats		4		2	

e) Prix moyen des pizzas : 13 €

(En 1999, le prix moyen était de ~ 11,28 €)

Prix	12,5		13		13,5
Nombre de plats		5		1	

f) Prix moyen des burgers : 13,8 €

Prix	13,5		13,9	
Nombre de burgers		1		3

5.4 Les desserts

(Desserts, Mil shakes, smoothies sans alcool)

Prix moyen des desserts : 7,59 €

(En 1999, le prix moyen était de ~ 6,71 €)

Prix	6		6,5		7,5		8		10,4
Nombre de desserts		2		5		1		1	

5.5 Les menus enfants (en dessous de 12 ans) : 12 €

5.6 Les spécialités

a) Soupe du jour : 4,5 €

b) Croque-monsieur : 12 €

c) Bœuf bourguignon : 15 €

d) Profiteroles : 7,5 €

e) Crème brûlée : 7,5 €

f) Sans alcool : 6 €

Nota : tous les prix indiqués sont T.T.C.

6. CONTRÔLER SON MARCHÉ : UNE RECHERCHE CONSTANTE DE LA SATISFACTION DU CLIENT

Fin janvier 1999, Planet Hollywood – dans un communiqué de presse – met l'accent sur le renouvellement de l'image du produit. «Orlando, Floride, 14 janvier 1999 : Planet Hollywood International a annoncé aujourd'hui une série de mesures visant à stimuler l'intérêt du consommateur et à dynamiser les ventes et la rentabilité de sa chaîne de restaurants à thème…la pierre angulaire de la stratégie de la Société est de se recentrer sur les unités qui sont au cœur de Planet Hollywood et qui offrent le plus fort potentiel de croissance aussi bien de ses profits que de la valeur des titres détenus par ses actionnaires. A cet effet, la Société explorera toute une gamme de possibilités allant de la franchise à la vente ou à l'arrêt de certaines de ses activités».

«Nous croyons que si nous réalisons ce programme avec succès en 1999, nous pourrons retrouver un profit en l'an 2000» déclare M. Baumhauer; *«en particulier, nous nous focaliserons sur l'accroissement des ventes, sur la réduction des frais généraux et des dépenses administratives, et sur la suppression des activités qui ne sont plus cohérentes avec notre stratégie de valorisation de nos actions».*

6.1 Les mesures de revitalisation du concept Planet Hollywood

Pour revitaliser et donner un nouvel attrait à la marque Planet Hollywood, la Société va prendre une série d'initiatives tournées vers les consommateurs.

- M. Baumhauer déclarait en 1999 : «*un objectif clé de notre stratégie est d'accroître la fidélité de nos clients en les encourageant à venir plus souvent dans nos restaurants...*»;
- Moderniser l'image des restaurants Planet Hollywood. La Société a élaboré un plan visant à relancer le concept Planet Hollywood (*nda : un programme de rénovation a bien été engagé mais concerne surtout Londres : boutique qui offre une meilleure présentation des produits aux clients*);
- Environ 50 % des restaurants Planet Hollywood seront rénovés à la fin du second trimestre 1999 (*nda : les difficultés économiques de la chaîne à un moment donné n'ont pas permis ces investissements dans cette proportion*);
- Continuer la stratégie de merchandising des produits. Dans le cadre de ce programme, la Société s'est assurée le concours d'un styliste extérieur et a signé un accord avec «*Fruit of the Loom*» qui fabriquera pour les restaurants une gamme complète de produits, (*nda : cet accord n'a apparemment pas abouti dans tous les Planet Hollywood*);
- Développer une nouvelle stratégie de marketing et de relations publiques visant à envoyer aux consommateurs des messages rajeunis et consistants : «*la nature même de notre thème – le monde du cinéma-nous permet une remise en question et une mise au goût du jour de nos restaurants*» déclare M. Baumhauer. «*A l'avenir, une priorité cruciale, outre la fourniture d'une nourriture de qualité, sera d'actualiser sans cesse notre «expérience d'Hollywood» pour donner aux clients des raisons stimulantes de revenir dans nos restaurants». (Nda : d'une certaine façon, la stratégie de marketing et de relations publiques a porté ses fruits – cf. chaîne de valeur, nouveaux marchés...);*

«*En clair, le sens de notre action est un retour aux principes fondamentaux culinaires. Planet Hollywood est une marque très forte qui a seulement besoin d'être rénovée, recentrée et relancée en fonction du consommateur d'aujourd'hui. C'est ce que nous entendons faire en 1999*».

6.2 Les mesures de réduction des coûts et d'amélioration de la rentabilité

Outre les actions visant à revitaliser la marque Planet Hollywood, la Société met en œuvre des mesures pour abaisser significativement ses coûts d'exploitation. Entre autres, elles consistent à :

- Réduire les frais généraux;

- Rationaliser les processus d'achats;
- Mettre en place des systèmes de contrôle des coûts pour mieux maîtriser les dépenses;
- Sous-traiter les activités non fondamentales, telles que la fabrication et la distribution des produits vendus par la boutique;
- Franchiser certains restaurants Planet Hollywood en dehors des Etats-Unis;
- Céder certains actifs non essentiels;
- Recapitaliser le bilan de la Société;
- Gérer strictement les investissements.

«Notre objectif est d'abaisser les dépenses générales et administratives à environ 8 % des ventes au lieu des 17 % actuels. Nous croyons que cet objectif est accessible et nous avons pris les mesures nécessaires pour l'atteindre» déclare M. Baumhauer.

6.3 Prévisions

Chiffre d'affaires de 400 millions de dollars et un résultat d'exploitation de 25 à 30 millions de dollars pour l'année 1999 avec un résultat d'exploitation de 14 à 19 millions de dollars... En 2003?

Planet Hollywood est un créateur et un promoteur mondial de marques qui s'appuie sur l'attrait universel du cinéma, des sports, de la musique et autres activités de loisirs. Les unités de la Société à travers le monde offrent des produits et des services dans les domaines de la vente au détail, du loisir et de l'hébergement. Les titres Classe A de Planet Hollywood figurent sous le symbole «PHL» à la Bourse de NewYork.

6.4 Une stratégie nouvelle

«Planet Hollywood Hôtel et Casino» arrivent à Las Vegas

La justice confirme la victoire du groupe Planet Hollywood pour l'acquisition de l'«Aladdin» (Las Vegas, Nevada. le 20 juin 2003)

Planet Hollywood et Casino ouvrira bientôt à Las Vegas, modifiant ainsi avec une certaine audace le paysage du célèbre *«Las Vegas Strip» 45 jours après avoir été sélectionné parmi les prétendants à la reprise du site «Aladdin Casino»*, c'est l'offre de Planet Hollywood qui a finalement raflé la mise.

L'accord de partenariat ayant emporté l'offre est un joint-venture comprenant Robert Earl fondateur et Pdg de Planet Hollywood International, Inc,, Bay Harbour Management LC et Starwood Hôtels and Resorts Worldwide Inc.

L'accord de cette acquisition, d'un montant de 635 millions $ incluant le rachat de la dette, porte sur les 2567 chambres d'hôtel, le casino, d'une surface de 114000 m^2 ainsi que le Théâtre des Arts & Spectacles de 7000 places assises. Un investissement complémentaire de 90 millions est prévu pour la rénovation et la mise en valeur thématique des lieux.

«*Cela fait des années que nous avions l'intention d'installer un Planet Hollywood et un casino à Vegas*» a déclaré Robert Earl. «*Je me réjouis que nous ayons été en mesure de réunir l'équipe dans un tel projet et d'aboutir sur ce site légendaire qu'est le Strip, C'est le bon moment et la marque Planet Hollywood est de retour sur le devant de la scène, puisque qu'il n'y a pas meilleur endroit pour démarrer notre activité d'hôtellerie et de casino qu'à Las Vegas*» a t il ajouté.

Après les modifications et la rénovation, le nouveau site sera baptisé «Planet Hollywood Hôtel and Casino » – un Hôtel Sheraton –. Avec une toute nouvelle façade sur le Strip, des multiples accès améliorés, et une remise à jour totale de la restauration et de la stratégie de divertissements, le «Planet Hollywood Hôtel et Casino» sera en mesure d'offrir tant à la population locale qu'à ses visiteurs le véritable goût de Hollywood.

De même le casino sera complètement rénové, invitant à découvrir les multiples aspects du thème toujours aussi attractif qu'est Hollywood.

Le groupe a nommé à sa tête Mike Mecca en tant que Pdg et Ceo. M. Mecca qui a rejoint le groupe en mai était auparavant directeur Général du Green Valley Ranch Casino & Spa. «*Nous sommes ravis d'avoir un opérateur si talentueux dans notre équipe*» a souligné Doug Teitelbaum, Patron de Bay Harbour Management LC. «*Mike est exactement le type de profil recherché comme chef de proje*». Teitelbaum a par ailleurs ajouté que le nouveau groupe conservera les employés actuels d'Aladdin.

Le thème hollywoodien sera utilisé dans le design des chambres d'hôtel et des suites. On empruntera également des pièces issues de l'impressionnante collection de MemorabiliaS de Planet Hollywood – l'une des plus importantes au monde – avec, en point d'orgue des éléments de design uniques réservés à certaines suites.

L'étage supérieur de l'hôtel sera celui dévolu aux célébrités, reflétant ainsi la vie et la carrière des plus populaires des stars du 7e art. L'étage inférieur sera, lui réservé aux films eux-mêmes, décorés avec des memorabilias d'oeuvres majeures.

Des expositions tournantes majeures seront proposées à l'intérieur du théâtre, le lieu servant aussi de scène aux avant-premières dans la plus pure tradition hollywoodienne.

Starwood, à travers sa marque Sheraton, prendra en en charge les opérations à visée hôtelière exclusivement et non celles liées au casino. L'encadrement clé pour faire fonctionner l'hôtel est aussi réservé à Starwood qui mettra en place son fameux dispositif global de réservations ainsi que ses fameux «*Grand Prix du client préféré* » Starwood. Les parties sont aussi d'accord pour qu'une autre division de la chaîne hôtelière, Starwood Vacation Ownership développe un programme à concurrence de 600 appartements, les «Westin Vacation Resort» sur ce même site. L'acquisition n'inclut pas le tout proche «*Désert Passage Mail*» qui reste la propriété de « Aladdin Bazaar, LLC».

«*Nous sommes heureux de revenir sur ce marché important du voyages en tant que partenaire dans ce joint-venture*» a déclaré Barry S. Strenlicht, Président et CEO de Starwood Hôtels & Resorts. Las Vegas est un marché clé pour les groupes que nous représentons et nos millions de «*clients privilégiés*» Starwood, sont de grands voyageurs. Notre installation se fait à un endroit de très grande valeur et bien que notre investissement soit modeste, l'opportunité elle, ne l'est pas. «Le joint-venture a en effet remporté une offre concernant un emplacement pour moins de 50 % de sa valeur réelle»

Au-delà de ce nouvel accord, Aladdin Resort et Casino continuera son activité sous ce nom durant une certaine période, permettant ainsi à Planet Hollywood de faire la transition vers le nom Planet Hollywood Hôtel et Casino de façon graduelle tout en effectuant les nombreux travaux prévus sur le site existant.

Bien sûr, l'inauguration officielle fera l'objet d'une célébration, elle aussi toute hollywoodienne.

CONTACTS U.S.A.:

Amy Sadowsky, Planet Hollywood (407) 903-5759
asadowsky@planethollywood.com
K.C. Kavanagh, Starwood Hotels (914) 640-8339
kc.kavanagh@starwoodhotels.com

Paul Spiers, Hall Communications (702) 260-4700
pauls@hallcomm.com

CONTACTS France :

Nadine Thouin 01.53.83.78.21
Directrice des ventes et marketing
n.thouin@planethollywood.fr

Nadia Belhadi 01.53.83.78.24
Télécopie : 01.40.75.04.93
Responsable commerciale
Information et Contact presse :
Planet Hollywood; Géraldine Sultan - 01 53 83 79 85

ANNEXES

(nota : les formules et les prix peuvent être sujets à modification)

Annexe 1
Privatisation du restaurant

Il est possible de louer en exclusivité le restaurant dans sa globalité, pour une soirée privée. Avec plus de 1000 m^2 de superficie, Le Planet Hollywood – Paris peut accueillir jusqu'à 500 personnes en dîner assis, et plus de 1000 personnes en cocktail dînatoire. Pour ce faire, un montant forfaitaire minimum est nécessaire pour organiser cet événement, (devis personnalisé sur simple demande).

Cette proposition comprend :

- La mise à disposition de notre restaurant Planet Hollywood. (Horaire à définir) (A l'exception de la boutique à l'étage supérieur, qui reste ouverte jusqu'à 1h du matin)
- La possibilité de décorer notre vitrine sur les Champs-Elysées aux couleurs de votre société. Dimension de la vitrine : hauteur : 2,33 m. largeur : 2,20 m, profondeur 1,43 m.
- La technique

- La mise à disposition de notre système audiovisuel, incluant 18 écrans géants, et 2 micros HP.
- La sonorisation de tous les espaces, l'éclairage d'ambiance
- Le personnel
- Hôtesses - barmans - serveurs
- La sécurité
- 1 pompier et 2 agents de sécurité
- La restauration
- Propositions de menus répartis en buffets à thèmes ou service à table
- Le vin et les eaux minérales sont inclus au cours du repas
- Le bar ouvert pour une durée d'une ou deux heures (en fonction du tarif)
- Tout alcool hors champagne
- Jus de fruits - soda - eaux minérales

Les prestations en supplément :

- La location d'un pupitre ou d'un podium si besoin;
- Soirée dansante avec DJ : nous consulter pour les tarifs de location du matériel sono et du DJ;
- La location d'une scène de 25 m^2;
- La gestion du vestiaire comprenant : le personnel, ainsi que le matériel, portants, cintres et tickets;
- Plusieurs parkings se trouvent à proximité du Planet Hollywood.

Divers :

- Possibilité d'apporter de la moquette rouge pour mettre sur les Champs-Elysées jusqu'à la porte d'entrée. Fourniture des cordelettes et possibilité de filmer l'arrivée des invités avec retransmission en direct sur les écrans (la location du matériel vidéo reste à la charge du client);
- Possibilité d'offrir aux invités la gamme des produits Planet Hollywood personnalisée avec votre logo;
- Des formules de bar ouvert plus longues ou incluant le champagne;
- L'ouverture tardive du restaurant par tranche d'heure supplémentaire au-delà de 2h du matin.

Annexe 2
Arbre de Noël
(Sur la base de 50 personnes minimum)

- Formule goûter avec animation «Langue de chat»;
- Formule goûter au Planet Hollywood avec le grand Rex «Les Z'animaux»;
- Formule « Planet Hollywood» «Vite, j'ai faim!»;
- Formule Buffet (espace cocktail privé).

Annexe 3
Conditions de location, tarifs entreprises

- La location de la salle de cinéma (420 € par heure en 2003) inclut la mise à disposition du matériel technique et l'assistance tout au long de l'événement;
- L'espace cocktail privé (hors samedi soir) avec ou sans restauration;
- L'espace cocktail privé un samedi soir;
- Petits-déjeuners et brunchs : pour 50 personnes minimum, organisation du petit déjeuner ou du brunch dans l'espace cocktail;
- La journée ou la demi-journée d'étude : (minimum de 20 à 50 personnes mais possibilité de groupe < à 20).

Annexe 4
Les menus groupes
(valables à partir de 20 personnes, prix/personne)

- Menus «Harry Potter»
- Menus «Vanilla Sky»
- Menus «American Pie»
- Menus «Le Journal de Bridget Jones»
- Le «Seigneur des Anneaux»

Annexe 5
Les formules Buffets
(valables à partir de 50 personnes, prix/personne)

- Buffet «Matrix»
- Buffet «Wasabi»

– Buffet «Spy Game»
– Buffet «Moulin Rouge»

Annexe 6
Les cocktails dînatoires

– Cocktails de bienvenue
– Les forfaits boissons : «Rapido, «Le Pot», «Bistrot»

Annexe 7
Les forfaits soirées

– Soirée totalement Crazy (dîner + spectacle du Crazy Horse «Teasing»)
– Soirée Champs-Elysées (dîner + «C'est magique» revue du Lido – Paris)

Annexe 8
Bar ouvert
(tarification par heure)

«*GRINCH*» : soda - eau minérale - jus de fruit

«*BRITNEY*» : soda - eau minérale - jus de fruit - vin - bière

«*SLY*» : soda - eau minérale - jus de fruit - vin - bière

«*BRUCE*» : soda - eau minérale - jus de fruit - vin - bière

DROIT DE BOUCHON CHAMPAGNE

Annexe 9
conditions de ventes

CONFIRMATION / RÈGLEMENT

Le nombre de personnes présentes devra être confirmé au plus tard 7 jours avant la date de l'événement. La facturation définitive sera établie sur ce nombre. Toute réservation fait l'objet d'un prépaiement au plus tard 48 heures avant la prestation. Lors de la confirmation de l'événement, un acompte de 80 % du montant global TTC est requis. Le règlement du solde devra parvenir au service commercial du Planet Hollywood 48 heures avant la prestation ou avec l'accord du Planet Hollywood sera réglé sur place le jour de l'événement.Toute confirmation de réservation sera considérée uniquement avec une confirmation écrite des deux parties et le versement de l'acompte demandé.

ANNULATION / MODIFICATION / SUPPLÉMENT

Les parties se réservent le droit d'annuler toute réservation dans le cas de force majeure, sans indemnité, mais avec restitution d'acompte. Toute modification souhaitée et demandée dans les 7 jours précédant la date de la prestation est soumis à disponibilité et devra faire l'objet de l'accord préalable de Planet Hollywood Paris.Tout supplément par rapport à la réservation initiale demandée sur place ou dans les 72 heures précédant la date de la prestation est soumis à disponibilité et devra être payé sur place.

En cas d'annulation totale ou partielle de la prestation, le client s'engage à verser au Planet Hollywood :

- La somme de 50 % du montant total TTC de la prestation, si cette annulation intervient entre la confirmation et 15 jours avant le jour de l'événement.;
- La somme de 100 % de l'événement si cette annulation intervient entre 15 jours et le jour de la prestation;

Tout commentaire ou contestation relatif à l'événement doit nous être adressé par écrit, dans les 48 h suivant la prestation pour être pris en considération.

RESPECT DES HORAIRES

«Il est recommandé de respecter l'horaire de l'événement indiqué. Au-delà d'un retard conséquent, Planet Hollywood Paris fera son possible pour assurer au mieux les prestations réservées mais ne pourra être tenu responsable de tout désagrément engendré par l'arrivée tardive du client.».

CHAPITRE 18

L'hôtellerie en Polynésie

L'hôtel quatre étoiles Beach Plazza situé à Tahiti est constitué d'un ensemble de 100 chambres et offre une restauration internationale. La demande de la clientèle étrangère incite le nouveau propriétaire, d'origine américaine, à créer une deuxième unité de restauration sur le bord de mer. Toutefois, ses capacités financières l'obligent à arbitrer entre deux projets qui limiteront ou non le nombre de places assises.

En effet, ainsi qu'il apparaît dans le bilan au 31 décembre 2003, la rentabilité de l'affaire est loin d'être excellente. La faiblesse du taux d'occupation (45 %) s'explique en partie par le fait que l'ancienne direction soutenue par ses actionnaires ne travaillait surtout qu'avec une clientèle individuelle et refusait systématiquement les propositions des tours-opérateurs ; mais aussi à cause de prix trop bas.

En votre qualité de responsable marketing de l'hôtel, vous prenez en charge ce projet. Les caractéristiques de ces deux projets de restauration sont les suivantes, budget prévisionnel :

En milliers d'euros	Projet 1	Projet 2
Coût d'achat	183	229
Durée d'amortissement	3 ans	3 ans
Produits		
Année 1	153	183
Année 2	183	153
Année 3	153	183

.../...

Charges		
Année 1	76	92
Année 2	92	92
Année 3	76	107

Dans un souci de simplification, on supposera que l'investissement est réalisable au début de l'année 1 et que les produits et les charges sont respectivement encaissées et décaissées à la clôture de chaque exercice. L'amortissement des investissements est linéaire. Le taux de l'impôt sur les bénéfices est de 15 %.

Après avoir analysé la rentabilité du projet 1 et du projet 2, vous avez fait un choix. Votre action se portera donc sur celui-ci en fonction de la clientèle étrangère. Vous envisagez, avec l'accord du directeur de l'hôtel, de préparer une campagne de communication afin de faire connaître l'ouverture du restaurant.

Vous vous demandez cependant s'il est également possible de diversifier votre clientèle et éviter ainsi les effets dus au phénomène de saisonnalité bien connu des professionnels. Ce qui permettrait à l'hôtel d'accroître sa rentabilité et d'amortir ainsi plus vite les investissements effectués. Aujourd'hui, le type de clientèle qui fréquente l'hôtel est surtout composé d'individuels loisirs et parfois d'hommes d'affaires qui restent en moyenne trois jours dans le pays. La clientèle étrangère est principalement composée de Français, de Belges et d'Allemands avec une légère fréquentation de la population locale.

1/ Effectuez un premier diagnostic financier pour l'hôtel dans lequel vous ferez apparaître : FRNG, BFRE, BFRHE, BFR; l'analyse de la trésorerie, des liquidités; la rentabilité globale de l'établissement; son autonomie financière... Vous commentez les résultats des différents ratios utilisés et vous suggérez des mesures à mettre en place (niveau de prix, prestations, etc.);
2/ Analysez la rentabilité des deux projets. Choisissez entre le projet 1 et le projet 2 et justifiez votre choix;
3/ Réalisez une étude des produits/services proposés par la concurrence. Vous pensez vendre le produit hôtel restaurant par l'intermédiaire de professionnels du tourisme, essentiellement des tour-opérateurs étrangers tout en considérant les avantages et les inconvénients de ce type de distribution.;
4/ Attachez- vous ensuite à préparer une liste d'actions tournées vers les structures locales qui peuvent également distribuer vos produits;
5/ Parallèlement, préparez une campagne de communication adaptée aux circuits de distribution choisis. Réfléchissez non seulement aux objectifs à atteindre, aux cibles, mais aussi aux moyens à mettre en œuvre.

Annexe 1
Bilan au 31 décembre 2003 (en euros)

ACTIF	Valeur brute	Amortissements et provisions	Valeur nette
Frais d'établissement	182 938,80	15 244,90	167 693,90
Terrains	304 898,00		304 898,00
Constructions	1 905 612,70	274 408,20	1 631 204,50
Installations	248 491,90	226 386,70	22 105,20
Participations	579 306,30	36 587,80	542 718,50
Total I	**3 221 247,70**	**552 627,60**	**2 668 620,10**
Matières 1ères	43 097,30	1 936,10	41 161,20
Créances clients	17 745,00	1 585,50	16 159,50
Autres créances (hors expl.)	6 183,30		6 183,30
Disponibilités	33 209,50		33 209,50
Charges constatées d'avance	2 683,10		2 683,10
Total II	**102 918,20**	**3 521,60**	**99 396,60**
Total général (I+II)	**3 324 165,90**	**556 149,20**	**2 768 016,70**

PASSIF	Valeur nette
Capital	1 524 490,20
Réserve légale	45 734,70
Résultat de l'exercice	-17 607,90
Total I	**1 552 617,00**
Emprunts et dettes auprès des établissements de crédit (1)	861 336,90
Emprunts et dettes financières diverses (2)	228 673,50
Dettes fournisseurs et comptes rattachés	65 095,70
Dettes fiscales et sociales	58 845,30
Autres dettes (hors exploitation)	1 448,30
Total II	**1 215 399,70**
Total général (I+II)	**2 768 016,70**

(1) Dont à plus d'un an : 775 203,20

(2) Dont concours bancaire courant : 98 329,60

Annexe 2
L'environnement polynésien

La Polynésie française, quelques distances :

- 24 000 Km de Paris
- 6 000 Km de Sydney
- 6500 Km de Santiago
- 9 500 Km de Tokyo
- 6 400 Km de Los Angeles
- 7 400 Km de Panama

A quelques milliers de kilomètres du reste du monde, au cœur de l'Océan Pacifique, la Polynésie française regroupe 5 archipels formés d'îles ou atolls :

- L'archipel de la Société
- L'archipel des Tuamotu
- L'archipel des Marquises
- L'archipel des Gambier
- L'archipel des Australes

A l'origine, chacune des îles a d'abord été un volcan en activité, puis un cône plus ou moins haut. Ce sont les îles hautes (Tahiti, Moorea, Bora Bora …). Quand la partie volcanique originelle disparut totalement sous les eaux, il ne subsista que la couronne corallienne calcaire, ce sont les atolls (Rangiroa, Mururoa...). Montagneuses ou coralliennes, les îles sont presque toutes entourées de barrières de récifs coralliens qui bordent de magnifiques lagons turquoises aux plages de sable blanc. Parfois, un îlot surgit dans le lagon, ce sont les «Motus» qui sont souvent privés.

La Polynésie s'étend sur un territoire tellement vaste qu'il a fallu plus d'un explorateur pour en repérer les îles. Le premier européen qui découvrit Tahiti fut le Capitaine Samuel Wallis en 1767, suivi de Cook qui y retourna 3 fois. Pomare V, dernier roi de la dynastie Pomare, céda son royaume à la République française en 1880.

Territoire français d'outre mer, la Polynésie française qui s'étend sur une surface équivalente à celle de l'Europe (mais les terres émergées ne représentent au total que 4000 Km^2) est régie depuis le 06/09/1984 par un statut d'autonomie interne qui confère aux institutions locales des pouvoirs étendus. L'Etat français y est représenté par un haut-commissaire. Le nombre d'habitants est de 220436 avec une densité de 55 habitants au Km^2.

■ L'économie

La monnaie locale est le franc CFP (le franc pacifique), son taux est de 0,153 € pour 18,18 francs CFP et de 1 USD pour 92,72 francs CFP. Le PIB de la Polynésie française est de 372 168 millions francs CFP. Soit environ 3 121 millions d'euros.

Le SMIC horaire est de 572,2 francs CFP, soit 4,42 €, le SMIC mensuel est de 747 €. La Polynésie compte près de 24 000 entreprises actives, le nombre de salariés est de 45323 et le taux de chômage est près de 12 %. La région vit principalement de sa production locale, agriculture, élevage et pêche. Mais sa principale source de revenus est le tourisme. La Polynésie française accueille chaque année près de 165000 touristes, venant principalement du Japon.

■ Transport/logistique

Le trafic maritime : le poids des marchandises débarquées par voie maritime est de 645000 tonnes par an alors que celui des marchandises embarquées n'est que de 15000 tonnes, soit inférieur de 43 fois. Le trafic aérien international : plus de 460000 passagers par an. Le trafic aérien intérieur : très développé entre les différentes îles, il se monte à 540000 passagers par an. Le poids des marchandises transportées est moins élevé que par bateau avec 5300 tonnes de frets par an (122 fois moins que le trafic maritime).

■ Les échanges extérieurs

Le montant des importations (90 % civiles; 10 % militaires) atteint environ 796,55 Mds €. La part de la France dans ces importations est la plus importante avec environ 43 % du total.

En 1995, la Polynésie a connu une forte crise qui s'est traduite par une baisse importante de ses exportations. Elle s'explique en partie par la reprise des essais nucléaires français et du boycott des produits qui s'en suivit des principaux partenaires de la Polynésie. En 1996, les exportations s'élevèrent à plus de 130 millions d'euros pour atteindre en 1997 180 millions d'euros, soit une progression de 33 %. Parmi ces exportations, la perle noire représente 93,3 % du total. Outre la perle noire, la Polynésie française exporte divers produits comme la nacre (1,83 M€), l'huile de coprah (3,35 M€) ou encore la vanille (0,70 M€). Cependant, la balance commerciale reste largement déficitaire avec un solde négatif de 590 millions d'euros du fait des importations élevées (taux de couverture de 24,8 %).

■ Climat

Rafraîchi par les alizés du Pacifique, le climat est ensoleillé et agréable. Deux saisons :

- De décembre à février : chaleur humide 27° à 35°;
- De mars à novembre : plus sec et plus «frais» 21° à 27°.

La saison des pluies intervient généralement entre novembre et mars. Les températures varient peu au cours de l'année. L'eau du lagon a une température de 25° en moyenne, température un peu plus élevée pendant l'été austral (janvier/février) 27° en moyenne.

■ Langue

Le tahitien est la langue d'échanges des Polynésiens. Ce langage se distingue par une profusion de voyelles (ex : Faa'a, aéroport de Tahiti; Punaauia, musée des Iles). La langue tahitienne continue d'évoluer et une Académie tahitienne s'est créée pour la défense et la promotion d'une littérature moderne. Le français est parlé partout.

■ Folklore

La musique et la fête en général, font partie intégrante de la vie des Polynésiens. Il n'est pas rare de rencontrer quelques musiciens jouant de l'ukulélé (petite guitare) et chantant quelques ballades. Dès l'arrivée à l'aéroport de Tahiti, le peuple polynésien vous offre sa bonne humeur, ses sourires, sa convivialité. Un orchestre est là pour accueillir le visiteur. «Le show polynésien» retrace des scènes guerrières ou poétiques et les légendes. Le T'amure est la danse la plus connue et celle reprise par les touristes du monde entier. Les plus grandes fêtes sont celles de Heiva Taupiti célébrées en juillet. Les grands hôtels y participent.

■ Religion

Plusieurs religions sont représentées en Polynésie. Les protestants sont majoritaires (environ 47 % de la population) suivis des catholiques (37 %). Le reste de la population est partagé entre les Mormons, Adventistes du 7e jour, Sanitos, Bouddhistes, Juifs, Assemblée de Dieu et autres croyances.

■ Cuisine

La cuisine polynésienne est d'excellente qualité. Sur place, on trouve également un grand choix de restaurants de cuisine française et chinoise. Le poisson tient une place de choix. Le mahi-mahi, l'espadon, le thon, … le poisson cru mariné dans le citron ou dans le jus de coco est délicieux. Les chevrettes (crevettes d'eau douce) font partie des plats appréciés.

Les fruits exotiques sont en abondance : pamplemousses, citrons verts, papayes, bananes, ananas, melons. Dans les hôtels, sont proposés les repas autour du four tahitien, le Ahimaa, dont la préparation très élaborée demande plusieurs heures. Le four est creusé à même le sol. On dispose au fond des branchages séchés puis des grosses pierres poreuses. Dès que la combustion du bois est achevée, le four est prêt à recevoir les mets à cuire qui sont disposés sur des feuilles de bananiers. On recouvre le tout de feuilles d'arbres à pain, de toile de jute et de sable fin afin que la cuisson soit bien hermétique.

Le cochon de lait, le poulet, le poisson, le fafa (proche de l'apinard), l'uru (fruit de l'arbre à pain), le fei (bananes rouges à cuire) et le poé (pâte de manioc parfumée aux fruits) cuisent à l'étouffée pendant 3 à 4 heures grâce à la chaleur dégagée par les roches chauffées.

Au niveau des boissons, la bière locale Hinano et les jus de fruits qui proviennent des plantations de Moorea.

■ La flore et la faune

L'emblème de Tahiti est le tiare, fleur au parfum capiteux.

Cocotier, arbres à pain ou uru, filaos, bananiers, pandanus, châtaigniers et tous les arbres ou arbustes à fleurs, hibiscus, frangipaniers, bougainvilliers, gardénias, flamboyants se côtoient dans une débauche de couleurs. Les arbres fruitiers se mêlent à cette végétation dense et luxuriante. Alors que la faune terrestre reste assez pauvre, la faune sous-marine est d'une incomparable richesse. Pas de serpent en Polynésie. Parmi les animaux terrestres, les oiseaux, le margouillat (lézard insectivore) et le crabe de terre. Coquillages, poissons, raies… la Polynésie est le paradis des amateurs de plongée sous-marine.

■ Décalage horaire

En hiver : 13 heures de moins; en été : 12 h de moins par rapport à l'heure de Paris. Durée du vol : 20 heures avec une escale à Los Angeles ou San Fransisco. Formalité d'entrée : passeport en cours de validité, aucune vaccination particulière n'est exigée.

■ Achat

Toute une gamme de produits à base de monoï; des pareux (paréos) ornés de motifs locaux; des objets en bois sculptés inspirés de l'art polynésien; de la vanille, des perles noires de Tahiti; la vannerie, les plus belles pièces sont les chapeaux, dont se parent les dames pour l'office religieux du dimanche.

TAHITI

La plus grande des îles polynésiennes (1042 km^2) est constituée de montagnes, de profondes vallées, de rivières et cascades. Elle fait partie des Iles du vent, Tahiti n'est pas le prototype parfait de la station balnéaire. Quelques hôtels possèdent de belles plages mais qui n'ont rien de comparables avec celles des îles environnantes.

Malgré une progression importante de la population, Tahiti n'est pas une île dénaturée. Les Tahitiens ont su sauvegarder leur originalité et leurs traditions. Papeete, la capitale est une ville commerçante mais fort agréable. Le front de mer est une réussite et les immeubles modernes ne sont pas des gratte-ciel. Il faut visiter le marché de Papeete ouvert dès 5 heures du matin. Ici, les mamas tahitiennes viennent vendre les produits qui servent de base à la nourriture mais également l'artisanat local : coquillages, pareux, produits à base de monoï, sculptures.

Des abords du marché, les «trucks» (autobus en bois) peints de couleurs vives partent vers toutes les directions de l'île.

■ **Les musées**

- le musée de la perle à Papeete,
- le musée de Tahiti et ses îles regroupent des collections d'objets rares et authentiques de la vie passée des Polynésiens (à 15 Km de Papeete),
- le musée Gauguin (à 50 Km de Papeete) qui retrace la vie et l'œuvre de l'artiste et le jardin botanique qui jouxte le musée Gauguin.

Au départ de Papeete, la découverte des autres îles du Pacifique dont la plus proche est Moorea située à vol d'oiseau à 7 kilomètres de Tahiti.

Annexe 3
Les hôtels

SOFITEL MAEVA BEACH

B.P. 6008 FAA'A TAHITI – Tél. : (689) 42 80 42

Situé à 5 mn de l'aéroport et à 7 Km du centre de Papeete, l'hôtel propose 224 chambres au milieu d'un jardin tropical. Les chambres sont équipées d'air conditionné, téléphone direct, mini bar, télévision avec circuit vidéo et loggia.
2 restaurants « le Bougainville », spécialités polynésiennes et internationales, « Le Sakura », spécialités japonaises. « Moorea », bar près de la piscine. « La Terrasse », lounge bar avec animation et musique d'ambiance en fin de journée. Piscine, tennis, solarium.
Plage aménagée où les activités suivantes sont proposées moyennant participation : plongée sous-marine, pêche en haute mer, planche à voile, ski nautique, bateau à fond de verre. Golf 18 trous à 30 minutes de l'hôtel. Tous les dimanches, le Tamaara'a festin tahitien (démonstration de tatouage, spectacles de danses tahitiennes, chants et danses polynésiennes). 3 fois par semaine au restaurant Bougainville, spectacles de danses tahitiennes.

L'avis du spécialiste :
Site et plage agréables. Un bon compromis pour un premier contact avec Tahiti.

TAHITI BEACHCOMBER PARK ROYAL
B.P. 6014 FAA'A TAHITI – Tél. (689) 86 51 10

Situé au lieu dit Pointe de Tata'a, l'hôtel se compose de 6 bâtiments totalisant 180 chambres et de 32 bungalows sur pilotis construits au-dessus du lagon. Toutes les chambres climatisées sont équipées de télévision avec circuit vidéo, radio, téléphone, réfrigérateur et salle de bain complète avec bain et douche. Les bungalows, plus spacieux et luxueux, entièrement de style polynésien, disposent du même confort.
2 restaurants proposent une combinaison de cuisine française et internationale agrémentée de spécialités polynésiennes. 2 piscines dont une à fond de sable, avec un bar immergé, 4 plages aménagées, bars, boutique, duty free shop.
Activités : volley ball, tennis, pétanque, ping-pong, parcours de jogging et avec participation : ski nautique, Pédalo, planche à voile, plongée sous-marine, bateau à fond de verre... Artisanat local : peinture sur pareo, confection de colliers de coquillages, couronnes de fleurs... Dîner spectacle de danses folkloriques plusieurs fois par semaine.

L'avis du spécialiste :
Cadre enchanteur, prestations luxueuses.

TAHITI COUNTRY CLUB
B.P. 13019 PAPEETE TAHITI – Tél. (689) 42 60 40

A 3 Km de l'aéroport, surplombant le lagon de Tahiti, l'hôtel propose 40 chambres réparties en 2 bâtiments de 20 chambres équipées de climatisation, téléphone, télévision, réfrigérateur et douche. Restaurant, bar au bord de la piscine, boutique, tennis, jeux de société. Avec participation : plongée bouteille, voile, équitation, pêche au gros. Soirées musicales.

L'avis du spécialiste :
La proximité de l'aéroport en fait l'hôtel idéal pour les nuits de transit.

HOTEL LE MANDARIN
B.P. 302 PAPEETE TAHITI – Tél. (689) 42 16 33

Situé au centre de Papeete, tout près du marché, l'hôtel propose 37 chambres climatisées avec télévision circuit vidéo, téléphone, mini-bar et salle de bains avec douche. 2 restaurants : « Le Plazza », spécialités européennes et chinoises, « Le Mandarin », cuisine cantonaise de qualité et fruits de mer. Coffee shop pour les petits déjeuners et repas léger.

L'avis du spécialiste :
Bon établissement en plein centre de Tahiti et de la vie polynésienne.

HOTEL HYATT REGENCY
P.O. BOX 14700 ARUE TAHITI – Tél. (689) 46 12 34

A 11 Km de l'aéroport, l'hôtel Hyatt surplombe la baie de Matavaï. 190 chambres spacieuses donnent sur l'océan et se composent de mini-bar, téléphone direct, air conditionné, télévision avec CNN, ESPN, C+, radio, salle de bain complète avec terrasse.
Restaurant « Mahana » pour une cuisine internationale; restaurant « Shiosai », spécialités japonaises. Snack près de la piscine, bar terrasse, boutiques. Superbe piscine avec chutes d'eau, toboggan et plage de sable blanc aménagée. Tennis, parcours de jogging. A proximité golf 18 trous. En contrebas de l'hôtel, petite plage de sable noir. Possibilité de plongée sous-marine et pêche en haute mer. Ambiance musicale en soirée.

L'avis du spécialiste :
Etablissement de grand confort, superbe vue sur la baie de Tahiti et Moorea.

Annexe 4
Les tarifs (en euros)

– Vols aller/retour de Paris
– Préacheminement de Genève : + 76,50 € aller/retour
– Accueil, les transferts aller/retour + 2 nuits d'hôtel + petit déjeuner
– Assurances assistance, bagages, rapatriement, annulation de base.

■ Hôtel Sofitel Maeva Beach, forfait de base par personne + petit déjeuner buffet

Forfait par personne	01/11-12/12	13/12-24/12	25/12-30/12	31/12-15/01	16/01-30/04	5/02-10/02	03/04-20/04
Double jardin	1 295	1 906	1 615	1 310	1 295	1 490	1 900
Nuit suppl.	89	93	97	97	89	89	89
Suppl. single/nuit	93	98	102	102	94	94	94
Double vue lagon	1 333	1906	1 656	1 047	1 335	1 523	1 942
Nuit suppl.	108	115	118	118	109	109	109
Suppl. single/nuit	109	116	119	119	110	110	110
Suppl. 1/2 pension/nuit	34	34	34	34	34	34	34

Une réduction est accordée pour les enfants de moins de 12 ans de l'ordre de 30 %. La nuit supplémentaire pour ces enfants étant comptée comme un forfait d'environ 8 €.

■ Hôtel Tahiti BeachComber Park Royal, forfait de base par personne + Petit déjeuner continental

Forfait par personne	01/11-12/12	13/12-24/12 et03/04-20/04	25/12-30/12 31/12-04/02	et 11/02-02/04 et 21/04-30/04	05/02-10/02
Double jardin	1 330	1 920	1 640	1 326	1 524
Nuit suppl.	105	105	104	102	102
Suppl. single/nuit	80	80	81	108	108
Double vue lagon	1350	1 940	1 660	1 347	1 539
Nuit suppl.	114	114	115	113	113
Suppl. single/nuit	86	86	88	85	85
Faré sur pilotis Motu	1 448	2 035	1 760	1 443	1 631
Nuit suppl.	157	157	160	156	156
Suppl. Pdj américain	3	3	3	3	3
Suppl. 1/2 pension/nuit	44	44	44	44	44

Une réduction est accordée pour les enfants de moins de 12 ans de l'ordre de 30 %. La nuit supplémentaire pour ces enfants étant comptée comme un forfait d'environ 8 €.

■ Hôtel Tahiti Country Club, forfait de base par personne + petit déjeuner continental

Forfait par personne	01/11-12/12	13/12-24/12	25/12-30/12	31/12- et 11/02- et 21/04-04/02 02/04 30/04	05/02 10/02
Double standard	186	279	233	186	216
Nuit suppl.	9	9	9	9	9
Suppl. single/nuit	9	9	9	9	9
Suppl.1/2pension/nuit	5	5	5	5	5

Une réduction est accordée pour les enfants de moins de 12 ans de l'ordre de 30 %. La nuit supplémentaire pour ces enfants étant comptée comme un forfait d'environ 8 €.

■ Hôtel Hyatt Regency, forfait de base par personne + petit déjeuner continental

Forfait par personne	01/11-12/12	13/12-24/12	25/12-30/12	31/12- et 11/02- et 21/04- 03/04 04/02 02/04	05/02 10/02	30/04 20/04
Double vue océan	1 275	1 875	1 585	1 287	1481	1 890
Nuit suppl.	78	78	79	83	84	83
Suppl. single/nuit	66	66	66	88	88	88
Double Regency club	1 320	1 920	1 632	1 325	1 371	1 920
Nuit suppl.	101	101	102	87	103	102
Suppl. Single/nuit	82	82	83	84	85	84
Suppl. 1/2pension/nuit	44	44	44	44	44	44
Suppl. Pdj américain	6	6	6	6	6	6

Une réduction est accordée pour les enfants de moins de 12 ans de l'ordre de 30 %. La nuit supplémentaire pour ces enfants étant comptée comme un forfait d'environ 8 €.

■ Hôtel Le Mandarin, forfait de base par personne + petit déjeuner continental

Forfait par personne	01/11-12/12	13/12-24/12	25/12-30/12	31/12- et 11/02- et 21/04- 04/02 02/04 30/04	05/02 10/02	03/04 20/04
Double standard	1 215	1 820	1 523	1 219	1 412	1 828
Nuit suppl.	53	53	53	54	54	54
Suppl. single/nuit	47	47	47	48	48	48
Suppl. 1/2 pension/nuit	29	29	29	29	29	29

Une réduction est accordée pour les enfants de moins de 12 ans de l'ordre de 30 %. La nuit supplémentaire pour ces enfants étant comptée comme un forfait de 4 €.

CHAPITRE 19

L'argumentation dans la vente

Mardi 30 avril. Dans l'agence Borevrivage, de nombreux clients attendent. Ils lisent avec attention le catalogue de l'agence. Plusieurs destinations leur sont proposées : La Martinique (annexes); le Maroc (annexes); la France à l'hôtel club palladien (annexes); les Maldives (annexes).

Vous recevez le client avec l'objectif de le découvrir pour lui proposer le voyage ou séjour le plus adapté.

- **Typologie des acheteurs :**
  - **L'acheteur technicien** : centré sur le produit, sensible à l'aspect quantifiable du produit, il attache de l'importance à l'efficacité technique et la nouveauté;
  - **L'acheteur dévot :** dépassé par le produit, il a une confiance aveugle dans le vendeur;
  - **L'acheteur brio :** seule sa propre personne compte, il achète pour se faire valoir au travers de ses achats;
  - **L'acheteur complice :** joue volontiers sur les points communs qu'il peut découvrir avec le vendeur respectueux d'une bonne communication interpersonnelle;
  - **L'acheteur profiteur :** manipulateur, sa stratégie consiste à connaître le fournisseur pour en tirer un maximum d'avantages;
  - **L'acheteur impulsion :** demande beaucoup et donne peu d'informations sur lui-même;

- **L'acheteur développement :** respectueux du vendeur, il est attentif au produit présenté et conscient de ses besoins. Il communique aisément.

■ **Ces deux acheteurs, qui sont-ils ?**

1er acheteur potentiel	2e acheteur potentiel
- Cadre supérieur (39 ans)	- Cadre supérieur (42 ans)
- Revenu : ~ 99000 €/an	- Revenu : ~ 120000 €/an
- Marié 2 enfants (14 et 11 ans)	- Marié 4 enfants (5, 7, 12 et 16 ans)
- Typologie (à vous de choisir)	- Typologie (à vous de choisir)
- Travaille de 9 à 10 heures/jour	- Directeur de division (souvent absent)
- Destination (à vous de choisir)	- Destination (à vous de choisir)
- ...	- ...

Annexe 1
Processus de la découverte

La découverte est le moyen d'une bonne argumentation ; c'est par la connaissance du prospect, de ses attentes, ses besoins, ses motivations, sa personnalité que le vendeur peut trier les arguments « vendeurs ».

LE VENDEUR

L'écoute active
=
Être à l'écoute
+
Questionner
+
Reformuler

Plan de découverte

Grille d'analyse
de la découverte

LE CLIENT
Les différents types d'acheteur

Ses tendances liées à :
. Sa personnalité
. Ses désirs.
. Ses besoins.

Ses mobiles rationnels liés à :
. Sa fonction
. Ses moyens
. Ses besoins

Nota : s'il n'y a pas de plan type de la découverte, par contre il est important de structurer les thèmes de questionnement. Le plan de découverte prend généralement la forme d'un entonnoir (du général au particulier). La découverte à chaque étape porte sur la situation actuelle du client et sur ses besoins actuels ou futurs. Exemple :

Politique de l'entreprise
Clients de l'entreprise
Fonction de l'interlocuteur
Personnalité
Utilisateurs
Produits/services

Annexe 2
Construire un argument : le C.A.P.

C pour Caractéristiques : techniques ou commerciales, elles ne présentent aucun intérêt pour le client si elles ne se traduisent pas par des…

A pour Avantages : … avantages pour le client dans la mesure où le vendeur apporte des…

P pour Preuves : …preuves, qui seules sont susceptibles de le convaincre (documentation, témoignage, démonstration, échantillon…)

Présentation d'un argumentaire

Nom du produit :

	C	A	P
T	Composition		
E	Design		
C	Performances		
H	Fonctionnement		
N	Etc.		
I			
Q			
U			
E			
S			
C	Entreprise		
O	Marque		
M	Origine		y
M	Conditionnement		
E	Garantie		
R	SAV		
C	Délai de livraison		
I	Etc.		
A			
L			
E			
S			

Approches mnémotechniques : SONCAS

S sécurité — solidité, référence, garantie, démonstration, SAV, fidélité.

O orgueil — notoriété, numéro1, premier, exclusif, standing, image de marque, unique, personnalisation, prestige.

N nouveauté — nouveau, précurseur, d'avant-garde, à la pointe, etc..

C confort — facilité d'utilisation, pratique, simple, fonctionnel, SAV, etc.

A argent — économique, remise, gain, investissement, rentabilité, garantie, promotion, marge.

S sympathie — agréable, convivial, démonstration, plaisir, ludique, cadeau, charme, etc.

Annexe 3
Fiche 1, l'argumentaire Cap/Soncas

Client N°1 : Destination :

	CARACTERISTIQUES	AVANTAGES	PREUVES
SECURITE			
ORGUEIL			
NOUVEAUTE			
CONFORT			
ARGENT			
SYMPATHIE			

Annexe 4
Fiche 2, l'argumentaire Cap/Soncas

Client N°2 : Destination :

	CARACTERISTIQUES	AVANTAGES	PREUVES
SECURITE			
ORGUEIL			
NOUVEAUTE			
CONFORT			
ARGENT			
SYMPATHIE			

Annexe 5
Hôtel Caribia 97228 STE-LUCE - Martinique – Tél. 62 20 62

Sous l'influence des alizés, la Martinique bénéficie d'un climat tropical avec des températures douces toute l'année et un ensoleillement abondant. Les côtes s'étendent sur 350 Km et l'île réputée pour la beauté saisissante de ses paysages, sa culture créole, sa gastronomie, ses traditions et ses plages vous propose un dépaysement total et de nombreuses possibilités d'excursions terrestres ou nautiques. Au Nord, vous découvrirez des côtes sauvages et des campagnes attachantes, c'est la Martinique agricole dominée par la Montagne Pelée. Au Sud, de longues plages de sable blanc et de nombreux îlots vous inviteront à la flânerie et aux rêveries exotiques.

- **La situation de l'hôtel :** dans le Sud de la Martinique, à proximité du village de pêcheurs de Sainte-Luce, à 20 minutes de Fort-de-France et à 300 m de la plage.

L'hôtel : au milieu d'un jardin tropical de 2 ha, 76 appartements de catégorie 2 étoiles supérieures répartis dans 8 petits bâtiments de deux niveaux. Un bar est situé à côté de la piscine où vous pourrez y prendre les petits déjeuners.

Les appartements : d'une superficie d'environ 45 m^2, ils sont conçus pour accueillir 4 personnes. Ils se composent d'une chambre climatisée avec un grand lit ou deux lits d'une personne, d'une salle d'eau avec douche, toilettes et sèche-cheveux; d'un salon avec brasseur d'air et canapé-lit (couchage séparé pour deux personnes). Sur la terrasse, une kitchenette entièrement équipée. Pour votre confort, les appartements sont équipés d'un téléviseur, d'un réfrigérateur, du téléphone et d'un coffre-fort. Certains appartements communiquent par une porte intérieure.

Les loisirs : piscine d'eau douce, tennis (un court éclairé), espace de jeux aménagé pour enfants, pétanque et jeux de société. A Sainte-Luce, nombreux commerces et restaurants. Notre hôtesse vous proposera des excursions pour vous permettre de visiter la Martinique et les îles voisines.

Les tarifs (en euros)

Séjour, prix par semaine et par appartement	1-2 personnes	3-4 personnes
1er mai/20 décembre	320	427
21 décembre/31 mars	534	673
Vol aller/retour Paris/Fort-de France à partir de 350 €		

Annexe 6
Hôtel BELERE- Avenue Moulay Rachid
Ouarzazate Tél. (4) 88 28 03/88 29 37

■ **La situation de l'hôtel : «le confort dans le sud marocain»**

Nouveau complexe hôtelier de grand confort qui se situe au cœur de la belle palmeraie, s'étalant sur 3 hectares et dominant la vallée de Ouarzazate.

L'hôtel : un quatre étoiles A, à l'architecture typiquement marocaine, s'agençant parfaitement avec l'environnement. Ensemble de deux étages avec 262 chambres. Restauration de qualité, diverses boutiques (artisanat, bijouterie, librairie, service de baby-sitting).

La chambre : toutes les chambres sont à deux lits, très bien décorées, climatisées et disposent de téléphone, salle de bains et d'une loggia terrasse privée donnant sur les montagnes du Grand Atlas.

Les repas : vous serez hébergés en demi-pension

Les loisirs : une belle piscine avec solarium, salon marocain, salle de télévision, night-club, tennis à proximité (payants). Possibilités d'excursions diverses.

Annexe 7
Hôtel LE BERBERE PALACE Quartier Mansour
Eddahbi - Ouarzazate Tél. (4) 88 30 70/88 29 67

■ **La situation de l'hôtel : «Un palace aux portes du désert»**

Le Berbère Palace, au cœur de la ville, s'étend sur une superficie de 11 hectares. Au centre d'une cuvette, la ville s'élève à 1 160 mètres d'altitude, avec comme vis-à-vis le Haut Atlas, enneigé 6 mois sur 12 d'un côté, et les oasis de l'autre.

L'hôtel : un très bel hôtel de séjour, construit dans le style du pays, doté d'un restaurant, grill-bar, d'une grande piscine, de tennis et tennis de table, d'un fitness, hammam, night-club, et d'une bibliothèque.

La chambre : décorée dans le style berbère entièrement climatisée, salle de bains, toilette séparée, téléphone direct, télévision reliée par satellite.

Les loisirs : Ouarzazate et sa région ne manquent pas d'intérêt, vous aurez la possibilité de partir à la découverte, seul ou en groupe organisé loin des zones touristiques pour découvrir un Maroc authentique.

Les tarifs : Pour l'hôtel BELERE et l'hôtel LE BERBERE, le prix comprend :

– l'hébergement en chambre double,
– la demi-pension,

– le transfert aéroport/ hôtel A/R,
– l'assistance,
– l'assurance.

Il ne comprend pas : le transport aérien A/R, les boissons et les activités payantes.

Le prix des vols A/R Paris – Marrakech se situe entre 151 euros et 336 euros suivant la saison (exemple : janvier = 151 euros, juillet/août = 336 euros environ). Départs et retours tous les dimanches du 21 décembre au 29 juin; tous les lundis du 7 juillet au 15 septembre; tous les samedis du 20 septembre au 1er novembre.

Le prix des séjours (en euros)

Séjour prix par personne en demi-pension	Première semaine	Semaine supplémentaire
4/01 / 14/02 – 16/06 / 14/09	269	255
15/02 / 14/06 – 15/09 / 31/10	328	314

Annexe 8
Hôtel Club Diva – Les Paladiens – France
Val Claret 73320 Tignes Tél. 04 79 06 70 00

- **La situation de l'hôtel :** dans le décor superbe de roches chaotiques, nous vous recevons à l'hôtel Club Paladien Diva. Au pied du funiculaire d'accès au domaine de ski d'été de la Grande Motte. Il propose de nombreuses activités dont le ski.
  Au-dessus de la vallée de la Tarentaise à Tignes-Val Claret, aux portes des pâturages d'altitude. Le lac de Tignes, le golf, le cœur de la station sont à quelques centaines de mètres. Le funiculaire, les tennis, les itinéraires de randonnées se trouvent au pied de l'hôtel.

L'hôtel : 3 étoiles, il se compose de 121 chambres de 2 à 4 personnes, toutes équipées de salle de bains, toilettes séparées, téléphone, télévision, bar, fitness. L'hôtel met à votre disposition des coffres individuels, fax, Minitel, bibliothèque et jeux de société.

Les repas : en demi-pension le soir, dans l'élégant restaurant panoramique. Soirées à thèmes, buffet d'entrées et de desserts, les petits déjeuners sont servis sous forme de buffets raffinés.

Les loisirs : en premier lieu, le ski d'été sur le glacier de la Grande Motte à plus de 3 400 mètres. L'après midi ou toute la journée, pour tous, de nombreuses activités sont proposées par la station.

Golf 18 trous, planche à voile sur le lac, tir à l'arc, équitation (à payer sur place). Durant toute la durée de votre séjour notre équipe d'animation vous aidera à passer un agréable séjour. Activités sportives gratuites : accompagnement ski sur le glacier tout l'été le matin (matériel non fourni), accompagnement en randonnée moyenne montagne chaque jour ainsi que VTT (nombreux itinéraires utilisant les remontées mécaniques). Deux courts de tennis sont réservés à l'hôtel (planning à l'hôtel), un professeur de tennis de l'hôtel assure l'encadrement pour tous les niveaux. Une salle de fitness équipée de matériel moderne est à votre disposition toute la journée. Un moniteur spécialisé en assurera l'organisation et la sécurité (cardio-training : par contrôle électronique, vélo, rameur, steps, tapis roulant), vous pourrez également faire du ping-pong, jouer au billard (payant) et vous plonger dans la piscine de la station. Avec participation : saunas, UVA. En soirée : spectacles, jeux…

Le club enfants : prise en charge de 18 mois à 12 ans. 18 mois/2 ans révolus : baby-club (garderie, jeux d'éveil). 3/5 ans révolus : mini club (activités intérieures et extérieures d'épanouissement). 6/11 ans révolus : kids club (activités en groupe, sports, jeux, promenades). L'encadrement est assuré par du personnel qualifié.

Le prix comprend :

- l'hébergement,
- la demi-pension (1/4 de vin inclus),
- les remontées mécaniques d'été,
- l'animation,
- l'assurance de base,
- la taxe de séjour.

Il ne comprend pas :

- le matériel de ski (en option),
- les activités station à payer sur place.

Les prix des séjours (en euros)

Prix par personne en demi-pension une semaine (samedi/samedi)	Orientation	Basse saison 28/6-5/07	Haute saison 5/07-23/08
Chambre double	Vallée	351	444
	Sud	407	487
Chambre triple (3 adultes)	Vallée	320	407
	Sud	363	444
Chambre individuelle	Vallée	351	549
Enfant 6 à 12 ans		180	204
Enfant 4 mois à 6 ans		165	183

En fonction des disponibilités : réduction de 15 % pour 2 semaines consécutives. Option pension complète enfant, la prendre en même temps que l'inscription : 70 € repas du midi à l'hôtel ; adulte : 102 €.

Exemple de tarifs des activités payantes : golf, 229 € tous niveaux sauf débutants pour un stage de cinq jours ; tennis, adultes 110 €, enfant 8/13 ans 95 € et stage intensif : adultes 189 €, enfants : 157 €...

ANNEXE 9
Le séjour plongée à EMBUDU Village – Les Maldives

Dans l'immensité marine de l'océan Indien, une multitude d'auréoles aux déclinaisons turquoises et vertes apparaissent à perte de vue... ce sont les Maldives. L'île d'Embudu très verdoyante et fleurie est sertie d'un magnifique récif corallien de 2,5 kilomètres.

■ **Niveau de débutant ou confirmé :**

Stage d'initiation : formation PADI (diplôme international open water diver). 9 plongées de 5 cours.

Stade d'exploration : avec ou sans équipement, 2 formules au choix. Formule avec encadrement pour tous les plongeurs souhaitant être encadrés, niveau 1 minimum, forfaits de 6 à 12 plongées ; formule sans encadrement pour les plongeurs autonomes qui ne souhaitent pas être encadrés, niveau 2 minimum avec 30 plongées inscrites, forfait de plongées illimitées sur 6 jours consécutifs.

Les plongées : elles s'effectuent soit au départ de la plage, soit pour des sites plus éloignés, au départ du bateau. 4 passes permettent d'entrer et de sortir du lagon et facilitent l'exploration à la dérive, le long du récif corallien autour de l'île.

Remarques : vous devez présenter obligatoirement un certificat médical de non-contre-indication à la plongée et votre diplôme de plongée. Demandez la fiche technique générale de plongée.

Le prix comprend :

- Pour le stage d'initiation, l'équipement complet (sauf la combinaison), le diplôme, un carnet de plongée et les déplacements en bateaux ;
- Pour les stages d'exploration, l'équipement complet (sauf la combinaison) où seules les bouteilles et les ceintures de plomb, selon le stage choisi ;
- Les services d'un moniteur pour la formule exploration avec encadrement.

Ne comprend pas :

- Votre séjour à Embudu Village (en option) ;

– Pour tous les stages d'exploration, le prix des sorties en bateau (9 US dollars en supplément);
– La combinaison (non disponible sur l'île);
– Les services d'un moniteur pour la formule autonome.

Le prix des séjours sur l'île d'Embudu (en euros)

Séjour prix par personne	Chambre individuelle	Chambre double	Chambre triple
En chambre sans air conditionné Jusqu'au 30 avril Du 1er mai au 31 octobre	461 346	320 251	289 219
En chambre avec air conditionné Jusqu'au 30 avril Du 1er mai au 31 octobre	570 410	385 315	353 283
Bungalows sur pilotis Jusqu'au 30 avril Du 1er mai au 31 octobre	985 985	506 506	

Le prix des vols Paris/Male A/R :

Vols réguliers Air Lanka : 793 euros (départ : mardi, jeudi, samedi)

Vols réguliers Emirates : 724 euros (départ : mercredi, vendredi, dimanche)

Option plongée à Embudu Village :

Stage d'initiation PADI (9 plongées + cours)	352 euros
Stage d'exploration niveau 1 minimum (9 plongées)	de 157 à 174 euros
Stage d'exploration niveau 1 minimum (12 plongées)	de 290 à 323 euros
Explorations autonomes niveau 2 minimum	de 214 à 255 euros

Réfléchissez aux questions à poser afin de découvrir les besoins, les attentes, les motivations et les freins des deux acheteurs présentés (Vous rapprochez à votre convenance le type d'acheteur avec sa destination, annexes 5 à 9). Vous pouvez vous aider en utilisant le plan de découverte (annexe 1) émettre des hypothèses... mais en tout état de cause vous devez justifier vos choix.
Le but recherché : la construction du plan Cap/Soncas (annexes 3 et 4) qui vous permettra de répondre aux objections des acheteurs.

Source : Club Med/ «Communication et négociation» de Chozas, Jullien, Gabillet. Editions Foucher, mai 1995.

CHAPITRE 20

La restauration rapide face à la restauration traditionnelle

■ Après la bataille du déjeuner, celle du petit déjeuner

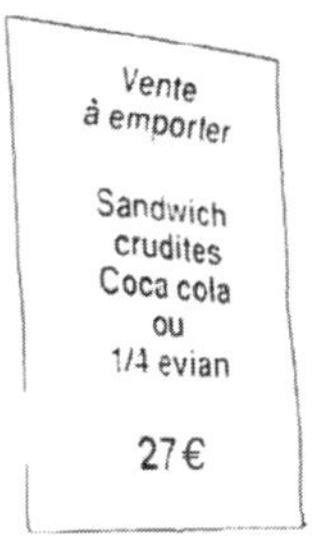

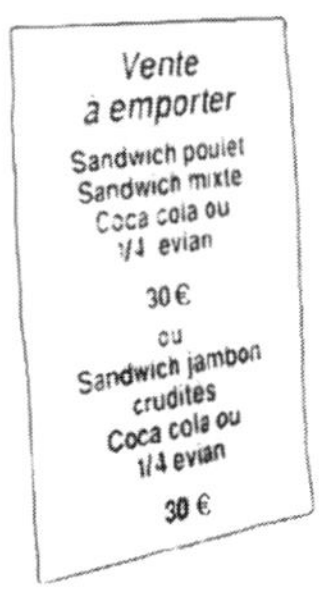

En 1994, deux articles parus dans *l'Hôtellerie* (Café «in» et «P'tit déj chez McDo»), ont mis l'accent sur la démarche de McDo en matière de politique de produit. Sur la bataille qui venait de s'engager et plus précisément sur la réaction des brasseries en ce qui concerne le petit déjeuner et le déjeuner. *«Serait-ce la révolte des bars-brasseries qui découvrent enfin que les sandwiches confectionnés par les chaînes et les petits restos du midi sur Paris ont un goût différent. Celui-ci l'affiche et se plie aux nouveaux desiderata du consommateur»*. 1994, est l'année où quelques McDo parisiens développent la formule du petit déjeuner. *«Sur les Champs-Elysées, vu le nombre impressionnant de touristes anglo-saxons, ce créneau s'y prêtait»*. Ils sont les premiers à y venir «petit-déjeuner». *«Expresso de rigueur et pour 1,40 euro, café et croissant (ou les nouvelles gourmandises) de 8 heures à 11 heures»*. Quatre restaurants : Champs-Elysées, Wagram, Victor Hugo et Levallois lancent la nouvelle formule. Et en exclusivité sur les Champs-Elysées, petit déjeuner français, anglais et américain, dès 7 heures le samedi et le dimanche. Pour découvrir cette nouveauté, ces quatre établissements offrent un café sur remise d'un coupon.

Pour les patrons de bars qui offrent le traditionnel café-croissant, il n'est pas facile, dans ces conditions, de répondre au géant du fast-food. Si le petit-déjeuner reste une institution en France, l'offre de la restauration rapide bouscule quelque peu les habitudes alimentaires des français. C'est ce que révèle l'article du *Monde* ci-après.

■ McDonald's ouvre la bataille du petit déjeuner[1]

Face au géant du fast-food qui défie le café-croissant, les patrons de bar semblent pris au dépourvu.

Les inconditionnels du «manger français» devront bientôt prendre le maquis. Après avoir bousculé les habitudes alimentaires pour convertir la jeunesse au hamburger, voici que McDonald's part à l'assaut d'une autre institution : le petit-déjeuner.

Après avoir tenté l'expérience dans une demi-douzaine de villes, le géant américain a généralisé depuis le 11 octobre 1996 dans la totalité de ses quelque cinq cents établissements (franchisés pour la plupart) le McMorning.

Désormais ouverts dès 7h30 (au lieu de 10 heures pour ceux installés hors des centres-villes), les restaurants proposent deux formules. Pour 2,60 euros, on peut opter pour le McMorning sucré *(«deux pancakes chauds au sirop goût érable, deux demi-muffins toastés, beurre, confiture de fraise, jus d'orange, thé, café, chocolat à volonté»)* ou le McMorning salé *(«œuf cuit à point, tranche de bacon, tranche de cheddar fondu dans un muffin toasté, jus d'orange et boisson chaude»).*

Les consommateurs pourront entamer la journée dans une *«ambiance musicale calme et gaie»* tout en se plongeant dans la lecture de quotidiens nationaux et régionaux gracieusement mis à leur disposition. Les quelques McDonald's de centre-ville qui, depuis un an, proposaient des formules café et croissant ont été (très mollement) autorisés à poursuivre ce service parallèlement au McMorning. Pour les autres, la consigne est claire : ni croissant ni baguette!

Pour le groupe américain, dont le chiffre d'affaires dépasse 23 milliards d'euros à travers le monde en 1996 (dont plus d'un milliard en France), il ne s'agit pas de réaliser un «coup» mais de créer un marché. Un secteur qui devrait représenter à terme, 50 millions d'achats annuels. Conscient que les 15-25 ans, cœur de sa clientèle, sont statistiquement les plus ouverts à l'idée de prendre leur petit-déjeuner à l'extérieur, le roi du fast-food a décidé de sauter le pas. Nombre d'enfants et d'adolescents d'aujourd'hui n'ont-ils pas été élevés aux corn flakes?

1. Le Monde du 15/10/1996 – J-M Normand.

▶ Répartir la fréquentation

La création d'un nouveau créneau horaire entre 7h30 et 11 heures permettra de mieux répartir la fréquentation des établissements au cours de la journée et d'accroître la durée de travail de ses nombreux salariés employés à temps partiel.

En France, les trois quarts de la clientèle (un million de personnes chaque jour) se rendent dans un «McDo» entre 12-14 heures et 19-21 heures, alors que dans les pays anglo-saxons, il n'existe pratiquement pas d'heures creuses. Peut-être, le McMorning vaincra-t-il les réticences de ceux qui, allergiques à la cohue des heures d'affluence, évitaient jusqu'alors de venir jouer des coudes pour accéder au comptoir.

«Actuellement, il n'existe pas de véritable offre de qualité à un prix compétitif, estime Pierre Woreczek, directeur du marketing chez McDonald's. *Nous parions donc sur une tendance émergente, qui ne deviendra une tendance lourde qu'à plus long terme».*

Faute d'avoir su occuper le terrain, les bistrots vont donc devoir s'adapter. *«L'expérience montre que, lorsqu'un McDonald's s'installe quelque part, toute la zone de chalandise en profite, y compris dans le secteur de la restauration»*, assure Pierre Woreczek.

Les cafetiers, eux, sont moins rassurés face à une concurrence qui leur paraît d'autant plus sérieuse qu'ils ont déjà pu en mesurer l'ampleur. *«Le café-croissant sur le coin du zinc est une activité qui a énormément décliné. De plus, les prix ne sont pas adaptés*, constate un professionnel du secteur. *Dans une grande ville, il faut compter 4,60 euros pour un café-croissant – jus d'orange. Dans un contexte de guerre du petit-déjeuner, c'est évidemment trop cher».*

L'amendement parlementaire visant à astreindre les produits de vente à emporter des fast-foods à une TVA de 20,6 % – identique à celle des cafés – au lieu de 5,5 % peut-il aider le commerce traditionnel à résister? *«Un alignement de la TVA est nécessaire – mieux vaudrait d'ailleurs généraliser un taux de 5,5 %, ce qui permettrait de baisser les prix –, mais l'essentiel n'est pas là»*, fait valoir Jean Biron, président de la Fédération nationale des cafés et restaurants[1].

1. NA : à noter que la demande des restaurateurs traditionnels que le taux soit généralisé à 5,5 % est constante depuis de nombreuses années. En 2003 ils n'ont toujours pas obtenu satisfaction.

«Cette nouvelle concurrence m'inquiète, mais elle était inévitable car nous vivons dans un monde concurrentiel. L'important, poursuit-il, *c'est que les cafés gagnent la bataille de la qualité et des prestations. Il faut rester nous-mêmes et jouer la convivialité. Le métier ne consiste pas seulement à distribuer des assiettes...».*

▶ Course aux nouveaux clients

Comment faire? *«Un établissement parisien a déjà réagi*, insiste Jean Biron. *Il offre systématiquement, avec le café, un petit croissant ou un petit pain au chocolat. Le résultat ne s'est pas fait attendre : le chiffre d'affaires a sensiblement augmenté».*

Quelle que soit son issue, cette course aux nouveaux clients tombe à point. En effet, tel qu'il est pratiqué en France, le petit-déjeuner ne répond pas aux canons de l'équilibre alimentaire. *«En France, un petit-déjeuner nutritif et équilibré est encore très rare»*, conclut une étude réalisée en 1994 par le Centre français pour l'éducation et la santé (CFES). *«Il faudrait que ce repas représente 25 % de l'apport énergétique quotidien avec du lait, des fruits, du pain ou des céréales et une boisson. Or nous en sommes encore très loin»*, explique Béatrice Bressac, nutritionniste au CFES. Cette spécialiste, qui discerne *«une petite prise de conscience, surtout chez les jeunes»*, jure que café au lait–croissant–jus d'orange et breakfast complet se valent tout à fait.

Cette rivalité autour du petit-déjeuner ne marque sans doute qu'une étape. Depuis le printemps, certains établissements de la firme américaine ont discrètement mis en place le McCafé, une sorte de coin «café – thé – pâtisseries», à mi-chemin entre le salon de thé et le bistrot, que le groupe a l'intention de développer progressivement.

■ Le McDo sème le malaise chez les professionnels[1]

L'arrivée d'un McDonald's dans une ville engendre souvent le mécontentement des hôteliers et restaurateurs indépendants. A Saint-Malo, rien de tel, au grand dam de Jean Chouamier, président du Syndicat hôtelier de la Côte d'Emeraude.

Pourtant, la municipalité vient de donner son accord à l'implantation d'un MacDonald's au cœur de la cité corsaire, rue du Général de Gaulle, sur un terrain de 2700 m^2 appartenant à la ville. Un emplacement de choix sur une artère fréquentée par quelque 35000 véhicules par jour. *«Dans un premier temps, la municipalité nous a demandé notre avis. Il a été négatif,* explique

1. L'Hôtellerie Oct. 1996 O. Marie.

Jean Chouamier. *Les responsables de la mairie m'ont dit qu'ils préféraient contrôler eux-mêmes cette implantation plutôt que quelqu'un d'autre. En fait, ils se débarrassent d'un terrain à bon compte. C'est une histoire de gros sous»*.

Suite à cette décision, les professionnels envoient une lettre de protestation dans laquelle l'argumentation principale repose sur la différence de TVA. «Mais depuis peu, mon argumentation tombe à l'eau, puisque maintenant tout le monde risque de passer à 20,6 %», reconnaît Jean Chaoumier. Le président regrette toutefois que la municipalité soutienne la concurrence, *«alors que la situation des hôteliers-restaurateurs sur Saint-Malo est loin d'être au beau fixe»*.

Mais ce qui rend Jean Chouamier amer est le manque de mobilisation de la part de ses confrères. *«Une seule restauratrice s'est manifestée. Aujourd'hui, c'est du chacun pour soi»*. L'avertissement lancé au maire, dans la lettre *«Faut-il prendre exemple sur le monde agricole pour se faire entendre ?»*, est tombé à l'eau. Il a été désamorcé par les professionnels eux-mêmes. Particulièrement remonté contre ses adhérents, le président en profite pour critiquer la surcapacité hôtelière sur Saint-Malo et Cancale. *«Que l'on s'occupe déjà des normes sanitaires de certains établissements et on serait beaucoup moins nombreux sur la place !»*.

Quant au McDonald's, Jean Chouamier n'y va pas par quatre chemins : *«les enfants n'y vont pas pour la nourriture, mais pour les cadeaux qu'on leur offre»*. Bientôt, pendant la semaine du goût, Jean Chouamier et ses collègues inviteront des classes dans leurs établissements. *«Là, ils viendront pour le goût…»*.

Comment garder ses clients dans un tel contexte? Que proposer à une clientèle jeune, plutôt infidèle? Que faire contre une concurrence de plus en plus dure? Car même si le fast-food semble atteint par la crise, les firmes s'implantent en «commerces de proximité». Mais ces implantations ne profitent-elles pas aux jeunes en recherche d'emploi?

■ Le fast-food est atteint par la crise de la restauration[1]

En 1996, pour la première fois, McDonald's et ses concurrents n'ont pas progressé. La crise de la «vache folle» a pesé lourd, mais certains s'interrogent aussi sur l'apparition d'un phénomène de lassitude chez les consommateurs.

1. Le Monde du 21 mars 1997 – J-M Normand.

L'activité de McDonald's et de Quick, les principales chaînes de fast-food en France, n'a progressé que grâce à la création de nouveaux restaurants. En raisonnant à nombre d'établissements constant, apparaît une baisse de l'ordre de 5 % en un an. Les effets de la crise de la «vache folle», n'expliquent pas tout. L'environnement économique et social n'est guère favorable, et peut-être faut-il aussi compter avec un phénomène de lassitude. A l'instar des autres secteurs de la restauration, les fast-foods multiplient les références aux valeurs-refuges, fondées sur l'authenticité. McDonald's lance le 21 mars 1997, un hamburger *«au goût français»*, avec une sauce au poivre et à la moutarde ancienne, et Quick suit, dès le 24 mars, avec un *«nouveau hamburger au bœuf, sur toast»*. Deux études menées viennent rappeler que l'engouement actuel en faveur du *«terroir»* peut revêtir un caractère artificiel. Le plus souvent, les consommateurs se révèlent incapables de distinguer l'industriel de l'artisanal.

Le hamburger aurait-il mangé son pain blanc? Pour la première fois de l'histoire de ce secteur qui n'avait connu que des années de forte croissance, 1996 marque un recul. La baisse d'activité de la chaîne belge Quick (270 établissements) atteint environ 5 %. Leader incontesté du hamburger (1,07 milliard d'euros et 500 établissements en France au premier trimestre 1997), McDonald's fait état d'une baisse du même ordre. Là encore, seules les implantations nouvelles ont permis d'accroître les ventes.

Bien sûr, la crise de la vache folle a pesé lourd, même si l'organisation propre aux grandes chaînes de restauration rapide (l'existence de filières garantissant la «traçabilité» de la viande bovine) leur a permis de limiter les dégâts. Cependant, les responsables de la profession admettent que d'autres facteurs sont intervenus. De toute évidence, le fast-food est atteint à son tour par la crise qui touche depuis deux ans l'ensemble de la restauration. *«Les gens sortent moins, et la qualité grandissante des produits surgelés à consommer à domicile commence à exercer une certaine concurrence»*, assure-t-on chez McDonald's. Chez Quick, on insiste également sur *«les difficultés économiques, notamment le chômage des moins de vingt-cinq ans, qui représentent la moitié de notre clientèle»*.

▶ «Une autre attente»

Directeur de Coach Omnium, cabinet spécialisé dans l'hôtellerie et la restauration, Mark Watkins va plus loin. *«Un phénomène de lassitude commence à affecter le fast-food,* analyse-t-il. *Pour y faire face, les chaînes multiplient les nouveautés, mais il va aussi leur falloir renouveler l'animation, car les enfants y viennent surtout pour l'ambiance. Ces derniers temps, l'espérance de vie d'un concept de restaurant s'est raccourcie»*. *«Le hamburger a vingt ans, et il n'étonne plus personne*, renchérit le consultant Bernard Boutboul (Gira-Sic). *Les sandwicheries ont réalisé de gros progrès et lui font de l'ombre. Une autre attente se dessine»*, affirme-t-il tout en reconnaissant que les chaînes font preuve d'un réel dynamisme.

«Ce n'est pas parce que l'environnement est difficile que notre concept de restaurant est en déclin, rétorque Pierre Woreczek, directeur du marketing de McDonald's. *Nous ne provoquons plus autant de curiosité, mais nous conservons de solides arguments : propreté des locaux et régularité des produits, sens de l'accueil mais aussi capacité de s'adapter à l'évolution des goûts. Nous disposons de vraies réserves de croissance»*.

▶ Vents défavorables

En fait, les géants du fast food ont déjà réagi face aux vents défavorables qui se lèvent. McDonald's France – qui n'envisage pas de casser les prix comme aux Etats-Unis – s'est lancé, avec le McMorning, à la conquête du petit déjeuner.

Toujours en quête de proximité avec un consommateur dont on sait qu'il apprécie d'être rassuré par l'évocation d'une tradition plus ou moins idéalisée, l'industrie du fast-food multiplie les références aux valeurs–refuges, à l'image d'un nombre grandissant de restaurants et de chaînes hôtelières. Avec le McDeluxe, McDonald's rend hommage aux préférences des adultes français pour le salé et les légumes frais. Une façon de sacrifier à la mode du retour au naturel. Pour sa part, Kentucky Fried Chicken, chaîne de fast-food industriel, axe son discours sur la recette de poulet aux épices inventée il y a fort longtemps par son créateur. Commercialement prometteuse, cette sensibilité n'est pas pour autant une recette-miracle. Quick qui s'est imposé derrière McDonald's en multipliant les innovations, reconnaît que son hamburger à la sauce béarnaise s'est soldé par un cuisant échec.

Dans un autre article du journal *Le Monde* intitulé : «*Le terroir, concept à géométrie variable*», Jean-Michel Normand révélait que des tests effectués, par 125 personnes puis lors d'une deuxième expérience par 500 personnes (Parisiens et Dijonnais), sur des produits, au début en aveugle, puis de visu, ont montré des résultats étonnants car, lors des tests en aveugle, les produits industriels obtinrent des notes plus élevées que les produits artisanaux ! Françoise Siret chercheur au Centre technique de la salaisonnerie note que *«un produit présenté comme traditionnel permet surtout de rassurer les consommateurs, incapables à quelques très rares exceptions d'identifier une fabrication artisanale»*, et de préciser que *«la notion de tradition reste largement du domaine de l'immatériel»*.

▶ Nouveaux territoires

Les années d'expansion à tout va du fast-food sont révolues. La croissance se poursuivra, mais à un rythme moins effréné. McDonald's et Quick, qui ont ouvert respectivement une centaine et quarante-cinq nouveaux restaurants l'an passé, prévoient d'en ouvrir moins en 1997, mais il leur reste encore de nouveaux territoires à conquérir, surtout dans les villes moyennes.

Actuellement, il se vend un hamburger pour sept sandwiches, et la France compte un fast-food pour 75000 habitants. Elle pourrait en compter un pour 40000 habitants au début du siècle prochain.

■ McDonald's lance le hamburger «au goût français»[1]

L'hommage est symbolique, mais il faut l'apprécier à sa juste valeur. A partir du vendredi 21 mars 1997 McDonald's propose un hamburger *«au goût français»*. Premier sandwich gratifié d'une dénomination *«explicitement compréhensive dans la langue française»*, le McDeluxe sera servi avec une sauce à base de moutarde à l'ancienne et de poivre. *«Légèrement relevé»*, cet assaisonnement rompt avec la traditionnelle saveur sucrée–salée qui caractérise, avec force ketchup, la signature des hamburgers classiques. Le McDeluxe est composé d'un steak haché de 113 grammes, d'une rondelle de tomate au calibre revu à la hausse, d'une tranche de cheddar, d'oignons frais et, pour la première fois, d'une feuille de salade entière et non plus coupée en petits morceaux.

Ces marques d'estime adressées à quelques standards de la cuisine française ne sont évidemment pas gratuites. Pour McDonald's, il s'agit de proposer à sa clientèle *«un goût différent»* avec ce produit spécifique à notre pays qui, précise le groupe, est destiné à s'inscrire de façon permanente dans la gamme des produits proposés dans ses restaurants.

▶ Métissage gastronomique

Le résultat escompté est d'élargir la gamme afin d'inciter les inconditionnels à revenir plus souvent et, surtout, attirer l'attention de ceux qui ne trouvaient pas chez «McDo» les saveurs qu'ils apprécient en général. *«Les préférences gustatives évoluent*, remarque un dirigeant du groupe américain. *Les gens souhaitent un goût plus rond et, en même temps, plus marqué. Ils recherchent aussi davantage de légumes, pour plus de fraîcheur et de qualité. A travers la recherche d'une saveur plus proche des produits, s'exprime une demande de*

1. Le Monde – article de J-M. Normand.

rassurance. D'une certaine manière, ce phénomène nous rattrape». Le McDeluxe sera vendu un peu moins de 3 euros.

Ce lancement d'un hamburger délibérément salé illustre la nécessité de couvrir les différentes sensibilités alimentaires. S'il marque aussi la force des réticences culturelles qu'expriment les papilles françaises à l'égard du mélange sucré–salé, il constitue aussi une forme de métissage gastronomique plutôt sympathique et, en tout cas, parfaitement en phase avec les tendances alimentaires actuelles.

▶ Diversification

D'après les études menées auprès de 1 500 clients, le McDeluxe (appellation déjà connue à l'étranger mais pour des produits différents) est particulièrement apprécié des plus de 35 ans, des femmes et des consommateurs n'habitant pas en région parisienne. Il semble également convenir aux 12 14 ans qui, contrairement à certaines idées reçues, ne sont pas forcément prêts à mettre le ketchup à toutes les sauces...

En proposant ce produit, McDonald's poursuit sa stratégie de diversification – déjà expérimentée avec la création de hamburgers au poulet, au poisson, l'introduction de salades composées et, fin 1996, de la formule de petit déjeuner McMorning – tout en la recentrant. Tout en commercialisant le McDeluxe, la chaîne américaine entend remettre de l'ordre dans son menu. En dix-huit mois, pas moins de sept hamburgers «saisonniers» (McTimber, McWanted, etc.), qui ne constituaient pas toujours de véritables nouveautés, ont vu le jour. Désormais, l'accent est mis sur une meilleure lisibilité de la carte.

■ McDonald's vise le développement de proximité[1]

Au cours de l'année 1997, McDonald's a poursuivi son expansion et réalisé un chiffres d'affaires de 1,22 milliard d'euros. Un dynamisme essentiellement dû à un développement de la marque à travers les villes moyennes. En 1996, 89 restaurants ont ouvert à travers l'Hexagone dont la moitié dans des villes de moins de 50 000 habitants.

McDonald's France a décidé depuis quelque temps d'axer son expansion sur des villes de taille moyenne, voire même petites. Une manière de rendre ses restaurants accessibles et proches de tous. Aujourd'hui, sur les 630 points de vente McDonald's, près de la moitié sont situés dans des villes de moins de 100 000 habitants et correspondent ainsi aux zones de chalandise plus res-

1. L'Hôtellerie n° 2546 du 29 janvier 1998 – B.Thiault.

treintes des quartiers ou des villes moyennes. L'enseigne a investi 153 millions d'euros, dont 31 millions d'investissements fonciers et 119 millions d'euros consacrés à la construction des sites. Des investissements dont plus de la moitié reviennent aux entreprises locales auxquelles McDonald's fait généralement appel lors de ses multiples installations.

Par ailleurs, chaque ouverture de restaurant entraîne l'embauche de 30 à 40 personnes, effectuée avec l'aide de l'ANPE locale. Pour les employés de restaurant dont la moyenne d'âge tourne autour de 22 ans, McDonald's représente souvent pour eux le premier emploi. Ces salariés sont pour 61 % des cas recrutés à temps partiel entre 18 et 30 heures par semaine sous forme de contrats à durée indéterminée. Les femmes représentent 60 % du personnel employé en restaurant et leur ancienneté moyenne à tous est de 16 mois. Ils sont rémunérés à l'embauche sur la base du SMIC horaire déterminé par la convention collective. Les équipes d'encadrement, quant à elles, sont principalement constituées de personnes ayant débuté leur carrière comme employés et ayant bénéficié d'une promotion interne. Si McDonald's emploie 80 % de personnes à temps partiel, c'est tout simplement pour répondre à une contrainte structurelle. Contrairement aux Américains, les Français prennent leurs repas à heures fixes et 70 % du chiffre d'affaires des restaurants sont réalisés entre 12h et 14 h et entre 19h et 21h, nécessitant des équipes plus nombreuses à ces périodes. Enfin, sur les près de 400 personnes installées au siège de Guyancourt, 27 % ont commencé au sein du groupe. Ainsi, en 1997, McDonald's a créé 2000 emplois dont 93 % en contrat à durée indéterminée.

■ La chaîne américaine prévoit entre 2400 et 2800 ouvertures en 1997[1]

En 1996, la marque qui a ouvert plus de 2600 restaurants dans le monde, a inauguré son premier restaurant dans un centième pays et a célébré le 25e anniversaire de son implantation en Allemagne, en Australie, à Guam, au Japon, aux Pays-Bas et à Panama. Malgré des résultats inférieurs aux objectifs fixés en ce qui concerne le développement de la chaîne aux États-Unis, McDonald's a vu son activité particulièrement dynamique à l'international tout au long de l'année 1996. *«Les ouvertures de nouveaux restaurants ont progressé de 50 % et nous nous sommes implantés sur douze nouveaux marchés, la Biélorussie, la Croatie, la République Dominicaine, les îles Fidji, l'Inde, la Jordanie, le Liechtenstein, la Lituanie, le Paraguay, le Pérou, Tahiti et les Samoa occidentales*, a déclaré la direction de McDonald's Corporation.

1. L'Hôtellerie n°2522 du 7 août 1997 B. Thiault.

De plus, les marchés où nous nous sommes implantés le plus récemment et qui sont les moins développés représenteront bientôt près de 50 % de nos ouvertures. A titre d'exemple, nous pensons tripler notre activité en Chine au cours des trois prochaines années. Quant à nos grands marchés, où parfois on a pu ressentir des difficultés économiques, ainsi que la hausse du dollar, notre résultat d'exploitation reste bon. Voilà pourquoi 1997 devrait nous apporter des résultats encore meilleurs à l'international. Nous allons poursuivre notre expansion pour renforcer nos parts de marché. Nous consoliderons la position des restaurants existants en réduisant les charges d'exploitation et les coûts de développement».

En 1997, McDonald's prévoyait d'ouvrir entre 2400 et 2800 restaurants à travers le monde, dont plus de 70 % hors des Etats-Unis. *«Notre stratégie de croissance mondiale repose sur trois axes : la proximité, la qualité et le service. Dans le premier des trois cas, celle-ci s'inscrit dans une perspective à long terme. Elle repose sur l'identification et l'évaluation des opportunités de croissance partout dans le monde. Pour cela, nous tenons compte de la dynamique concurrentielle et de la clientèle propres à chaque marché. Notre développement s'appuie également sur des alliances avec les plus grands pétroliers et chaînes de distribution, ce qui nous permet d'accéder à de nouveaux marchés, de nouveaux clients et des emplacements de choix».*

Si McDonald's compense la baisse de certains marchés par une expansion continue, Burger King ne réussit pas à s'imposer en France et préfère se retirer.

■ Premier restaurateur du monde[1]

McDonald's rappelle un vétéran pour redresser la barre. Expert en gestion et artisan du rayonnement de l'enseigne à l'international, Jim Cantapulo arrive à un moment particulièrement crucial pour l'enseigne. A 59 ans, Jim Cantalupo reprend du service au sein de la première chaîne de restauration du monde où il avait déjà passé vingt-huit ans et qu'il avait quittée voici quelques mois. Rappelé à la tête de McDonald's sous la pression de certains administrateurs, alors que les mesures prises par Jack Greenberg avaient déçu les attentes du marché, Jim Cantalupo, qui y était entré comme contrôleur en 1974, a la réputation de «bien comprendre les chiffres».

▶ Un tournant dans l'histoire du groupe

Devenu président de l'international en 1987, il est considéré comme le véritable artisan du rayonnement de l'enseigne dans le monde entier (30000 restau-

1. Néo restauration n°394/395 – janvier/février 2003 - Jean-Charles Schamberger.

rants dans 100 pays et plus de 40 milliards de dollars ÇA). De fait, son retour à la tête du groupe est plutôt bien perçu par ceux qui l'ont côtoyé : *«Il connaît les équipes locales et leur fait confiance»,* lâche l'un d'entre eux. Deux qualités dont aura besoin le successeur de Jack Greenberg à un moment crucial pour le groupe : des ventes à périmètre constant en baisse, une perception de la qualité du produit et du service à la dérive sur son marché domestique où il est engagé dans une féroce guerre des prix avec ses concurrents Burger King et Wendy's, une image de plus en plus attaquée aux États-Unis (procès de la part de clients obèses) mais aussi à l'étranger (attentats). «Last but not least», un vaste plan de restructuration qui coûtera au moins 435 M$ et qui entraînera la fermeture de 175 restaurants non rentables, ainsi que la suppression de 600 emplois dans le monde. Ce qui lui cause les premières pertes trimestrielles de son histoire et, par suite, un cours de Bourse divisé par 3 en trois ans.

▶ 850 ouvertures de restaurants prévues en 2003

Certes, McDonald's ouvrira encore 850 restaurants dans le monde en 2003 (soit plus de 2 par jour). En outre, Jim Cantapulo hérite d'un groupe toujours leader, doté de réels atouts : une diversification engagée depuis plus de quatre ans (dans le tex mex, le poulet, le sandwich et la pizza), une capacité d'innovation, tant dans la technologie (systèmes d'encaissements) que dans l'adaptation aux marchés (conception des unités et composition des menus). Tout cela ne lui sera pas de trop pour redresser la barre, avant peut-être, murmure-t-on, de la transmettre, à brève échéance, au nouveau directeur général, Charlie Bell, ex-président de McDonald's Europe.

■ Burger King quitte la France[1]

Le groupe de restauration rapide n'aura pas réussi à percer sur le marché français face à ses concurrents McDonald's et Quick. Depuis son arrivée en 1981, seuls 39 restaurants ont ouvert contre 258 pour Quick et 542 pour McDonald's. Une position trop faible pour justifier sa présence en France, un conflit avec ses franchisés et la crise de la vache folle amènent la filiale du Grand Met à quitter la France.

Avec 39 unités principalement réparties à Paris et en région parisienne, Burger King a annoncé son retrait de la France *«en raison de la petite taille de l'entreprise et de la faible rentabilité de ses activités dans l'Hexagone»*, a annoncé David Williams, vice-président pour l'Europe, le Moyen-Orient et l'Afrique. Sur 39 restaurants, Burger King détient 16 unités en propre pour

1. L'Hôtellerie n° 2522 du 7 août 1997 – B. Thiault.

un chiffre d'affaires de 20,8 millions d'euros et 550 salariés (personnel du siège inclus). Celles-ci seront vendues, des négociations avec un éventuel repreneur sont actuellement en cours, mais aucune information n'a encore été dévoilée (McDo reprendrait 8 unités et Quick 5). Concernant les franchisés, un accord a été conclu avec les membres de l'Association française de franchise pour que ces derniers cessent leur activité sous la marque Burger King au plus tard le 31 décembre 1997. Ainsi, ils auront le choix entre poursuivre leur activité en indépendant ou se trouver une autre enseigne.

Fondée en 1954 aux Etats-Unis et propriété du conglomérat agro-alimentaire britannique Grand Metropolitan depuis 1989, la chaîne de hamburgers avait ouvert son premier restaurant en 1981 en France sur les Champs-Elysées. Si on la compare à McDonald's ou Quick, Burger King n'avait aucun handicap majeur face à ces deux mastodontes du hamburger. Installé à la même époque que ces deux rivaux, ces derniers n'ont pas cessé de multiplier leurs ouvertures à tel point qu'aujourd'hui McDonald's recense 542 unités et Quick 258. *«Ne pouvant plus faire face à nos concurrents, nous avons opté pour cette solution de vente qui nous paraît être la plus sage*, a souligné David Thomas. *Par ailleurs, nos études démontrent que l'Europe est un marché très important pour Burger King. C'est pourquoi, nous nous engageons à poursuivre notre développement dans cette zone en nous appuyant principalement sur la Grande-Bretagne, l'Allemagne, l'Espagne où notre présence est déjà significative et où nous avons de réelles perspectives de développement».*

En 1997 Burger King représente 973 restaurants en Europe et au Moyen-Orient. Au cours des deux dernières années, la chaîne de fast-food a ouvert plus de 300 restaurants, soit une augmentation annuelle du nombre d'unités de 20 %.

■ Quick sort du rouge[1]

La stratégie initiée par la direction du groupe Quick depuis 2001 porte ses fruits. La chaîne de restauration rapide a vu son chiffre d'affaires augmenter de 2,3 %, à 129 M€, sur le premier semestre 2003. Dans le même temps, les ventes sous enseigne ont enregistré une hausse de 3,5 %, pour un volume de 341,6 M€ (à périmètre comparable, les ventes progressent de 5,6 %). Quick a ainsi doublé son résultat d'exploitation, qui représente 8,6 % du chiffre d'affaires, à 11,1 M€. Cette bonne performance est due, en partie, au dynamisme du marché français, mais également à la réorganisation du parc. Jean-Paul Brayer, administrateur délégué a, en effet, poursuivi le plan de restructu-

1. Néo restauration n°402 – octobre 2003 – Patricia Cecconello.

ration du réseau en fermant neuf des unités les moins rentables et en créant deux nouvelles implantations. Un programme qui avait reçu en décembre dernier l'aval des deux actionnaires de référence[1]. Le parc comptait fin juin 404 restaurants (dont 314 en France). D'ici à la fin 2003, l'enseigne procédera à neuf fermetures supplémentaires, ainsi qu'à cinq ouvertures et poursuivra la modernisation de quarante restaurants.

▶ Un ratio dette nette sur fonds propres ramené à 0,3

«*Au regard de la tendance de la consommation, le second semestre s'annonce en ligne avec la première partie de l'année*», indique Jean-Paul Brayer. «*En dépit de quinze jours difficiles en août, en raison de la canicule, nos objectifs sont respectés sur l'été, et nous terminerons l'année conformément à notre plan de marche.*» Parallèlement, Quick a assaini sa situation financière en procédant, en juillet dernier, à une augmentation de capital pour un montant de 66,5 M€. L'endettement net est ainsi passé de 74,6 à 47,9 M€, tandis que les fonds propres ont été portés à 146,8 M€, contre 66,5 M€ en juin. Cette recapitalisation permet au groupe d'afficher un ratio dette nette/ fonds propres de 0,3. Une opération qui a contribué à restaurer la confiance des actionnaires comme celle des franchisé.

■ Le hamburger, un produit devancé par le sandwich

Les Français seraient-ils donc plus réticents que leurs voisins européens à la consommation de hamburgers? A en croire les chiffres annoncés par Dominique Bénézet, délégué général du Syndicat national de la restauration rapide (SNARR), on pourrait en douter. «Le marché du hamburger pèse près de 1,53 milliard d'euros, soit plus de la moitié du marché de la restauration rapide dans son ensemble (sandwicheries, viennoiseries, etc.) qui à lui seul réalise un chiffre d'affaires de 2,44 milliards d'euros». Toutefois, il représente une infime partie du marché de la restauration commerciale.

Pourtant, selon l'étude récente révélée par Bernard Boutboul[2], les Français consomment huit fois moins de hamburgers que de sandwiches, un écart qui devrait même s'accentuer au fil des ans si les boulangers, les bistrots, les GMS et les pétroliers, des prestataires qui ne sont pas considérés comme des opérateurs de la restauration rapide, continuent à exploiter la vente de sandwiches. Une tendance qui, pour Bernard Boutboul, s'explique par notre enracinement au patrimoine culinaire français.

1. Quick est détenu à 58 % par le groupe GIB, lui-même contrôlé depuis novembre 2002 par le holding Ackermans & Van Haaren et la CNP.
2. L'Hôtellerie n°2521 du 31/7/97.
Et sources personnelles.

Annexe 1
Autres informations sur le marché du hamburger

▶ **Marché du hamburger en France en 2002 : plus de 3 milliards d'euros de chiffre d'affaires.**

1. McDonald's : 2102 millions d'euros
2. Quick : 538 millions d'euros
3. KFC : 23 millions d'euros
   (Burger King : chiffre d'affaires 1997 : 120 millions d'euros)

▶ **McDonald's en 2003**

1. 30 000 restaurants dans le monde
2. plus de 100 pays (Chine, Europe, Etats-Unis, PECO...)

▶ **Evolution de la chaîne dans le monde (*en milliards de dollars)**

	1991	1996	2003
1 - Nombre de restaurants	12 418	21022	30 000
2 - Bénéfice d'exploitation*	1,7	2,6	NC
3 - Ventes sous enseigne*	19,9	31,8	40

▶ **Le personnel McDonald's**

- Environ 30 000 personnes dont ~ 20 % à temps plein sont employées par la filiale française;
- 80 % du personnel recruté l'est à temps partiel;
- De 18 à 30 heures par semaine en contrat à durée déterminée;
- La base est le SMIC horaire déterminé par la convention collective;
- 60 % du personnel sont des femmes;
- Ancienneté moyenne de tout le personnel : 16 mois.

▶ **Les entreprises**

McDonald's fait travailler des entreprises françaises telles que les Biscuiteries du Mont Saint-Michel, Molinel (textile), Schilsler (emballage), LR Services (logistiques), etc. 70 % des produits alimentaires et des emballages sont achetés en France.

Annexe 2
Burger King

– Créé en 1954 en Floride (États-Unis);
– Reprise par le groupe alimentaire Pillsbury des 274 unités;
– Ouverture de la 1e franchise en 1981 en France;
– BK Corporation rachète la franchise française en 1986;
– Pillsbury est racheté par le britannique Grand Metropolitan;
– 7000 unités aux États-Unis*;
– 430 unités en Grande-Bretagne dont 25 % gérées en propre (chiffre 1998);
– 1000 unités en Europe et au Moyen-Orient (en deux ans BK a ouvert plus de 300 unités dans ces pays)*.

Annexe 3
Enquête auprès de McDonald's

Une enquête a été réalisée en 1996 auprès de Mme RC, chef d'équipe au McDonald's de Passy. En voici quelques éléments :

1. Quelles sont vos responsabilités?

J'ai la responsabilité des nouveaux venus à chaque poste, je dois gérer les zones de travail du restaurant : le comptoir, le lobby (salle à manger) et la cuisine. En période d'affluence, il y a douze personnes au comptoir et douze personnes en cuisine.

2. Avez-vous suivi une formation particulière pour ce poste?

Oui, tout nouveau travailleur a une formation théorique d'abord puis pratique.

■ La clientèle

3. Quelle est la moyenne d'âge de vos clients?

Notre fourchette va de 3 à 60 ans. Mais notre clientèle la plus importante se trouve entre 15 et 25 ans.

4. Quel est votre segment de clientèle?

Ce sont des jeunes, mais surtout les enfants. C'est grâce à eux que les parents viennent aussi. Ce qui nous amène à avoir une clientèle de famille très importante. Les touristes à Paris représentent 75 % du chiffre d'affaires, mais c'est aussi une clientèle qui dépend des saisons.

5. Est-ce une clientèle régulière ? Occasionnelle ? Selon quel pourcentage ?

La clientèle dépend surtout de la zone où l'on travaille et des horaires. Le restaurant est situé dans une zone où l'on trouve des bureaux et des commerces. Donc à midi, nous avons surtout une clientèle d'affaires, des gens des bureaux qui viennent avec des tickets restaurants. Le matin aussi nous avons ce même type de clientèle, et les après-midi ce sont surtout des lycéens, des étudiants mais aussi des « zonards » qui ne savent pas quoi faire et viennent souvent pour rencontrer d'autres jeunes. Le soir, ce sont surtout des familles nombreuses dont les commandes sont parfois de l'ordre de 46 euros. Par ailleurs, une de nos clientèles très importante est la Croix Rouge qui se trouve à côté et dont les commandes vont de 92 à 107 euros.

6. Y a-t-il des mois plus fréquentés que d'autres ?

Oui, à Noël, lors de la rentrée scolaire, les périodes de soldes dans certains quartiers où les gens en profitent pour venir manger McDonald's. Une autre période importante est la période d'examens, entre chaque épreuve, les étudiants viennent manger ici. Les mois de vacances et d'été sont plutôt des périodes creuses ainsi que janvier et février car les clients n'ont plus d'argent.

■ Le produit

7. Comment définissez-vous votre restaurant ?

C'est de la restauration rapide à l'américaine. L'organigramme et le respect des normes doivent se faire selon les règles établies. Il existe des fiches de suivi des postes, ainsi que des évaluations du travail. Chaque restaurant franchisé doit se tenir à certaines règles de qualité, de service et de propreté connues aussi sous le nom de Q.S.P. Le siège met des notes sur chaque restaurant en ce qui concerne le Q.S.P. A la suite de ces contrôles, le restaurant peut soit être fermé, soit rester ouvert tout simplement.

8. Qui est chargé des contrôles d'hygiène ? Le siège ?

Non, c'est le « gouvernement français » qui est chargé du contrôle de l'hygiène, il est surtout effectué sur les salades qui sont des produits congelés frais. Autrement, la viande est testée tous les jours, ce sont des contrôles de chaleur, à savoir si les grilles marchent bien. Il y a aussi des contrôles dits de D.L.C. (dates limites de consommation).

9. A quel type de concurrence devez-vous faire face ?

Ce qu'on pourrait considérer comme concurrents directs ce sont les restaurants tels que Quick.

10. McDonald's doit sûrement faire ce qu'il faut pour gagner la clientèle de ces restaurants?

Oui, mais McDonald's a adopté un système très simple pour avoir la clientèle des autres restaurants rapides. Chez McDonald's nous acceptons tous les coupons promotionnels, peu importe la zone de validité et peu importe le restaurant éditeur. Ce qui veut dire qu'on accepte même les coupons des autres restaurants rapides tel que Quick…

11. Donc peu importe la compagnie?

Oui, il nous arrive même de prendre des tickets de Pizza Hut..

12. Mais comment comptez-vous attirer la clientèle de cette façon, alors que personne ne connaît votre façon de procéder?

Il est vrai que pratiquement personne ne connaît ce système, mais lorsque nous avons des clients qui se trompent de coupon, on ne le refuse pas, on sert le menu tout en respectant la promotion.

13. Quels sont votre capacité d'accueil et l'effectif de votre personnel?

Le restaurant a une capacité d'accueil de 80 à 100 personnes et il y a environ 50 personnes qui y travaillent. La grande majorité sont des étudiants, mais pour les poste à responsabilité, nous avons surtout des gens qui font carrière dans ce domaine.

■ **Marketing et Communication**

14. Que proposez-vous pour attirer votre clientèle?

Des promotions telles que les coupons promotionnels, des pochettes surprises pour les enfants, des publicités dans les journaux, des chèques privilèges envoyés aux entreprises, des panneaux publicitaires et des spectacles organisés avec certaines villes. On propose aussi d'organiser des anniversaires. Par ailleurs, il y a tout un service d'hôtesses pour mieux nous occuper des clients. Sans oublier le partenariat entre l'entreprise et la Compagnie Disney qui est un atout pour atteindre les plus jeunes et donc attirer les parents.

Annexe 4
L'histoire de Mac Donald's Corporation

A 52 ans, Ray Kroc n'est encore qu'un modeste représentant de commerce, vendeur de machines à milk-shake. Un jour à San Bernardino en Californie, il aperçoit un simple bâtiment surmonté de deux arches jaunes à l'enseigne des frères McDonald's. Ces vendeurs de hamburgers dynamiques utilisent simultanément huit machines à shaker à la fois, servent sans interruption une clientèle nombreuse et enthousiaste.

Ray Kroc fasciné par la réussite de la formule et convaincu de ses potentialités, achète les droits exclusifs de la franchise. La machine à succès de celui qui sera surnommé plus tard, le roi du hamburger, est lancée. En 1955, le premier restaurant McDonald's ouvre ses portes à Des Plaines dans la banlieue de Chicago. Quatre ans plus tard, on fête déjà la naissance du 100e restaurant, puis celle du 500e en 1963. 10 ans après, en 1965, le titre Mac Donald's Corporation est introduit à la bourse de New York. La légende de la restauration rapide est née.

■ Le modèle américain s'exporte

En 1967, McDonald's ouvre à l'étranger (au Canada) son premier restaurant. Après le continent nord-américain, le 6000e restaurant s'installe en Allemagne (1980) et le 9000e en Australie (1986). En nombre de restaurants, le Japon est aujourd'hui le 2e pays derrière les Etats-Unis. Enfin viendront en 1990, symbole du basculement des pays de l'Est, les images retransmises par les télévisions du monde entier, de ces files d'attentes moscovites voulant découvrir ces petits pains ronds, valeur symbolique de la démocratie.

Dans plus de 100 pays, plus de 30000 restaurants arborent en 2003 l'enseigne McDonald's et développent sous tous les climats l'esprit d'entreprise de Ray Kroc. Les hamburgers consommés chaque année se comptent désormais par dizaines de millions. De quoi faire rêver les frères McDonald's qui, il y a près de 40 ans, affichaient fièrement sur leurs panneaux publicitaires «*plus d'un million de hamburgers déjà vendus*»…

■ La reconnaissance des milieux financiers

Tout comme les amateurs de hamburgers et de frites croustillantes, les milieux financiers sont séduits par la formule et surtout par l'excellente santé de l'entreprise. En octobre 1985, le titre McDonald's Corporation rejoint ceux des 30 sociétés américaines les plus puissantes en devenant l'une des valeurs références de l'indice Dow Jones.

Depuis 1965, la société a été la seule, parmi celles figurant à l'indice standard Poor's 500, à voir augmenter, trimestre après trimestre, son chiffre d'affaires, sa rentabilité et son dividende. Une performance assez exceptionnelle. Ainsi, durant la décennie, la société a triplé ses ventés et affiché un taux annuel de croissance de 12 %.

Plus de 5500 restaurants ont été ouverts durant cette période : un toutes les 17 heures ! McDonald's Corporation mise aujourd'hui en priorité sur les marchés étrangers pour accélérer son développement. Mais avec une croissance de seulement 2 % de ses bénéfices au 3e trimestre 1997, le roi des fast-foods a déçu Wall

Street. McDonald's qui réalise 57 % de ses ventes et 59 % de ses profits hors États-Unis, a notamment souffert de la hausse du dollar. McDonald's exerce en fait deux métiers : la restauration et l'immobilier car il est souvent propriétaire de ses restaurants.

■ Une entreprise à l'échelle mondiale

McDonald's Corporation compte environ un million de collaborateurs. 80 % des restaurants McDonald's dans le monde sont exploités par des franchisés. McDonald's est une société immobilière : McDonald's est propriétaire d'environ 60 % des sites de ses restaurants, dans les autres cas, il en est en général locataire.

Chaque année, les dépenses de publicité et de promotion représentent plus de 6 % du CA total. Sur 100 dollars dépensés aux États-Unis en restauration extérieure, 7 environ le sont pour McDonald's.

■ McDonald's France

Lorsque McDonald's se lance à la conquête du marché français en 1979, les restaurants à service rapide n'ont pas bonne réputation dans l'Hexagone et les Français les boudent plutôt. Les «arches» commencent tout d'abord à se faire connaître en Province : le 1er restaurant ouvre à Strasbourg en 1979. Puis, pendant les 4 années qui vont suivre, 15 restaurants vont s'installer aux quatre coins du pays : Toulouse, Marseille, Nice, Lyon...

Pendant ce temps, McDonald's Corporation met fin à la franchise consentie au début des années 70 pour Paris et la région parisienne et décide d'exploiter en direct les restaurants parisiens : le premier sera ouvert en 1984, boulevard Montmartre. 1984 restera pour McDonald's France une année décisive car le titre McDonald's Corporation est introduit à la Bourse de Paris. En 1986, c'est le concept de «Drive-Thru» (service au volant) qui est importé avec succès à Mantes-la-ville et 1992 voit l'ouverture du premier restaurant sur autoroute à Pont l'Isère près de Valcncc.

A la suite de Tom Allin, Robin Hedges prend la direction de McDonald's France. Il met en place la structure qui accompagnera la très forte croissance de l'entreprise en France : une organisation solide, de fortes compétences au siège, une gestion efficace des restaurants, une communauté de franchisés solidaires, motivés et responsables.

■ Son engagement : Q.S.P.

Q.S.P. est une devise pour un objectif : satisfaire le client à 100 %. Trois lettres toutes simples qui résument la philosophie de l'entreprise. Dès 1995, Ray Kroc fonde sa politique sur le respect de la clientèle. Il définit 3 règles d'or :

– La qualité parfaite;
– Le service courtois, efficace et rapide;
– La propreté des restaurants.

Enfin s'ajoute le souci constant du juste prix : meilleur rapport qualité/prix aux clients. Qualité, service, propreté : cette promesse peut sembler simple à tenir, en fait elle constitue un défi quotidien : offrir à chaque client un repas de qualité, servi rapidement avec le sourire, dans un cadre convivial et à un juste prix. Ces règles d'or restent aujourd'hui la norme dans tous les restaurants du monde. Elles symbolisent une façon d'agir et un état d'esprit.

■ Le restaurant de la famille

McDonald's s'est toujours affirmé comme étant le restaurant de la famille en créant par l'accueil, l'attention du service, le cadre agréable et confortable, un lieu où chacun se sente bien. En offrant aux enfants un accueil jusque-là inconnu en restauration traditionnelle : des sièges pour bébés, des aires de jeux, des menus «Happy Meal», des goûters d'anniversaire.

Le clown Ronald est l'un des symboles de cette politique familiale. Amusant, sympathique, Ronald est aussi un clown modèle : c'est à lui qu'est confiée la très sérieuse mission de faire passer auprès des enfants les notions essentielles de santé, d'hygiène, de sécurité, de solidarité... Toujours de façon ludique et chaleureuse, il anime pour des groupes d'enfants, des spectacles à la fois distrayants et éducatifs dans les restaurants comme au sein d'hôpitaux, d'écoles, d'associations à but humanitaire... Et cela, toujours à titre gracieux.

■ L'organisation

Un restaurant est une PME, employant une centaine de personnes, qui réalise en moyenne un chiffre d'affaires d'environ 3 millions d'euros. Le restaurant est dirigé par une «équipe de gestion» composée du directeur du restaurant, d'un ou de deux premiers assistants... des équipiers, des hôtes et hôtesses qui travaillent à temps complet ou partiel. C'est cette organisation, jointe à la formation et à la motivation de tous les membres du restaurant, qui permet à McDonald's de rester le leader incontesté sur le marché du fast-food.

■ La structure européenne

McDonald's Development Company (MDC) est la structure européenne de la firme. Sa direction est à Londres mais quelques départements sont basés en France notamment : construction, équipement et médias. Le rôle de MDC varie en fonction des pays concernés :

- Dans les pays déjà bien structurés et développés, MDC a un rôle de conseil et de communication, des informations à niveau européens;
- Dans les marchés moins développés, MDC crée et soutient les départements comme la construction afin que le développement dans le pays s'effectue dans de bonnes conditions;
- Dans les nouveaux marchés (Grèce, Maroc, PECO...), MDC travaille directement dans le pays en sélectionnant les partenaires locaux et les fournisseurs. Elle apporte un support complet qui permet l'ouverture du premier restaurant et ensuite le développement dans le pays.

■ Une communauté de franchisés

L'une des originalités du modèle McDonald's est de se reposer sur le système dit de franchise. En France, 75 % des restaurants sont gérés par des chefs d'entreprises indépendants. Formant un réseau solidaire, se réunissant fréquemment, ils jouent un rôle actif dans la vie de la société (test de nouveaux produits, initiatives...).

■ Comment être franchisé?

- McDonald's finance l'emplacement (achat du terrain, achat immobilier) et la construction;
- Le locataire gérant assure l'investissement mobilier (matériels de cuisine, éclairages, enseignes et mobiliers), financé à 25 % par des fonds propres, soit par un apport personnel de plus 153 000 euros;
  Le locataire gérant rentabilise son investissement par le bénéfice qu'il tire de l'exploitation de son restaurant;
- McDonald's perçoit un loyer mensuel calculé en fonction du CA et de son investissement de départ. De plus, le locataire gérant verse une somme égale à 5 % de son CA hors taxes rémunérant le droit à l'utilisation de l'enseigne et des services McDonald's;
- Les accords de franchise autorisent généralement l'exploitation d'un restaurant pour une durée de 20 ans.

Le sujet : Evolution et révolution d'un marché. Celui de la restauration commerciale avec l'arrivée en 1979 du fast-food d'outre-Atlantique. McDonald's propose désormais une formule petit déjeuner alors que les bistrots, les bars-brasseries se mettent à une certaine forme de restauration rapide «à la française».

Essayer de contrer la concurrence est une chose, répondre aux desiderata des consommateurs une autre. Les bistrots peuvent-ils se battre sur le même terrain que les firmes de restauration rapide? Doivent-elles le faire avec les mêmes armes? N'y a-t-il pas un risque à terme qu'une guerre des prix remette en question le rapport qualité/prix? Que dire sur les habitudes culturelles? Comment les limonadiers peuvent-ils répondre à une telle concurrence sans déstabiliser leurs clients et les conserver? …

Vous analyserez la stratégie de pénétration du marché français des firmes de restauration rapide en général et celle de McDonald's en particulier, et vous mettrez en parallèle la réaction des professionnels de la restauration commerciale traditionnelle.

Remarque : votre démarche ne doit pas se limiter au texte, vous devez réaliser une recherche documentaire ainsi qu'une enquête terrain quantitative/qualitative.

CINQUIÈME PARTIE

Corrigés

1. ÉTUDE DE MARCHÉ

Corrigé n° 2
Splendid Hôtel – Paris

1. Diagnostic financier

1.1 Calcul du CA total et des indices

– Taux d'occupation : 66 %
– Nombre de chambres louées : 365j x 80 x 66 %
– Nombre total : 19 272

1. Calcul du CA de l'hôtel (les chiffres ont été arrondis)

Clientèle	Nbre Ch.	T.O.	Cat. Ch.	Pm	CA total
IA	19 272	52 %	10 021	183,0	1 833 924
IL	19 272	8 %	1 542	167,7	258 553
GP	19 272	31 %	5 974	110,0	657 175
CS	19 272	9 %	1 734	137,0	237 624
				Total	2 987 275,63

2. Calcul du CA du petit déjeuner

Clientèle	Chambres	Coef.	Pm	CA total
IA	10 021	1,2	15,70	188 804
IL	1 542	1,6	15,50	38 236
GP	5 974	2,0	12,10	144 579
CS	1 734	1,0	13,50	23 415
			Total	395 033,60

3. Calcul du CA du restaurant

Période	Places	Coef.	Repas	Menu	Pm	CA menu/j	Carte	Pm	CA carte/j	/313j
Midi	45	1,7	76,50	95 %	39,6	2878	5 %	91,5	350,0	1110 338
Soir	45	0,6	27,00	-	-	-	100 %	91,5	2470,5	773 267
									Total	1783604,68

4. Récapitulation

CA hôtel	CA Pdj	CA rest.	CA=95 %	Divers 5 %
2987275,63	395033,60	1783604,68	5165913,91	271890,21
Total = 5437804,12				

Ch.	Amplitude	Potentiel	Ch. louées	TO.	PV m.négocié	RevPar
80	365	29 200	19 272	66 %	155	102,30

1.2 Lancement d'un nouveau menu

1. Calcul du nombre de repas pour atteindre le seuil de rentabilité

[V1 + V2] x MBu - coûts fixes = 0

(V1 = 1, V2 = 1,25)

MBu (ou MCVu)	**MBu**		**Coûts fixes**
Prix vente unit.	42,70	Communication	22 867,00
Coûts variables	15,30	Frais généraux	15 245,00
MCV unitaire	**27,40**	**C. fixes totaux**	**38 112,00**

Soit : [(V1 + V2) x 27,40] - 38 112 = 0

(2,25 V x 27,40) - 38 112 = 0

61,65V - 38 112 = 0

Ventes de la 1re période	=	38112/61,65	=	**618,20**
Ventes de la 2e période	=	618,20 x 1,25	=	**772,75**
Total des ventes de menus le soir			=	1390,95

– **Vérification :**

CA : 1390,95 x 42,70 =	59 394
CV unit aire	21 282
Marger brute	**38 112**
Coûts fixes	**38 112**
Marge nette	0

2/ Nombre de repas vendus le soir

Repas / jour	27	Sur 6 mois
Amplitude	313	156,5
Total repas	**8451**	**4225,50**

- Sur une période d'un an : 1390,95/313 = **4,44** repas/j pour le nouveau menu vendu en moyenne
- Rapporté aux deux périodes, on calculera le nombre de nouveaux repas à vendre par période, soit :

618,20/156,5 jours = 3,95 menu en moyenne par jour

772,75/156,5 jours = 4,94 menu en moyenne par jour

2. Augmentation de la fréquentation du restaurant

2.1 Calcul des parts du soir

Si la clientèle augmente de 15 % lors de la première période et de 20 % lors de la seconde période, on aura :

27 repas/jr x 1,15 = **31,05**

27 repas/jr x 1,20 = **32,40**

Le nouveau menu correspondra alors à :

Soir	Menu	Carte
3,95 rep/31,05	12,72 %	87,28 %
4,94 repas/32,4	15,24 %	84,76 %

Ce qui semble tout à fait réalisable.

Le nombre total de repas vendus passera à : (31,05 repas x 156,5 jrs) + (32,41 x 156,5 jrs) = **9 929,93**

Le % des menus par rapport à la carte aura un rapport moyen de (1390,95/ 9929,93) : 14,01 %. Soit une moyenne de repas sur 313 jours de = **31,73**

2.2 Le chiffre d'affaires du restaurant sera alors de :

Période	Places	Coef	repas	Menu	Pm	CA menu/j	Carte	Pm	CA carte/j	/313j
Midi	45	1,7	76,50	95 %	39,6	2877,93	5 %	91,5	349,99	1010338,18
Soir	45		31,73	14 %	42,7	189,82	86 %	91,5	2496,54	840830,68
									Total	1851168,80

2.3 Récapitulation

CA hôtel	CA Pdj	CA rest.	CA=95 %	Divers 5 %
2987275,63	395033,6	1851168,80	5233478,03	275446,19
Total = 5508924,22				

Ancien chiffre d'affaires	=	**5437804,12**
Différence	=	**71120,10**
Soit +	=	**1,31 %**
CA du restaurant	=	**1851168,80**
Ancien CA	=	**1783604,68**
Différence	=	**67564,12**
Soit +	=	**3,80 %**

3. Diagnostic commercial

3.1 Type de clientèle

– Ouvert 365 jours dans l'année, le Splendid Hôtel est surtout fréquenté par les clientèles affaires et groupes contre 8 % pour la clientèle individuelle.

- *Avantage* : les clientèles affaires et groupes permettent de maintenir un taux d'occupation pendant la basse saison.
- *Inconvénient* : la clientèle groupe bénéficie de réductions tarifaires importantes.

– Fréquentation par une clientèle européenne à 70 % et surtout française à 35 % par comparaison à la clientèle non européenne avec le Japon en tête.

Problème : déséquilibre entre les clientèles tant en ce qui concerne leurs catégories que leurs origines. Les clientèles, individuelle et de séminaire, sont peu représentées. Pourtant elles sont plus rentables. Comment expliquer ces écarts? Comment attirer les catégories les moins représentées?

4.2 Taux d'occupation

Il atteint 66 % soit 19 272 chambres louées dans l'année.

Problème : taux inférieur à la moyenne d'un hôtel 4 étoiles. Si l'on considère qu'un taux proche de 70 à 75 % serait plus acceptable, l'écart entre ces deux taux met en évidence un manque à gagner d'au moins 2628 chambres non vendues (29200 x 0,75 – 19 272). Comment réduire cet écart?

4.3 Type de prestations

Le Splendid Hôtel dispose d'un restaurant et propose deux formules de repas : un menu au prix de 39,60 euros et à la carte dont le ticket moyen se situe à 91,50 euros.

Problème : le taux de fréquentation du restaurant est très faible. De plus, la rentabilité du restaurant ouvert le soir reste à prouver.

4.4 Niveau de prix

Le prix moyen négocié est de 155€ contre 102,30€ pour le Revpar. Plus le Revpar s'approche du prix moyen négocié, plus les résultats sont bons. Or, ici, la différence reste importante (différence de 52,70 euros).

Problème : comment diminuer cet écart afin d'améliorer la rentabilité de l'hôtel?

Conclusion – transition

Compte tenu de ces résultats, Angléina-Luiza doit revoir ses actions marketing afin d'arriver à une meilleure homogénéité de son produit.

4. Menu le soir

La question qui se pose ici est de savoir si ce projet est cohérent et surtout s'il peut assurer une rentabilité à terme. Une formule de menu le soir semble indispensable pour fidéliser la clientèle de l'hôtel mais aussi et surtout attirer une clientèle extérieure, car ce sera elle qui rentabilisera ces prestations.

Quoiqu'il en soit, il faut sûrement revoir le type de prestations qui sont actuellement proposées afin de savoir si elles correspondent bien à la cible clientèle.

5. Stratégie marketing

5.1 Analyse de la fréquentation

Analyser les différentes clientèles afin de mieux se positionner en terme de produits et de services; standardisation, adaptation et personnalisation.

Solution : revoir la segmentation en effectuant une analyse du profil de la clientèle actuelle et potentielle, ses attentes, ses attitudes, l'évolution de la fréquentation selon le pays d'origine…

5.2 Politique tarifaire

Révision des tarifs tout en prenant en compte le phénomène de délocalisation possible ainsi que l'image du produit.

Solution :

- Mieux différencier ses tarifs en fonction de la période;
- Etude de la concurrence : prix, prestations, niveau de gamme, zone de chalandise… ;
- Proposer des offres «promotionnelles» (forfaits);
- Mode de paiement, carte de fidélité;
- …

La mise en place d'un Yield Management (gestion des capacités) est à envisager : recherche d'allocation d'un nombre de chambres optimum à chacune des tranches tarifaires.

5.3 Politique de distribution

Solution :

- Renforcer les relations avec les canaux actuels : T.O., entreprises, agences de voyages… ;

– Elargir en se faisant connaître à d'autres canaux de distribution européens et hors Europe ;
– Partenariats avec les prescripteurs (*Maison de la France* à l'étranger par exemple) ;
– Adhérer à une chaîne volontaire et bénéficier de la centrale de réservation ainsi que de la communication ;
– …

5.4 Politique de communication

Solution : associer une stratégie « pull » à une stratégie « push » :

– Installation d'un site Internet ;
– Revoir les éditions ;
– Presse régionale et nationale ;
– Analyser les sources d'information des clients (circuits, brochures, dépliants…) ;
– …

Conclusion

Quel que que soient les améliorations recherchées pour augmenter la rentabilité de l'établissement, Luiza Angélina devra tout d'abord répondre correctement aux besoins de chaque clientèle sans se priver d'une autre. Le tout en évitant la dissonance cognitive qui pourrait être ressentie par celle-ci, par conséquent en se positionnant de façon claire et précise.

Corrigé n° 3

Stratégie d'implantation d'un nouveau restaurant

John Borisovitch, consultant de métier décide d'ouvrir un restaurant à thème. Si durant quelques mois qui suivent l'ouverture, le taux de fréquentation est satisfaisant, il tombe rapidement au point de ne plus satisfaire à sa rentabilité. La question qui se pose ici est : comment pallier l'insuffisance de la fréquentation du restaurant?

1. Les erreurs commises lors de l'implantation, conséquences et interrogations

- Aucune étude de marché n'a été effectuée avant l'ouverture du restaurant;
- La tendance de la consommation par type de restaurant est inconnue et le potentiel consommateurs est passé sous silence;
- L'aéroport Charles-de-Gaulle est trop loin;
- L'emplacement géographique (situé en pleine forêt : difficulté d'accès, petites et moyennes agglomérations) est un choix peu rationnel, il s'attache au côté purement affectif;
- La politique de communication effectuée (presse régionale, journaux d'annonces gratuites) ne cible aucun consommateur en particulier;
- Le ticket moyen (41 €) par personne est trop élevé pour la région;
- Aucune enquête de satisfaction n'a été faite;
- L'ouverture d'un tel restaurant ressemble plus à un «caprice», en d'autres termes, est-il possible d'exporter un concept aussi fort dans une région assez traditionnelle dans ses habitudes de consommation?
- Le nom du restaurant a été choisi sans relation aucune avec l'image du produit, il n'informe pas le client, au contraire, il peut le tromper sur le type de cuisine servi.

Les problèmes surgissent au bout de six mois. JB pensait avoir réuni tous les atouts pour faire de son restaurant une réussite, puisqu'une telle offre n'existait pas dans cette région. Pourtant les résultats prouvent le contraire. Sa réaction est plutôt tardive. Pourquoi lancer une campagne de communication et de promotion qui touche tout le monde et personne en particulier?

En conclusion liaison :

- Beaucoup d'argent dépensé;
- pas d'amortissement de l'investissement, absence totale de connaissance et d'évaluation du marché;
- ce n'est pas un problème qualitatif mais un problème de cible/produit.

2. Démarche et solutions envisageables

Si JB a profité dans un premier temps de l'effet de découverte, le lancement de ce restaurant à thème s'est fait sans étude préalable ni évaluation du marché potentiel. Cela lui aurait permis de connaître :

- La fréquentation des habitants de la zone géographique dans les restaurants;
- La connaissance du tissu économique (clientèle d'affaires potentielle?);
- La tendance de la clientèle, à savoir les types de restaurants les plus fréquentés, leurs habitudes de consommation : gastronomique, traditionnel, à thème (oriental, viande, poisson…), brasserie, restauration rapide, etc. (attention à ne pas heurter les habitudes de consommation);
- Les habitudes de déplacement (disponibilités, lieux de fréquentation : cinéma, théâtres…);
- La structure de la population par âge, CSP, revenus;
- L'influence éventuelle des villes avoisinantes;
- Etc.

De plus,

- Le nom doit être attractif et en adéquation avec l'image de marque du restaurant;
- Après avoir constaté une baisse de fréquentation, JB aurait dû faire une analyse en s'intéressant aux besoins des clients (accueil, service, nourriture, prix) *via* un questionnaire auto administré;
- S'intéresser à certains faits économiques et sociaux, l'influence des vacances, l'origine des clients, les festivals...

L'erreur n'est elle pas dans le positionnement du produit plutôt que dans le produit lui-même? Y avait-il une demande? La campagne de communication arrive un peu tard et surtout non ciblée, si la CSP visée était les clients à revenu élevé, il aurait dû doubler ses actions avec une action de marketing direct.

Quelles solutions?

Dans un premier temps, il faudrait procéder à une étude plus approfondie (connaissance et dynamique du marché) :

- Les différents agents du marché (produits, concurrents, institutionnels, prescripteurs, etc.);
- Réévaluer ses objectifs en terme de volume des ventes souhaitées et de celles potentielles (le niveau de prix est-il adapté? Le type de nourriture proposé a-t-il un véritable avenir? Etc.);

- Tenir compte de critères liés aux biens et services qu'il propose selon la zone géographique (quelle image pour un tel produit?);
- Critères liés aux caractéristiques d'achat et des acheteurs (habitués, clientèle de passage, laquelle? Achat de renouvellement...);
- Peut-on modifier les habitudes de consommation des individus fréquentant les restaurants dans la zone considérée?
- Quel est l'impact du «bouche à oreille»?
- Etude des comportements mentaux des habitants de la région, attentes, besoins, motivations...

Conclusion

Que peut-il ou doit-il faire?

- Rester dans cette région mais en cherchant à aménager le produit (type de nourriture, prix, etc.);
- Garder le même thème mais changer de région (une région traditionnellement agricole est elle réceptive?);
- Proposer des produits et services complémentaires à son activité de restauration (réunion d'affaires par exemple...);
- Etc.

Mais n'est-il pas déjà trop tard pour réagir? Comment promouvoir dans le public auquel il s'intéresse des comportements favorables à la réalisation de ses objectifs?

Corrigé n° 5

Calcul de la taille d'un échantillon, préparation d'un sondage.

1. Taille de l'échantillon

Si on considère la formule $n \geq \frac{4pq}{e^2}$

où :

n = taille de l'échantillon

p = proportion observée dans l'échantillon

q = 1-p

e = erreur acceptée

(Si p = 50 %, ce qui signifie que l'on n'a aucune information préalable sur l'homogénéité de la population de base. Par précaution il est alors pris comme hypothèse le cas le plus défavorable où les proportions se partagent par moitié).

Dans ce cas, la taille de l'échantillon est de :

$$n \geq \frac{4 \times (0{,}40 \times 0{,}60)}{0{,}05^2}$$ soit 384 personnes

Il faudra donc interroger 384 personnes qui correspondront à l'échantillon représentatif de la population des visiteurs de l'agglomération de Marseille. Cependant, p = 40 % signifie aussi que la chaîne Confort Hôtels a déjà en sa possession les résultats d'un sondage. Dans le cas contraire, il aurait fallu en tenir compte et préférer p = 50 %.

2. Préparation d'un sondage

Il faut procéder par étape :

Exemple : affaires et situation en centre-ville

- Calcul 1 : échantillon de 384 p. x 53 % centre-ville = 204 personnes
- Calcul 2 : femme = 204 x 45 % = 92 femmes (112 hommes)
- Calcul 3 : tranche affaires H = 112 x 45 % = 50 personnes
- Calcul 4 : tranche affaires F = 92 x 45 % = 41 personnes
- Etc.

Le plan de sondage est constitué :

Lieu	Total	Sexe	Catégorie de visiteurs			Totaux
			Affaires	Tourisme	Individuel	
Centre-ville	**204**	H	50	39	22	112
		F	41	32	18	92
Ouest	**69**	H	17	13	8	38
		F	14	11	6	31
Est	**15**	H	4	3	2	8
		F	3	2	1	7
NNE	**12**	H	3	2	1	6
		F	2	2	1	5
Sud	**84**	H	21	16	9	46
		F	17	13	8	38
Totaux	**384**		**173**	**134**	**77**	**384**

Nota : Certains chiffres sont arrondis au chiffre entier, ce qui explique parfois que le nombre total des personnes à interroger ne corresponde pas totalement au nombre indiqué.

En supposant que trois enquêteurs se partagent le travail en fonction de la zone géographique (centre-ville, ouest, est, sud et nord-nord est); l'enquêteur chargé du centre-ville devra interroger 204 personnes dont 92 femmes et 112 hommes en tenant compte de sa catégorie.

Si MBB Hôtels veut également tenir compte de la variable âge, on aura :

Affaires	Situation, sexe et âge		24-30	31-45	≥46	Total
	Centre-ville	H	5	15	30	50
		F	4	12	25	41
	NNE	H	0,3	0,9	1,8	3
		F	0,2	0,6	1,2	2

On se rend vite compte de la difficulté engendrée par cette décomposition. Comment interroger 0,2 personne? Deux solutions :

1. MBB Hôtels considère que le critère de l'âge est important car cela lui permettrait de mieux répondre aux attentes des trois classes d'âge. Dans ce cas, l'échan-

tillon est trop faible. MBB hôtels peut soit l'augmenter proportionnellement, soit considérer après contrôle que certaines zones, comme la zone NNE et la zone Est, ne correspondent pas à ses produits.

2. Laisser de côté le critère de l'âge s'il juge que son influence est peu importante dans la consommation des services proposés.

3. Il vous reste maintenant à établir le questionnaire

(vous pouvez vous aider du questionnaire effectué ci-après pour un sondage concernant les sports d'hiver...)

Questionnaire « Sports d'hiver »

1. Etes-vous déjà allé aux sports d'hiver?

– Oui	❑ 1	– Non	❑ 2

2. Partez-vous :

– Une fois par an	❑ 1	– Deux fois par an	❑ 3
– De temps en temps	❑ 2	– Jamais	❑ 4

3. Pouvez-vous m'indiquer les raisons pour lesquelles vous ne partez jamais?

– L'hébergement est trop cher	❑ 1	– Je n'aime pas les sports d'hiver	❑ 4
– Le forfait est trop élevé	❑ 2	– Je n'ai pas le temps	❑ 5
– Hébergement peu adapté à la famille	❑ 3	– Activités/animations peu dével.	❑ 6
		– Autre raison (précisez)	❑ 7

4. Quelle est la durée de vos séjours? (classez par ordre de préférence)

– Week-end prolongé	❑ 1	– Une semaine	❑ 4
– Dix jours	❑ 2	– Supérieur à 10 jours	❑ 5
– Court séjour en semaine	❑ 3		

5. Quelle période préférez-vous?

– Période scolaire	❑ 1	– Hors période scolaire	❑ 2

6. Quelles sont vos destinations favorites?

– Alpes du Sud ❑ 1 – Alpes de Hte Provence ❑ 4
– Pyrénées ❑ 2 – Savoie ❑ 5
– Vosges ❑ 3 – Massif central ❑ 6

7. Quelle activité pratiquez-vous durant votre séjour?

– Ski alpin ❑ 1 – Monoski ❑ 4
– Ski de fond ❑ 2 – Raquettes ❑ 5
– Snow-board ❑ 3 – Luge ❑ 6
– Autre (précisez) ❑ 7 ....

8. Quel moyen de transport préférez-vous? (classer par ordre de préférence)

– Avion ❑ 1 – Car ❑ 3
– Train ❑ 2 – Voiture ❑ 4
– Autre ❑ 5 ....

9. Quel type d'hébergement utilisez-vous?

– Dans la famille ❑ 1 – Caravaneige ❑ 5
– Chez des amis ❑ 2 – Chalet location individuelle ❑ 6
– Résidence secondaire ❑ 3 – Chambres d'hôtes ❑ 7
– Location d'appartement ❑ 4 – Hôtel ❑ 8
– Autre (précisez) ❑ 9 ....

10. Avec qui partez-vous?

– Seul ❑ 1 – En famille ❑ 3
– En couple ❑ 2 – Avec des amis ❑ 4
– Autres (précisez) ❑ 5 ....

11. Avez-vous des enfants?

– Aucun ❑ 1 – Deux ❑ 3
– Un ❑ 2 – Trois ❑ 4
– Plus de 3 ❑ 5

12. Partez-vous avec vos enfants?

– Toujours ❑ 1 – Souvent ❑ 3

– De temps en temps	❑ 2	– Rarement	❑ 4
– Jamais	❑ 5		

13. Qu'est-ce qui vous inciterez à emmener vos enfants plus souvent?

– Animations	❑ 1	– Réduction	❑ 3
– Garderie	❑ 2	– Mini clubs	❑ 4
– Autre raison	❑ 5		

14. Quel budget consacrez-vous à vos vacances? (budget global)

– Inférieur à 400 €	❑ 1	– de 764 à 1525 €	❑ 3
– De 401 à 763 €	❑ 2	– Supérieur à 1525 €	❑ 4
– Autre	❑ 5		

15. Qui décide finalement du voyage?

– Femme	❑ 1	– Les deux	❑ 3
– Homme	❑ 2	– Les enfants	❑ 4

16. Comment vous renseignez vous?

– Internet	❑ 1	– CE	❑ 4
– Presse	❑ 2	– Magazine spécialisé	❑ 5
– Office de Tourisme	❑ 3	– Agence de Voyages	❑ 6
– Autres	❑ 7		

17. Comment faites-vous vos réservations?

– Internet	❑ 1	– Agence de Voyages	❑ 4
– Office de tourisme	❑ 2	– CE	❑ 5
– En direct	❑ 3	– Autres	❑ 6

18. Etes-vous satisfait(e) des concepts d'hébergements existants?

	Excellent	Très satisfaisant	satisfaisant	Peu satisfaisant
Accueil				
Propreté				
Confort				
Espace				
Rapport Qual./Prix				
Vue				
Restauration				

19. Comment évaluez-vous la restauration de la station en général?

	Excellent	Satisfaisant	Régulier	Améliorable
Le cadre général				
Rapport Qual./Prix				
Service				
Propreté				

20. Si vous allez à l'hôtel, quelle est votre critère de choix au moment de le sélectionnez?

	Très important	Important	Moyenne. important	Peu important
Prix				
Proximité piste				
Prestations				
Restauration/bar				
Services				
Soirée				

21. Quelles propositions feriez-vous pour améliorer la qualité de votre séjour?

1. ____
2. ____

22. Quel serait pour vous le concept idéal en matière d'hébergement?

1. ____
2. ____

23. Sexe de la personne interrogée :

– Féminin	❑ 1	– Masculin	❑ 2

24. Age de la personne interrogée :

– Entre 20 et 30 ans	❑ 1	– Entre 31 et 40 ans	❑ 3
– Entre 41 et 50 ans	❑ 2	– Supérieur à 50 ans	❑ 4

25. Catégorie socioprofessionnelle :

– Ouvrier	❑ 1	– Cadre moyen	❑ 5
– Salarié	❑ 2	– Cadre supérieur	❑ 6
– Agriculteur	❑ 3	– Profession libérale	❑ 7
– Sans profession	❑ 4	– Autre	❑ 8

26. Les revenus du ménage (global) :

– Inférieurs à 1525 €	❑ 1	– De 3051 à 4574 €	❑ 3
– de 1525 à 3050 €	❑ 2	– Supérieurs à 4574 €	❑ 4

Je vous remercie de votre collaboration, bonne journée…

Corrigé n° 7

Un palace vend ses suites en temps partagé

Le *timeshare*, terme américain pour désigner les vacances à temps partagé, puise ses origines en Europe au début des années 1960. La première innovation en la matière revient à l'Allemand Alexander Nette, propriétaire d'un hôtel, qui créa dans ce but une société nommée Hapimag en Suisse. A la fin des années 1960 apparaît en France la «multipropriété» qui consiste à acheter à vie, le droit de séjourner dans une résidence de vacances durant une ou plusieurs semaines données de l'année.

En 1970 aux Etats-Unis, alors que le pays traverse une crise immobilière, les Américains s'inspirent de la multipropriété pour inventer un nouveau concept : le *timeshare.*

Si le concept du *timeshare* a séduit de nombreux touristes, les législateurs s'y sont également intéressés, et ce, pour des raisons de protection du consommateur européen. En effet, la vente d'appartements à temps partagé est un concept récent qui se heurte à des difficultés d'image et de réglementation.

1. Un marché naissant...

1.1 Une mauvaise image du *timeshare*

- En Espagne, notamment aux Canaries, des abus dus à l'absence de réglementation sur la protection des consommateurs ont eu lieu lors de leurs ventes. «Dragués» et «harcelés» durant leur séjour par des vendeurs de *timeshare*, des clients se sont lancés dans un achat en payant parfois comptant le prix de leur acquisition. La vente était alors irrévocable, sans délai de rétractation et sans interdiction de prise d'acompte, ce qui a provoqué une certaine méfiance chez les acheteurs potentiels.
- Dans l'esprit des vacanciers, le *timeshare* reste un mode d'hébergement «marginal», s'adressant à des touristes bien familiarisés avec ce système. La publicité en faveur du *timeshare* reste restreinte.

1.2 Les obstacles à une extension en Europe

- Bruce Eichner risque de se confronter à une solide concurrence avec des opérateurs de niveau national, exemples : Pierre & Vacances en France (1er voyagiste sur la France), Rostdate au Royaume-Uni ;

- Aujourd'hui en France, seule la profession d'agents immobiliers est autorisée à commercialiser du *timeshare*, les Français étant déjà réticents à franchir les portes des agences de voyages pour réserver leurs vacances;
- Le client du *timeshare* est techniquement plus exigeant qu'un autre client. En France, un agent de voyages habilité à vendre du *timeshare* donnera cinq conseils à son client :
  1. Sélectionner une résidence affiliée à une bourse d'échanges;
  2. Vérifier que la résidence appartient à un système juridique verrouillé par la législation française;
  3. Opter pour une résidence haut de gamme;
  4. Acheter une ou plusieurs semaines en haute saison : en juillet ou en août par exemple;
  5. Privilégier le type d'appartement le plus fréquemment échangé comme le deux pièces.

1. ... Mais un marché au devenir prometteur

Formule touristique en pleine expansion, le *timeshare* se réconcilie avec les professionnels du tourisme grâce à la mise en place d'une solide législation.

2.1 Les critères d'efficacité du «Manhattan Club»

- Très bonne situation du complexe : hôtel «downtown» en plein Manhattan, à deux pas de Central Park et de la 5e Avenue. Situé en plein centre des affaires, avec les grandes administrations, les sièges sociaux d'entreprises et les immeubles de bureaux, attirant ainsi une importante clientèle de cadres;
- Un taux d'occupation important puisque l'hôtel est ouvert toute l'année. Des formules de ventes adaptées au type de client et selon la saison :
  - Une clientèle d'affaires toute l'année (18000 $ pour 65 m^2/semaine};
  - Une clientèle de touristes l'été et pendant les fêtes (61000 $ pour la semaine de Noël).
- L'affiliation du club au réseau RCI (Resort Condominium International) : d'après la Fédération française des résidences de vacances, plus de 15 millions de personnes dans le monde ont adhéré au concept des bourses d'échanges, soit 3,5 millions de familles. RCI est leader sur le marché avec 3500 résidences affiliées dans 90 pays et 2,5 millions de familles adhérentes.

2.2 Un développement possible eu Europe

- Le *timeshare* dans les grandes villes et capitales européennes est un marché à exploiter. En effet, assez peu développées en Europe, les propriétés en *timeshare* sont proposées surtout dans les stations de montagne, les stations littorales d'Europe continentale et les îles. Pays concernés : France, Grèce, Espagne, Royaume-Uni;
- Le *timeshare* est devenu un véritable produit touristique : lors du premier congrès de l'Organisation du *timeshare* en Europe (OTE) à Paris le 12/10/98. Michelle Demessine (secrétaire d'Etat au Tourisme) s'est prononcée en faveur d'un développement du temps partagé en France. Elle a également confirmé qu'un projet de décret était actuellement à l'étude pour permettre aux agences de voyages de commercialiser du *timeshare;*
- Longtemps décrié, le *timeshare*, mieux réglementé, a finalement gagné en crédibilité. Le 29 juin 1998, l'Assemblée nationale a adopté un projet de loi sur le *timeshare*, contenant une transposition de la directive européenne 94/47 CE. Cette loi apporte des garanties à l'acheteur qui doit recevoir une information complète. Il bénéficie désormais de 10 jours de délai de rétractation, durant lesquels il est interdit au vendeur de prendre un acompte.

Conclusion

À la vue des différentes statistiques concernant les modes d'hébergements en général et le *timeshare* en particulier, on peut dire que ce dernier a de beaux jours devant lui. La question que se posent les professionnels du tourisme aujourd'hui est : le *timeshare* peut-il donner de nouvelles perspectives aux agents de voyages?

Sources complémentaires :
- Quotidien du Tourisme, «Que peut apporter le timeshare aux agences», avril 99.
- L'Echo Touristiquc, «Vacanccs à temps partagé», oct. 98.

Corrigé n° 8

Hôtel du Pays de Loire

Le groupe Wilde Management basé à Londres désire racheter l'hôtel du Pays de Loire. Un de ses principaux soucis est de pallier le phénomène de saisonnalité et d'attirer une clientèle de week-end, ce qui permettrait à l'hôtel d'accroître et d'amortir plus rapidement les investissements réalisés. Il s'agit ici d'analyser le marché potentiel et d'étudier les politiques de distribution et de communication à mettre en œuvre.

1. Le marché potentiel

1.1 L'environnement et la cible

- **Contexte économique et touristique**. L'hôtel est situé dans la ville d'Angers et proche de Pays de la Loire et de ses monuments : possibilité de proposer des produits culturels;
- **Contexte démographique**. Proximité d'une zone commerciale el du CNIH : possibilité d'exploiter le produit restauration à l'hôtel;
- **Contexte géographique**. Proximité de l'autoroute A11 : exploiter le dynamisme des villes (Paris et Nantes);
- **Segmentation et cible**. Pour appliquer de façon cohérente une politique de marketing mix, il faut connaître sa cible.

Les cibles actuelles de l'hôtel du Pays de Loire sont les hommes d'affaires, les groupes et les individuels :

- **La clientèle «affaires»** : la proximité de la zone commerciale et de l'autoroute draine les hommes d'affaires. Ils permettent d'occuper les chambres (single) en semaine.
  Problème : c'est une clientèle saisonnière et de semaine qui reste absente le week-end.
- **La clientèle «groupe»** : permet d'occuper l'hôtel en semaine ou le week-end.
  Problème : Saisonnalité marquée, nombre de chambres insuffisant, réduction tarifaire groupe.
- **La clientèle «individuelle»** : quasiment absente, c'est une cible potentielle qu'il faut chercher à attirer et à fidéliser.
  Problème : le produit semble ne pas correspondre à leurs attentes, clientèle «infidèle».

1.2 Les ouvertures envisageables

Afin de pallier le phénomène de saisonnalité et d'attirer d'autres clientèles, l'hôtel doit changer sa stratégie actuelle de vente (stratégie indifférenciée) et proposer un produit adapté à chaque segment cible (stratégie différenciée) :

- **Le marché local et régional** : peut constituer une cible potentielle notamment avec la proximité de la zone pavillonnaire et développer ainsi le produit restauration en week-end;
- **La clientèle étrangère** : étant implanté en Allemagne et au Royaume-Uni, le Groupe Wilde Management peut essayer de fidéliser sa clientèle habituelle vers la France;
- **La clientèle touristique** : situé dans une ville historique, l'hôtel peut essayer de cibler les familles et les retraités (nouveau produit hébergement + restauration).

1.3 Les solutions

- Etudier les comportements des habitants de la région, attentes, motivations, besoins;
- S'intéresser à certains faits comme l'influence des vacances;
- Revoir les prix et le couple produit/cible;
- Etudier les différents agents de marché (produits, concurrents...).

2. La politique de distribution des produits

2.1 La vente par l'intermédiaire de professionnels du tourisme

De nombreuses solutions s'offrent au Groupe Wilde Management pour distribuer ses produits et ainsi espérer un taux de fréquentation plus élevé :

- Contacter les **tour-opérateurs étrangers** (Allemagne, Royaume-Uni).
  Avantage : bénéficier du dynamisme commercial du tour-opérateur pour vendre des chambres. Identification par le tour-opérateur du client potentiel, pénétrations de nouveaux segments, communication...
  Inconvénients : le tour-opérateur négociera les prix des chambres (dans le sens de la baisse), et les prix sont établis longtemps à l'avance, ce qui peut entraîner des pertes pour l'hôtelier en cas de modification de son environnement (taux de change hors zone euro. Inflation, dévaluation de la monnaie).

- Contacter les **structures locales** : Offices de tourisme - Syndicats d'initiative (OT/St)...
  Avantages : bénéficier d'un label de qualité hôtelier reconnu et exigé des offices de tourisme et syndicats d'initiative, identification par l'office de tourisme et syndicat d'iniative du client potentiel, critère de qualité reconnu...
  Inconvénients : nécessité de payer des subventions pour figurer dans les documents touristiques.

3. La stratégie de communication

L'objectif de l'hôtelier est de pallier la saisonnalité et d'attirer une clientèle étrangère et française et d'augmenter son taux de fréquentation. La campagne de communication devra s'effectuer avec les différents distributeurs.

3.1 La stratégie push (hors média) : promouvoir des produits et l'image de l'hôtel

- Participation aux **salons professionnels** :
  Ils permettent aux acteurs de se rencontrer, de confronter leurs idées et de mieux répondre à la demande (World Travel) : Market à Londres, ITB à Berlin, Salon mondial du tourisme et des voyages à Paris;
- **Mailing** adressés aux comités d'entreprises, aux syndicats d'initiative;
- Edition de **plaquettes** sur les services proposés et le restaurant;
  Avantage : l'hôtel peut être diffusé partout en France et la traduction en langue étrangère permet de conquérir le marché international.
  Inconvénient : coût de fabrication onéreux.
- Installation d'un **site Web;**
  Avantages :
    - Les clients étrangers ont directement accès aux informations,
    - Réservations instantanées,
    - Ciblage d'une clientèle précise à travers le monde,
    - Une publicité internationale quasi gratuite...

  Inconvénients :
    - Investissements lourds,
    - Formation du personnel.

3.2 La stratégie pull (média)

– Presse internationale
– Presse régionale et nationale

Avantages :

- Il bénéficie du nom du journal et de sa notoriété,
- Il se fait connaître du public et d'autres professionnels.

Inconvénient :

- II ne cible aucun consommateur.

Conclusion

Que doit-il faire? Avant de s'engager dans des investissements lourds, le groupe Wilde Management doit procéder à une étude de marché complémentaire, cibler la clientèle, appliquer des tarifs préférentiels (mise en place d'une gestion des capacité, Yield Management), définir une politique de communication et de distribution adaptées.

Les objectifs de Michel Aigueperse semblent, *a priori*, réalisables, attention cependant à la confrontation à l'élasticité de l'offre.

2. COMPORTEMENT DU CONSOMMATEUR

Corrigé N° 1

Le consumérisme fait la loi

Introduction

Le consumérisme (ou mouvement de défense des droits des consommateurs ou encore consommaction) est né voici presque trente ans. En 1978, Drucker estimait qu'il était la honte du marketing. Le but est de défendre les consommateurs des abus des entreprises qui cherchent plus une rentabilité à court terme que la satisfaction des clients. La construction et la recherche d'une harmonisation des normes en Europe (UE) ne risquent-elles pas de renvoyer dos à dos professionnels du tourisme et consommateurs ?

1. Une harmonisation difficile

1.1 Une situation complexifiée

- Des normes distinctes selon les pays (hygiène, sécurité, etc.);
- Des catégories et des structures d'hébergement différentes;
- Des clauses autres selon les catégories de produits et de services;
- Des us et coutumes et une culture en matière d'information spécifiques (guides, brochures…);
- Des systèmes de réservation conçus pour répondre à des besoins divers;
- Une remise en cause des pratiques de sur-réservation par les hôteliers (et les transporteurs) afin de compenser la perte éventuelle des «no-shows».

A ces constatations il faut ajouter l'apparition depuis quelques années de nouveaux intermédiaires qui viennent bousculer de nombreuses habitudes d'achat et provoquent un changement de comportement (Carrefour qui a par exemple installé une agence de voyages distincte de ses points de vente habituels à Paris).

1.2 Des objectifs globaux à long terme

L'enjeu ne concerne pas ici uniquement les ventes par correspondance. Une harmonisation concerne à terme plusieurs points et globalement vise à une recherche de standardisation (reconnaissance) des services touristiques à l'échelle européenne.

2. La qualité, une réponse au consumérisme

2.1 Le concept qualité

- «Ensemble des caractéristiques d'une entité qui lui confère l'aptitude à satisfaire des besoins exprimés et implicites» (ISO 8402);
- C'est donc à travers ce que l'on appelle le triangle de la qualité (coûts, délais, performances) que les professionnels du tourisme pourront trouver un second souffle et transformer les investissements nécessaires en avantage compétitif (un exemple : Ibis du groupe Accor qui a obtenu la certification ISO 9002);
- Les consommateurs ont alors une véritable garantie sur les services proposés par un établissement ou plus globalement pour une gamme de produits touristiques;
- Le yield management permet également de répondre aux exigences de segments de marché distincts tout en améliorant la rentabilité d'une organisation;
- Les visites mystères qui évaluent la conformité de la prestation.

2.2 Une nécessaire modification de la vision de l'entreprise

- Les coûts de non-qualité (directs et indirects) peuvent remettre en cause l'existence de l'entreprise elle-même, surtout si elle agit sur un marché fortement concurrentiel;
- La reconnaissance du travail du professionnel passe par la satisfaction du client. La qualité est un gage de fidélisation et de professionnalisme;
- C'est un FCS (facteur clé de succès) essentiel que l'on ne peut pas ignorer.

Les professionnels du tourisme doivent donc rechercher la confiance du client en ayant satisfait leurs exigences.

Conclusion

Si les consommateurs ont un réel pouvoir (notamment de modifier leurs habitudes d'achat s'ils rencontrent une insatisfaction), les professionnels possèdent de nombreux éléments de réponses. Mieux répondre aux désirs des clients à travers des outils comme la qualité, le yield management… leur permet de renforcer l'impact du produit à travers une communication appropriée et constitue de sérieux atouts.

Il ne faut cependant pas ignorer les difficultés que cela engendrera pour toute la profession et particulièrement pour les indépendants qui n'ont pas les mêmes ressources que les grands groupes européens et mondiaux.

Corrigé n° 2

Au bord de la prohibition : smoking or no smoking, that's the question

L'opposition fumeur/non-fumeur a toujours existé (on peut même considérer qu'elle constitue en elle-même une segmentation du marché des CHR). Le professionnel est en face de deux comportements du consommateur différents. La question ici est de savoir comment concilier ces deux types de comportement, analyser et comprendre le marché potentiel que constitue le non-fumeur du fumeur.

1. Comment concilier fumeurs et non-fumeurs?

1.1 Analyse des différences de comportements

1. Les non-fumeurs

On peut distinguer deux comportements différents :

- Ceux qui luttent pour la santé publique (grande intolérance vis-à-vis des fumeurs, souvent extrémistes et prêts à éliminer la liberté que chacun a de fumer);
- Les non-fumeurs «pacifiques» qui souhaitent seulement profiter de zones non-fumeur. Cette demande leur semble légitime puisqu'elle constitue un droit naturel (plus qu'à travers un texte de loi).

2. Les fumeurs

Deux comportements également constatés :

- L'égoïste qui considère qu'il n'a pas à se préoccuper des autres ou de la gêne qu'il occasionne aux non-fumeurs;
- Les autres ayant pris conscience de la gêne qu'ils peuvent occasionner et qui sont plus attentifs (même s'ils ne sont pas prêts d'abandonner leur droit de fumer dans les CHR).

2.2 Zone fumeur ou prohibition?

1. la prohibition dans les CHR peut présenter de nombreux désavantages :
   - baisse de chiffre d'affaires;
   - fermeture de restaurants;
   - Violation de la liberté individuelle?
   - Une réponse : la création de réelles zones non-fumeurs.

2. Les zones non-fumeurs :
   - des zones qui ne sont jamais réellement séparées;
   - ni correctement ventilées;
   - d'où le mécontentement des non-fumeurs.
3. Des restaurants fumeurs et des restaurants non-fumeurs :
   - Une solution pour satisfaire tout le monde?
   - Tenir compte du marché potentiel que représentent les non-fumeurs.

2. Le marché potentiel des non-fumeurs

2.1 Y a-t-il un marché potentiel?

1. L'attente des non-fumeurs :
   - une réponse à leurs besoins;
   - un taux d'occupation en hausse.
2. Un moyen d'augmenter le CA des CHR :
   - Les fumeurs seraient de meilleurs consommateurs que les non-fumeurs;
   - Mais si les non-fumeurs jouissaient de zones bien distinctes, peut-on penser qu'ils deviendraient aux aussi de meilleurs consommateurs?

2.2 La zone fumeur : un outil de marketing

- zone fumeur ou non-fumeur devient un réel outil marketing;
- approche de deux cibles distinctes par la compréhension et la satisfaction de leurs besoins plutôt que par des règlements

1. Les réseaux de distribution et guides touristiques
   - un argument de vente (chambres fumeur/non-fumeur...);
   - Une approche différente des attentes (hyper segmentation).
2. La concurrence
   - permet de lutter et d'attirer la clientèle non-fumeur;
   - mieux connaître son marché;
   - ne pas écarter une clientèle intéressante;
   - ...

Conclusion

La réglementation et les actions intentées par les associations de défense des consommateurs ont-elles permis une prise de conscience chez les professionnels des CHR ? Faut-il vraiment une loi pour concilier enfin les fumeurs et les non-fumeurs ? Ne faut-il pas plutôt rechercher le consensus ? Les CHR ont peut-être une opportunité de développement d'une nouvelle clientèle. Mais comment résoudre les problèmes de structure ? Quels seraient les coûts engendrés par la transformation de leur établissement ? Peut-on penser qu'un jour les fumeurs seront exclus totalement de certains lieux au bénéfice des non-fumeurs ? Une incompréhension totale entre ces deux publics génère-t-elle une forme de ségrégation ? Etc. Autant de questions que l'étudiant pourra se poser.

Corrigé N° 3

Le comportement des célibataires

Un célibataire sur deux va le soir au restaurant au moins une fois par mois. 20 % d'entre eux s'y rendent une fois par semaine. Mais existe t-il une définition précise du «célibataire»? Peut-on parler de marketing tribal?

1. Portrait du célibataire

1.1 Plusieurs réalités

- Les moins de quarante ans, citadins, qui dînent à l'extérieur
- Les plus de soixante ans vivant dans des habitats dispersés dont les freins à la consommation sont, entre autres, la rareté de l'offre et la distance;
- Les provinciaux qui préfèrent recevoir;
- Les célibataires occasionnels qui dînent chez eux ou chez des amis; ils vont rarement au restaurant et plutôt dans des endroits connus;
- Les célibataires très proches de leurs anciennes habitudes de vie (divorcés par exemple).

1.2 Un curieux avide de convivialité

- Il organise sa soirée à la dernière minute;
- Il fuit les endroits trop traditionnels préférant l'exotisme et les lieux à la mode;
- Il dîne en décalé (au moment où les couples terminent de manger);
- Il boit volontiers un verre au bar avant de passer à table;
- Il sort aussi bien en semaine que le week-end.

1.3 Inégalités homme/femme et points communs

1.3.1 Les différences

- L'homme célibataire sort seul ou avec des amis et il dépense sans compter;
- La femme célibataire ne sort jamais seule et elle n'aime pas les services trop «attentionnés».

1.3.2 Les points communs

- Ils aiment le dépaysement, changer leurs habitudes de consommation;
- Ils dépensent plus qu'un couple;
- S'ils sont seuls, ils aiment être tranquilles;
- Ils sont amateurs de produits nouveaux.

Comment dans ces conditions répondre aux desiderata d'une telle population?

2. Une offre à multiples facettes

Environ huit millions de femmes et sept millions d'hommes vivent seuls en France, soit 25 % de la population. Il est donc impossible pour les professionnels de les ignorer. Il semble évident que le cœur de cible reste le «vrai» célibataire mais que les autres catégories ne seront pas pour autant ignorées. La segmentation du marché des célibataires (tous sexes confondus) pourrait alors se faire ainsi :

Recherche →	*Innovation*	*Mode*
Restauration ↓		
Praticité	Segment 1	Segment 2
Dépaysement	Segment 3	Segment 4

– *Innovation* : produit s'adaptant aux tendances du marché
– *Mode* : «fashion», effet de mode
– *Praticité* : facilité, reconnaissance, popularité
– *dépaysement/plaisir* : hédonisme, attention, prestige

Adapter son offre

– Le *cadre* : innovation, matières chaudes;
– *L'ambiance* : chaleureuse, lumière tamisée et musique en adéquation;
– Le *confort* : ne pas reléguer le célibataire, ni l'exposer;
– Le *mobilier* : tables de deux, voire trois/quatre personnes placées de manière à créer des endroits intimes;
– Le *bar* : situé à l'entrée du restaurant avec la possibilité de prendre un cocktail avant de passer à table, composé, dans la mesure du possible de «petits coins» tranquilles;
– *L'accueil* : une des règles du brelan d'As, savoir accueillir sans ostentation;
– La *cuisine* : simple, moderne et exotique;
– Le *service* : attention, rapidité du service sans être pressé, disponibilité.

Le prix

Le célibataire dîne souvent à l'extérieur. Il est donc indispensable de la fidéliser à travers :

– Des prix raisonnables selon la zone d'attraction ;
– La diversification des mets ;
– La combinaison possible de produits-services élémentaires.

Donc du respect des principes d'Omnes :

– Dispersion des prix ;
– Ouverture de la gamme, ;
– Rapport qualité-prix ;
– Et mise en avant.

Tout en faisant attention à ne pas dévaloriser l'image du produit par des prix inadéquats (trop chers ou trop bon marché) ou une clientèle non ciblée. En effet, cela entraîne inévitablement une dissonance cognitive, donc perturbe les éléments qui amènent au comportant.

La communication

Les célibataires hommes s'intéressent de plus en plus à une presse spécialement créée pour eux. L'évolution sociétale les conduit à un changement d'habitude et de comportement d'achats. Ils prennent soin d'eux-mêmes, sont plus exigeants (exemple de la gamme de maquillage pour homme lancée par Jean-Paul Gaultier).

Davantage de magazines féminins posent également la question «*comment rencontrer l'homme idéal*» ? Les supports presse (notamment les magazines «mode») peuvent être utilisés en fonction du budget déterminé par l'entreprise.

L'amplitude d'ouverture

– Ouverture sept jours sur sept ;
– En service continu ;
– En horaires décalés (après minuit).

Conclusion

Loin d'être une espèce en voie de disparition, le célibataire est un client recherché. L'attirer reste parfois une gageure car de nombreuses caractéristiques et exigences doivent pouvoir être prises en compte. Sa motivation principale est de «*chasser l'ennui*» et occasionnellement de rencontrer l'âme sœur. Quelques concepts originaux ont depuis vu le jour qui essaient de répondre à leurs attentes.

Corrigé N° 4

Tourisme et comportement des acteurs

Problème principal : analyser le comportement des touristes afin que les professionnels de l'hôtellerie et de la restauration (ainsi que les autres intervenants du secteur du tourisme en général) puissent adapter leurs offres en fonction des différences culturelles des visiteurs et renverser la perception qu'ils peuvent avoir de la France en général et des Français en particulier.

Problèmes secondaires :

1/ Fidéliser une clientèle touristique dont le nombre ne fait qu'augmenter, sachant que d'autres pays font de gros efforts et/ou s'ouvrent au tourisme de masse (par exemple la Chine devrait devenir le premier pays visité au monde dans quelques années);

2/ Comment passer du troisième rang en terme de dépenses au premier rang mondial?

1. Les trois principales catégories de clients

1.1 En fonction de leurs dépenses

a) Ceux qui dépensent très peu : les Espagnols, les Italiens, les Anglais, les Allemands et les Hollandais. Pour ces deux derniers, cela s'explique par la proximité du pays par rapport à la France ainsi que du mode d'hébergement choisi (le camping). Il faut souligner également que les Français dépensent peu.

b) Ceux qui dépensent beaucoup : de 1530 à 3050 €. Les Suisses, les Japonais et les Américains du Nord. Pour ces deux derniers, l'éloignement rend le voyage exceptionnel, il se prépare à l'avance et les économies pour l'accomplir sont de rigueur (le nombre réduit de jours de vacances pour ces touristes renforce encore l'effet anomal).

Par ailleurs, ces types de clientèle ont un pouvoir d'achat élevé. Les Japonais sont friands d'objets de luxe et achètent de nombreux cadeaux destinés à leur famille l'image symbolique de la France comme pays du luxe étant forte chez eux.

L'attrait de Paris sur les étrangers est très important, 75 % des visiteurs n'en sont pas à leur premier séjour.

c) Les nouveaux visiteurs, une clientèle à observer : l'arrivée de clients des pays de l'Est, du Brésil et de la Chine. Ils sont dépensiers et font partie d'une classe émergente «nouveaux riches».

1.2 En fonction de leur comportement, les spécificités alimentaires et le caractère plus ou moins discipliné

a) L'effet prisme, une réalité : café trop fort à la française à éviter avec les Danois et les Américains du Nord; les escargots, les tripes... avec les Allemands, les Anglais, les Américains et les Hollandais.

b) Une «croyance populaire» bien vivante : les Latins sont moins disciplinés, plus bruyants; les Italiens viennent «en bande»; les Grecs et les Espagnols ont le tutoiement facile... Cette croyance populaire semble pourtant bien réelle et tenace et segmente le comportement en une typologie de clientèle distincte : les «expressifs» (Français, Italiens, Espagnols, Grecs, Russes, Brésiliens...) et les «ordonnés» (Allemands, Danois, Hollandais, Américains du Nord, Chinois...).

1.3 Répondre à une demande multiculturelle

a) La France, pays diversifié tant au niveau des régions que des produits, permet de satisfaire plusieurs types de tourisme : du tourisme de loisirs (mer, montagne, campagne...) au tourisme culturel (citons pour l'exemple l'agence de voyages CLIO), sans oublier le tourisme d'affaires (la France étant le premier opérateur pour les produits liés aux congrès, séminaires, symposiums); de l'individuel au groupe.

b) Une grande diversité de produits : permet de satisfaire les plus aisés (palaces, commerces de luxe, casinos fréquentés par les Russes, les Américains du Nord et un public provenant du Moyen-Orient); pour la clientèle la moins dépensière, les produits hôteliers ou campings se distinguent par leur nombre d'étoiles. D'autres produits (considérés comme para-hôteliers) sont aussi disponibles comme les chambres d'hôtes, les gîtes ruraux, les hôtels de «préfecture», les «bed and breakfast»...

c) La protection des consommateurs : la DGCCRF joue un rôle non négligeable par ses vérifications permanentes du contrôle de la qualité du produit, ce qui évite les surprises désagréables pour les visiteurs étrangers.

d) Une bonne conjoncture : un taux de change et une sécurité favorables renforcent l'impact du «produit France» chez les étrangers.

2. Quelles améliorations pour l'accueil des clients?

2.1 La perception des comportements culturels français par les étrangers

a) Un caractère spécifique : «arrogants et impolis», «peu sympathiques au volant d'un véhicule», «vantards et peu hospitaliers»... Voici comment les visiteurs nous jugent en grande partie. Comment changer cette perception? Changer un comportement est difficile. Si les différences culturelles sont parfois sensibles, la méconnaissance des uns et des autres renforce l'incompréhension mutuelle.

b) Communiquer, un mot clé : messages humoristiques (plaquettes, éditions) faisant ressortir les traits de caractère les plus importants des Français mais également de chacun des pays concernés (distribués en France, mais aussi à travers *La Maison de la France* à l'étranger. Par exemple, des éditeurs anglais ont sorti des livres humoristiques sur chaque pays européen en exploitant leurs défauts (le livre sur la France s'intitule : «*Les Français mangent les grenouilles*»), traduction des éditions en plusieurs langues.

c) Incitation des régions : pour l'aménagement et l'accueil des touristes (parkings, accueils…)

2.2 Communiquer : langues étrangères et diversification de l'offre

a) La France, premier pays d'accueil et le plus en retard sur la pratique des langues : pourquoi parler anglais lorsque l'on est le pays le plus visité au monde? Les changements à apporter sont autant d'ordre culturel que structurels. La langue anglaise semble être aujourd'hui un passage obligé pour tous les professionnels qui cherchent à améliorer l'accueil des touristes étrangers (c'est ici une notion de «confort»). Cette «non-volonté» vient appuyer la réputation «d'arrogance» des Français et affaiblit les techniques de ventes mises en place (publicité, marchandisage…). En effet, comment faire en sorte que les visiteurs dépensent plus s'ils ne lisent pas le menu d'un restaurant ou s'ils ne perçoivent ou ne comprennent pas ce que l'on veut leur vendre?

b) Améliorer le service : «Le sourire, l'accueil…», le problème n'est pas simplement une perception culturelle différente ou un problème de langues étrangères. Dans un livre «Services» (datant de la fin des années 1980), l'auteur analysait le retard des Français par rapport aux Américains du Nord. Le changement et l'adaptation passent par la formation permanente.

c) Un tourisme plus authentique : les visiteurs sont à la recherche «d'authenticité». La réputation de la France est due à ses paysages variés, à sa nourriture, à sa diversité d'hébergements. L'effort effectué depuis quelques années sur la para-hôtellerie doit donc se poursuivre (gîtes, chambres d'hôtes…), notamment la publicité (il entraîne cependant d'autres problèmes comme principalement celui d'une confrontation entre hôteliers et para-hôteliers).

d) Fidéliser une clientèle émergente : notamment celle des pays de l'Est.

e) Assouplir la réglementation en matière de jeux? Les Américains du Nord et les Russes sont plus friands de ces produits que d'autres nationalités. La recette liée aux jeux est une ressource touristique très importante.

3. SEGMENTATION

Corrigé n° 2

L'agence de voyages est-elle en danger?

Introduction

Les profonds bouleversements intervenus dans le secteur du tourisme depuis une vingtaine d'années ont modifié sensiblement l'application d'une segmentation traditionnelle. Celle-ci, normalement liée au choix d'une distribution adaptée selon la clientèle visée et le niveau de gamme, est complètement remise en question.

1. L'environnement et le rôle des agences de voyages

1.1 Les intervenants, distributeurs de produits touristiques

- Traditionnels : Club Méditerranée, Groupe Accor, Havas-voyages, Ski France, Relais & Châteaux, etc. Les produits qu'ils proposent correspondent à une segmentation «naturelle» ou spécialisée comme Ski France. Relais & Châteaux répond aux besoins d'une clientèle haut de gamme avec ses 4 et 5 étoiles;
- Hyper spécialistes : Clio pour le tourisme culturel haut de gamme. On peut noter également l'émergence du «business sportif» qui a certainement un bel avenir devant lui;
- Les nouveaux arrivants. Ils exploitent directement les nouvelles technologies informatiques (même si les autres distributeurs s'y sont mis quasiment tous aujourd'hui) : Degriftour, la VPC ainsi que la grande distribution, les transporteurs (compagnies aériennes, train, autocaristes…).

Chacun essaie de capter une clientèle dont la consommation, d'après toutes les prévisions des organismes d'observation comme l'OMT (Organisation mondiale du tourisme) ou l'ONT en France, connaîtra une expansion sans précédent au XXIe siècle.

1.2 Les agences de voyages

Leur rôle est important et si certains prévoient leur disparition à terme, est-ce justifié? Que constate-t-on aujourd'hui?

- Banalisation de leurs fonctions (réservation, vente de produits secs);

- Distribution par les chaînes volontaires et intégrées de leurs produits *via* notamment Internet ;
- Pénétration des grandes et moyennes surfaces ;
- Hyper-segmentation et spécialisation des produits du tourisme.

2. Quel avenir pour les agences de voyages ?

2.1 Une transformation inévitable de leur rôle

- Regroupement des agences indépendantes (Selectour) ;
- Hyper spécialisation (Clio) ;
- Une offre individualisée.

2.2 Objectifs et critères d'efficacité

- Moins de produits secs ;
- Une offre mieux ciblée ;
- Un contrôle précis de sa zone de chalandise ;
- …

Il semble que l'avenir des agences de voyages passe par une redéfinition de ses objectifs. Du « tout produit », elles se doivent d'apporter des services autres que ceux proposés par les agences généralistes :

- Utilisation de systèmes informatiques ;
- Assurer un service APV performant (accroître la satisfaction et la fidélisation) ;
- Innovations (exemple : patronne d'ABC voyages à Nice) ;
- Formules de crédit adaptées ;
- Cartes de fidélité (système de points) ;
- Personnalisation (passer du marketing segmenté au marketing « one to one ») ;
- …

Conclusion

L'agence de voyages joue encore un grand rôle. Est-elle réellement en danger ? Disparaîtra-t-elle vraiment comme certains professionnels le prédisent ? Ou connaît-elle seulement des difficultés passagères dues à une modification de leur méso-environnement ? Les nouvelles technologies peuvent-elles les remplacer ? Vendre des services reste cependant un métier à part où la valeur sociale du produit et ses multiples connotations demandent une attention particulière. Supprimer le « face à face » ne semble pas encore aujourd'hui envisageable.

Corrigé N° 4

Méthode du Khi 2 – Tris à plat/tris croisés

Le KHI 2 mesure la distance entre ce qui est observé et ce qui se passerait en théorie s'il n'y avait pas de lien entre les variables. Il est égal à la somme des carrés des écarts entre les effectifs observés (Oi) et les effectifs théoriques (Ti), pondérés par les inverses des effectifs théoriques.

$$\text{KHI 2} = \frac{(\text{Oi} - \text{Ti})^2}{\text{Ti}} \text{ pour n classes observées}$$

Les tris à plat consistent à dépouiller une question en comptant le nombre de fois où chaque modalité de réponse a été choisie.

Les tris croisés consistent à dénombrer le nombre de fois où pour chaque modalité d'une question à expliquer, chacune des modalités de l'autre est citée.

Dans ce cas on cherchera si le revenu et la composition de la famille influent directement sur le type de séjour. En d'autres termes, ces variables sont-elles directement corrélées et décident-elles de la qualité du lieu géographique? S'il y a interdépendance entre les variables explicatives et la variable à expliquer, les relations x = 32 % x 9 % = 2,88 % etc. devraient être vérifiées.

1. Construction du tableau des fréquences théoriques :

Variables explicatives	Variables à expliquer		Total
	Séjour à la montagne	Séjour à la mer	
Revenu mensuel :			
de 10 000 à 15 000	2,88	6,12	9 %
de 15 001 à 20 000	11,20	23,80	35 %
> 20 000	17,92	38,08	56 %
Composition de la famille			
Couple sans enfant	8,96	19,04	28 %
Couple avec 1 ou 2 enfants	14,40	30,60	45 %
Couple > 2 enfants	8,64	18,36	27 %
Total	**32**	**68**	**100 %**

2. Calcul du KHI2

– Pour la variable revenu mensuel on obtient un Khi2 = **13,14**

$$\frac{(6-2{,}88)^2}{2{,}88}+\frac{(3-6{,}12)^2}{6{,}12}+\frac{(16-11{,}20)^2}{11{,}20}+\frac{(19-23{,}80)^2}{23{,}80}+\frac{(10-17{,}92)^2}{17{,}92}+\frac{(46-38{,}08)^2}{38{,}08}$$

– Pour la variable composition de la famille, on obtient un Khi2 = **25,24**

La composition de la famille est donc une variable plus discriminante que le revenu. C'est-à-dire que le type de séjour semble déterminé avant tout par le nombre d'enfants. Mais il est nécessaire de vérifier cette affirmation en procédant au test du Khi2.

La valeur calculée du Khi2 doit être comparée à la valeur du Khi2 théorique donnée par la table du Khi2 à un seuil d'indépendance (p) fixé, en général 5 %et à un degré de liberté (v) donné.

Le degré de liberté étant donné par : (nombre de colonnes – 1) x (nombre de lignes-1), il est ici de : (3-1) x (3-1) = 4; p étant lui égal à 0,05, le Khi2 théorique obtenu est égal à 9,49.

3. Conclusion

En conclusion, on peut affirmer que la valeur des Khi2 calculés étant supérieure à celle du Khi2 théorique, il y a interdépendance du revenu, de la composition de la famille et du lieu de villégiature choisi. Cependant, la composition de la famille est la variable la plus importante, on peut donc sans crainte affirmer qu'il y a 95 % de chances qu'il y ait surtout une interdépendance entre la composition de la famille et le lieu géographique des séjours.

4. Préconisations

Que cela soit pour une campagne de communication ou de segmentation et de distribution des produits du tour-opérateur, il faudrait préconiser des actions ciblées principalement autour de l'axe famille mais sans oublier la variable revenu. En fait tout dépendra du niveau de gamme proposé.

Mettre l'accent sur la famille obligera aussi les professionnels à rechercher l'adaptation des produits, des manifestations et des loisirs en général qui pourront être mis à la disposition de la clientèle (garderie, faciliter la vie des parents, etc.).

4. LA POLITIQUE DE PRODUIT

Corrigé N° 1

Les cartes de fidélité : un produit «autonome»

En hôtellerie et dans les secteurs des services en général, il s'est développé, en réponse à la montée de la concurrence, des systèmes permettant de quantifier les visites des clients d'un établissement. Les cartes de fidélité, sous forme de livrets à tamponner ou à poinçonner, ont rapidement pris la forme de cartes à puces beaucoup plus performantes.

Cependant, ce phénomène a pris une telle ampleur que les budgets de ces cartes de fidélité s'apparentent plus à celui d'un produit autonome qu'à un service complémentaire ou à une simple aide à la connaissance des consommateurs et à leur fidélisation.

Il s'agit ici de définir ce qu'est un produit autonome, puis d'étudier son concept, ses avantages mais aussi ses limites ainsi que les différents acteurs en présence.

1. Le concept de la carte de fidélité

1.1 Qu'est-ce qu'un produit autonome?

Deux définitions, «autonome» signifie : «qui s'administre lui-même et ne dépend de personne», «qui est indépendant des autres éléments d'un système». La carte de fidélité est-elle réellement un produit indépendant?

1.2 Le concept de la carte de fidélité

C'est un outil marketing qui récompense les clients réguliers. Il est utilisé dans de nombreux secteurs et particulièrement dans le secteur touristique (transports, hôtellerie, restauration, grandes et moyennes surface, grands magasins…).

Toutefois, les cartes de fidélité requièrent des budgets de plus en plus importants. La logistique et la politique de communication mises en place amènent alors à les considérer comme un produit à part au regard de l'investissement effectué.

1.3 Un mot d'ordre : fidéliser!

La fidélisation étant moins onéreuse que la recherche d'une nouvelle clientèle, tout est fait pour inciter les clients à revenir. Un tel produit, en restant dans les affaires personnelles des clients, est aussi une façon de rappeler en permanence l'existence de l'établissement.

Cependant, la carte de fidélité doit répondre à certains besoins précis. L'intérêt perçu à travers un tel produit permettra ou non un changement de comportement chez les possesseurs de la carte (financièrement intéressant, reconnaissance d'un statut social, avantages supplémentaires par rapport à ceux proposés par la concurrence...).

2. Limites et adaptations

2.1 Les limites d'un tel produit

L'investissement est souvent supérieur au chiffre d'affaires généré. La clientèle d'affaires s'est peu reconnue dans l'image du produit. De plus, si le produit est payant, certains consommateurs trouvent que la fidélité est bien cher payée. Paradoxalement, l'appartenance à un groupe et la reconnaissance d'un statut social passent généralement par une certaine capacité financière (devraient-ils passer ici par la gratuité au contraire des autres catégories de clients?).

Il faut constater également un mélange des genres. Une carte de fidélité doit répondre à certaines attentes en relation directe avec le produit. Proposer des avantages indirects (réductions dans divers magasins...) et décalés dans le temps ne semble plus correspondre aux attentes des clients. La large gamme de produits proposée réduit l'impact et l'intérêt d'un tel produit aux yeux des clients qui perdent alors le réflexe de l'utiliser.

2.2 L'adaptation face à la demande des consommateurs de services

Les critères d'une bonne carte de fidélité seraient les suivants :

- La gratuité;
- La simplicité (réductions sur les services principaux et non plus annexes);
- Les réductions intéressantes et immédiates (à partir de 15 % sur le prix de la chambre);
- La valorisation de l'utilisateur (réduction des temps d'attente à la réception, priorité en ce qui concerne les réservations...).

2.3 Entre l'autonomie et la reconnaissance à la marque : un équilibre fragile

De nombreuses cartes deviennent de véritables cartes de paiement. Réduire l'étendue des possibilités de la carte à des produits connexes semble indispensable, car si la carte a tendance à devenir trop «autonome», voire «universelle», elle perd sa vocation première au risque de se discréditer.

Conclusion

Le budget d'un tel produit dépend d'une politique marketing adaptée. Il est possible d'y voir un produit autonome navigant indépendamment des autres éléments qui composent le produit hôtelier. Les investissements marketing lourds affectés à un tel service afin de lutter contre la concurrence semblent aller dans ce sens. Cependant la carte de fidélité ne peut s'autofinancer. Elle fait partie intrinsèque du produit, dans ce cas, l'autonomie de l'hôtelier est généralement inversement proportionnelle à la reconnaissance de la marque émettrice et des services proposés. En conclusion, ne peut-on dire que l'autonomie est contraire à la notion de fidélité?

Corrigé N° 2

Le Beaujolais nouveau : un produit comme un autre?

«Le Beaujolais nouveau est arrivé»! «Le Beaujolais nouveau, c'est tout un poème»! Qui ne connaît pas ce vin de fête par excellence que, Français et étrangers, attendent avec «impatience» chaque année, histoire de se retrouver entre amis ou tout simplement entre voisins de comptoir autour d'un «petit verre» pour partager un instant de «liberté»…

Objectif de l'étude : comprendre et analyser le concept marketing et ce qui en a fait sa réussite. Répondre aux différentes interrogations que pose le produit.

1. Le marketing du beaujolais nouveau

1.1 Le concept marketing

1.1.1 Qu'attend le consommateur?

- Un petit vin «gouleyant», facile à boire, un vin de «comptoir»;
- De la convivialité au mois de novembre qui est un mois triste, sans événement particulier;
- Une fête qui réunit «tout le monde».

1.1.2 Pourquoi le consommateur achète-t-il le produit?

- Pour le goûter, c'est un rituel : une fois par an;
- Pour, après l'avoir goûté, commenter avec ses voisins de bistrot, les qualités et les défauts de la cuvée de l'année, de manière générale et relative aux cuvées des années précédentes.

1.1.3 Que fera le consommateur du produit?

- Quelle que soit la qualité du produit, il le goûtera;
- Si le produit est «bon» ou «moins bon», il le commentera;
- Il encouragera une convivialité inconnue;
- Il incitera un flux de paroles inhabituel.

1.2 Le marketing stratégique

1.2.1 Positionnement du Beaujolais nouveau

Ce produit est un vin de table «ordinaire». Il existe deux qualités de Beaujolais «nouveau» :

- Le Beaujolais nouveau village qui est un vin de moyenne gamme;

– Le Beaujolais nouveau «normal» qui est un vin haut de gamme, voire bas de gamme pour les mauvaises cuvées.

1.2.2 Cible

La cible est très large : jeunes, vieux piliers de bar, ouvriers ou cadres supérieurs. On peut résumer la cible :

- Au niveau géographique : cible s'élargissant d'année en année, passant d'un vin franco-français jusqu'en 1968 à un vin international, bu aussi bien au Japon qu'en Allemagne qu'aux États-Unis;
- Le critère de l'âge : tous les âges (sauf les enfants et les adolescents...) constituent la cible;
- Le critère CSP : aucune distinction.

1.2.3 L'univers concurrentiel

On peut supposer que le Beaujolais nouveau a 2 types de concurrents :

- Les autres primeurs (et plus largement les autres vins de table) mais le Beaujolais nouveau est très largement leader sur le marché des primeurs, les autres primeurs n'ayant qu'un rayonnement régional;
- Les autres événements à la même période de l'année : Noël, Halloween.

Nota : au mois de novembre le Beaujolais nouveau est le seul événement, il se dissocie donc des autres fêtes.

1.3 Le marketing mix

1.3.1 Le produit

- Le vin :
  - Cépage : gamay exclusivement
  - Couleur de la robe : rouge
  - Arômes : appréciés : fruits rouges, fruits macérés, poire...
    agréables : banane, souris...
  - Doit être bu dans les 2 à 3 mois après la récolte
- Le contenant :
  - La forme spécifique, code sémiotique des vins du Beaujolais : reconnaissance immédiate par le consommateur
  - Le verre dans un bistrot : à la période du Beaujolais nouveau, un verre de vin rouge est associé à l'événement

1.3.2 La distribution

- Chez les cavistes, avec plus ou moins de réticence car risque de dépréciation de l'image des autres vins vendus à la même période;

- Dans les restaurants, cafés… participant à l'opération. Ces derniers étant de plus en plus nombreux;
- En GMS (ou GSA) : consommation au bureau, entre amis, en famille…

1.3.3 La communication

- Le slogan : «*Le Beaujolais nouveau est arrivé*»! Slogan fort car : court, facile à retenir;
- Exclamation : joie de le voir enfin «revenir» après une année (importance du «bouche à oreille»);
- Associé à la date butoir du 3e jeudi du mois de novembre à 00h01 ce qui explique l'attente du consommateur «impatient» : «*Le Beaujolais nouveau que j'attendais est arrivé*»!
- Média : par voie d'affichage dans tous les distributeurs participant à l'opération (affichette, comme une réclame…);
- L'événementiel :
    - Une date avec une heure à respecter sous peine d'amende;
    - Un événement omniprésent (inciter à la consommation);
    - Un événement de courte durée (concentré sur 3 jours).

1.3.4 Le prix

Ce n'est pas la variable la plus importante du mix du Beaujolais nouveau. Les niveaux de prix sont moyen-bas de gamme et acceptables (en France) par le plus grand nombre des consommateurs. Un positionnement plus haut de gamme à l'étranger.

2. Le Beaujolais nouveau n'est pas un pur produit marketing

2.1 Ce n'est pas un concept de mode

2.1.1 Le produit : un concept longue durée

- La marque (appellation) : «Beaujolais nouveau» a été créée il y a 51 ans (ce qui est beaucoup plus long que la moyenne de la durée de vie d'une marque (entre 5 à 10 ans);
- Un concept à maturité : du concept d'un vin «bâtard» à un concept de convivialité.

2.1.2 Une mondialisation de la consommation du produit

- Jusqu'en 1968 il n'est consommé que par les habitants proches de la zone de production;
- Après 1968, il s'internationalise et s'exporte dans de nombreux pays (plus de 65 % de la production est exportée);

– Principaux pays : Japon, Allemagne, Etats-Unis.

2.2 Un produit qui révèle et satisfait un besoin de l'individu

2.2.1 Les consommateurs français

- Actuellement les gens sont assez seuls;
- Il n'est pas toujours de bon ton de converser avec ses voisins dans la rue, au café… dans un lieu public;
- Le mois de novembre est généralement couvert et pluvieux, triste.

Réponse apportée par le concept du beaujolais nouveau :

- On peut discuter avec tout le monde, autour d'un petit vin qui réconcilie les individus.

2.2.2 Les consommateurs étrangers

Le charme du terroir français s'achète en bouteilles à partir du 3e jeudi du mois de novembre

- Véhiculer une «certaine idée de la France» à l'étranger :
    - Simplicité
    - Tradition
    - Bonheur de vivre
    - «Savoir-vivre» à la française …
- Peut-être aussi un moyen de se souvenir de leurs voyages en France…

2.3 Un produit répondant aux attentes des professionnels

2.3.1 Une réponse aux attentes de leurs consommateurs

- Satisfactions des habitués;
- Attire de nouveaux consommateurs;
- Image positive, de convivialité tant pour les professionnels que pour les consommateurs, *(ce sont plutôt les professionnels ne participant pas à l'opération qui ont une image négative ou qui choisissent un positionnement plus haut de gamme… Quoiqu'il en soit, même les restaurants très hauts de gamme y participent volontairement…);*
- Besoins «d'affection»;
- Motivation de type «hédoniste», où l'affectivité est particulièrement importante, mais le comportement lors de la consommation du produit est de type conatif : «tout le monde boit…».

2.3.2 Un produit très rentable

Certains professionnels réalisent la plus grande partie de leur chiffre d'affaires annuel en quelques jours.

Conclusion «critique»

1. Un vin haut de gamme médiatisé de la même façon aurait-il le même succès?

- pas de convivialité «uniforme», concept complètement différent, «non festif»;
- Il ne serait pas accessible à tous (cible beaucoup plus étroite);
- il ne représenterait pas à l'international le charme du terroir français mais le luxe français, or, actuellement les grands vins français sont soumis à forte concurrence (vins américains, chiliens, australiens...); mais peut-être aurait-ce été un atout plus efficace que l'AOC pour lutter contre cette même concurrence?

2. Un autre primeur pourrait-il supplanter le Beaujolais nouveau?

le Beaujolais nouveau est le premier dans un tel concept à avoir été commercialisé : rituel;
- le nom de l'appellation a été donné à l'événement : la «fête du Beaujolais».

En conclusion

«Beaujolais nouveau, camembert et saucisson»... sont peut-être devenus les «trois mamelles» de la France!

Ses facteurs de succès sont :

- Une fête entrée dans la tradition.
- Une appellation connue au-delà de toute espérance.
- Une cible large.
- Une stratégie marketing irréprochable.

Cependant, personne n'est dupe, en France ou à l'Etranger, chacun sait que ce produit n'est pas représentatif de l'ensemble des vins français. Il répond seulement à un besoin d'évasion, de rêve, de joie de se retrouver où le facteur intemporel prend toute son importance.

5. LA POLITIQUE DE PRIX

Corrigé N° 2
Le Yield Management

1. Le yield management

Le yield management (ou la gestion des capacités) est une technique qui permet, dans le cadre d'une politique globale de l'entreprise, d'optimiser les recettes en pratiquant une politique de prix différenciés. C'est le principe de la théorie de la discrimination par les prix : vendre des produits et des services identiques à des segments de marché distincts à des prix différents.

Technique appliquée essentiellement dans le secteur des services liés au tourisme : hôtellerie, transports et tour-opérateurs, mais aussi dans d'autres secteurs comme les cliniques et les hôpitaux qui reportent dans le temps les opérations non urgentes en octroyant des réductions tarifaires (Etats-Unis).

A la base du yield management on retrouve certaines conditions :

- une capacité fixe;
- une demande fluctuante et incertaine;
- une dépendance vis-à-vis de son environnement;
- une surcapacité hôtelière;
- un développement de la para hôtellerie.

La différence notable entre une simple tarification de prix et la technique du yield management consiste à différencier l'offre en créant de la valeur pour le client au lieu de baisser les prix (par exemple en basse saison) en essayant de réduire les coûts (ce qui peut entraîner une guerre des prix). Le yield management permet donc une gestion des capacités en temps réel au travers d'une politique tarifaire caractérisée.

2. Optimisation des capacités de l'hôtel YN

En C, Nombre de chambres vendues selon la tarification de l'hôtel :

- Taux d'occupation : 81 %
- 400 x 81 % = 324 chambres
- 41 % des chambres ont été vendues à un prix de 55 €, soit : 132,84 chambres (à 77 €, 324 – 132,84 = 191,16 chambres)

En D, Nombre de chambres vendues selon la tarification de l'hôtel :

- Taux d'occupation : 90 %

– 400 x 90 % = 360 chambres
– 59 % des chambres ont été vendues à un prix de 77 €, soit 212,4 chambres (à 55 €, 360 – 212,4 = 147,6 chambres)

Revenu global en C : (132,84 x 55 €) + (191,16 x 77 €) = 22025,52 € et en D = 24472,8 €

Revenu moyen par chambre en C : 22025,52 € /324 = 67,98 € et en D = 95,76 €

RevPar : A et B : 53,90 € et 53,24 €; C et D : 55,06 € et 61,18 €

Hôtel World Nature 400 chambres	Chambres vendues 77 €	Chambres vendues 55 €	Nombre total de chambres vendues	Taux d'occupation chambre	Revenu global*	Revenu moyen	RevPar
Gestion classique des capacités							
A -	80	280	360	90 %	21.56	59.90 €	53.90 €
B -	248	40	288	72 %	21,30	73,94 €	53,24 €
Gestion des capacités par le YM							
C - équilibre entre le TO et le revenu moyen	191	133	324	81 %	22,03	67,98 €	55,06 €
D - vente des bas prix le plus tard possible, atteint un TO de 90 %	212	148	360	90 %	24,47	95,76 €	61,18 €

* En milliers d'euros

3. Le yield management, un élément de réponse?

Le directeur de l'hôtel a raison. Il semble que l'application d'une telle technique est source d'augmentation du chiffre d'affaires des entreprises de services (comprise entre 2 et 5 % en moyenne). Dans ce cas, l'augmentation du revenu global est au minimum de 3,4 %. (Reprendre les principaux éléments de l'article sur Accor pour étayer ses dires).

Des contraintes doivent cependant être prises en compte. L'application d'un tel outil demande une préparation minutieuse. Et une transformation des méthodes de travail ainsi que de la variable culturelle. On peut donner ici six conseils :

1. Définir la politique commerciale (objectifs à long terme, segmentation clientèle);
2. Anticiper les évolutions de la demande;

3. Contrôler ses ventes selon les segments retenus;
4. Rapprocher les équipes de marketing (qui se situent en amont du yield management) et de yield;
5. Respecter la transparence vis-à-vis du consommateur (clé de fidélité du client);
6. La politique du yield incombe aux managers et non aux statisticiens (il n'est qu'un outil).

C'est donc à travers le plan marketing que le professionnel pourra gérer au mieux sa tarification différenciée en allouant un nombre optimum de chambres à chaque tranche tarifaire :

- Fixation de quotas pour chaque catégorie de clientèle en fonction du stock disponible à l'instant t;
- Fixation de quotas en fonction de l'élasticité de la demande par rapport au prix.

4. Les différentes contraintes en matière d'établissement de prix

Il est nécessaire en premier lieu de partir de la demande pour savoir à quel prix le consommateur est prêt à acheter et en quelles quantités. Les deux contraintes de base sont bien sûr : la saisonnalité pour la première, et le site et l'environnement pour la deuxième.

Cependant il est nécessaire de mettre en évidence les points suivants :

Les spécificités du produit du marché de l'accueil :

- une combinaison plus ou moins importante de produits/services élémentaires;
- des critères d'ordre financier, d'ordre social… ;
- une sensibilité aux facteurs sociologiques et culturels.

La gestion de l'incertitude et la complexité de son environnement :

- Les facteurs de la demande (gestion des fluctuations avec une structure à capacité fixe : phénomènes de pointe, sur offre et point mort).

Mais aussi, par exemple :

- le CA attendu, le mode de paiement;
- les coûts d'exploitation;
- la remise en marchandise;
- les tarifs corporate;
- la rémunération des intermédiaires;
- …

Corrigé N° 4

Type de clientèle et politique de prix

1. Diagnostic commercial

1.1 Type de clientèle

Ouvert toute l'année, l'hôtel est fréquenté majoritairement par des groupes (60 %) à parité égale entre les Allemands et les Français contre 40 % pour la clientèle individuelle.

1.2 Taux d'occupation

7 162 chambres louées/ (56 chambres disponibles x 365) x 100 = 35,04 %, ce qui est très faible (un taux d'occupation de 100 % représenterait 56 x 365 = 20440 chambres louées).

1.3 Niveau de prix

- Clientèle d'affaires : Prix affiché : 229 € hors Pdj, prix négocié : 183 €, prix du Pdj : 9,20 €
- Clientèle de groupes : Prix affiché : 229 € hors Pdj, prix négocié : 145 €, prix du Pdj : 6,90 €

La rentabilité de l'établissement reste à prouver. De plus, la clientèle de groupe, qui est la plus présente, bénéficie de réductions tarifaires conséquentes.

2. Calcul du chiffre d'affaires du Lac Bleu

2.1 Chiffre d'affaires chambres + petits déjeuners

Nombres de chambres louées selon la catégorie de clientèles

- Individuels : 7.162 chambres x 40/100 = 2.865 chambres
- Groupes : 7.162 chambres x 60/100 = 4.297 chambres

Chiffres d'affaires selon le nombre de chambres/segmentation

- Individuels : 2.865 chambres x 183 €= 524 295 €
- Groupes : 4.297 chambres x 145 €= 623 065 €

Chiffre d'affaires du petit déjeuner

- Individuels : 2.865 chambres /2 = 1432,5 Pdj x 9,20 €= 13 179 €

– Groupes : 4.297 chambres x 1,8 = 7.734,6 Pdj x 6,90 € = 53368,74 €

Le chiffre d'affaires location de chambres et petits déjeuners se monte donc à :

(183 €= 524295 €+ 623065 €) + (13179 €+ 53368,74 €) = **1 213 907,70** €

2.2 Chiffre d'affaires total

Les prestations diverses représentent 10 % du chiffre d'affaire global.

Soit x = 1213 907,70 € + 0,1 x = CA total, x est alors égal à = **1348 786,30** €

3. Taux d'occupation et seuil de rentabilité

Les taux d'occupation sont respectivement :

- Pour les individuels : 2865/ (56 x 365) x 100 = 14,02 % (ou 40 % de 35,04)
- Pour les groupes : 4297/ (56 x 365) x 100 = 21,02 % (ou 60 % de 35,04)

Incidence de l'augmentation du To. De 30 % pour les groupes et de 10 % pour la clientèle d'affaires :

- Individuels : 15,40 % (soit 3148 chambres louées)
- Groupes : 27,33 % (soit 5586 chambres louées)

Le taux d'occupation globale atteindra alors près de 43 %, ce qui reste insuffisant puisque le seuil de rentabilité fixé se situe entre 45 % et 50 %. Cependant, le prix moyen négocié de l'hôtel le *Lac Bleu* ainsi que son chiffre d'affaires connaîtront une évolution significative. Ainsi, le chiffre d'affaires sera de : 8734 chambres louées (soit une progression de 21,95 %).

Chiffre d'affaires selon le nombre de chambres/segmentation (8734 chambres louées) :

- Individuels : 3148 chambres x 183 €= 576084 €
- Groupes : 5586 chambres x 145 €= 809970 €

Chiffre d'affaires du petit déjeuner :

- Individuels : 3148chambres /2 = 1574 Pdj x 9,20 €= 14480,80 €
- Groupes : 5586 chambres x 1,8 = Pdj x 6,90 € = 69378,12 €

Le chiffre d'affaires location de chambres et petits déjeuners se monte donc à : **1 469 912,90** € et le chiffre d'affaires total à = **1 633 236,60 €, soit une progression globale de 21,09 %.**

Le prix moyen sera alors de : (576 084 € + 809 970 €) /8734 chambres = 158,70 € contre 160,20 € précédemment (le revenu par chambre disponible passant de 56,13 € à 67,81 €).

Il faut donc constater que dans l'hypothèse où le chiffre d'affaires augmente, cela a peu d'influence sur le revenu moyen par chambre louée, par contre, le **RevPar** connaît une progression non négligeable de **20,81 %.** Mais est-ce une bonne solution pour *le Lac Bleu* de se polariser sur la clientèle de groupe?

4. Sensibilité au prix et politique marketing

L'élasticité étant négative, on peut en déduire que la demande varie en raison inverse du prix. Même si elle varie peu, le prix reste un facteur déterminant quant à la consommation des services. Pour la clientèle allemande, la variation est proche de zéro. Comment augmenter le revenu global?

- Au niveau de la distribution, le *Lac Bleu* favorise une clientèle de groupe. Sa distribution passe par les tour-opérateurs et les agences de voyages. *Le Lac Bleu* doit renforcer ses relations avec ces canaux. Une augmentation plus importante de cette clientèle contribue à l'amélioration du chiffre d'affaires global (chambres + Pdj + prestations diverses);
- Le *Lac Bleu* ne peut réellement augmenter ses prix, un audit sur le coût de revient devra être fait afin de savoir s'il est possible de déterminer un nouveau seuil de rentabilité;
- La stratégie poursuivie par le *Lac Bleu* doit se faire sur le long et moyen terme;
- Enfin, l'objectif étant d'améliorer son taux d'occupation, une campagne de communication doit être envisagée.

Quoiqu'il en soit, le *Lac Bleu* devra effectuer une analyse globale de son produit :

- analyse quantitative et qualitative de la fréquentation;
- origine des réservations par périodes;
- sources d'information des clients;
- profil de la clientèle actuelle (ses attentes, ses attitudes, etc.);
- évolution de la fréquentation selon le pays d'origine (pourquoi la clientèle allemande est-elle aussi importante ?);
- les modes de transports utilisés;
- les types d'hôtels ayant mieux réussi dans la zone considérée;
- la structure de prix de ces établissements;
- les types de clientèles;
- leurs réseaux de distribution;
- etc.

Quant à la stratégie de communication, les responsables du *Lac Bleu* peuvent utiliser différents outils (média ou hors média) en fonction de leurs ressources propres ou extérieures.

6. LA POLITIQUE DE COMMUNICATION

Corrigé n° 1
Bistrots en fête

Le concept des «Bistrots en fêtes» a-t-il été créé afin de réconcilier les professionnels de la limonade (les limonadiers) avec leur public? Est-il une réponse à la pénétration des chaînes de restaurant rapide? Est-il nécessaire de renforcer le lien qui rattache les Français à leur café/tabac/restaurant préféré? A leur petit «noir» du matin pris sur le zinc? ... Quoiqu'il en soit, «Bistrots en fête» constitue une formidable «caisse de résonance» à travers la communication et à la publicité qui en est faîte. Si un tel événement était au départ surtout concentré sur Paris, il n'en est plus de même aujourd'hui.

1. Les objectifs poursuivis

1.1 Une idée directrice

Redonner ses lettres de noblesse aux bistrots où les consommateurs se plaisent à se retrouver. A court terme, augmenter la fréquentation des cafés en faisant participer tous les intervenants de la chaîne de valeur (fournisseurs, producteurs, etc.) dans une période dite «creuse». A plus long terme, refaire découvrir la convivialité de ces établissements à ceux qui ne les fréquentent plus pour diverses raisons et rechercher la fidélisation d'une clientèle qui n'est pas forcément acquise.

Si ce concept tente de consolider l'idée d'un certain lien social, il veut également développer une image, vers les touristes, d'une France chaleureuse.

1.2 Les participants?

2500 établissements mobilisés en 1995, 3950 cafés-tabac trois ans plus tard et 34857 débits de boissons. Mais également les fournisseurs de boissons, les partenaires divers sous l'impulsion de la Mairie de Paris qui autorise exceptionnellement les ouvertures tardives. On peut affirmer que les objectifs associés au concept de fête ont été atteints à travers des manifestations très diverses (musique, débats sur des thèmes philosophiques, économiques ou politiques).

2. Les moyens mis en œuvre

2.1 Une stratégie de communication *ad hoc*

Stratégie de communication hors média (stratégie push) :

- Sponsoring média (radio : NRJ, Chérie FM) pour la promotion de concerts;
- Sponsoring divers (exemple : entreprise de gâteaux apéritifs);
- Partenariat avec les entrepositaires, PLV gratuite (publicité sur les lieux de vente) : distribution des kits de communication – affiches, banderoles... ;
- Les commerciaux des entrepositaires mettent au point un argumentaire afin de mobiliser et impliquer les gérants d'établissements;
- Cadeaux offerts aux limonadiers à l'occasion de cette fête;
- Partenariat avec la municipalité.

Stratégie de communication média (stratégie pull) :

- Affichage : panneaux publicitaires de la mairie de Paris;
- Diffusion de l'événement à travers la presse quotidienne et spécialisée comme Pariscope.

2.2 La mesure de l'efficacité et de la fidélisation

Comment mesurer son efficacité? L'implication du professionnel est essentielle car il est le seul à évaluer l'impact et les retombées futures, mais elle dépend aussi de sa segmentation clientèle, c'est-à-dire du type de consommateur fréquentant quotidiennement son établissement (sans oublier son quartier d'implantation).

Comment mesurer la fidélité du client? Difficile de se prononcer sans étude faite à ce sujet. On peut toutefois penser que cela peut aller dans le sens d'une réconciliation entre les professionnels et les consommateurs. Ces derniers pouvant estimer qu'il n'était plus répondu à leurs attentes.

Conclusion

Le concept «Bistrots en fête» connaît aujourd'hui une forte notoriété. Certains guides touristiques étrangers le référencent, ce qui ne peut qu'établir sa notoriété. Peut-on affirmer cependant que ce concept soit passé de l'intérêt commercial à une notion plus subjective dans laquelle la variable culturelle en serait le centre?

On peut sans crainte affirmer que ces moments recréent l'esprit de fête et peuvent renforcer les liens entre différentes catégories de consommateurs tout en leur donnant l'envie de revenir.

Corrigé n° 2

Internet : une nouvelle approche de la communication des firmes. Le Web : un produit d'appel?

Remarque : Ce corrigé donne surtout des pistes, l'étudiant devra le retravailler par rapport aux exemples donnés dans le texte ainsi qu'à travers les études documentaire et terrain qui auront été réalisées.

Le tourisme est l'un des secteurs les plus importants de l'économie mondiale. Pour tenir cette place, il se doit d'être performant et de pouvoir répondre aux attentes des consommateurs. Ainsi se pose le problème de savoir si oui ou non, l'utilisation de nouvelles technologies dans les métiers du tourisme est incontournable; ou bien si ces nouvelles technologies s'apparentent à un «effet de mode»? La question essentielle qui se pose est la suivante : un hôtelier doit-il distribuer ses produits et communiquer sur le réseau des réseaux, Internet, afin de répondre à la demande des clients actuels et de toucher une clientèle potentielle? Ces nouvelles technologies touchent-elles tous les professionnels?

1. Internet et les acteurs du secteur du tourisme

1.1 Les avantages

Une meilleure image de marque :

- faire preuve de modernisme;
- Suppression partielle des éditions;
- Produit d'appel : les clients potentiels, notamment étrangers ont directement accès aux informations.

Répondre aux besoins des clients (une nouvelle façon de se comporter) :

- Avoir de chez soi tous les renseignements sur les produits/services (éviter de se déplacer);
- Répondre aux attentes de la clientèle d'affaires internationale.

1.2 Les craintes et les inconvénients

Du point de vue financier :

- Tous les professionnels n'ont pas les moyens de se procurer ce type d'installation. Les investissements de départ sont assez lourds selon le type de services attendus;
- Le ROI (Return On Investment) est parfois incertain;
- Problème d'amortissement;

– …

Du point de vue psychologique :

– L'installation de nouveaux systèmes peut faire apparaître un problème de compétence ;
– Formation du personnel indispensable ;
– Obligation de sous-traiter les services et les réservations (problème de contrôle, notamment de mise à jour) ;
– …

Quoiqu'il en soit, le produit Internet est un moyen puissant de distribution et de communication pour les professionnels du tourisme. C'est un concept incontournable pour la plupart des grands groupes et des produits haut de gamme.

2. Les conséquences d'une telle évolution

2.1 Pour l'offre des professionnels

Clientèle potentielle

– Clientèle nationale : innovation, curiosité (est-ce toujours un effet de snobisme ?) ;
– Clientèle internationale : liberté de communiquer à travers le monde entier pour les clients des cinq continents ;
– Réservation et paiement instantanés ;
– Hausse des parts de marché non négligeable pour le professionnel ;
– Augmentation de la rentabilité d'exploitation ;
– …

Les coûts de fonctionnement

– Baisse des frais inhérents à l'édition de brochures, plaquettes, etc. ;
– Possibilité de proposer des services supplémentaires ;
– Possibilité de prévisions adaptées ;
– …

Une meilleure communication de l'entreprise

– Cibler une clientèle précise à travers le monde ;
– Une publicité internationale quasi gratuite.

Un changement de comportement des habitudes de consommation

– Le consommateur choisit tranquillement de chez lui les services qui lui conviennent (de la simple chambre d'hôtel ou d'une réservation au restaurant aux prestations plus complexes) ;

– Une information immédiate ;
– Une amélioration de l'adéquation de l'offre et de la demande ;
– Une individualisation des produits et des services consommés ;
– Un traitement en temps réel de la demande ;
– …

Conclusion

Le produit Internet présente de nombreux avantages, que ce soit pour le professionnel pour les clients actuels et potentiels. Bien sûr, tous les professionnels ne pourront pas dans un premier temps, pour des raisons financières, satisfaire à une telle modification de leur réseau de distribution et de communication. Cependant, pour de nombreux groupes ou chaînes hôtelières intégrées ou volontaires, ce nouveau produit est devenu une nécessité et une complémentarité aux systèmes déjà utilisés par leur département réservation et communication.

La généralisation de cette nouvelle technologie vient bouleverser les habitudes de consommation et de comportement, non seulement des professionnels du tourisme mais aussi des consommateurs. Toutefois, Internet n'est pas aujourd'hui véritablement réglementé et peut laisser la porte à des excès ou débordements difficilement contrôlables. Les systèmes GDS (Global Distribution System) permettent un meilleur contrôle et ont encore un bel avenir devant eux.

7. LA POLITIQUE DE DISTRIBUTION

Corrigé n° 1

Quel réseau de distribution choisir?

Première question : Analyse de la situation et de la stratégie de prix

On peut émettre l'hypothèse qu'avec un taux d'occupation moyen de 45 % pour un hôtel 4 étoiles, aucune stratégie globale de vente n'a été mise en place par les responsables en fonction : ni étude de marché concernant l'environnement (concurrents, zone de chalandise, etc.), ni application d'une stratégie de marketing-mix cohérente qui auraient permis de positionner l'offre du produit/service face à une demande des consommateurs potentiels.

1. Analyse du marché

1.1 Le prix du marché

Il semble que la politique de prix pour un hôtel 4 étoiles construit il y a huit ans et rénové en 1999 ne corresponde pas à celle pratiquée par les autres établissements de même catégorie. En effet, leur prix moyen petit déjeuner compris se situe entre 122 € et 138 € contre 95 € pour «Les Antilles» (soit un écart compris entre 28 % et 45 %). Il faut aussi noter que la rentabilité se situe plutôt aux alentours de 122 €.

1.2 Le prix psychologique

Le résultat de l'enquête réalisée par un consultant indépendant paraît encore plus significatif. Le prix qu'un homme d'affaires habitué aux prestations internationales est prêt à payer pour ce type de prestation est d'environ 122 €.

Une des spécificités des produits de l'accueil étant une grande subjectivité et une grande sensibilité du rapport qualité/prix, l'entreprise doit absolument en tenir compte.

1.3 La perception du prix d'un produit par le client

Il y a donc un décalage relativement important entre les prix pratiqués par l'hôtel, le prix d'amortissement, le prix du marché et le prix psychologique. La clientèle potentielle (d'affaires, de tourisme…) a sûrement du mal à se faire une opinion des prestations offertes et surtout à comprendre le positionnement du produit 4 étoiles sur un marché concurrentiel. Or, l'on sait que le prix joue un rôle essentiel en terme de reconnaissance ou d'appartenance sociale.

Quelle rentabilité peut alors attendre South America de l'hôtel «Les Antilles»?

1.4 L'élasticité de la demande par rapport au prix

Une augmentation ou une diminution de prix peut entraîner une variation de la demande. Il s'agit ici de savoir si une augmentation non négligeable de prix peut avoir un effet négatif sur celle-ci. Dans ce cas on peut penser que l'effet sera inverse, car la perception du produit par le consommateur (la relation prix/qualité) qui en découle joue à l'encontre des intérêts de la firme.

2. Proposition de solutions

2.1 Réaliser une étude détaillée des prix du marché et des prestations offertes

Cette étude aura pour objet de mettre en exergue les tarifs produits/services proposés par la concurrence par rapport à la demande. Il faudra donc analyser non seulement les produits, mais également les types de clientèle ainsi que les périodes de fréquentation :

- La période : phénomène de saisonnalité;
- Les segments de marché;
- Les types de clientèles et les motifs de voyage : groupes, hommes d'affaires, touristes individuels;
- Le mode de paiement : sur place ou paiement anticipé;
- Les techniques de remise en marchandise : 3e semaine gratuite par exemple;
- Les tarifs spécialisés ou les tarifs sociétés;
- Les origines de la clientèle actuelle (pays, région...);
- Etc.

2.2 Analyse de l'existant

L'hôtel effectuera un récapitulatif de fréquentation des clients actuels à travers :

- Une analyse qualitative de la fréquentation hebdomadaire et l'évolution de La fréquentation mensuelle et annuelle des cinq dernières années;
- Une analyse des origines des réservations par période (TO, agences de voyages, sociétés, autocaristes, etc.);
- Une analyse des sources d'informations des clients;

– L'évolution de la fréquentation selon le pays d'origine et la période de séjour;
– L'évolution de la clientèle par origine et les modes de transports utilisés;
– Etc.

2.3 Comprendre la clé de dynamique du marché

Le nouveau responsable pourra alors effectuer une comparaison entre ce qui est proposé et ce qui est réalisable. Le but étant de comprendre la clé de dynamique du marché :

– Les types d'hôtels ayant réussi dans la zone considérée;
– Leur structure de prix;
– Les produits/services proposés;
– Les types de clientèles;
– Les réseaux de distribution choisis;
– Le type de communication (média ou hors média);
– …

Et de pouvoir ainsi répondre de façon précise aux attentes des clients en fonction des segments retenus.

Deuxième question : La vente par l'intermédiaire de professionnels du tourisme

Vendre des chambres par l'intermédiaire d'un tour-opérateur est l'une des façons pour le professionnel hôtelier de distribuer ses produits. Ceci peut lui permettre d'espérer un taux d'occupation plus élevé.

Dans un premier temps, le responsable devra déterminer le type de tour-opérateur avec lequel il choisira de travailler. Ce choix pourra se faire en fonction :

– De sa notoriété;
– De son image de marque;
– De sa capacité à remplir ses obligations;
– Des services matériels et immatériels qu'il apporte;
– …

Mais travailler avec un tour-opérateur n'apporte pas que des avantages.

1. Les avantages

– Bénéficier du dynamisme commercial du TO pour vendre ses chambres;
– Identification par le TO du client potentiel;

- Elargissement du champ de la clientèle actuelle (pénétration de nouveaux segments de marché);
- Communication;
- Contrats entre le TO et l'hôtelier régulier ou ponctuel;
- Le TO garantit les conditions de règlement;
- ...

2. Les inconvénients

- Le TO négociera le prix des chambres (ce qui va plutôt dans le sens de la baisse);
- Il existe un risque que le nombre de chambres réservées pour le TO ne soient pas occupées, un délai de rétrocession doit être établi de façon stricte (date à partir de laquelle l'hôtelier pourra les récupérer afin de mettre en place les actions pour pouvoir les vendre);
- Les délais de paiement sont généralement assez longs;
- Les prix sont établis longtemps à l'avance (souvent plus d'un an), ce qui peut entraîner des pertes pour l'hôtelier en cas de changements économiques importants (notion de taux de change, d'inflation et de dévaluation de monnaie);
- ...

Troisième question : Stratégie de communication corrélée à la stratégie de distribution

L'objectif premier de l'hôtelier est d'améliorer son taux d'occupation. C'est pour lui une question de survie et la stratégie de communication utilisée devra le servir à court et à long terme. Une réflexion et une préparation minutieuse de cette campagne sont donc nécessaires avant son lancement. Elle devra s'effectuer de manière conjointe avec celle du tour-opérateur.

- Les stratégies possibles : push et pull;
- Les formes de communication : média et hors média;
- La clientèle visée : essentiellement la clientèle touristique.

1. Stratégie push (hors média) : promouvoir ses produits et l'image de l'hôtel

- Participation aux salons spécialisés en tourisme : offres promotionnelles;
- Mailing adressé aux professionnels ayant un gros courant d'affaires vers cette région;

– Mailing aux comités d'entreprises, des syndicats d'initiative, etc.;
– Utilisation et motivation éventuelle d'une force de vente;
– Visite et invitation de professionnels de la vente de produits touristiques;
– Edition de plaquette sur les services proposés et les attractions de l'île;
– Distribution de vidéo brochures;
– Installation d'un site Web;
– …

2. Stratégie pull (média)

– Presse régionale et nationale;
– Presse internationale.

Les moyens financiers à mettre en œuvre pour chaque action seront déterminés en fonction des résultats de l'étude réalisée (dans la première partie) et en fonction des objectifs poursuivis par le groupe South America.

Liste des sources

ORGANISATIONS PROFESSIONNELLES

Direction du tourisme 2003 – Enquête aux frontières – Enquête annuelle d'entreprises dans les services/INSEE

ONT, Observatoire national du tourisme/OMT – «Le tourisme, un atout à développer»

Rapport du Conseil économique et social du 26/11/1996

OMT, Organisation mondiale du tourisme

Statistiques du SNAV

UMIH : UNION DES MÉTIERS DES INDUSTRIES HÔTELIÈRES

Compostion : l'UMIH est un organisme patronal composé de 80000 adhérents des secteurs de l'hôtellerie, de la restauration, des cafés et des discothèques qui regroupe 6 fédérations.

Il est composé de :

- 105 organisations départementales;
- 20 organisations régionales;
- 32 chaînes hôtelières.

Le rôle de l'UMIH est la défense des intérêts des hôteliers, restaurateurs, cafetiers et exploitants de discothèques, aussi bien dans les domaines technique, social, économique que législatif. Il est le porte-parole de la profession tant auprès des instances européennes, nationales ou régionales que des médias et du grand public. L'UMIH est consultée pour tous les dossiers relatifs à la profession.

Direction, Président : André DAGUIN
Coordonnées : 22, rue d'Anjou 75008 PARIS
Tel: 01.44.94.19.94 – Fax: 01.42.65.16.21

UMIH/GNC Observatoire des chaînes intégrées / Observatoire de l'hôtellerie indépendante / Groupement national des chaînes hôtelières – l'Industrie hôtelière

GIRA-sic/Néo-restauration Magazine mars 1996

LIVRES/REVUES PROFESSIONNELS

Les stratégies des entreprises de tourisme, © PUF, collection «Que sais-je?», n° 3284, 1998 de Jean-Baptiste Tréboul

Action commerciale appliquée, de Philippe Pico, Editions Bréal, 01/1993

Alain Parenteau, *Le marketing pratique du tourisme d'accueil,* Editions Jacques Lanore, Collection «Aujourd'hui l'avenir», 1991

Dr Josette Mesplier-Pinet, *La recherche touristique face aux problématiques nouvelles d'implication de l'espace européen,* Revue du tourisme n°4 – revue de l'Association internationale des experts scientifiques du tourisme – AIEST St-Gall Suisse

La notion de qualité dans les services d'Yves Tinard

CNED – Bernard Guilbaud

Réussir en Hôtellerie et Restauration de Michel Kosossey et Daniel Majonchi, 1990

Communication et négociation de Chozas/Jullien/Gabillet, Editions Foucher – mai 1995

MAGAZINES PROFESSIONNELS

TOURISCOPIE/TOURISME & TERRITOIRES – Josette Sicsic / Tableau de bord 2000 / n° 19 de fév.2000 «Naissance d'un Européen, vers un euro-tourisme»

HTR Tendances & Marketing 1998 / HTR Eurotrends & Marketing 1999, 2000 / Les réceptifs, de février/mars 1998 et de janvier 1998 / septembre 1999 / n° 58-59 de mai/juin 1999

NEO RESTAURATION MAGAZINE - 30 ans d'histoire NRM N° 385 – mars 2002 / Les 5 premiers leaders en Europe en 2002 / Position des enseignes françaises en Europe en 2002 / Les 5 premiers de la sandwicherie/viennoiserie/pizza en 2002 / Le marché de la livraison / Les 10 premiers groupes enseignes leaders en France en 2001 – NRM n° 388 – juin 2002 / Le classement des 3 premiers opérateurs de la restauration collective en France - NRM n° 397 avril 2003 / Répartition par catégories des types de restauration – NRM le cahier novembre 2003 / Dessin de Piem : «Pour nous chaque client est unique» / n° 345 de juillet/août 1998 et du 22/9/1995 de Patrice Fleurent «La restauration d'autoroute» «120 millions de clients à séduire» «L'attente des usagers» / n° 337 de novembre 1997 «Beaujolais : un succès qui dure» de Jean-Charles Schamberger / «L'année du siècle» - 1996 / n° 315/316 «Baisser les prix aux heures creuses» de décembre 1995 de Jean-Michel Déhais / de janvier 1998 / n° 314 de nov. 1995 «Accor, satisfait de son premier semestre» de J.-Ch.S. / n° 356 juil/août 99 – Frédéric Dubessy «le Pâtes-food» investit le Sud – Gérard Spitzer – Bétrice Thiault / n° 357 de 09/99 / Accor/NRM n° 314 / n° 358 – 10/99 de B. Thiault / NRM-GIRA S.I.C. n° 359 11/99 de P. Leurent/P.Hersant, Cahier : les chiffres de la R.H.D. en France, En Europe / n° 360 de 12/99 / n° 361 de 01/2000 / n° 362 de 02/2000 de Patrice Fleurent «Papy boomers» / n° 363 de mars 2000 «Les grands chantiers de l'AP-HP»

L'HOTELLERIE - Suite hôtel : le client comme chez lui du 13 janvier 2000 – Claire Cosson / n° 2642 du 2 décembre 1999 – CC / n°2790 du 10 octobre 2002 – CC / n° 2817 du 17 avril 2003 – A. Simoneau

Les 10 première chaînes hôtelières en nombre d'hôtels en 2001 / les 10 premiers groupes hôteliers en nombre d'hôtels en 2001 – N° 2743 du 8 novembre 2001 / Type de restauration 2001-2002 / les dix premières chaînes de restaurants en France – Coach Omnium / 24/11/94 «Le service qui vend», «Six moyens pour augmenter le CA à chaque étape de servuction» / du 6/7/1995 «Bistrots en fête : où, quand, comment et pourquoi» de Sylvie Soube /

du 1/02/1996 «Le consumérisme fait la loi» de M.-L. Estienne / du 1/02/1996 «L'hôtel Champerret-Villiers à Paris : être le premier «cyber-hôtel»» de Claire Cosson / du 1/02/1996 «Bistrots en fête : tacite reconduction» et du 17/9/98 / du 2/5/1996 C. Cosson / du 23/5/1996 «Les grands hôtels partenaires» O. Marie / N° 2475 du 19/9/96 «Campagne de communication : cherche clients individuels pur l'été de M. Watkins» / «Le McDo sème le malaise chez les professionnels», 10/1996 de O. Marie / n°2478 du 10/10/1996 de C. Cosson / du 16/01/1997 «les cartes de fidélité, elles n'incitent plus les clients à consommer» M.Watkins / n° 2501 du 13 mars 1997 : interview de Dubrule et Pélisson / n° 2502 du 20/3/97 «Le Cyber café vacille à Cherbourg» de O. Marie / supplément Economie n° 2515 du 19/6/1997 «Les hôteliers se font de plus en plus internautes» de ML Estienne / du 07/97 / Supplément Economie n° 2515 du 19/6/97 «Innover devient urgent» de M. Watkins / n° 2515 du 19/6/97 «Accor poursuit son chemin» C. Cosson/Patricia le Naour / «La restauration commerciale» de M. Watkins /n° 2519 du 17/7/1997 – 2518 du 10/7/1997 – n° 2522 du 7/08/1997... – Guide «Bonjour» Direction du tourisme / «La côte d'azur sur le web» de E. Millot / n° 2521 du 31/7/1997, enquête auprès de Bernard Boutboul / D'après l'article de C. Cosson n° 2515 du 19/6/97 et n° 2521 du 31/7/1997 / n° 2522 «Burger King quitte la France» de B. Thiault /n° 2522 de B. Thiault / n° 2536 du 20/11/1997 Au bord de la prohibition, Alain Simoneau / n° 2546 du 29/1/1998 «adapter son offre en fonction des moments de la journée» et «McDonald's vise le développement de proximité» de B. Thiault / n° 2552 du 12/3/1998 / n° 2562 du 21 mai 1998 de Cécile Junod «la révolution de la communication est en marche» / du 17/9/98 / n° 2579 du 17/9/1998 «Qui pourrait reprendre le groupe Frantour?» / Economie n° 2580 du 24/9/1998 de C. Gary / Coach Omnium/L'Hôtellerie n° 2580 du 24/9/1998 de C. Gary / Natexis Banque/Supplément n° 2580 / n° 2581 du 1/10/1998 de N.L. «Flo a le vent en poupe» / n° 2515 du 19/6/97 et n° 2583 du 15/10/1998 «Accor sc montre serein quant à son avenir» / n° 2596 du 14/1/1999 / n° 2637 du 27/10/1999 C. Cosson / n° 2649 du 20/01/2000 «Sous le signe de la qualité» de Bernadette Gutel / n° 2657 du 16/3/2000 C. Cosson / Supplément magazine n° 2660 du 6/4/2000 «Les Français sont accros aux vacances» / n° 2662 du 20/04/2000 – N. Lemoine

TOUR HEBDO Points de vente des réseaux de distribution en 2001 / n° 1093 du 19 septembre 2003 – Hervé Ducruet «Quel avenir pour les marques distributeur/producteur?» / «Les low cost France-Allemagne» - n° 1062 du 17 janvier 2003 – L.C. / n° 908 du 10/09/99 Bruno Courtin – G.B. / n° 923 du 7/01/2000 «Guides touristiques : les T.O. de plus en plus courtisés» de Henri Cormier / n° 924 du 14/01/2000 Geneviève Bieganowski

/ n° 927 du 4/2/2000 / n° 929 du 18/02/2000 / n° 930 du 25/2/2000 Virginie Dennemont / n° 931 du 3/3/2000 / n° 933 du 17/03/2000 – Catherine Ronchi / n° 939 du 28/4/2000 J.-P. Gourvest

PERFORMANCE TOURISME n° 18 fascicule 1/10/99 / n° 20 déc. 1999 / janvier 2000 – enquête MKG Conseil / n° 20 «Destinations d'aujourd'hui et dans 20 ans»

LA VIE DU RAIL & DES TRANSPORTS «Quand le train et l'avion font alliance» de M-H. Poingt du 22/7/98 / du 8 et 22 sept. 1999 «Six nouvelles liaisons SNCF-Air France» de M.-H. Poingt – «La SNCF veut jouer à fond la carte de la complémentarité» de Pascal Grassart

HRC (Hôtellerie Restauration Collectivité)

CHF (Génération L'industrie Hôtelière) n° 359 01-02/2000

PRESSE NATIONALE

LE MONDE du 15/10/1996 «McDonald's ouvre la bataille du petit déjeuner» de Jean-Michel Normand / «Le Fast-food est atteint part la crise de la restauration» du 21 mars 1997 de JM Normand / «Le «terroir», concept à géométrie variable de JM Normand / «McDonald's lance le hamburger au goût français» de JM Normand / «Accor doit maintenant être géré par des équipes plus jeunes» du 8/10/1996 de François Bostnavaron et de Anne-Marie Rocco

LE FIGARO ECONOMIE © Le Figaro n° 9901003 / 18/11/1995 «Beaujolais nouveau : la planète prend un pot», Pierre-Jean Rémy / «Quand un petit vin emploie les grands moyens» de Nicole Manuello / «Comment on lance une tradition mondiale» de Jacques Lesinge / «Priorité aux partenariats» du 20/11/1995 de N. Conte et P. Haas / sept.-1998 / 14/12/1998 «taux d'occupation des sièges des principales compagnies aériennes européennes» / 10/6/1998/OMT/RLA «Tourisme : l'Euroland devancera les Etats-Unis» / du 21/9/1998 / du 30/11/1998 de Albert Zennou / n° 17193 Cahier n° 2 – 22/11/99 Caroline de Malet et Patrick Haas «Transport aérien : le ciel au rabais» / n° 17199 cahier n° 3 du 29/11/99 Véronique Guillermard / n°17289 13/3/2000 Emmanuelle Cohen – Patrick Haas

LES ECHOS Les principaux réseaux d'agences de voyages en France– avril 2002 / du 13/3/1996 «Les premiers pas de l'hôtellerie sur internet» de TN / du 13/5/1998 «la France doit mieux mettre en scène ses territoires touristiques selon le plan» de Philippe Chevilley / SNAV - du 29/10/1998 / du 23/10/1997, «New-York : un palace vend ses suites en temps partagé», Annick Colybes / n° 18098 du 24/2/2000

L'ECHO TOURISTIQUE du 21/6/1996 «Le Sofitel Saint-Jacques rénové et branché sur internet» de Pascale Filliàtre / du 24/11/1995 «Les hôtels Concorde sur internet» de Thierry Noisette / n° 2327 du 3/5/1996 «Lucie Simonpiéri fait rêver ses clients sur grand écran», Eliane Cognet / n° 2392 du 14/11/1997 / 17/11/99 «British Airways et American sortent une troisième version de leur projet d'alliance» Denis Fainsilber / n° 2473 du 24/ 9/1999 – Pascale Filliâtre

LA TRIBUNE DESFOSSEES du 22/9/94 «Accor : Dubrule et Pélisson rejettent le diktat de Suez», Chantal Colomer / du 30/11/1994 «Sofitel : le casse-tête de l'hôtellerie haut de gamme» de Chantal Colomer / «La répartition des activités en 1994», Accor/ La Tribune Desfossées – P.SU.

LE PARISIEN Articles sur leBeaujolais nouveau : n° 18102 bis – jeudi 12 novembre 2002 – Charles de Saint-Sauveur

Le Parisien du 15/8/1997 de Régis de Closets/Joëlle Frasnetti/François Boennec/Olivier Schwarz/Catherine Cousin / Ministère du tourisme / du 15/8/ 1997 – Joëlle Frasnetti / Infographie : JSI – Paris / Guide «Bonjour» Direction du tourisme / du 15/8/1997 – O. Shwarz et Catherine Cousin / n° 17225 du 22/01/2000 «L'hôtellerie met les bouchées doubles» Eric Le Mitouard

FRANCE SOIR du 28/04/1997 «La bière met la pression» de Arnaud Levy

PRESSE MAGAZINES

CHALLENGES «Vacances Outre-Terre» – Décembre 1998 – Paul Loubière

L'ESSENTIEL DU MANAGEMENT de septembre 1995, «Le Yield Management» / 10/95- Anne Cantin

CAPITAL de janvier 1995 de JP de la Rocque

COURRIER CADRES n° 1194 du 26/1/1996 «L'agence de voyage est-elle en danger?» / n° 1154 du 12/4/1996 «Les voyagistes misent sur le succès des grandes expositions» / du 23 janvier 1998 n° 1237 de Catherine Feldman

MAGAZINE TELEPHONE de mars 1996 «Internet séduit les voyagistes» de Dominique Hoeltgen

A NOUS PARIS (l'Hebdo du métro) n° 26 du 6 au 12/12/1999 / du 24 au 30/01/2000 «Les transports de liaison»

PROMOCASH MAGAZINE, Françoise Félice

AUTRES

Ibis Cambronne Tour Eiffel

Planet Hollywood – Paris

Composé par PCA
Achevé d'imprimer: Clausen & Bosse

N° d'éditeur: 2949
Dépôt légal: mars 2004
Imprimé en Allemagne